Ferdinand Brunner · Die unverstandene Katze

Schrift: Times roman 10/12
Papier: 100 g Samtoffset
Druck: Heidelberger ZP/VP
Verarbeitung: Polyleinfolienkaschierter Pappband

Dr. med. vet. Ferdinand Brunner

Die unverstandene Katze

(Die Katze als Heimtier – Haltung, Psychologie,
Verhaltensprobleme und deren Lösung – Erfahrungen aus
30 Jahren tierpsychologischer Beratungsstelle)

29 Farbfotos
79 Schwarz-Weiß-Fotos
17 Zeichnungen

NEUMANN - NEUDAMM

BILDNACHWEIS:
Die Farbfotos zu den Abbildungen lieferten folgende Lichtbildner:

Ingrid Brunner, Weidling S. 241, 242 oben, 243, 245, 247 oben, 251
Christine Klinka, Wien S. 247 unten
Reinhard-Tierfoto, Heiligenkreuzsteinach-Eiterbach S. 242 unten, 250
Alle übrigen Farbfotos wurden von Horst Bielfeld, Jameln, zur Verfügung gestellt.

Die Schwarzweißfotos zu den Abbildungen lieferten folgende Lichtbildner:

IEMT/Krebs, Wien S. 188, 202
Reinhard-Tierfoto, Heiligenkreuzsteinach-Eiterbach S. 37 links, 150
Ein Tierhalter, der seine Namensnennung nicht wünscht S. 181
Der Verfasser S. 96 oben, 101, 116 oben, 145, 146, 169 oben, 336
Alle übrigen Schwarzweißfotos wurden von Ingrid Brunner, Weidling, zur Verfügung gestellt.

Die Zeichnung für S. 173 fertigte Ingrid Brunner, Weidling; alle übrigen Zeichnungen stammen von
Dr. Brigitta Mader, Triest.

CIP-Titelaufnahme der Deutschen Bibliothek

Brunner, Ferdinand:
Die unverstandene Katze : (Die Katze als Heimtier ; Haltung,
Psychologie, Verhaltensprobleme und deren Lösung ;
Erfahrungen aus 30 Jahren tierpsychologischer Beratungsstelle)
/ Ferdinand Brunner. – Melsungen : Neumann-Neudamm, 1989
ISBN 3-7888-0594-3

© 1989 Verlag J. Neumann-Neudamm GmbH & Co. KG
Mühlenstraße 9, 3508 Melsungen
Printed in Germany
Titelgestaltung: Philipp Schneider unter Verwendung eines Dias vom Autor
Reprotechnik: Fa. Elnain GmbH, 6200 Wiesbaden
Gesamtherstellung: Werbedruck GmbH Horst Schreckhase, 3509 Spangenberg

Inhalt

Vorwort

Im Laufe der langen Haustiergeschichte wurde wohl kaum ein Tier so sehr verteufelt, aber andererseits auch so sehr geliebt — meistens aber jedenfalls so gründlich mißverstanden — wie die Katze. Dies bis heute: nächtliches Gejaule gilt landläufig als Ausdruck orgiastischer Katzenliebe, ein unerwarteter Tatzenhieb als typischer Beweis für die sprichwörtliche Falschheit der Katze, das bekannte Spiel mit der eingefangenen Maus als unverständliche Grausamkeit.

Während die herkömmliche Haltung von Hauskatzen mit freiem Auslauf weitgehend unproblematisch ist, bereitet die reine Stubenhaltung gelegentlich das eine oder andere Problem.

Da es früher nicht üblich war, bei „Erziehungs"- und Haltungsschwierigkeiten eines Heimtieres den Tierarzt zu konsultieren, habe ich meiner auf Katzen und Hunde spezialisierten Praxis eine TIERPSYCHOLOGISCHE BERATUNGSSTELLE angeschlossen. Diese feiert heuer das 31. Jahr ihres Bestehens. Schon als junger Tierarzt war ich — über 10 Jahre lang — der medizinische Betreuer eines großen Katzenasyls („Katzenheim Freudenau"). Selbstverständlich bin ich auch selber seit Jahrzehnten Katzenhalter. Über diese Informationskanäle sind mir im Laufe der Jahre Tausende Katzenschicksale bekannt geworden, einige Hundert davon konnte ich über längere Zeit verfolgen.

Trotz gründlicher Kenntnis der allgemein etologischen und der älteren, neueren und neuesten wissenschaftlichen Literatur über Katzenverhalten, wie z. B. von Brummer, Buchholtz, Bürger, Haltenorth, Hediger, Heimburger, Hess, Kehrer, Leyhausen, Mertens, Müller-Callgan, Naaktgeboren, Precht und Lindenlaub, Schär, Schwangart, Siegmann, Skramlik, Thomas, Turner, Weiß, R. Wolff, E. Zimmermann — um nur einige der deutschsprachigen Autoren zu nennen (weit mehr Untersuchungsberichte liegen in englischer Sprache vor) — , erscheint mir auch heute noch in so manchen Belangen kätzisches Verhalten als faszinierend rätselhaft ! Daß dies nicht nur mir so ergeht, zeigt unter anderem der Umstand, daß trotz der langjährigen und intensiven Untersuchungen des Verhaltensforschers P. Leyhausen (Max-Planck-Institut für Verhaltensphysiologie, ehemalige Arbeitsgruppe Wuppertal) erst vor einigen Jahren verschiedenenorts weitere Forschungsstätten und groß angelegte Forschungsvorhaben neu gegründet wurden, so z. B. die Gruppe D. C. Turner an der Abteilung für Ethologie und Wildtierforschung der Universität Zürich oder das Animal Study Center in Waltham (England). Auch in Schottland, in Schweden, in den USA und noch in vielen anderen Ländern gibt es heute Forschungsstätten. (Zahlreiche prominente Katzenforscher aus der ganzen Welt versammelten sich zuletzt im Jahre 1986 beim „Internationalen Symposium über das Verhalten und die Ökologie der Hauskatze" an der Universität Zürich-Irschel zu einem äußerst fruchtbaren Wissensaustausch. – Die Zahl der Untersuchungsberichte über Katzenverhalten hat sich in den letzten 12 Jahren verzehnfacht! Zahlreiche Beobachtungen an freilebenden Katzen in vielen verschiedenen Teilen nahezu aller Kontinente haben unter anderem in allerletzter Zeit zur Revision so mancher bisher verbreiteten Ansicht über die räumliche Organisation und das Sozialverhalten der *Felis silvestris lybica* forma *catus* geführt.)

Wenn schon Fachleuten am Verhalten der Katze noch vieles genauer erforschungsbedürftig erscheint, um wieviel schwerer muß es dann für den einfachen Katzenhalter oft sein, die verschiedenen Verhaltensweisen seines Tieres richtig einzuschätzen!

Schon als Student war mir aufgefallen, daß dem städtischen Tierhalter eigentlich nur ein halber Dienst geleistet wird, wenn sich der Tierarzt ausschließlich auf die Erkennung und Behandlung organischer Erkrankungen der kleineren und größeren Wohnungsgenossen beschränkt. Doch war damals kaum anderes möglich, denn an tierärztlicher Fachliteratur oder anderweitig erprobtem und gesammeltem Erfahrungsgut über Art, Erkennung und Behandlung etwaiger Verhaltensstörungen oder Verhaltensabnormitäten stand außer einigen anekdotenhaften Schilderungen so gut wie gar nichts zur Verfügung; jedenfalls nicht in einer dem modernen wissenschaftlichen Stande entsprechenden Form. Wohl gab es bereits ausgezeichnete verhaltenswissenschaftliche Darstellungen über Teilbereiche aus dem Verhaltensinventar von Katzen, Hunden und anderen Haustieren und deren wilden Verwandten, dies bezog sich aber auf Beschreibungen von entweder besonders naturnahe, oder aber unter extrem künstlichen Laborbedingungen gehaltenen Versuchstieren und war daher nur sehr mit Einschränkungen unmittelbar zur Klärung von Erscheinungen und Problemen bei Tieren unter den üblichen Stubenhaltungsbedingungen anwendbar. Die Haltung von Katzen als Heimtiere hat seither ständig zugenommen, wobei etwa in den letzten 15 Jahren die Katze im Wettlauf um die Gunst des Menschen den Hund ganz offensichtlich geschlagen hat. So wurden z. B. allein in der Deutschen Bundesrepublik im Jahre 1974 3 Millionen Hunde und 3,8 Millionen Katzen gehalten, davon ein beträchtlicher

Anteil in städtischen Haushalten, also vorwiegend bis ausschließlich in Wohnungen. In anderen dicht besiedelten europäischen Ländern zeichneten sich, mit Ausnahme der allerletzten Jahre, recht ähnliche Entwicklungen ab: Hielten beispielsweise im Jahre 1978 in Österreich 15,9 % aller Haushalte einen Hund und 22,8 % aller Haushalte eine Katze, so waren die entsprechenden Zahlen 1982 17 % (Hunde) und über 23 % (Katzen). Damit scheint in den letzten Jahren Österreich das katzenfreundlichste Land Mitteleuropas zu sein: Nur 22 % aller Haushalte in Frankreich halten eine Katze, 20 % in der Schweiz, 19 % in der Bundesrepublik Deutschland, 16 % in Italien. (Das katzenfreundlichste Land der Welt ist Australien mit 32 %.)

Stand ich zur Gründungszeit meiner tierpsychologischen Beratungsstelle mit meinem Bemühen um Verbesserung der Mensch-Tier-Beziehungen fast allein, so hat sich das in den letzten Jahren erfreulicherweise gewaltig geändert. Vielenorts nimmt man heute, besonders was Hunde und Katzen anbelangt, das Grundlagenstudium der Besonderheiten der Mensch-Tier-Beziehung und der Heimtier-Mensch-Beziehung in interdisziplinärer Zusammenarbeit wissenschaftlich ernst und trägt auch in der tierärztlichen Diagnostik den Möglichkeiten psychosomatischer Störungen zunehmend Rechnung.

Seit einiger Zeit gibt es auch im englischen und anglo-amerikanischen Sprachraum einige Kollegen, die sich wissenschaftlich und praktisch mit Fragen der Verhaltenspathologie bei Katzen und Hunden intensiv beschäftigen (z. B. Borchelt, Fox. Hart, Mugford, Voith u. a.).

Durch Erfahrungsaustausch bei Fortbildungsveranstaltungen wird es einer zunehmenden Zahl ambitionierter Spezialisten unter Tierärzten heute immer besser möglich, gestörtes oder abnormes Verhalten von Heimtieren hinsichtlich seiner Ursachen rasch und sicher zu erkennen und in hohem Prozentsatz erfolgreich zu behandeln.

Mein gesammeltes Erfahrungsgut und nach speziellen Gesichtspunkten ausgewertetes, oft schwer zugängliches und sehr verstreutes wissenschaftliches Grundlagenmaterial habe ich im Laufe der Jahre durch zahlreiche Fachpublikationen und einen Beitrag in dem Lehrbuch „Abnormal Behavior in Animals" anderen Tierärzten zugänglich gemacht. Dem nicht medizinisch oder ethologisch vorgebildeten berufsmäßigen Hundepraktiker und vielen Hundehaltern eröffnete mein 1974 in 1. Auflage erschienenes – mittlerweile wesentlich erweitert in 4. Auflage erhältliches – , gemeinverständlich gehaltenes Buch „Der unverstandene Hund" Zugang zu diesem Wissensgut. Nun ist es – nach einigen inzwischen vergriffenen, kurzen Vorreitern (unter anderen Titeln) − endlich auch so weit für den Katzenfreund: Das vorliegende Buch soll dazu beitragen, das Verständnis für die Psychologie und die besonderen Verhaltensweisen der Hauskatze allgemein zu vertiefen. Das Buch wurde trotz besonderer Betonung spezieller Gesichtspunkte für alle Katzenfreunde geschrieben, also nicht nur als spezieller Ratgeber für „schwierige Fälle". (So manches am „Normalverhalten" wird verständlicher, wenn man auch über die „pathologischen" Verhaltensvarianten Bescheid weiß − und umgekehrt.) Erstmalig in einem gemeinverständlichen Katzenbuch wird hier der Versuch unternommen − wenn auch nur in knapper, enzyklopädischer Form − , den Leser an die Begriffswelt und Fachsprache der vergleichenden Verhaltensforschung heranzuführen und aufzuzeigen, daß uns damit die Welt der Katze viel verständlicher wird als durch − leider immer noch weit verbreitete − Vermenschlichung tierlichen Verhaltens.

Das, was für den Katzenhalter gilt, der keine besonderen Haltungsschwierigkeiten mit seinem Tier hat, gilt verstärkt für die Gruppe der Hilfesuchenden!

Entsprechend der vermehrten Haltung von Katzen in menschlichen Wohnungen ist auch die Gesamtzahl verschiedener Haltungsschwierigkeiten in den letzten Jahren erheblich angestiegen. Katzengerechte Haltung und Vermeidung oder Beseitigung unerwünschter Verhaltensweisen oder gar echter Verhaltensstörungen ist aber nur möglich, wenn der Katzenfreund nicht nur Liebe, sondern echtes Verständnis für die Bedürfnisse und besonderen, biologisch begründeten Verhaltenseigentümlichkeiten seines Miniaturraubtieres aufbringt. „Verständigungsschwierigkeiten" und Mißverständnisse zwischen Katzenhaltern und ihren Pfleglingen aufklären und beseitigen zu helfen − dies aber nicht durch nur vorübergehend wirksame „Patentrezepte", sondern durch Anleitung des Katzenfreundes zu echtem tierpsychologischen Denken − , ist daher eines der Hauptanliegen dieses Buches.

Dem tierärztlichen Kollegen, der in diesem Buch praktische Tips zur Meisterung besonders gelagerter Verhaltensprobleme sucht, und allen denen, die berufsmäßig oder halbberuflich mit Tieren zu tun haben, wie z. B. Tierpflegern in Tierheimen und Kliniken, Züchtern u. a., empfehle ich zusätzlich die Lektüre meines bereits erwähnten Hundebuches. Es ist umfangreicher und enthält viel ausführlicher als das Katzenbuch zusammenhängende Darstellungen methodischer, differentialdiagnostischer und vergleichend psychiatrischer Art.

Derjenige, der an einer weitergehenden Verfolgung spezieller Fragestellungen interessiert ist, sei auf die beiden Büchern beigefügten Literaturverzeichnisse ver-

10

wiesen, in die weit mehr aufgenommen wurde, als in den Büchern selbst Verarbeitung finden konnte. (Dies dürfte insbesondere an vergleichenden Fragen arbeitenden Zoologen, Psychologen, Medizinern und Veterinärmedizinern willkommen sein.) Kapitel 1 wurde dagegen speziell für Anfänger in der Katzenhaltung verfaßt.

Besonderen Dank aussprechen möchte ich meiner Frau für die Reinschrift des Manuskripts, dem Verlagslektorat für die gewissenhafte Manuskriptbetreuung, die Erstellung des Sachregisters und Zurverfügungstellung diverser Illustrationen sowie Frau Dr. Brigitta Mader für die Anfertigung von Zeichnungen und meiner Tochter Ingrid Brunner für die Beisteuerung umfangreichen weiteren Bildmaterials.

Wien, im Frühjahr 1989

Dr. Ferdinand Brunner

Dieser Kater überwachte streng die Abfassung des Manuskriptes: daß da nicht vielleicht etwas Unrichtiges über seine Artgenossen in Umlauf gebracht wird!

1 Katzenhaltung — aber wie ?
(Ein paar praktische Ratschläge kurz vorweg)

Es ist Ihnen vielleicht passiert, daß Ihre Kinder sich vom lieb gewordenen Kätzchen im Urlaubsort nicht trennen wollten oder daß Sie sich von den possierlichen Spielen der Katzenwelpen hinter dem Schaufenster einer Zoofachhandlung nicht losreißen konnten oder daß Sie ganz bewußt zum ersten Mal einem der vielen herrenlosen Tiere eines Tierasyls ein neues Zuhause geben wollten oder bei einem Edelrassen-Katzenzüchter endlich einen kostbaren Vertreter jener Kleinodien erstanden haben, auf die Sie schon lange ein Auge geworfen hatten.

Nun stehen Sie vor vollzogener Tatsache und, ehe Sie sich über den Kontakt mit dem neuen Hausgenossen freuen (oder manchmal auch den Kopf zerbrechen) können, vor der unausweichlichen Notwendigkeit, für Verpflegung, Unterbringung und Bereitstellung einiger bedürfnisgerechter Utensilien zu sorgen, sich mit Körperpflege und ähnlichen unmittelbar anstehenden Themen auseinandersetzen zu müssen. Vielleicht auch werden Sie nicht wollen, daß Ihre Vorhänge und kostbaren Polstermöbel von Katzenkrallen zerrissen und Schuhbänder oder Telefonkabel zerbissen werden — all das muß nämlich nicht sein! Wissen Sie überhaupt, wie man eine Katze festhält, richtig hochhebt, einfängt, wenn sie entlaufen ist?

Doch keine Angst, Sie haben Ihr Leben nun nicht mit unerwarteten Problemen kompliziert. Sie brauchen auch nicht einen Kochkurs für Katzenfutter zu absolvieren, wie manche Bücher den Anschein erwecken. Alles ist ganz einfach!

Zunächst werden Sie mit Mieze einen Tierarzt aufsuchen. Er wird feststellen, ob die Katze gesund ist, frei von Ohrmilben, er wird der Katze ein Wurmmittel eingeben und Ihnen sagen, wann die erste Schutzimpfung notwendig ist. Sollte sich herausstellen, daß das Kätzchen an irgendeinem Gebrechen oder an einer Infektion leidet — und beweisen lassen, daß diese Mängel schon vor Ihrer Übernahme vorhanden gewesen sein müssen — , dann geben Sie das Kätzchen am besten sogleich wieder dem Verkäufer zurück oder setzen sich mit ihm über eine eventuelle Kaufpreisminderung ins Benehmen. Wenn der Vorbesitzer sich bereit erklärt, notwendige Behandlungskosten zu übernehmen, haben nicht Sie, sondern er die Entscheidung darüber, welcher Tierarzt die Behandlung durchführen soll (von besonderen Notfällen abgesehen).

Katzenklo.

Katze am Kratzbrett.

An neuen Einrichtungsgegenständen brauchen Sie zunächst zwei Katzenklos und Einstreumaterial (am besten geeignet, weil geruchsbindend und sparsam im Gebrauch, sind Präparate auf der Basis von Tonerdegranulat), ein Kratzbrett oder, wenn Sie es Ihrer Katze besonders schön machen wollen, einen Kratzbaum (der auch gleichzeitig als Kletterbaum benützt werden kann). Zweckmäßig ist auch die Anschaffung eines Schlafkörbchens oder einer Schlafhöhle für Katzen (mit Ausnahme des Einstieges allseitig geschlossen), damit sich die Katze darin heimelig fühlt. Auch um die Anschaffung eines Transportkäfigs aus Kunststoff oder kunststoffüberzogenem Drahtgeflecht (weniger geeignet sind solche aus Korbgeflecht) werden Sie nicht herumkommen. Wenn Sie beabsichtigen, die Katze im Freien spazierenzuführen, dann brauchen Sie noch ein Katzengeschirr (möglichst aus zwei einzeln verstellbaren Riemen, nicht aus einer Achterschlinge bestehend) und eine Leine. Fast hätte ich das Wichtigste vergessen: ein Futter- und ein Wassergefäß braucht Ihr Kätzchen natürlich auch, doch das muß man nicht in jedem Falle kaufen, oft finden sich im Haushalt geeignete Schüsselchen aus festem Steingut oder Porzellan (ordentliche Standfestigkeit muß jedoch gewährleistet sein). Alle genannten Utensilien stehen in reicher Auswahl im Zoofachhandel zur Verfügung, ein geschickter Bastler wird auch das eine oder andere selber machen können. Zur Körperpflege brauchen Sie − ganz besonders für Langhaarkatzen − einen Metallkamm mit engstehenden Zinken. Mit Bürsten allein kommen Sie nicht zurande (ich halte letztere überhaupt für entbehrlich). Ob eine Katze gebadet werden sollte, ab welchem Alter und wie oft, darüber herrschen auch unter Fachleuten unterschiedliche Meinungen. Befragen Sie diesbezüglich Ihren Haustierarzt und auch darüber, welches Shampoo er für das geeignetste hält, ehe Sie sich vom Tierhändler eines der zahlreich zur Verfügung stehenden Erzeugnisse aufschwatzen lassen. Überhaupt ist es ratsam, in Zweifelsfragen eher seinen Tierarzt zu Rate zu ziehen als den Zoofachhändler oder die Nachbarin, die vielleicht schon seit Jahren eine Katze hält (doch das muß noch kein Beweis sein, daß sie alles richtig macht). Selbst erfahrene Katzenzüchter haben oft nicht die Möglichkeiten zur laufenden Fortbildung wie ein auf Kleintiere spezialisierter Tierarzt.

Liebe geht durch den Magen! Als Katzenfan kann ich verstehen, daß Sie am liebsten Ihrem Pflegling nur das füttern möchten, was ihm am besten schmeckt; doch das muß nicht immer das Gesündeste sein, insbesondere wenn es täglich verabreicht wird. So kann z. B. ausschließliche Verfütterung von Leber − manche verwöhnte Katze lehnt alles andere ab − zu schweren Erkrankungen führen. Jeg-

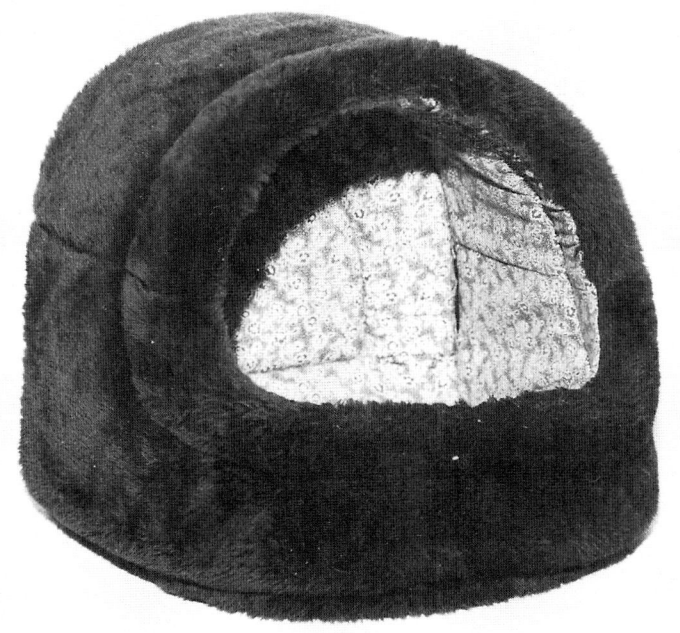

Schlafhöhle.

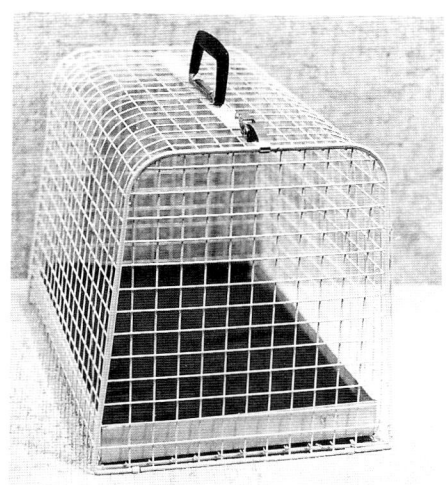

Transportkäfig.

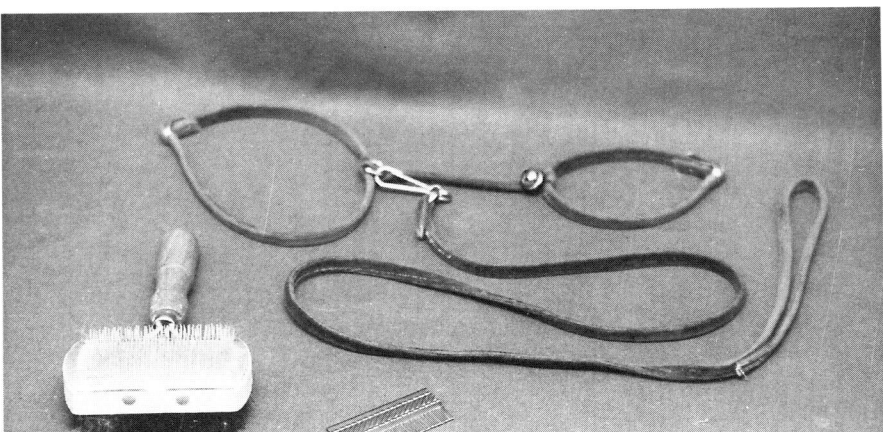

oben: Katze an der Futterschüssel.
unten: Leinenzeug, Kamm und Bürste.

16

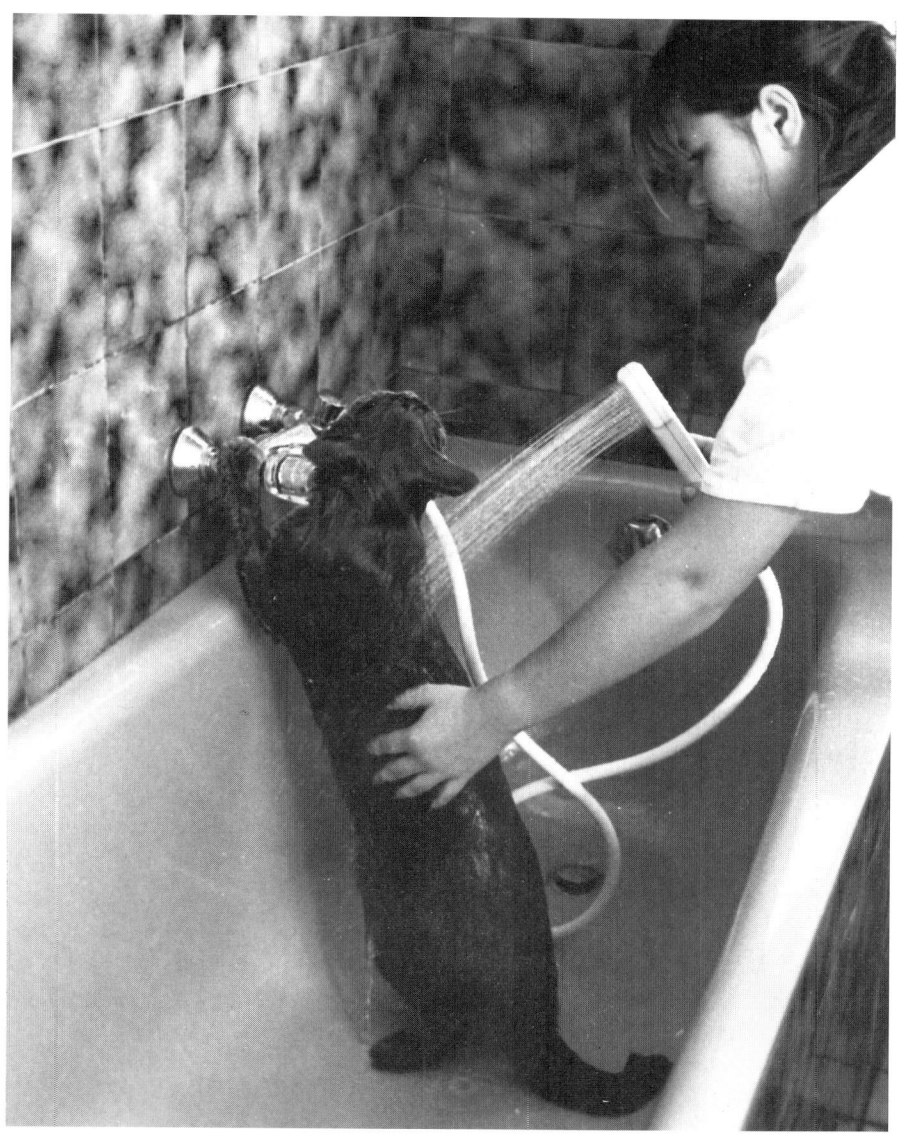

Wenn man eine Katze wäscht, sollte man ihr die Möglichkeit geben, sich mit den Vorderpfoten erhöht festzuhalten (Badewannenrand, Waschmuschelrand).

liche einseitige Ernährung sollte vermieden werden. Man denke stets daran, für welche Nahrung der Körper des kleinen Raubtieres eingerichtet ist: hauptsächlich Mäuse! Und eine Maus besteht aus Muskelfleisch, Blut, Fett, Knöchelchen, allerlei Innereien, ja selbst Darm samt Inhalt; und all das nicht gekocht oder gebraten, sondern roh, aber körperwarm. Wenn es möglich wäre, diesen von der Natur vorgezeichneten Weg möglichst genau nachzuahmen, so wäre das sicher das Beste. Doch das ist nicht ganz so leicht. Im wesentlichen halten wir uns aber an das Prinzip: gemischte Kost, jedoch roh nur einwandfrei beschautes Fleisch. Dieses muß nicht ausgesucht fettarm sein. Schweinernes und Wild nur gekocht oder gebraten wegen der Gefahr der Übertragung von Erregern parasitärer und anderer Erkrankungen; auch Huhn und Fisch sollte man deshalb lieber nicht roh geben.

Hochwertige Industriefuttermittel für Katzen haben den Vorteil der richtigen Mischung der notwendigen Nährstoffe, Spurenelemente und Vitamine. Trockenfuttermittel sollte man aber nicht zur Selbstaufnahme nach Belieben (über den Tag verteilt) bereitstellen, das kann die Harngriesbildung fördern, was besonders bei Katern zu lebensbedrohlichen Erkrankungen führen kann. Hundefertigfutter jeder Art ist für Katzen nicht geeignet.

Bei Selbstzusammenstellung von Katzenfutter darf nicht vergessen werden, Salz und diverse Zusätze von Calcium und eventuell Spurenelementen beizufügen, da ausschließlich in der Stube gehaltene Katzen sich ja nicht selbst suchen können, was sie brauchen, und das vorgesetzte Fleisch im Gegensatz zu einer Maus ja frei von Knöchelchen ist und, da entblutet, arm an Natriumchlorid (Kochsalz). Rohes Fleisch und vielerlei Innereien enthalten die meisten für Katzen notwendigen Vitamine. Durch Kochen werden einige von ihnen zerstört und andere ausgelaugt, sodaß man besser nur kurzzeitig dämpfen bzw. das Kochwasser nicht wegschütten sollte. Geeignete Präparate, die Massenelemente zur Aufzucht sowie altersgerecht dosierte Spurenelemente und Vitamine enthalten, läßt man sich am besten vom betreuenden Tierarzt nennen.

Es ist kein Zufall, daß viele Unerfahrene ein Kätzchen mit gewässerter Milch ernähren wollen: erinnert doch die runde Gesichtsform insbesondere eines jungen Kätzchens und einer Perserkatze mit kurzem Näschen und großen Augen an das menschliche „Kindchenschema", einen Schlüsselreiz, der menschliche „Brutpflegeinstinkthandlungen" und die dazugehörigen Gefühle und Vorstellungen aktiviert. Nun ernährt man bekanntlich menschliche Babies mit verdünnter und gezuckerter Kuhmilch (soferne Muttermilch nicht zur Verfügung steht), da die eigentlich adäquate Frauenmilch eiweißärmer und zuckerreicher als die Muttermilch für Kälber ist. Für die Katze aber gelten andere Gesichtspunkte: Katzenmuttermilch ist fett- und eiweißreicher als Kuhmilch. (Letztere enthält 3,6 % Fett, 3,5 % Eiweiß, 4,8 % Milchzucker, erstere hingegen 5 % : 7,1 % : 5 %.) Verfüttert man an ein junges Kätzchen Kuhmilch, so muß man diese daher durch Zusatz von einem Viertel der Menge mit Sahne auffetten, anstatt mit Wasser zu verdünnen; und dann ist immer noch der Eiweißgehalt unterbilanziert. Viel praktischer, besonders zur Aufzucht, aber auch zur täglichen Beifütterung, ist die künstliche Katzennährmilch „Cimilac". Im Handel werden auch noch andere Trockenmilchpräparate für Katzen angeboten. Sie entsprechen, nach Vermengung mit Wasser laut Beipacktext, weitgehend der natürlichen Katzenmuttermilch hinsichtlich Energiedichte und Gehalt an leicht verdaulichen Eiweißstoffen, notwendigen Vitaminen, Mineralstoffen und Spurenelementen.

Viele erwachsene Katzen lehnen Milch als Getränk ab. Ist eine Katze einmal der Milchnahrung entwöhnt, dann verliert ihr Verdauungstrakt die Fähigkeit, Milchzucker zu verdauen, füttert man dann trotzdem reichlich Milch, dann wirkt diese wie ein mildes Abführmittel, wovon man in notwendigen Fällen Gebrauch machen kann.

Die Meinung, möglichst viele Vitamine seien auf jeden Fall gesund, ist irrig. Ein Zuviel an gewissen Vitaminen (z.B. A und D_3) kann erheblichen Schaden stiften. Hinsichtlich Vitaminbeigaben an Jungkatzen sowie trächtige und säugende Mutterkatzen und hinsichtlich Krankendiät sei abermals auf den betreuenden Tierarzt verwiesen, da starre Schemaempfehlungen nicht in allen Fällen das Optimale treffen können. Stubenkatzen ohne tierärztliche Kontrolle zu halten, ist in mehrfacher Hinsicht − auch für die menschliche Umgebung − eine grobe Fahrlässigkeit. Zur richtigen Gesundheitsvorsorge gehört neben der vollwertigen Ernährung auch der Schutz vor weit verbreiteten Infektionen. Sie bedrohen nicht nur freilaufende, sondern zum Teil auch Stubenkatzen zarten bis hohen Alters. Zur Vorbeugung stehen heute äußerst wirksame und völlig nebenwirkungsfreie Impfstoffe gegen mehrere Krankheiten der Katze zur Verfügung (sogenannte „Katzenseuche", sogenannten „Katzenschnupfen", Katzenleukose, Tollwut). Leider gibt es noch weitere Katzeninfektionskrankheiten, gegen die noch keine vorbeugenden Schutzimpfungen existieren.

Ohne tierisches Eiweiß (und tierisches Fett!) können Katzen auf Dauer nicht leben, es ist aber ein Irrtum zu glauben, Katzen seien ausschließlich Fleischfresser. Stark gewürzte Tischreste sind kein geeignetes Katzenfutter. Die Verfütterung ungekochten Fisches (vor allem dessen Innereien) ist gefährlich und kann zu Vitaminmangel führen. Ein Zusatz von Ballaststoffen wie Gemüse regt die Verdauungstätigkeit an und sollte täglich dem Futter beigemischt werden. Auch etwas Teigwaren oder Reis sind geeignete Beilagen. Haferflocken in ungekochtem Zustand machen Durchfall. Das Verhältnis von Fleisch zu Beilagen beträgt für Katzen etwa 70 zu 30 % (für Hunde 60 zu 40 %). Ohne Zweifel sind Fleisch, ein wenig Innereien und etwas tierisches Fett die Hauptgrundlagen für unser domestiziertes Raubtier. Auch Quark und nicht gewürzter Käse, etwas Eidotter und allerlei Obst werden von vielen Katzen gern genommen, sofern sie nicht mit Fleisch überfüttert werden. Doch was heißt überfüttern?

Ein Beispiel für gute, einfache „Hausmannskost" für eine erwachsene Katze (über 10 Monate Alter und etwa 4 Kilogramm Körpergewicht) kann etwa so aussehen:

Zweimal täglich werden ca. 55 Gramm gutes, jedoch nicht ausgesucht fettarmes rohes Rindfleisch (zerkleinert) plus ein schwacher Eßlöffel voll gekochter Reis, Nudeln oder Kartoffeln plus ein Eßlöffel voll Gemüse (z.B. Karotten bzw. Mohrrüben oder fein geschnittener grüner Salat, ausgewässertes Sauerkraut, Spinat − keine Hülsenfrüchte!), plus eine kleine Messerspitze (0,5 Gramm) eines für Katzen geeigneten Kalkpräparates mit Spurenelementzusatz plus eine Messerspitze voll eines Trockenhefepräparates (z. B. „Vis" oder eine zerdrückte Tablette „Kit-Zyme") sowie eine kleine Messerspitze voll Schweineschmalz (oder ein paar Tropfen Olivenöl oder gelegentlich ein paar Schweinegrieben) und eine Prise Salz im Mikrowellenherd auf Körpertemperatur angewärmt und der Katze serviert. (Was nicht in warmem Zustand aufgefressen wird, wird entfernt − was jedoch so gut wie nie nötig ist.) Ein- oder zweimal wöchentlich wird etwas mehr als ein Drittel der Fleischmenge durch rohe Kalbs- oder Rindsleber ersetzt, gelegentlich auch durch Niere. Hier und da gibt es auch gekochten Fisch. Ein- oder zweimal wöchentlich gibt es statt dessen Fertigfutter aus der Dose und gelegentlich etwas Quark oder den Dotter eines weichgekochten Eies als Draufgabe. Wasser steht n i c h t zur Selbstaufnahme bereit, sondern wird dreimal täglich in angewärmtem Zustand frisch angeboten. (Würde man einer Katze auch Trockenfuttermittel zur Verfügung stellen, dann müßte Trinkwasser stets zur Selbstaufnahme bereitstehen.) Ein Topf mit Katzengras zum Knabbern nach Lust und Laune steht immer zur Verfügung.

In meiner Familie werden die Katzen seit Jahrzehnten im wesentlichen nach diesem Schema ernährt und bleiben damit bis ins hohe Alter gesund und munter.

20

(Dieser Ernährungsplan wurde erst kürzlich auch anhand der neuesten ernährungswissenschaftlichen Tabellen auf seine Richtigkeit durchgerechnet.)

Katzen, die sich viel im Freien bewegen, brauchen mehr Futter.

Viele Katzenhalter geben beträchtlich mehr Fleisch und vergessen zudem die Calciumbeigabe. Es ist verwunderlich, daß trotz dieser Situation, die zu erheblichen Erkrankungen (hauptsächlich am Skelett) führen muß, solche Schäden nicht häufiger beobachtet werden, als es tatsächlich der Fall ist; fast alle diese Katzen werden aber früher oder später zumindest übergewichtig und anfälliger für allerlei Krankheiten.

Die Meinung, jede Katze wisse selber, wann sie genug habe, ist falsch; dies trifft nur für einen Teil der Katzen zu. Man sollte daher Katzen regelmäßig wiegen! Dies nicht zuletzt deshalb, weil es gute und schlechte Futterverwerter gibt und die jeweils richtige Futtermenge nur durch Gewichtskontrollen individuell ermittelt werden kann.

Hinsichtlich Körpergewicht unterscheidet man zwischen Plumprassen (Perser, Maine-Coon, Kartäuser, Britisch Kurzhaar), mittelschweren Rassen (Birma, Manx, Russisch Blau, Rex, Europäisch Kurzhaar bzw. „normale Hauskatze") und Schlankrassen (Abessinier, Somali, Siam, Orientalisch Kurzhaar, Burma). Die Normalgewichte erwachsener männlicher (weiblicher) Tiere sind bei den Plumprassen ca. 5 Kilogramm (3,5 Kilogramm), bei den mittelschweren Rassen ca. 4 Kilogramm (3,5 Kilogramm) und bei den Schlankrassen etwa 3,6 Kilogramm (2,9 Kilogramm). Das oben angeführte Schema für „Hausmannskost" müßte nicht unbedingt hinsichtlich der Beilagen, wohl aber hinsichtlich der angegebenen Fleischmenge in der Weise angepaßt werden, daß eine 3 Kilogramm schwere erwachsene Katze an Gesamttagesmenge nur etwa 85 Gramm Fleisch, eine 5 Kilogramm schwere aber 130 Gramm erhält. Würde man sehr fettes Rindfleisch geben, dann entfielen die Flocken- bzw. Reisbeilage sowie der Fettzusatz. Bei Verwendung von Fleisch minderer Qualität (viel Sehnenanteil, Lunge u. a.) müßte man größere Mengen geben. An das Körpergewicht anzupassen wären auch die Calciumbeigaben: Einer 3 Kilogramm schweren erwachsenen Katze, die als tägliche Gesamtbeigabe etwa 240 Milligramm Calcium benötigt, müßte man demnach etwa 0,75 Gramm eines geeigneten Kalkpräparates mit Spurenelementen oder 0,6 Gramm Schlemmkreide (Calciumcarbonat) geben; eine 5 Kilogramm schwere Katze benötigt täglich etwa 400 Milligramm Calcium, das sind etwa eine größere Messerspitze voll (1,25 Gramm) eines Kalkpräparates mit Spurenelementen oder eineinhalb gestrichene Teelöffel voll (1 Gramm) Schlemmkreide. (Schlemmkreide hat größeres Volumen, auch fehlen ihr die Spurenelemente.) Gewöhnlicher (phosphorsaurer) Futterkalk ist wegen seines hohen Phosphorgehaltes für Fleischfresser nicht geeignet.

Von diesen Mengenangaben abweichend gestaltet sich die Ernährung von Katzen, die sich im Wachstum befinden: So benötigt z. B. ein 10 Wochen altes, etwa 1 Kilogramm schweres Kätzchen mindestens 75 Gramm gutes Rindfleisch und eine kleine Messerspitze voll (0,6 Gramm) eines geeigneten Kalkpräparates mit Spurenelementen, ein Kätzchen mit 20 Wochen, etwa 2 Kilogramm schwer, 110 Gramm Rindfleisch und 0,95 Gramm Kalkpräparat, ein 30 Wochen altes Kätzchen, etwa bereits 3 Kilogramm schwer, annähernd die gleiche Fleischmenge, aber 1,45 Gramm Kalkpräparat und ein 40 Wochen altes, bereits 4 Kilogramm schweres Kätzchen 120 Gramm gutes Rindfleisch und zur Kalkversorgung eine Messerspitze voll (1 Gramm) Kalkpräparatzusatz pro Tag. Freilich wären auch die Beilagen entsprechend anzupassen, und auch hinsichtlich der Kalkpräparate gibt es Konzentrationsunterschiede, sodaß die hier als Beispiel genannten Beigabemengen sicher nicht auf alle Präparate gleichermaßen Anwendung finden können. Auch muß man wachsenden Katzen die Gesamttagesfuttermenge auf häufigere Einzelgaben verteilen; so z. B. gibt man im 3. Lebensmonat fünf-, im 4. vier- und ab dem 5. Monat dreimal täglich Futter.

In vielen Katzenbüchern finden sich seitenlange Abhandlungen über die Zusammensetzung und die Bereitung von Katzenfutter. Obgleich die Zusammenstellung einer geeigneten Katzenmahlzeit von vielerlei zu berücksichtigenden Faktoren abhängig ist, insbesondere was die Ernährung von Jungkatzen betrifft, wird da manchmal ein gar zu verwirrender Kult getrieben. Sich mit täglich zu verändernden Kochrezepten für seine Hauskatze zu beschäftigen, ist sicherlich manchmal eine Art willkommener Zeitvertreib für nicht berufstätige Hausfrauen. Freilich brauchen besonders junge und alte, trächtige und säugende, schwergewichtige und appetitlose oder in verschiedener Art kranke Katzen unterschiedlich zusammengesetzte Nahrung und Gesamtfuttermengen. Katzen, die Leberbeigaben nicht mögen, müßte man außerdem Vitaminpräparate geben. (Man weiß über diese Bedürfnisse durch intensive Forschungen heute viel besser Bescheid als noch vor etwa 15 Jahren.) Doch da derlei Fragen nicht zum eigentlichen Thema dieses Buches gehören und jeder beratende Haustierarzt gerne die individuell angepaßten Empfehlungen geben wird, soll hier nicht detaillierter auf diese Belange eingegangen werden; auch wird in zahlreichen kleinen Aufklärungsbroschüren − zumeist finanziert von der Futtermittelindustrie − und diversen Zeitschriftenartikeln in den letzten Jahren immer wieder ausgiebig für Information der Haustierhalter in Ernährungsfragen gesorgt.

Katzenfertigfutter in Dosen ist sicher eine arbeitssparende Alternative für die berufstätige Hausfrau. Auch läßt sich hier besonders leicht der Energiegehalt feststellen, und da das Futter nach wissenschaftlich erarbeiteten Grundlagen für Katzen optimal zusammengesetzt ist (soferne es sich um ein hochwertiges Markenprodukt handelt), ist man allerlei Kopfzerbrechen und Arbeitsaufwand enthoben. Es seien daher, dieses Thema abschließend, die wichtigsten Angaben über den täglichen Energie- und Futterbedarf der Katze aus einem Lehrbuch (Kraft und Dürr, 1985) wiedergegeben und demonstriert, wie dieser Bedarf durch Verwendung von Fertigfutter gedeckt werden kann.

Alter	Täglicher Energie-bedarf pro kg KGW in kcal/kJ	Zu erwartendes normales Körper-gewicht in kg	Empfohlene Futtermengen in g/Katze (pro Tag) Dosenfutter (1,25 kcal/g, 75 % Feuchtigkeit)
10 Wochen	250/1046	0,4 − 1,0	80 − 200
20 Wochen	130/ 544	1,2 − 2,0	125 − 208
30 Wochen	100/ 418	1,5 − 2,7	120 − 216
40 Wochen	80/ 335	2,2 − 3,8	141 − 243
Erwachsene Katzen:			
inaktiv	70/ 290	2,2 − 4,5	123 − 252
aktiv	85/ 355	2,2 − 4,5	150 − 306
trächtig	100/ 418	2,2 − 4,0	200 − 320
säugend	250/1046	2,2 − 4,0	440 − 800

(Zum Verständnis der Tabelle: Die angegebenen Energiebedarfswerte sind nur als grobe Richtlinien zu verstehen, die Kalorienzufuhr sollte bei jedem Tier individuell angepaßt werden. Es kann durchaus vorkommen, daß die empfohlene Menge um 100 % unter- oder überschritten werden muß! Ausschlaggebend ist, wieviel Futter und damit Energie benötigt wird, um ein normales Körpergewicht aufrechtzuerhalten. Dabei spielen mehrere Faktoren eine Rolle, wie z. B. die Rasse, die körperliche Aktivität, das Lebensalter, die Umgebungstemperatur, das Individuum selbst. Die Anzahl der Mahlzeiten am Tag sollte für gesunde, erwachsene Katzen in der Regel ein bis zwei betragen, kann jedoch nach individuellen Eßgewohnheiten variiert werden. Säugende Muttertiere und heranwachsende Katzen sollten mindestens dreimal täglich gefüttert werden. Katzen, die an Darmträgheit leiden, serviert man die Gesamttagesfuttermenge auf einmal und kann zudem noch etwas Kleie und Milchzucker beifügen. Übergewichtigen Katzen reduziert man die angegebenen Mengen um ein Drittel bis um die Hälfte, so lange bis das erwünschte Gewicht erreicht ist.)

Der Futterplatz für eine Katze sollte möglichst weit von den Ausscheidungsörtlichkeiten, also den beiden Katzenklos entfernt sein, am besten in einem anderen Raum.

Zum Raumbedarf einer Katze: eine Zweizimmerwohnung wird heute als das Mindeste angesehen! Eine Katze sollte möglichst von keinem Raum in der Wohnung ausgesperrt werden. Eine Katze, die gezwungen ist, ihr ganzes Leben in einem einzigen Raum zuzubringen, ist arm! Auch sollte man dem Erkundungsbedürfnis einer Wohnungskatze wenigstens dadurch Rechnung tragen, daß man zeitweilig diverse große Schachteln und umgestülpte Obstkisten herumstehen läßt (die Katzen besonders gerne untersuchen und sich auch darin verkriechen). In verschiedenen Höhen des Raumes sollten Sitzgelegenheiten vorhanden sein (Fensterbretter und Sessellehnen zu benützen, sollte man einer Katze also nicht verwehren).

Katzen sollte man flohfrei halten. Man wende dazu vorwiegend pyrethrumhaltige Sprühmittel an, die ungefährlich sind und nicht, wie Einstäubemittel, beim Fell-Putzen allzu reichlich abgeleckt werden können. Die im Handel erhältlichen Flohhalsbänder für Katzen sind insbesondere für Jungtiere gesundheitlich nicht so ganz harmlos, wie man sich wünschen würde, und werden auch von mancher älteren Katze nicht immer ohne gesundheitliche Störungen vertragen. Hält man eine Katze nicht flohfrei, dann wird sie alsbald auch Bandwürmer haben, da der Katzenfloh ein Zwischenwirt für eine häufig vorkommende Bandwurmart ist. Außerdem erwerben viele Katzen mit der Zeit eine Allergie gegen Flohspeichel, was zum bekannten „Flohekzem" führt.

Langhaarkatzen sollten nur in solchen Haushalten gehalten werden, in denen eine Person genügend Zeit hat, das Fell t ä g l i c h zu kämmen und zu bürsten, denn einmal verfilzte Angorawolle kann nachträglich nicht mehr entwirrt werden. Die Schermaschine bliebe dann als einziges – für lange Zeit verunstaltendes – Hilfsmittel.

Zur Ohrenpflege, zur Augenreinigung und zu einem – wenn überhaupt notwendigen – Bad gibt es speziell für Katzen geeignete Präparate im Tierartikelhandel und bei auf Kleintierbehandlung spezialisierten Tierärzten. Man verwende lieber diese anstatt allerlei Hausmittel. (Nach eigenen Erfahrungen haben sich die in Österreich erhältlichen Katzenpflegepräparate der Marke „A. Moll" – Augenreiniger, Ohrenreiniger, Flohspray, Spezialshampoo – am besten bewährt.)

Zur Entfernung der beim Fell-Putzen in den Magen-Darm-Trakt gelangten Haare durch Erbrechen ist die regelmäßige Aufnahme von möglichst rauhfaserigen Gräsern notwendig. Im Winter selbst gezogener Hafer wird von Katzen zwar gern genommen, ist jedoch zu zartfaserig, um seinen Zweck erfüllen zu können.

Grünlilie und Cypergras.

Damit dann nicht allerlei – gelegentlich giftige – Topfpflanzen von der Katze als Heilmittel gegen Magendrücken selbst versucht werden, stellt man ihr einen Topf mit sogenannter Grünlilie (Chlorophytum comosum) oder Cypergras (Cyperus alternifolius) zur Verfügung; beide sind als Schaufensterdekorationspflanzen in Blumenhandlungen für billiges Geld erhältlich. Im Sommer sticht man zweckmäßigerweise einen Rasenziegel für die Katze aus und setzt ihn in einen Blumentopf. Es sollten Gräser ausgewählt werden, die möglichst breit und hartfaserig sind.

Wenn man verhindern möchte, daß sich ein Kätzchen das menschliche Bett als Schlafplatz wählt (Kätzchen zeigen wenig Verständnis, wenn man ihnen die bereits lieb gewordene Gewohnheit nachträglich untersagen will), dann sollte man außer dem Schlafkörbchen von Anfang an auch eine gut gepolsterte, nach oben geschlossene Schachtel mit seitlicher Öffnung an einem ungestörten Plätzchen aufstellen (womöglich erhöht). Katzen wünschen nämlich, mehrere verschiedene geschützte Ruheplätze zu benützen.

Da viele Katzen die Tendenz haben, Harn und Kot an differenten Orten auszuscheiden, soll man von den beiden Katzenklos je eines an einem anderen ungestörten Ort (weit weg von Ruhe- und Eßplätzen) aufstellen; sie sollen einen nicht zu hohen Rand haben und so gebaut sein, daß sie nicht kippen können, wenn die Katze hineinzusteigen versucht. Ein einmal durch solch ein Ereignis ausgelöstes Schreckerlebnis kann lang dauernde Stubenunreinheit zur Folge haben. Sehr praktisch sind an drei Seiten und oben geschlossene Katzenklos. Zur Füllung mit

Geschlossenes Katzenklo.

gut saugfähigem, aber nicht zu feinkörnigem Material verwendete man früher Ziegelschrot (unter verschiedenen Namen in Tiergeschäften als Katzeneinstreu erhältlich), noch früher Sägespäne, Sand oder feuchten Torf. Das geruchsbindende und gut saugfähige Granulat aus Tonerde, das seit wenigen Jahren im Fachhandel unter verschiedenen Namen angeboten wird, kann zur Zeit als am besten geeignetes Material empfohlen werden. Da der Urin sofort aufgesaugt wird und zu einer Zusammenklumpung führt, gelangt er nicht bis zum Boden des Schüsselchens, sodaß dieses nicht jedesmal gänzlich entleert und ausgewaschen werden muß. Da ein schon benütztes Katzenklo von vielen Katzen ein zweites Mal nicht gern wieder benützt wird, sollte nach jedem Ausscheidungsgeschäftchen die möglichst baldige Entfernung der Exkremente nicht vergessen werden. Zeitungspapierschnitzel als Einstreu genügen nicht allen Katzen als Vergrabegelegenheit und können die Ausbildung unreinen Verhaltens begünstigen. Wenn Katzen durch ein Schlupfloch in den Garten gehen können, um ihre Entleerungsgeschäfte dort zu verrichten, muß man dafür sorgen, daß sie dies immer tun können – auch wenn sie allein zu Hause gelassen werden.

Will man verhindern, daß eine Katze zur Frühlingszeit Jungvögel erbeutet, dann hänge man ihr einfach ans Brustgeschirr (oder mit einem weichen Gummiband um den Hals) ein Glöckchen, wenn sie ausgeht. Dies ist auch zum rascheren Wiederauffinden der Katze ein zweckmäßiges Hilfsmittel, wenn man sie ins Haus tragen möchte und sie auf Anruf nicht einmal daran denkt hereinzukommen, wenn der Pfleger dies wünscht.

Wie kann man verhindern, daß ein Kätzchen den Gartenzaun übersteigt? (Ein praktisches Problem für Einfamilienhausbesitzer an verkehrsreichen Straßen und in Stadtrandgebieten.)

Man kann das obere Zaunfünftel um 45 Grad nach innen geneigt gestalten lassen, oder man kann die Katze an eine Laufleine hängen (wenn keine Gegenstände in der Nähe sind, daß sich die Leine verwickeln kann). In den USA existieren besondere Vorrichtungen, die wie eine schräg aufgestellte Angelrute aussehen, an deren oberem Ende man die Katzenleine befestigen kann, um ein Verhaspeln dieser an bodennahen Gegenständen möglichst hintanzuhalten. Man kann auch einen Elektrozaun errichten, den man aus einem handelsüblichen Weidezaungerät speist. (Die auf Isolierrollen zu befestigenden, blanken feinen Drähte müssen 10 Zentimeter innerhalb des vorhandenen Gartenzauns in drei verschiedenen Höhen über dem Erdboden ringsherum gespannt werden, einmal ca. 34 Zentimeter hoch, einmal in 75 Zentimeter und einmal in 120 Zentimeter Höhe

Katze an Leinenhalterung.

oder höher, nämlich entlang der oberen Gartenzaunkante. Selbstverständlich muß man darauf achten, daß kein Erdschluß durch berührende Gräser oder Zweige die Funktion der Vorrichtung beeinträchtigt. Ein solcher „Strafreizzaun" ist für Katzen völlig ungefährlich, aber bei Berührung schmerzhaft, dies selbstverständlich auch für Kinder. Wenn Kinder im Garten spielen, sollte man also nicht vergessen, entsprechende Vorkehrungen zu treffen. Den Erdleitungspol des Weidezaungerätes kann man anstatt an einen 80 Zentimeter langen Erdspieß aus Metall an den Blitzableiter oder einfach an den vorhandenen Gartenzaun legen, wenn nicht nur sein Gitter, sondern auch seine Steher aus Metall sind. Den sogenannten „heißen" Pol schließt man an den von der Umgebung isoliert gespannten Elektrozaun an. Geeignete Isolierrollen bezieht man am besten aus dem Fachhandel; dasselbe gilt für das Abspannmaterial und das Weidezaungerät selbst.) Eine solche Vorrichtung ist vielfach bewährt. Ich möchte jedoch auf mehrfache Beobachtungen aufmerksam machen: Katzen können zwar aus einem so präparierten Grundstück nicht entweichen, aber es wird gelegentlich passieren, daß eine fremde Katze in den Garten hineinspringt, diesen dann aber selbständig nicht wieder verlassen kann.

Wenn man nicht möchte, daß Teppiche und Polstermöbel durch Krallen-Schärfen beschädigt werden, dann muß man dafür sorgen, daß für diese Komfort- und Demonstrationshandlung ein schräg aufgestelltes und ordentlich befestigtes

Kletterbaum mit Sitzbrett.

29

Stück Baumrinde oder ein mit möglichst rauhem Teppich überzogenes Brett jederzeit zur Verfügung steht. Auch ein sogenannter Kletterbaum mit Sitzbrett, wenn sein Stamm mit einem groben Tau sorgfältig umwickelt ist, kann Katzen als willkommener Kratzbaum dienen und ist vollwertiger Ersatz für echte Bäume, was den Wunsch jeder Katze anbelangt, von hoher Warte auf das Geschehen in der Umgebung herunterblicken zu können.

Wird trotzdem ein anderer Gegenstand zum Krallen-Schärfen „mißbraucht", dann nehmen Sie das Kätzchen sanft weg, tragen es zu seinem Kratzbrett und führen ihm dort die Pfoten. Nur bei ganz hartnäckigen „Rückfallstätern" können Sie versuchen, mit einem zusammengerollten Blatt Papier in flagranti(!) auf die Vorderpfoten zu klopfen, doch muß man auch dann die Katze sogleich zum Kratzbrett setzen und ihr unter Streicheln und liebkosenden Worten die Pfoten so führen, als täte sie selbst nun das, was sie ausschließlich nur hier tun sollte. Die meisten Katzen begreifen sehr schnell, allerdings halten sich nicht alle daran! Konsequenz und Geduld ist auch hier von besonderer Notwendigkeit und wirksamer als Brutalität. Bei vielen Katzen genügt als „Strafreiz" – wenn man will, daß sie eine Tätigkeit unterlassen sollen – ein lautes Wort, etwa das Wort „Nein". (Niemals sollte man den Namen der Katze laut gesprochen als Hemmreiz mißbrauchen.) Auch ein kleines Stückchen Aluminiumkette (Eloxalschmuck), wenn zu Beginn einer unerwünschten Tätigkeit wortlos der Katze zwischen die Füße geworfen,

Niemals, außer im Augenblick der jeweiligen „Straf"-Situation, darf die Katze das Klirren des dicht neben ihr auf dem Fußboden auftreffenden Aluminiumkettchens hören, sonst verliert es seine „magische" Wirkung. (Es darf durchaus auch einmal die Katze auf den Rücken treffen oder ihr zwischen die Füße fahren: es wiegt ganze 5 Gramm.)

30

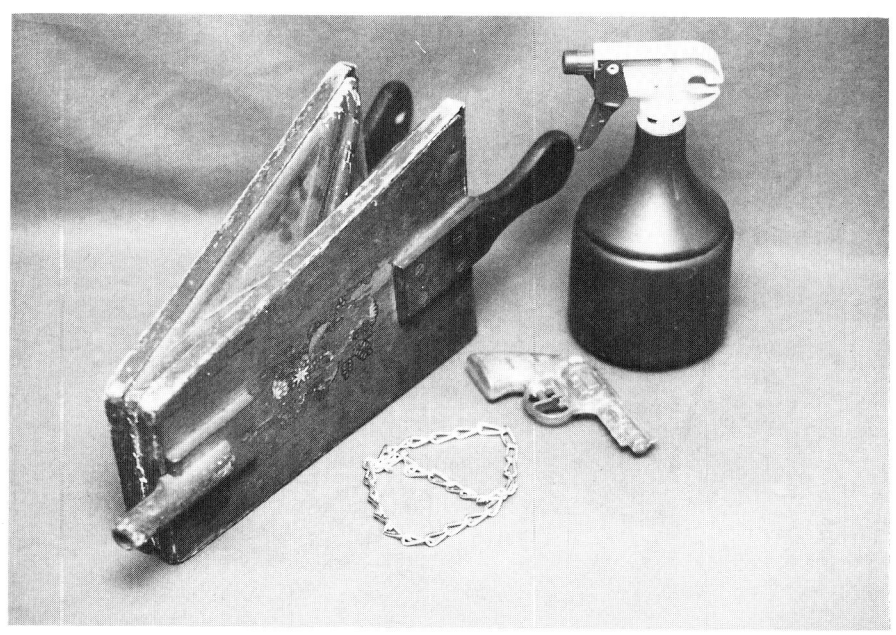

Die „Bösewichter" mit den „Hemmreizen" – sie treten immer unerwartet in Aktion! (Je seltener sie erscheinen, um so wirksamer sind sie.)

ohne daß sie darauf gefaßt ist und den Werfer sehen kann, ist ein geeigneter Hemmreiz in der Unterlassenserziehung. Wenn man nicht möchte, daß die Katze auf den Tisch springt oder die Vorhänge zum Fangenspielen mißbraucht, dann eignet sich ebenfalls die Anwendung dieses Kettchens, sofern man darauf achtet, dieses stets im Augenblick des Beginns der unerwünschten Tätigkeit in Aktion treten zu lassen. Ein weiteres geeignetes Hilfsmittel, um einer Katze das Aufsuchen einer Örtlichkeit oder die Ausführung einer unerwünschten Tätigkeit zu verleiden, ist das Ins-Gesicht-Blasen von Luft mit einem Blasebalg oder von Wasser mit einer Spielzeugspritzpistole oder einer Blumenspritze. Keinesfalls sollte man eine Katze schlagen!

Jeglicher Strafreiz ist sinnlos, wenn er erst später, nach längst vollzogener Handlung stattfindet. Ich lehne daher den Ausdruck „Strafe" in der – nun einmal nicht ganz verzichtbaren – „Katzenerziehung" überhaupt ab. Nur zu leicht suggeriert dieser Ausdruck unangebrachte Ideen von Gerechtigkeit oder Moral. Der-

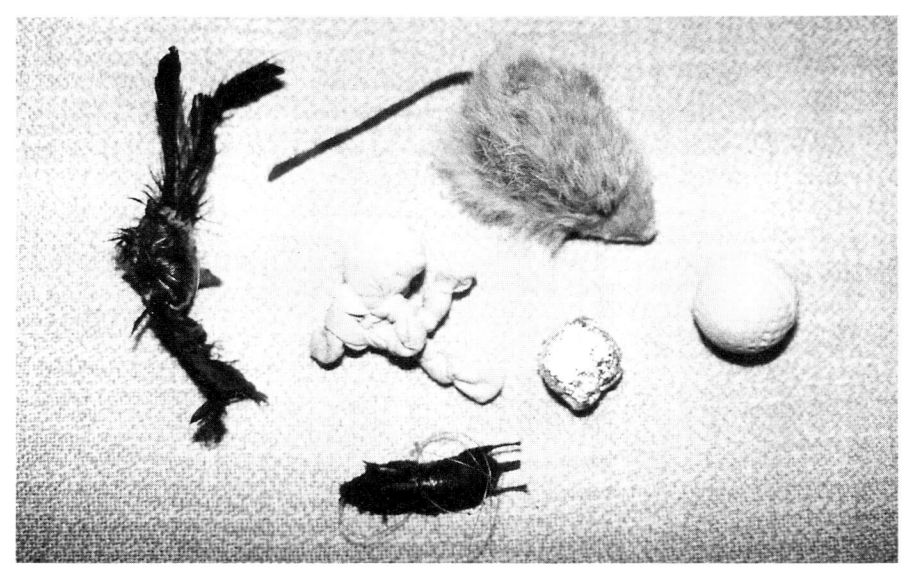

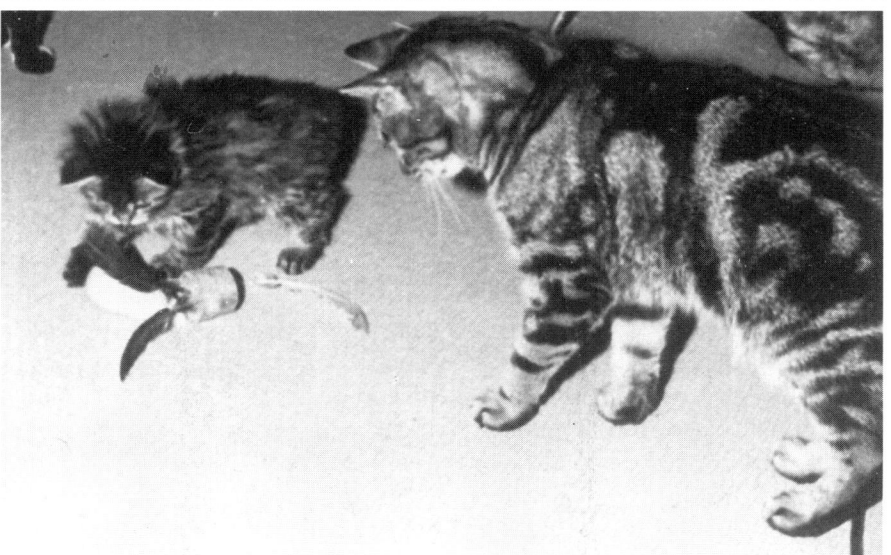

oben: Diverse Spielgegenstände.
unten: Katzen spielen mit Feder-Kork.

artige unzutreffende Vermenschlichungen wurden in der Tierpsychologie schon vor vielen Jahrzehnten abgelegt!

Da die Krallen der Katze bei Stubenhaltung gelegentlich zu lang wachsen, ist in vielen Fällen deren regelmäßige Kürzung notwendig. Dies überlasse man aber lieber dem Tierarzt.

Als Katzenspielzeug muß beileibe kein hochwertiges Stofftier aus edlem Material angeschafft werden. Oft wecken bereits eine Stanniolkugel (aus Aluminiumbratfolie) oder eine Papierkugel, ein Tischtennisball und die obligate Fellmaus den Spieltrieb. Viele Katzen können sich über Stunden mit einem an einem langen Faden aufgehängten Papierkügelchen hingebungsvoll beschäftigen. Auch ein Korkstück mit aufgesteckten Federn ist ein beliebtes Beutespielzeug.

Wenn man möchte, daß einen die Katze später ins Grüne begleitet und daß längere Autofahrten von ihr nicht als qualvoll empfunden werden, dann sollte man möglichst schon vor dem 3. Lebensmonat damit beginnen, der Katze stundenweise das Brustgeschirr umzugeben, und mit ihr kurzzeitig an der Leine aus dem Haus gehen. Freilich darf man nicht erwarten, daß eine Katze wie ein Hund auf Befehl bei Fuß begleitet. Dem uns verträumt anmutenden Wesen einer Katze im Freien muß man mit Geduld Rechnung tragen können. Das Auto wird zu einem angenehm getönten Ort, wenn man einige Male die Katze dort füttert, ausgiebig

Katze an der Leine im Freien.

33

streichelt, bzw. bei stehendem Wagen sich mit der Katze ausgiebig beschäftigt, auch spielt.

Tägliche Streicheleinheiten und tägliches Spiel mit der Katze, gleichgültig wie alt sie ist, ist für ihr Wohlbefinden notwendig. Obwohl eine Katze kein so ausgeprägt soziales Lebewesen wie der Hund ist, halte ich es für zweckmäßig, eine zweite Katze anzuschaffen, wenn alle Familienmitglieder berufstätig sind und ein solches Tier sonst regelmäßig viele Stunden völlig allein sein müßte.

Werden mehrere Katzen auf begrenztem Raum gehalten, wie etwa in einer Wohnung, vertragen sie sich meistens durchaus. Obgleich in einem solchen Fall die Katzen vom Menschen zu einem Gemeinschaftsleben gezwungen werden, das nicht immer ganz − bestenfalls teilweise − ihrer natürlichen Lebensform entspricht (es wird später in diesem Buch noch ausführlich auf diese Belange eingegangen), kommen sie nur selten auf den Einfall, sich innerhalb dieser Gemeinschaft eine bestimmte Rangposition erkämpfen zu müssen, wie dies Hunde täten. Das heißt allerdings nicht, daß Katzen eine Rangordnung völlig unbekannt ist. Es gibt Situationen, in denen sie sehr sinnfällig auf eine solche achten. Doch das sind nur einzelne, bestimmte Situationen. Das Meutetier Hund hingegen muß immer erst klären, welcher Rang ihm auf der sozialen Stufenleiter zusteht, vorher wird kein Frieden gehalten. (Bei annähernd gleich starken Hunden kommt es daher bei vielen Anlässen immer wieder zu Raufereien.) Auch Katzen zeigen in der Zwangsgesselligkeit Sympathien und Antipathien. Aber an sich lebt jede Katze in ihrer eigenen „Persönlichkeitshülle“, hält auf Distanz (sogenannte „Individualdistanz“) und möchte, wenigstens zeitweilig, eine Art Privatleben führen. Am sinnfälligsten wird der Unterschied zwischen Katzengesselligkeit und Hundegesselligkeit dann, wenn man mehrere Zimmerkatzen gleichzeitig ins Freie läßt: Zumeist verstreut sich die ganze Gesellschaft sofort in alle Winde. Kaum zwei nehmen den gleichen Weg. Jeder ist für sich beschäftigt, das Territorium zu erkunden. Wie ganz anders dagegen verhalten sich Hunde in einer solchen Situation: Sie rennen alle zusammen in eine Richtung, die letzten eifrig bemüht, den Anschluß an die davontosende Spitze nicht zu verlieren. Diese Beobachtung, von Fiedelmeier vor Jahren einmal mitgeteilt und jederzeit wiederholbar, illustriert die Unterschiede in der sozialen Struktur zwischen Katzen und Hunden am sinnfälligsten.

Die so oft zitierte Feindschaft zwischen Hund und Katze entsteht aus den unterschiedlichen Verhaltensweisen und der konträren Körpersprache. Ein draufgängerischer Hund, der in vollem Tempo auf eine Katze zusteuert, kann durchaus auf ein gemeinsames Spiel aus sein. Die Katze aber sieht in dem stürmischen Annähe-

34

Hund und Katze im Körbchen gemeinsam schlafend.

rungsversuch einen Angriff und sucht ihr Heil in der Flucht. Hingegen kommen Tiere, die aneinander gewöhnt oder gar gemeinsam aufgewachsen sind, meist gut miteinander aus, da sie die Verhaltensweisen des anderen aus der Erfahrung gut kennen. Es ist daher keine Seltenheit, daß Hund und Katze friedlich vereint Seite an Seite im gleichen Korb schlafen. (Mit der angeborenen Körpersprache der Katze und damit, was Katzen alles lernen können, werden wir uns im Verlaufe dieses Buches noch ausführlich zu beschäftigen haben.)

Während der Hund einen übergeordneten Meutengenossen − z. B. den Menschen als „Leithund" − von Natur aus braucht, bedeutet Katzenhaltung Partnerschaft. Wir Menschen werden nie über die Katze herrschen können, sondern immer ihre Eigenheiten akzeptieren müssen. Mit viel Liebe und Geduld werden wir eine Katze erziehen, aber niemals abrichten können. Es ist jedoch keine unbillige Forderung und tut dem Wohlbefinden der Katze keinen Abbruch, sie daran zu gewöhnen, gewisse Dinge in der Wohnung nicht zu tun. Die beste Möglichkeit, sogenannten „Untugenden" generell vorzubeugen, besteht ohne Zweifel darin, sich mit seiner Katze möglichst viel zu beschäftigen, damit sie nicht auf „dumme Gedanken" kommen kann. Regelmäßige Belohnung nach Erfüllung einer erwünschten Aufgabe ist auch für eine Katze eine starke Motivation zum Lernen. In vielen Fällen ist es zweckmäßiger, zu unerwünschtem Verhalten verleitende Umweltgegebenheiten durch geschicktes Arrangement zu vermeiden, als mit

Hemmreizen vorgehen zu müssen. So könnte man z. B. zu tief herabhängende Vorhänge in einem Zimmer, in dem ein junges Kätzchen aufwächst, einfach höher hängen, damit deren Ende nicht erreicht werden kann. Trotz aller Bemühungen können Situationen eintreten, gegen die die Katze protestiert, anstatt sich daran zu gewöhnen. So etwa sind laut arbeitende Handwerker in der Wohnung – manchmal auch nur in der Nachbarswohnung – Katzen oft ein Greuel und können ihnen das Dasein so verleiden, daß es zu neurotischen Reaktionen kommt. (Dazu kann auch der plötzliche Verlust der Stubenreinheit gehören.) Auch das plötzliche Auftauchen neuer Hausgenossen – gleichgültig, ob ein Partnerwechsel des Besitzers erfolgte, ob es sich um Familienzuwachs handelt oder ob ein weiteres Heimtier angeschafft wurde, ja selbst die Anschaffung neuer Möbelstücke, die Urlaubsabwesenheit eines geliebten Familienmitgliedes oder der Arbeitsstättenwechsel der Hauptbezugsperson der Katze, wenn er mit Veränderung der bisher gewohnten Fütterungszeiten verbunden ist, kann zu vorübergehenden oder hartnäckig anhaltenden Verhaltensstörungen führen.

Eine Katze, die nicht von frühester Jugend an daran gewöhnt ist, mit dem Besitzer die vertraute Wohnung zu verlassen, ist oft zu sehr an das gewohnte Territorium gebunden, als daß es ihr Vergnügen bereiten würde, ihre menschlichen „Mitkatzen" in den Urlaubsort zu begleiten. Noch unangenehmer empfinden es behütete und liebevoll umhegte Stubenkatzen, während einer Urlaubsabwesenheit ihres Besitzers im Käfig einer Tierpension eingestellt sein zu müssen. Wenn auch große individuelle Unterschiede im Ertragen solchen zwangsweisen Ortswechsels unter Katzen bestehen, so ist sicher die beste Lösung für die meisten Stubenkatzen, während der Abwesenheit ihrer Familienmitglieder an Wochenenden oder zur Urlaubszeit in der gewohnten Umgebung verbleiben zu dürfen und von einer verläßlichen Nachbarin oder einer Katzensitterin dort zweimal täglich kurz mit Streicheleinheiten, Futter und Katzenklosäuberung notversorgt zu werden. In größeren Städten haben sich sogenannte Katzensitterclubs konstituiert, deren Mitglieder als gegenseitige Hilfe sich solche Dienste erweisen. Auch eine Versorgung bei Freunden ist möglich, soferne die Katze Gelegenheit hatte, die anderen Personen und deren Wohnung schon öfters kurzzeitig vorher kennenzulernen. Sollte wirklich ein Aufenthalt in einer Katzenpension nicht zu umgehen sein, dann denke man an die dort immer bestehenden Infektionsmöglichkeiten und vergesse nicht, die notwendigen Nachimpfungen rechtzeitig, also einige Wochen vor dem geplanten Aufenthalt und nicht erst am letzten Tag vornehmen zu lassen. Da gute Pensionen natürlich gerade zur Urlaubszeit überfüllt sind, sollte man den geplanten Aufenthalt möglichst frühzeitig dort anmelden. Auch wenn man eine Katze ins Ausland mitnimmt, braucht man Impfungen und Gesundheitszeugnis. Man erkundige sich deshalb mindestens 6 Wochen vor der geplanten Abreise beim jeweiligen Konsulat nach den aktuellen Impfvorschriften, da diese nicht in allen Ländern gleich sind und sich auch häufig ändern.

Es gibt mehrere Möglichkeiten, eine Katze hochzuheben. Eine Mutterkatze trägt ihre Jungen mit den Zähnen am Nackenfell. Durch einen Instinktmechanismus verfällt das Jungtier dabei in sogenannte Tragestarre. Wenn man die Natur nachahmend eine Katze mit dem Nackengriff hochhebt, so wird dies von vielen Zuschauern als roh empfunden. Dies ist verständlich, denn unbewußt identifiziert der Mensch die Katze als Pflegling mit einem menschlichen Baby. Ein Baby bei der Genickhaut erfassen zu wollen, um es zu tragen, wäre gewiß eine Rohheit. Nun ist aber menschliches Brutpflegeverhalten und kätzisches Brutpflegeverhalten völlig verschieden. Man könnte freilich einwenden, daß eine erwachsene Katze viel schwerer als ein junger Katzenwelpe ist und daher bei Anwendung dieses Griffes zumindest eine Unterstützung des Bauches oder des Beckens

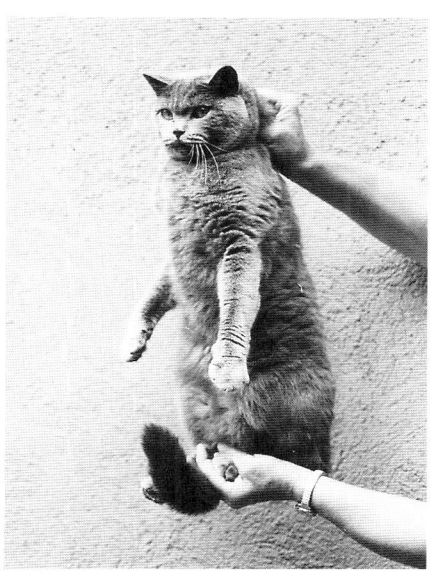

Mutterkatze, ihr Junges tragend. Nackengriff mit Unterstützung der Hinterbeine.

mit der zweiten Hand unbedingt notwendig sei, um der Katze nicht weh zu tun. Dies ist sicher ein Argument. (Dem könnte allerdings entgegengehalten werden, daß auch ein Löwenbaby, das schwerer als eine erwachsene Hauskatze ist, von seiner Mutter mit den Zähnen an seiner Genickhaut getragen wird.)

Bei der Erprobung der Möglichkeiten, eine Katze auf andere Weise hochzuheben, auf eine Weise, die gleichermaßen dem menschlichen Empfinden wie den kätzischen Bedürfnissen Rechnung trägt und doch sicher gegen Absturz ist, stieß man auf die Möglichkeit des sogenannten Brustgriffes und des Schultergriffes. Beim Brustgriff geht man so vor, daß man, nach ein- bis mehrmaligem Streicheln über Kopf und Rücken, die Hand über die seitliche Brustwand entlang bis zur Unterbrust gleiten läßt, um das Tier von dort her unterstützend hochzuheben; die andere Hand kann dabei unterstützend das Becken umfassen. Beim Schultergriff umfassen beide Hände die Seitenbrust der Katze so, daß jeweils der Oberarm des Tieres oberhalb des Ellenbogengelenkes zwischen Mittel- und Zeigefinger zu liegen kommt, auf diese Weise die Ellenbogengelenke streckend. Die Daumen liegen dann auf dem Rücken des Tieres, die Zeigefinger liegen dem Hals eng an, die Fingerspitzen müssen sich unter dem Hals berühren. Der Vorteil dieses Haltegriffes, schreibt Kollege Brummer, der sich damit eingehender befaßt hat, liege darin, daß die Tiere ihn nicht als Fixierung empfinden und daß Kopf und Vordergliedmaßen zuverlässig unter Kontrolle gebracht werden.

Brustgriff.

38

Um eine Katze über längere Strecken sicher mit einer Hand zu tragen, verfährt man so: Beide Vorderbeine werden mit der Hand umgriffen, das Gewicht des Tieres ruht auf dem Unterarm, der Hinterkörper wird zwischen Ellbogen und Hüfte der Trageperson sanft festgeklemmt.

Derselbe Kollege hat sich auch mit der wissenschaftlichen Erforschung und Erprobung praktischer Möglichkeiten beschäftigt, wie man am zweckmäßigsten eine entlaufene Katze einfangen sollte. Er schreibt zu diesem Thema (Wiedergabe gekürzt): „Befindet sich eine entwichene Katze in einem Gebäude, so sucht sie dort die ihr geeignet erscheinende Deckung auf. Deshalb soll man in einer solchen Situation zuerst Fenster und Türen schließen und dann systematisch offene Schränke und ähnliche deckungsbietende Räume absuchen. Entweicht eine Katze in fremder Umgebung aus dem Auto, so ist dem Besitzer zu raten, die Suche auf die nächste Umgebung zu konzentrieren, auch wenn seither Stunden vergangen sind. Solche Katzen verlassen oft erst nach Stunden ihre Deckung und suchen dann früher oder später in der Nähe gelegene Häuser auf.

Besonders Hauskatzen werden häufig durch unsachgemäßes Verhalten des Menschen erst recht zur Flucht getrieben und können deshalb nicht ohne weiteres eingefangen werden. Es ist falsch, einem solchen Tier geradewegs nachzulaufen, denn auf diese Weise gerät das Tier erst recht in Fluchtstimmung, während eine nichtverfolgte Katze alsbald die nächstgelegene Deckung aufsucht. Bei der Katze mit einer Flucht in die Deckung wird durch Verfolgen das Aufsuchen der Deckung nur verzögert, die Katze erhöht ihre Fluchtgeschwindigkeit und kann erst ein Versteck aufsuchen, wenn sie aus dem Gesichtskreis des Menschen verschwunden ist. Unternimmt man jedoch nichts, so sucht eine entwichene Katze sofort die Deckung auf und verharrt dort zunächst. Diesen Vorgang soll man abwarten und dann gezielte Aktionen zum Fang einleiten. Unter anderem kann man dazu so vorgehen, daß man einen Punkt neben und hinter der Katze anvisiert, wenn man auf sie zugeht. Auf diese Weise bezieht die Katze die Annäherung nicht auf sich und bleibt in ihrer Deckung. Ist man bei ihr angelangt, wendet man sich ihr zu und kann sie meistens ergreifen. Manche Katzen kommen in dieser Situation auch von selbst auf den Menschen zu, wenn man sie lockt."

Das vom Nobelpreisträger Konrad Lorenz patronierte „Institut für Interdisziplinäre Erforschung der Mensch-Tier-Beziehung" (IEMT) in Wien gibt unter dem Titel „Rund um die Katz" eine kleine Broschüre zur Verteilung durch Tierärzte an Katzenhalter aus, in der zum Problem „Nachwuchs − ja oder nein" folgendes zu lesen steht:

„Es gibt nichts Entzückenderes als junge Kätzchen, die tollpatschig über ihre eigenen Füße fallen und frappierende Ähnlichkeit mit flauschigen Wollknäueln haben. Trotzdem − und gerade deswegen − sollte sich jeder Katzenbesitzer ganz genau überlegen, ob seine Katze Junge haben soll oder nicht. Gibt es doch bereits so viele herrenlose, streunende und ausgesetzte Katzen.

Wer nicht ganz sicher ist, daß er für seinen Katzennachwuchs gute Plätze finden wird, sollte von der Zucht Abstand nehmen. Der fromme Vorsatz ‚Wir werden sie schon irgendwo unterbringen' führt nur selten zum Erfolg.

Die beste Methode, Katzen und Kater vor ungewollter Vermehrung zu schützen, ist die Kastration. Dieser operative Eingriff wird vom Tierarzt durchgeführt und ist für die Patienten völlig ungefährlich. Die Meinung, Katzen würden dann fett und träge, ist ein Aberglaube: Katzen werden nur dann fett, wenn sie falsch gefüttert werden, also etwa mit menschlichen Speiseresten.

Neben dem gewünschten Effekt der Unfruchtbarkeit hat die Kastration noch weitere, für den Menschen durchaus angenehme Nebeneffekte: Weibliche Katzen schließen sich dem Menschen enger an, da sie nicht mehr ‚rollig' werden und keine Sehnsucht mehr nach dem Kater verspüren. Auch Kater werden ruhiger und rennen nicht mehr ins Freie, um eine Katzendame zu suchen. Über den Zeitpunkt des Eingriffes sollte der Tierarzt entscheiden, da er von Katze zu Katze unterschiedlich ist."

Aus Tierschutzgründen möchte ich mich diesen Ausführungen inhaltlich voll anschließen!

Vor allem Besitzer von Edelkatzen werden aber oft auf die Zucht nicht verzichten wollen. (Hier ist auch die Unterbringung des Nachwuchses problemloser.) In diesem Falle sollte man aber dem örtlich zuständigen Katzenzüchterverein beitreten, dessen Dienste man ohnehin zur Ausstellung der Stammbäume in Anspruch nehmen muß. Auch ist es in solchen Fällen notwendig, weitere Literatur zu studieren. So z. B. über Katzenzucht, über Vererbungsfragen, über Rassestandards und Ausstellungswesen. Wußten Sie z. B., daß es zur Zeit an die dreißig Katzenrassen mit zahlreichen Unterrassen gibt, die zur Aufstellung von bisher 304 Rassestandards geführt haben?

Von Büchern für Laien über Katzenkrankheiten halte ich wenig, auch wenn sie noch so gut geschrieben sind, wie z. B. das von McGinnis. Allzu leicht wird der Katzenhalter dazu verführt, mit Selbstbehandlungsversuchen kostbare Zeit zu fachgerechter Ausheilung einer Gesundheitsstörung zu vergeuden, die unter Umständen unwiderbringlich verloren ist. Vor jedem Behandlungsversuch muß eine präzise Diagnose stehen — eine zutreffende Diagnose zu stellen, ist aber ohne gründliche medizinische Vorbildung und ohne Einsatz vieler, nur dem Tierarzt zur Verfügung stehender Hilfsmittel nicht möglich. Es gibt Katzenkrankheiten, die selbst vom Fachmann nicht immer auf Anhieb ganz so leicht diagnostizierbar und von anderen ähnlich verlaufenden sicher zu unterscheiden sind. Ein gewaltiges Rüstzeug — von medizinischen Labormethoden bis zur Röntgenuntersuchung — und viel einschlägige Erfahrung ist da oft nötig! Wohl aber kann eine aufmerksame, regelmäßige Selbstkontrolle Ihres Tieres eine Früherkennung von Krankheiten erleichtern.

Bekanntlich können Katzen nichts sagen. Daher werden Krankheiten vom Besitzer häufig erst in einem sehr vorgeschrittenen Stadium wahrgenommen. Oft kann der Tierarzt dann entweder gar nicht mehr helfen, oder es besteht nur noch eine geringe Aussicht auf Heilung. Gesundheitsvorsorge kann, ebenso wie beim Menschen, die Lebenserwartung einer Katze wesentlich erhöhen. Durch systematische tierärztliche Untersuchungen in wenigstens jährlichen Abständen können viele Krankheiten bereits im Frühstadium erkannt werden. So wird eine Behandlung schon möglich, noch bevor erhebliche, deutlich sichtbare Krankheitserscheinungen auftreten oder gar irreparable Schäden vorhanden sind. Sie müssen den Tierarzt zur Vornahme der jährlich notwendigen Auffrischungsimpfungen ohnehin regelmäßig aufsuchen. Wenn Sie da auch möglichst frisch abgesetzten Harn und ein kleines Stückchen Kot zur Untersuchung mitbringen und präzise Angaben über alle Ihnen an der Katze aufgefallenen Veränderungen machen können, erleichtern Sie wesentlich eine gründliche Vorsorgeuntersuchung. Insbesondere notieren Sie sich auffällige Veränderungen, die folgende Körperregionen bzw. -funktionen betreffen:

Haarkleid; Augen; Gehörgänge; Zähne; Bauch; After; Penis und Hoden oder Scheide; Stuhlkonsistenz; Urinfarbe und -menge; Durst; gehäuftes Erbrechen; Appetitlosigkeit oder -steigerung; Ernährungszustand. Bei offensichtlich plötzlichen Veränderungen des Allgemeinbefindens der Katze können Sie auch eine Temperaturkontrolle vornehmen (dies geschieht mit einem menschlichen Fieberthermometer, etwas eingeölt in den After eingeführt). Die normale Körpertemperatur beträgt bei Katzen 38 bis 39,3 Grad Celsius. Abweichungen von diesen Werten sollten Sie schleunigst zum Tierarzt führen. In vielen Fällen aber liegt eine ernste Gesundheitsstörung vor, ohne daß die Körpertemperatur von ihren Normalwerten abweicht. Jeder auffällige Befund, auch vermehrter Speichelfluß, ein Nasen- oder Augenausfluß, ein veränderter Körpergeruch, vermehrtes Kopf-Schütteln oder längeres Kopf-schief-Halten und dergleichen mehr, sollte Sie alarmieren und zu möglichst umgehender tierärztlicher Kontrolle veranlassen.

Über einige Sofortmaßnahmen zur Hilfe bei Notfällen sollten Sie Bescheid wissen:

Bißverletzungen (erkenntlich an: oft nur kleinen Wunden, die die Haut durchdringen, aber starke Abhebungen der Unterhaut hervorrufen können. Manchmal handelt es sich auch um tiefe Fleischwunden, starke Blutung, Knochenverletzungen). Sofortmaßnahmen bis zur tierärztlichen Untersuchung: keine Desinfektionsmittel in die Wunde bringen, saubere Verbände; der Verband darf jedoch nicht einschnüren; Blutstillung nur durch Verband.

Durchfall (erk. an: Entleerung von dünnflüssigem Kot, der auch gelbbraun bis blutig sein kann; vermehrtem Kotabsatz). Sofortm.: kein Futter mehr reichen; als Flüssigkeit leichten russischen Tee oder Kamillentee körperwarn anbieten; warmhalten; keine Arzneimittel eingeben!

Erbrechen, Speichelfluß (erk. an: Würgebewegungen, Entleerung von Futter und Schleim oder weißem Schaum aus dem Mund; dies wiederholte Male). Sofortm.: Nahrung und Flüssigkeit entziehen (es besteht Verdacht auf Vergiftung, Fremdkörper, Halsentzündung oder Infektionskrankheiten).

Insektenstiche (erk. an: Schwellungen an den Lippen und im Kopfbereich, runden Schwellungen der Haut; durch Allergie gelegentlich auch Nesselausschlag). Sofortm.: Stachel entfernen; Gifteindringstelle kühlen − z. B. durch „Diana mit Menthol" (wegen möglicher Erstickungsgefahr möglichst rasch zum Tierarzt!).

Krampfanfälle (erk. an: Muskel-Zittern, eventuell auch Speichelfluß; ge-krümmter Körperhaltung, Bewegungsstörungen bis zu Bewußtlosigkeit). So-fortm.: nicht in die Mundgegend greifen! Nichts eingeben! Auf den Boden legen; zum Transport Decke unterbreiten.

Überwärmung, wie Hitzschlag, Sonnenstich (erk. an: starkem Hecheln; in schweren Fällen bestehen Krämpfe bis zur Bewußtlosigkeit). Sofortm.: Abküh-len durch In-den-Schatten-Legen, Abspülen mit kaltem Wasser.

Unfall (erk. an: sichtbaren Verletzungen und/oder Verdacht auf innere Verlet-zungen – mit oder ohne Benommenheit). Sofortm.: Tiere ruhig lagern; Blutstil-lung durch lockeren Verband; zum Transport Decke unterbreiten und vorsichtig heben und legen. (Vorsicht, Biß- und Kratzgefahr: verletzte Tiere machen Ab-wehrbewegungen!)

Vergiftungsverdacht (erk. an.: Erbrechen, Durchfall, Benommenheit bis Be-wußtlosigkeit, häufig Krämpfen, gelegentlich Blutungen aus den Körperöffnun-gen). Sofortm.: umgehend den Tierarzt verständigen! Tierkohle eingeben, wenn dieser nicht sofort erreichbar ist. Wenn möglich, Feststellung des Giftes bzw. Mit-bringen zerbissener Arzneipackungen oder Behältnisse von vermutlich aufge-nommenen Pflanzenschutzmitteln und dergleichen zum Tierarzt.

Viele Medikamente, die sich bei menschlichen Kindern, und auch solche, die sich bei Hunden bewähren, sind für Katzen giftig; das gilt z.B. auch für das so harmlose Aspirin! Es kann daher nicht oft genug vor eigenmächtigen Behand-lungsversuchen gewarnt werden. Viele Zimmerpflanzen sind giftig. Wurden sol-che angefressen, dann Pflanze zum Tierarzt mitbringen, soferne deren Trivial-name und lateinischer Name nicht sicher bekannt sind.

Manchmal wird es – über tierärztliche Anweisung – notwendig sein, daß Sie Ihrer Katze Medikamente eingeben müssen. Zweckmäßigerweise wickelt man das Tier behutsam in ein Badetuch, das um Hals und Brust geschlungen wird. Mit einer Hand strafft man das Handtuch im Nacken der Katze, während die andere Hand Tropfen oder Pillen bereithält. Wenn es um Tabletten geht, sollte die Katze so plaziert werden, daß ihr Gesicht von Ihnen abgewendet ist. Der Überra-schungsmoment ist Ihr bester Verbündeter. Die Pille kommt zwischen Daumen und Zeigefinger der freien Hand, während die andere Hand sachte, aber mit et-was Druck den Kopf hinter den Zähnen des Tieres erfaßt. Unwillkürlich öffnet die Katze dann den Mund. Möglichst rasch soll man dann die Tablette so weit wie möglich in den Rachen schieben. Anschließend massiert man den Hals ein wenig, bis die Katze geschluckt hat. Muß ein Pulver eingegeben werden, dann sollte man dieses nur mit so viel Nahrung vermischen, daß dessen Eigengeschmack überdeckt wird. Erst nach der Aufnahme der präparierten Futterbissen darf die restliche Mahlzeit gereicht werden. Zur Eingabe flüssiger Arzneimittel bedienen Sie sich am besten einer Plastikspritze (ohne Nadel). Hüten Sie sich jedoch davor, mit kräftigem Strahl zu viel auf einmal in das Mäulchen zu spritzen, sonst könnte sich die Katze verschlucken oder die Medizin gar in die Lunge gelangen.

Eine gut gehaltene Stubenkatze erreicht nicht selten ein Alter von 12 bis 14, ja manchmal sogar 16 bis 18 Jahren und mehr. So wie alte Menschen brauchen auch alte Heimtiere besondere Pflege, viel Ruhe und Wärme. Überanstrengungen, Herumtoben, wilde Fangspiele sind zu vermeiden. Ähnlich wie bei alten Menschen sollte die Nahrungsmenge reduziert und auf mehrere kleine Mahlzeiten am Tag verteilt werden. Möglichst körperwarmes Trinkwasser sollte häufig gereicht werden oder immer bereitstehen. Zähne und Zahnfleisch sind häufig ein wunder Punkt bei alten Katzen; das Gebiß sollte man daher etwa alle sechs Monate vom Tierarzt inspizieren und gegebenenfalls sanieren lassen. Zeigt die Katze Schwierigkeiten oder Schmerzen beim Fressen, ist der Tierarzt sogleich aufzusuchen.

Von natürlich lebenden, freilaufenden Katzen erreichen nur wenige ein so hohes Alter, wie es die meisten gut gehaltenen Heimtiere erreichen können. Dafür hat die Natur zum Ausgleich die Katzen mit hoher Fruchtbarkeit ausgestattet.

Mutterkatze, Junge säugend.

44

2 Deutungsmöglichkeiten des Verhaltens — einige Grundbegriffe

Um die Verhaltensbesonderheiten der Samtpfotigen optimal verstehen zu können — soweit das Menschen überhaupt möglich ist —, ist es notwendig, sich mit einigen Grundbegriffen der vergleichenden Verhaltensbiologie vertraut zu machen.

Wer einmal das Vergnügen hatte, aus nächster Nähe das gespannte Gesicht einer beutelauernden Katze vor einem Mauseloch zu beobachten oder einen Hund aus dem Schlaf erwachen zu sehen, kann sich des Eindruckes nicht erwehren, einem solchen Tier den Besitz eines mehr oder weniger klaren Bewußtseins zuzuschreiben. Noch zwingender wird dieser Eindruck, wenn man z. B. ein Säugetier aus einer Narkose erwachen sieht oder aus dem plötzlichen Bewußtseinsverlust durch einen epileptischen Anfall. Auch wenn man beobachtet, wie manche Tiere unter offensichtlicher Kenntnis ihrer sozialen Rangstellung ihre verschiedenen Aktionen und Reaktionen subtil auf das Vorhandensein eines anderen Partners abstimmen, wird man die (einige Jahrhunderte lang propagierte) Meinung, Tiere seien nichts anderes als zwar komplizierte, aber doch seelenlose Automaten, völlig unverständlich finden. Diese Einstellung hat dazu geführt, daß auch heute noch manchenorts ohne Gewissensbisse Tieren unsägliches Leid zugefügt wird.

Die Fragestellung nach der Art des Bewußtseins und der Beschaffenheit der subjektiven, als real erlebten Erscheinungen und Zustände ist Gegenstand der Psychologie im engeren Sinn. Um wenigstens annähernd zu ergründen, welche Verhaltensweisen überhaupt von Bewußtseinsvorgängen begleitet sind und welche Anteile unbewußt ablaufen — und warum dies vermutlich so ist —, hat man ausgeklügelte Experimente angestellt. Mit der Frage, ob es auch ein „Selbstbewußtsein" bei Tieren gibt, befaßt sich u. a. Hediger — die bisherigen Untersuchungsergebnisse zahlreicher Forscher zusammenfassend — in einem Beitrag zu dem Buch „Tierpsychologie — die biologische Erforschung tierischen und menschlichen Verhaltens" (herausgegeben von Stamm) — ein Band der umfassenden fünfzehnbändigen Enzyklopädie „Psychologie des 20. Jahrhunderts". Er belegt darin die Auffassung, daß und wieso wenigstens das Wissen vom eigenen Körper bei Tieren zahlreicher Arten der Forschung durchaus zugänglich ist und daß man mehrere Arten von Bewußtsein — gewissermaßen als Vorformen des menschlichen Bewußtseins – auch vom naturwissenschaftlichen Standpunkt her durchaus berechtigt ist anzunehmen. So verfügen viele, insbesondere aber die höheren Wirbeltiere ganz sicher über ein Wissen vom eigenen Körper (seiner Dimensionen, auch seiner Anhänge), vom eigenen Schatten, vom individuellen Eigennamen, vom eigenen Duft, von der eigenen sozialen Stellung, vom eigenen Spiegelbild und vom eigenen Heim (im Sinne einer Art erweiterten Körperumhüllung). Auch Thorpe kommt aufgrund vieler Tatsachen zu der Feststellung, daß etwas wie Bewußtsein im Laufe des Evolutionsgeschehens, also der stammesgeschichtlichen Entwicklung der Arten wohl mehrmals entstanden sein muß, ja er hält die Zahl der Beweise dafür, daß gewisse Formen von Bewußtsein im Tierreich auftreten, für geradezu überwältigend. Ein neuerer Autor, Griffin, widmet diesem Thema sogar ein ganzes Buch. Der Unterschied des den Tieren möglichen Bewußtseins zu dem des Menschen kann etwa folgendermaßen kurz und treffend charakterisiert werden: „Das Tier weiß, wie groß es ist, aber es weiß nicht, daß es das weiß" (Oeser) und „der Hund, der tolle Freudensprünge macht, weil er mit spazierengehen darf, ist froh, aber er weiß vermutlich nicht, daß er froh ist ....; da er zwischen sich und fremden Hunden unterscheidet und freundlich oder feindlich ist, hat er ein Selbstbewußtsein und Selbstgefühl, aber er weiß schwerlich, daß er es hat!" (Betz).

Hediger betont, daß es schwierig sei, die „Grenze des Bewußtseins" zu finden. Diese Grenze verläuft nämlich nicht im Einklang mit systematischen Einheiten; aber es spricht manches dafür, daß wir ein Körperbewußtsein außerhalb der Wirbeltiere nicht allgemein annehmen dürfen. Und selbst innerhalb der Wirbeltiere ist dieses nicht entsprechend der zoologischen Systematik verteilt.

Unter den verschiedenen Vertretern der Verhaltenswissenschaften werden auch heute noch sehr extreme Standpunkte eingenommen, was die Bewußtseinsfrage bei Tieren betrifft (z. B. Ebbecke, Wolf, Rensch). Ermisch versucht in seiner (gemeinverständlich gehaltenen) Darstellung, sich dieser Frage aus der Sicht des heutigen Wissens über Hirnphysiologie zu nähern. Letztendlich führt uns jedoch das Nachdenken über die Bewußtseinsfrage überhaupt weit hinein in die Philosophie (z. B. „Biologie der Erkenntnis" von Riedl). Es ist daher hier nicht der Ort, weiter auf dieses Thema einzugehen.

Während die Wissenschaft stets sehr vorsichtig bis ablehnend war, wenn es um die Zuerkennung von Bewußtsein bei Tieren ging, neigte volkstümliche Vermenschlichung tierlichen Verhaltens eher dazu, allzu bereitwillig bewußtes Denken und vorbedachtes, absichtsvolles Handeln einzuräumen, was gelegentlich bis zur Unterstellung moralischer bzw. unmoralischer Motivationen führte: So soll – wenn auch schon vor einigen Hundert Jahren – vor einem ordentlichen amerikanischen Gericht wegen einer Katze verhandelt worden sein: Die Anklage lautete auf fortgesetzten Mäusemord! Der Staatsanwalt kannte keinen Beweisnotstand, und so kam es angeblich wirklich zur Fällung eines rechtskräftigen Urteils. – Dies ist ein anderes Extrem, vertreten auch in dem bekannten Buch "Bamby" von F. Salten.

Niemand wird daran zweifeln, daß eine Katze niemals bellen lernen wird, selbst wenn man sie von Geburt an ausschließlich mit Hunden aufzieht. Trotzdem gab es einmal eine psychologische Schulrichtung (Behaviorismus), in der allen Ernstes die Behauptung aufgestellt wurde, alles Verhalten von Tieren und Menschen werde ausschließlich durch Lernen erworben!

Wie man sieht, ist Deutung tierlichen Verhaltens gar keine so einfache Sache, und auch auf unseren unmittelbaren Eindruck sollten wir uns nur mit Vorbehalten verlassen: Jedermann hat schon davon gehört, daß es in naher Zukunft möglich sein wird, Computer zu bauen, mit denen man sich regelrecht unterhalten kann; Computer, die so programmiert werden können, daß sie auch schöpferisch kombinieren, eigene Urteile fällen und sogar Gefühle in irgendeiner Art ausdrücken können. Uns wird das dann genauso vorkommen, als hätten diese Maschinen ein Bewußtsein!

Wer einmal versuchsweise an seinem Fernsehempfänger den Ton abstellt, wird feststellen, daß er den wesentlichen Vorgängen auf dem Bildschirm aufgrund der Bewegungen, der Gesten und des Gesichtsausdruckes der handelnden Personen trotzdem in gewissen groben Zügen folgen kann, gleichgültig, ob sich die dargestellte Liebesszene oder Streitszene in einem japanischen Film oder unter Afrikanern oder in unserem Kulturkreis abspielt. Das Nacherlebenkönnen eines Affektzustandes eines Mitmenschen – eines Artgenossen also – durch Beobachtung seines Ausdrucksverhaltens – seiner „Körpersprache" – ist uns weitgehend angeboren. Beobachten wir nun Vertreter einer Tierart, deren Verhalten wir nicht aus Erfahrung genau kennen, so meinen wir auch manchmal, Vorgänge verstehen zu können, weil wir unbewußt Ausdrucksweisen, die denen des Menschen ähnlich sind, so deuten, als wären es menschliche. Wie sehr man sich freilich mit solchen Vermenschlichungen täuschen kann, beweist vielfältige Erfahrung! So z. B. die uns „hochmütig" erscheinende Kopfhaltung eines Kameles oder ein knurrender Hund, der mit einem Spielzeug im Fang vor einer Person hin- und herspringt. Der Hundekenner wird aus Erfahrung wissen, daß dies ein Spielantrag ist, mit dem ein Hund einen anderen zum Balgen um die Scheinbeute auffordert. Einer im Umgang mit Hunden unerfahrenen Person wird die vermeintliche Bedrohung durch das Tier aber womöglich Angst einflößen.

Bei den meisten Säugetieren werden Stimmungen außer durch Körperhaltungen, Bewegungen und Lautgebungen durch charakteristische Ohren- und Schwanzstellung oder -bewegung ausgedrückt; auch durch Absonderung von Geruchsstoffen. Artgenossen verstehen dieses A u s d r u c k s v e r h a l t e n ohne vorheriges Lernen aufgrund angeborener Voraussetzungen. Der Mensch, der ja keinen Schwanz und unbewegliche Ohrmuscheln besitzt, kann derartiges nicht einmal vermenschlichend deuten, er versteht zunächst gar nichts. Erst aus der Erfahrung im Umgang mit einer Tierart lernt er die Bedeutung kennen und achtet darauf. Mit anderen Worten: Wir können über die Seelenzustände eines Tieres nur etwas erfahren, wenn wir sein Verhalten in den verschiedensten Situationen möglichst genau beobachten und nichts vorschnell vermenschlichend interpretieren. Letzteres würde uns nämlich häufig für weitere Beobachtungen und zutreffendere Deutungen blind machen. Dazu kommt noch eines: Jeder Mensch hat einen prinzipiell gleichen Gehirnaufbau wie sein Artgenosse. Daß bei gleichem Ausdrucksverhalten in vergleichbarer Situation subjektiv sehr Ähnliches erlebt wird, darf demnach angenommen werden. Trotzdem wissen wir, wie groß da noch die feineren Unterschiede sein können! Da jeder Mensch zudem die gleichen Sinnesorgane hat wie sein Artgenosse, präsentiert sich allen die sinnlich wahrnehmbare Umgebung prinzipiell gleich. Was wissen wir aber von der subjektiven Welt einer Katze, die mit ihren „Barthaaren" im Dunkeln den Weg durch ein Schlupfloch oder den Haarstrich ihres Beutetieres ertastet? Wie sieht die ultraviolette Farbe aus, die wir nicht sehen können, wohl aber eine Honigbiene? Was wissen wir von der subjektiven Welt eines Hundes, bei dem das Erleben von Geruchswahrnehmungen die Wertigkeit hat wie in unserer Welt etwa der optische Eindruck oder die Tastempfindung? Wir sprechen von „Einsehen" und „Begreifen"; hätten wir die Sinnesausstattung der Katzen oder Hunde, wir würden von Hörbildern, Riechbildern, „Erriechen" etwa sprechen müssen. Auch auf akustischem Gebiet sind uns unsere vierbeinigen Hausgenossen weit überlegen: Während wir Schwingungen bis höchstens 18.000 Hertz hören, sodaß wir alles, was darüber liegt, als Ultraschallbereich bezeichnen, nehmen beispielsweise Katzen noch Töne und Geräusche wahr, deren Schwingungen bei etwa 50.000 Hertz und darüber liegen. Von den subjektiven Empfindungen, die mit der Ultraschallecholotung der Fledermäuse verbunden sind, können wir nicht einmal den Schimmer einer Vorstellung haben; auch nicht von Geruchsqualitäten, die unsere Nase und die dazugehörige Hirnapparatur nicht verarbeitet.

Von dem konkreten inneren Erleben eines Tieres wird ein Mensch nie einen realen Eindruck haben können. Wie schon vor Jahren J. von Uexküll feststellte, lebt jedes Lebewesen gewissermaßen in einer Seifenblase seiner eigenen Welt, in der nur ein bestimmter Teil aus der objektiv vorhandenen „Umgebung an sich" vermittels seiner Sinnesorgane und des die Sinneseindrücke weiter verarbeitenden, angeborenen, artspezifischen Apparates als wirklich existiert. Diese Welten verschiedener Lebewesen können sich in manchen Bereichen überschneiden und teilweise sehr ähnlich sein, und in solchen Bereichen werden selbst Lebewesen weniger verwandter Art einander unter Umständen bis zu einem gewissen Grad verstehen können.

Tierpsychologie, will sie auf realem Boden bleiben und sich nicht in unbeweisbare Spekulationen und Wortspiele verlieren, kann also nur Verhaltensforschung sein. Freilich ist man auch dabei bemüht, nicht nur zu beschreiben, sondern den Sinn und die Art und Weise der verschiedenen Verhaltenserscheinungen auch zu deuten, naturwissenschaftlich zu erklären; etwa so, wie die Physiologie körperliche Vorgänge und die Zusammenarbeit der verschiedenen Organe eines Organismus zu begreifen sucht. Zu diesem Zweck darf man die Verhaltensäußerungen eines Tieres nicht losgelöst von seiner Umgebung zu verstehen versuchen, denn das Verhalten dient der wechselseitigen Bezugnahme zwischen Individuen und Umwelt, so, wie im Körper die Tätigkeit eines Organes sich auf die Funktion eines anderen Organes abstimmt, um einem übergeordneten Funktionsziel zu dienen.

So betrachtet, wird es nun auch verständlich, warum man ein Tier nicht einfach aus seiner natürlichen Umwelt, an die sich Generationen seiner Vorfahren angepaßt haben, herausreißen und in eine ganz andere hineinstellen kann, wie das in Laborexperimenten oft geschah und noch heute geschieht. In Tiergärten muß man sich beispielsweise der Mühe unterziehen, für eine verlorene Welt einen ähnlichen Ersatz zu bieten, wenn nicht mit erheblichen Verhaltens- und Gesundheitsstörungen oder gar dem baldigen Verlust eines neuen Zöglings gerechnet werden soll. Was als tiergerechte Haltung eines domestizierten Tieres anzusehen ist, ob beispielsweise die Haltung von Hühnern in kleinen Käfigen (Legebatterien) als Tierquälerei verboten werden sollte oder nicht, ist seit einigen Jahren Gegenstand heftiger Diskussionen und ernst zu nehmender wissenschaftlicher Erörterungen.

Ein besonders drastisches Beispiel: ein Pflanzen-fressender Waldbewohner, dessen Ahnen schon Jahrtausende in den Tropen lebten, kann in einer eisbedeckten Polarregion nicht bestehen. Er müßte nicht nur seine Wärmeregulation und seinen Verdauungsapparat, sondern auch alle seine Verhaltensweisen grundlegend verändern und den neuen Lebensbedingungen anpassen können. Eine Anpassung so weiten Rahmens ist aber nicht möglich, denn so, wie die Körpergestalt und die Funktionsweise — beispielsweise der Verdauungsorgane — angeboren und in artcharakteristischer Weise festgelegt sind, so sind es auch gewisse elementare Grundzüge des Verhaltens: Eine Muskelgruppe eines Beines z. B. kann nur so bewegt werden, wie ihre versorgenden Nervenbahnen sie zu erregen vermögen. Die Schaltmöglichkeiten dazu hängen aber vom Bau des Rückenmarks und der zentralen „Befehlsstellen" im Gehirn ab. Gewisse funktionelle Variationen von Individuum zu Individuum sind möglich, prinzipielle Grenzen sind aber arttypisch festgelegt und können nicht überschritten werden.

So, wie nun die Fähigkeiten zu bestimmten Bewegungsformen als stammesgeschichtliche Umweltanpassung angeboren sind — man spricht von E r b k o o r d i n a t i o n e n —, so ist auch rahmenweise festgelegt, in welcher Situation welche Bewegungsmuster auftreten, d. h., welche Reize sie auslösen können und welche nicht. Eine Katze, die ganz bestimmte Geräusche hört (z. B. das Kratzen, Schaben, Pfeifen einer Maus), wird, wenn sie nicht zu sehr anderweitig abgelenkt ist, sofort aufmerksam — erkenntlich an ihren Orientierungsbewegungen.

Die Sinne transformieren den physikalischen Vorgang eines Reizes in den Code der Nervenleitung. In den Nervenzentren, die den Sinnesorganen nachgeschaltet sind, wird eine gewisse Nachrichtenfilterung und -sortierung vorgenommen. Nur bestimmte „Informationen von außen" (man nennt sie „Schlüsselreize") können so — im Zusammenwirken mit einigen anderen Vorbedingungen (die man als innere, körperliche Erregungsbereitschaft bezeichnen könnte) — den Ablauf einer bestimmten angeborenen Handlungsweise in Gang setzen. Man spricht in diesem Zusammenhang vom sogenannten a n g e b o r e n e n a u s l ö s e n d e n M e c h a n i s m u s (AAM), der von einem „S c h l ü s s e l r e i z" angesprochen wird.

Ein typisches (hier etwas vereinfacht dargestelltes) Beispiel für die geradezu automatenhafte Auslösewirkung von Schlüsselreizen ist das sogenannte „Torbogenschema" für den Zuchtstier (von dem zur Samenabgabe nach Darbietung von Attrappen in Besamungsanstalten praktisch Gebrauch gemacht wird): Bei einem gesunden, erwachsenen Stier, der jederzeit sexualbereit ist, löst jedes oben abgerundete Objekt ungefähr in Kuhgröße (zur Reizverstärkung mit Fell überzogen und mit Brunstschleim beschmiert), wenn es bewegt erscheint - dadurch daß der Sprungstier von hinten herangeführt wird —, die angeborene arttypische Sexualhandlung des Aufspringens (unter Penis-Ausschachten) aus. Erfolgt daraufhin an der Penisschleimhaut Wärmeempfindung (z. B. künstlich hervorgerufen durch Ablenkung des Gliedes in eine künstliche Scheide, bestehend aus einem Stück doppelwandigem Gummischlauch, dessen Umhüllung mit warmem Wasser gefüllt wurde), so löst dies die Samenabgabe, also die Instinktendhandlung aus. Dies kann mehrmals hintereinander praktiziert werden, bis es vorübergehend zu einer sogenannten aktionsspezifischen Ermüdung kommt.

Eine Verhaltensweise, mit der ein Tier, ohne vorherige Erfahrungen machen zu müssen, mit seiner Umwelt in Beziehung tritt, nennt man Instinkthandlung.

Instinkthandlungen werden nicht in bewußter Absicht ausgeführt. Man nimmt an, daß ein Tier den Endzweck seiner Handlung gar nicht kennt. Eine Instinkthandlung ist absoluter Selbstzweck. Es geschieht dem Tier sozusagen; das heißt natürlich nicht, daß nicht begleitend ein subjektives Erleben stattfindet. Instinkthandlungen wirken spannungslösend, lustbetont oder Unlust vermindernd. All das finden wir am verständlichsten dort, wo es uns häufig ganz ähnlich geht! Es leuchtet uns durchaus ein, daß ein Kater, der es mit der Kätzin treibt, dies nicht tut, um kleine Kätzchen zu produzieren, sondern einfach deshalb, weil es ihm Spaß macht und die von der Kätzin ausgehenden Reize für ihn eine unwiderstehliche Verlockung darstellen.

Ein anderes Beispiel für instinktgesteuertes Verhalten: Eine Katzenmutter „weiß" auch bei der ersten Geburt, daß und wie sie ihre Neugeborenen durch Abbeißen der Nabelschnur und Trockenlecken zu behandeln hat, sie legt sich in die richtige Position, damit die noch schwachen und völlig blinden Säuglinge durch — ebenfalls angeborene — Suchbewegungen die mütterliche Milchquelle finden können; sie verläßt in den ersten Tagen ihr Wurflager kaum, leckt After und Genitalien, um die Abgabe von Harn und Kot zu bewirken, vertreibt Störenfriede u. a.: Sie ist ganz in Mutterstimmung.

Die Triebstimmung, Verhaltensbereitschaft, innere Handlungsbereitschaft, Motivation oder sogenannte spezifische Appetenz, von gewissen Lebensvorgängen in den Gehirnzellen (endogener Triebproduktion oder sogenannter aktionsspezifischer Antriebsenergie) und der Zusammenarbeit mehrerer Hormondrüsen und anderen Körpervorgängen (Innenreizen, z. B. Hunger bei leerem Magen), also kurz von mehreren verschiedenen Innenfaktoren abhängig, ist neben den Schlüsselreizen oder Signalwahrnehmungen (das sind die von den Sinnesorganen empfangenen Außenreize, die den passenden AAM betätigen) die zweite wesentliche Vorbedingung für das Zustandekommen einer Instinktbewegung.

Die Stimmungen zu den verschiedenen, einem Tier möglichen Instinktbewegungen (und Ketten aufeinanderfolgender, zusammengehöriger Instinktbewegungen, die eine Instinkthandlung ausmachen) sind nicht alle zur selben Zeit gleich stark, da die Innenfaktoren für jede Instinkthandlung eigenen Rhythmen von Aufladung und Entladungsnotwendigkeiten unterliegen. (Lorenz spricht in diesem Zusammenhang vom „Parlament der Triebe" — einmal ist der eine am Wort, ein anderes Mal ein anderer.)

Diejenigen Reflexe, die wie ein Steuerautomatismus den eine Instinktbewegung ausführenden Körperteil (Fuß, Kopf, Ohr) in Richtung auf die Reizquelle oder das Handlungsobjekt einstellen, nennt man Taxis-Komponente. Manchmal treten ungerichtete Instinktbewegungen (also ohne Taxisverschränkung) auf: Ein Hund, den man an der Haut des Rückens kratzt, leckt mit der Zunge in der Luft und kratzt mit den Krallen auf dem Fußboden oder seitlich durch die Luft. Erst die Funktion des Steuermechanismus der Taxis würde das Kratzen und Lecken an der Körperstelle des empfundenen Juckreizes bewirken.

Man unterscheidet zwischen einer längeren Instinkthandlung (Abfolge von zweckmäßigen Einzelbewegungen) und der Instinktbewegung. Aus Übersichtsgründen sprach man früher, wenn man die verschiedenen Umweltbeziehungsfunktionen beschreiben wollte, noch von sogenannten übergeordneten Hauptinstinkten, so z. B. vom Fortpflanzungsinstinkt, Nahrungsaufnahmeinstinkt, Körperpflegeinstinkt usw. Besonders bei niederen Tieren sind nämlich die einzelnen zu einem Instinkt gehörigen Teilhandlungen bei Vorliegen der entsprechenden Stimmung nicht regellos durcheinander (durch Schlüsselreizangebot aus einer wirklichen Situation oder durch Attrappen) auslösbar, sondern es besteht zwischen ihnen eine Art hierarchische Gliederung oder Stufenfolge. (Z. B. kann erst nach bestimmten verwickelten Zeremonien der Balz, mit wechselseitigem Schlüsselreizangebot für beide Partner, schließlich als Endhandlung der Begattungsakt vollzogen werden.)

Man spricht demnach von Instinkthandlungen höherer Ebene oder höheren Appetenzgrades, die vor dem Vollziehenkönnen einer Instinktendhandlung abgelaufen sein müssen. Nur die Endhandlungen aber verzehren die gestaute Triebenergie vollends oder führen zur sogenannten Endabschaltung. Subjektiv werden dabei wohl Gefühle wie Befriedigung oder Spannungslösung erlebt, kennzeichnend für das Erreichen des unbewußten Triebzieles. Eine einmal im Ablauf befindliche Endhandlung ist durch Störreize nicht, bzw. nur ausnahmsweise hemmbar.

Während also bei niederen Tieren die einzelnen Instinktbewegungen, die eine bestimmte geschlossene Instinkthandlung zusammensetzen, stets nur in einer bestimmten Reihenfolge ausgelöst werden können, als wären sie fest aneinandergereiht wie die Glieder einer Kette, weichen Säugetiere von dieser Regel in vielen Belangen beträchtlich ab. Bei ihnen erscheint das Ganze zunächst weniger leicht durchschaubar. Trotzdem unterscheidet man auch bei ihnen A p p e t e n z h a n d l u n g e n und E n d h a n d l u n g e n; da die Aufeinanderfolge von Appetenzhandlung und Endhandlung aber mitunter zeitweilig wechseln kann, spricht man bei ihnen von „r e l a t i v e r S t i m m u n g s h i e r a r c h i e".

Nur im Appetenzbereich eines Instinktes kann durch Lernakte die Ansprechbarkeit des AAM stark verändert oder ergänzt, spezifiziert werden. Ein Beispiel: Es kann vorkommen, daß sich ein Tier in der Triebstimmung zu einer bestimmten Handlung befindet, die Handlung aber nicht ausführen kann, weil die geeigneten Schlüsselreize in seiner Umwelt fehlen: Eine Stubenkatze muß ihr Bedürfnis verrichten, die Türe zu dem Raum, in dem sich ihr Katzenschüsselchen mit dem zum Vergraben geeigneten Einstreumaterial befindet, wurde jedoch versehentlich verschlossen. Obwohl sie die Entleerung schon höchst notwendig hat, der Drang also übermächtig geworden ist, setzt sie sich vor die Türe hin und miaut, erwartet, daß man ihr die Türe öffnet. Es fiele ihr − von Ausnahmefällen abgesehen − nicht ein, sich einfach hinzusetzen und in eine Ecke zu machen. Wird ihr der Zugang zum Katzenklo gewährt, dann setzt sie sich in charakteristischer Haltung in ihr Schüsselchen, nachdem sie vorher eine Grube in die Einstreu gegraben hat, entleert die Notdurft und vergräbt sie sorgfältig. Den Schlüsselreiz zur Ausführung der Handlungsfolge bietet in diesem Falle das zum Vergraben geeignete Einstreumaterial. (Das Graben ist die Appetenzhandlung, die Ausscheidung in charakteristischer Hockstellung die Endhandlung.) Daß das Einstreumaterial nur in einem bestimmten Schüsselchen zu finden ist, hat die Katze gelernt − der AAM wurde spezifiziert durch Lernakte. Das Suchen nach den nötigen Reizen bzw. alle Handlungen, die das Erreichen der die Endhandlung ermöglichenden Situation bewirken, sind als A p p e t e n z v e r h a l t e n zu betrachten. Appetenzverhalten ist es auch, wenn eine Katze am Abend ihr Revier durchstreift und sich schließlich vor ein Mauseloch setzt. Das kunstgerechte Erfassen der Beute ist eine Appetenzhandlung auf niedrigerer Ebene, der Tötungsbiß die dazugehörige Endhandlung.

Vielen Instinkthandlungen gehen nicht nur unspezifische, sondern ganz charakteristische Appetenzhandlungen voraus, die bei Säugetieren unter bestimmten Umständen aber auch ganz oder teilweise unterlassen oder unterdrückt werden können.

Ist eine Triebstimmung infolge längere Zeit fehlenden Schlüsselreizangebotes (zur Handlungsauslösung) besonders stark, also ein bestimmter Drang übermächtig — man spricht von innerer Reizstauung —, dann kann es auch ohne spezifischen Schlüsselreiz oder auf nur ähnliche, aber eigentlich uncharakteristische Reize hin zum Abrollen einer Instinkthandlung kommen. Man bezeichnet diesen Vorgang als Reaktion auf suboptimale Reize oder, im Extremfall, als sogenannte „Leerlaufreaktion". Diese Möglichkeit soll das Nervensystem vor Schäden durch unerträgliche Reizstauung bewahren: Ein männliches Tier, das lange Zeit kein Weibchen hatte, befriedigt sich an einem leblosen Gegenstand oder versucht, einen männlichen Artgenossen zu bespringen.

Als eines der vielen weiteren Beispiele für das gelegentlich völlig situationsunangepaßte Funktionieren einer Instinkthandlung vom Leerlaufcharakter bei entsprechend starkem Triebdruck sei eine Beobachtung des Verhaltensforschers Eibl-Eibesfeldt angeführt, der zu Studienzwecken eine Zeitlang Eichhörnchen in kleinen Drahtkäfigen halten mußte: Die Tiere wurden ohne Einstreu gehalten und nur mit breiiger Nahrung gefüttert. Das für ein Eichhörnchen typische Futter-Vergraben konnten diese Versuchstiere weder einem Artgenossen abschauen, noch konnten sie es üben. Überdies erlebten sie auch keine Notzeiten, die zum Anlegen von Vorräten hätten provozieren können. Als die so aufgezogenen Eichhörnchen erwachsen waren, konnte man feststellen, daß die gesamte Versteckhandlung auf Anhieb funktionierte und ohne äußere Notwendigkeit gelegentlich zum Abrollen kam. Reichte man Nüsse, dann wurde zunächst einmal davon gefressen. Nach Sättigung ließ so ein Tier weiterhin dargebotene Nüsse nicht einfach fallen, sondern trug sie, auf dem Boden suchend, im Maul umher. Schließlich begann das Tier, in einer Ecke zu scharren, legte dann die Nuß ab, stieß sie mit der Schnauze fest, so als hätte es sie in eine Erdmulde gelegt, und machte schließlich sogar die Zudeck- und Festdrückbewegung mit den Vorderbeinen, obgleich es gar nichts aufgegraben hatte. (Abgesehen von solchen Handlungsabläufen, ist offenkundig auch die Motivation, Nahrung in Zeiten des Überflusses zu bevorraten, angeboren.)

54

Und noch einmal sei die Frage aufgeworfen: Was erlebt wohl so ein Tier dabei subjektiv? Wenn es reden könnte, würde es uns vielleicht sagen, daß es eben plötzlich Lust bekommen hätte, dieses Zeremoniell auszuführen, und nachher sei es plötzlich wieder zufrieden gewesen. Wir können natürlich nicht wirklich wissen, was ein Tier in einer solchen Situation erlebt, aber wir gehen sicher nicht mit der Annahme fehl, daß Drangerlebnisse und Spannungslösungserlebnisse, also Unlust und Lust die wesentliche Rolle dabei spielen. Die Lust-Unlust-Proportion ist im Verhalten der höheren Wirbeltiere vermutlich ein wichtiger Gradmesser, womöglich überhaupt der einzige, nach dem vom Tier die Eignung einer Handlung bewertet wird. Hingegen ist nicht anzunehmen, daß bei Handlungen dieser Art irgendwelche Ziel- oder Zweckvorstellungen das Geschehen begleiten (im Gegensatz zu einsichtigem Verhalten, mit dem wir uns später beschäftigen).

Gewissermaßen das Gegenteil der Leerlaufreaktion ist die Intentionsbewegung: Die Triebstimmung – als Antrieb – reicht nicht aus, um auf einen angebotenen Schlüsselreiz hin eine ganze Handlungsfolge zum Abrollen zu bringen, es bleibt bei einer Andeutung, bei einem Bewegungsansatz. Bei noch geringerer Triebstimmung wird auf einen Schlüsselreiz überhaupt nicht reagiert. Besonders augenscheinlich läßt sich dies mit dem Beuteverhalten der Katze demonstrieren: Läßt man zu einer Katze in einen Versuchskäfig in kurzer Folge hintereinander viele Mäuse einlaufen, so werden sie zunächst instinktgerecht erbeutet. Etwa ab der zehnten bis fünfzehnten Maus aber werden alle weiteren Mäuse längere Zeit hindurch nicht mehr beachtet. Man spricht hier von Instinktermüdung. Dabei ist die Versuchskatze jedoch keineswegs körperlich müde; zu anderen Handlungen zeigt sie sich bereitwilligst aufgelegt, denn die Trieblösung eines Hauptinstinktes (Triebkreises) hat im allgemeinen nicht die ersatzweise Trieblösung eines anderen Hauptinstinktes zur Folge. Auch die bestgefütterte Katze geht „mordlustig" auf Mäusejagd, nur frißt sie die erlegte Beute nicht, wenn sie satt ist. Das Beutemachen einerseits und das Nahrungsaufnahmeverhalten andererseits gehören bei Katzen nämlich zu verschiedenen Triebkreisen.

Aber auch aus anderen Gründen als den vorerwähnten kann es zu einer völligen Handlungsunterdrückung oder einer unvollständigen Handlung, einer sogenannten Handlungsintention kommen, so z. B. wenn eine gleichzeitig aufgerufene aktionsausschließende andere Instinktstimmung den Handlungsablauf konfliktartig blockiert: Ein hungriges Kätzchen beispielsweise möchte sich am Inhalt einer Futterschüssel gütlich tun, aber dort frißt bereits eine ihr aus Erfahrung als rangüberlegen bekannte andere Katze oder ein Hund. Eine weitere Annäherung erscheint ihr daher nicht möglich. Sie wartet in angemessener Entfernung und blickt nur von Zeit zu Zeit immer wieder verlangend nach der Futterschüssel hin.

Ist eine Erregung und auch die konfliktartig blockierende Gegenerregung von sehr viel stärkerer Intensität, dann kommt es häufig zur sogenannten Ü b e r - s p r u n g r e a k t i o n oder A l t e r n a t i v b e w e g u n g (auch als Displacement Behavior oder Ersatzhandlung, „Entlastungsreaktion" bezeichnet), die uns in diesem Buch in verschiedener Gestalt noch oft wiederbegegnen wird.

Eine solche Übersprungreaktion läge z. B. dann vor, wenn wir in unserem Futterbeispiel beobachten könnten, daß das wartende Kätzchen sich plötzlich heftig zu kratzen oder seine Pfoten zu belecken beginnt. Das Tier tut — ersatzweise — etwas, das scheinbar gar nicht in die Situation paßt, nur um sich irgendwie abzureagieren. Manche Verhaltensforscher fassen denn auch diese Ausweichmöglichkeit als Schutzvorgang gegen Nervenschädigung durch Überreizung auf.

Während bei niederen Tieren und auch noch bei Fischen und Vögeln für bestimmte Konflikte nur bestimmte, situationscharakteristische Ausweichmöglichkeiten existieren, so z. B. das Graben von Scheinnestern bei Stichlingen an Reviergrenzen angesichts des rivalisierenden Nachbarrevierinhabers oder das Übersprungputzen in Kampfpausen zweier sich zankender Hähne, so stehen Säugetieren viele verschiedene Instinkthandlungen als Ausweichmöglichkeiten zur Verfügung. Wohl aber gibt es auch bei Säugetieren Übersprungreaktionen, die für eine bestimmte Situation charakteristisch sind und als solche bei einem Sozialpartner bestimmte Gegenreaktionen auslösen oder unterdrücken oder einen Stimmungsumschwung bewirken. Man sagt dann, sie wurden r i t u a l i s i e r t.

Außer Übersprungreaktionen sind aber noch andere Erregungsabwehrmechanismen bekannt, die in einer Konfliktsituation möglich sind: A m b i v a l e n t e B e w e g u n g e n sind eine Kombination mehrerer Intentionsbewegungen aus den unvereinbaren Trieben. Oft drücken sie sich in einer charakteristischen Körperhaltung aus. So kennt jeder den unterwürfig sich duckenden Hund, der zugleich wütend bellt, oder den bekannten Katzenbuckel einer fauchenden, von einem Hund in die Enge getriebenen Katze. Viele soziale Situationen und interspezifische, also zwischenartliche Situationen bei Säugetieren sind durch den gleichzeitigen Ausdruck zweier verschiedener Stimmungen gekennzeichnet, die einander überlagern.

Um o b j e k t ü b e r t r a g e n e B e w e g u n g e n, Handlungen am Ersatzobjekt oder u m o r i e n t i e r t e s V e r h a l t e n handelt es sich, wenn ein Affekt nicht an dem Objekt, das ihn erregt, sondern an einem anderen, etwa zufällig in die Szenerie geratenen ausgelassen wird. So könnte etwa −um bei unserem Futterbeispiel zu bleiben − unser wartendes Kätzchen, das sich nicht zur Futterschüssel traut, plötzlich seine in der Nähe liegende Spielzeugmaus entdecken und sich heftig auf diese stürzen oder sie spielerisch in die Luft werfen und zu fangen versuchen. Es könnte auch möglich sein, daß es fauchend und tatzenschlagend ein drittes, ihm unterlegenes Kätzchen in die Flucht schlägt, das sich ahnungslos und keineswegs an dem Futter interessiert zufällig in der Nähe aufhält. (Die Wut gilt in Wirklichkeit eigentlich dem Futterkonkurrenten an der Schüssel, da dieser aber rangüberlegen ist und die Katze sich vor ihm fürchtet, reagiert sie ihren Ärger an einem „unschuldigen" Schwächeren ab.)

Ähnliche Verhaltensweisen, wie sie in Konflikten auftreten, können auch in Frustrationssituationen sichtbar werden. Während bei einem K o n f l i k t zwei einander ausschließende Triebhandlungen gleichzeitig erregt werden, spricht man von einer F r u s t r a t i o n, wenn eine Triebhandlung zwar stark erregt ist (durch Innenfaktoren und vorhandene Schlüsselreize), doch äußere Umstände der Ausführung der spannungslösenden Handlung hinderlich im Wege stehen: Ein Kater im Käfig einer Tierpension riecht und sieht eine rollige Katze in einem Nachbarkäfig, das Gitter hindert ihn aber daran, sein Triebvorhaben zu verwirklichen.

Frustrationen, also Blockierungen eines Strebens, und Enttäuschungen lösen u.a. häufig Wut und die dazugehörigen aggressiven Verhaltensweisen aus.

Ein vollständiges Verzeichnis aller Instinktbewegungen einer Tierart bezeichnet man als deren V e r h a l t e n s i n v e n t a r.

Um einen gewissen Überblick zu erleichtern, ordnet man zusammengehörige Instinktbewegungen in solche verschiedener Verhaltensbereiche, sogenannter Umweltbeziehungs- oder Funktionskreise: Sexualverhalten, Pflege- oder Mutterverhalten (epimeletisches Verhalten), Jungtier- oder et-epimeletisches Verhalten (Pflegehandlungen auslösend, Aufmerksamkeit erregend), Beutejagdverhalten, Nahrungsaufnahmeverhalten, Körperausscheidungsverhalten, Körperpflege- und Komfortverhalten, Neugierde- oder Erkundungsverhalten, Ruhe- und Schlafverhalten, Flucht- und Meideverhalten (Feindvermeidung, Ausweichen und Deckungnehmen vor gefährlichen Naturereignissen) und verschiedenes mehr.

Ein Begriff, der in der heutigen Verhaltensforschung eine wichtige Rolle spielt, ist der der sogenannten Territorialität. Ein Tier verhält sich auf dem als „eigenes Revier" betrachteten T e r r i t o r i u m bekanntlich anders als in einem ihm fremden Gebiet; dies aber nach bestimmten Gesichtspunkten graduell abgestuft: Da

ist zunächst das Heim erster Ordnung, in dem sich Schlaf-, Ruhe- und Freßplatz und auch das Wurflager für die Nachkommenschaft befinden, es wird (bei
vielen Tierarten) mit Körperausscheidungen nicht beschmutzt und gegen jeden
fremden Artgenossen aufs heftigste verteidigt; nur engste persönliche Angehö-
rige (Gatten, Kinder, eventuell Freunde) dürfen es bewohnen; und auch für diese
herrscht, je nach Rangstellung, nicht die gleiche Aktionsfreiheit. Rund um das
Heim erster Ordnung erstreckt sich häufig ein sogenanntes Sexualterritorium,
das man vielleicht auch als Heim zweiter Ordnung bezeichnen könnte. Bei
vielen Tierarten betrachtet nämlich ein männliches Tier jedes Weibchen, das in
diesen Bereich gerät, als seinen Besitz und hofiert es, bis es paarungsbereit ist und
mit ihm die Wohnung teilt.

Um diesen Bereich zu kennzeichnen, werden an dessen Grenzen Duftmarken
plaziert: mit Kot, Harn und mit Stoffen aus speziell für Markierungszwecke vorhandenen Hautanhangsdrüsen; auch Kratzen auf dem Boden oder an Baumstämmen kann zu Markierungszwecken vorgenommen werden. (Markieren muß
jedoch nicht immer einer Territoriumskennzeichnung dienen.)

Über diesen Bezirk hinaus gibt es dann noch die Nahrungsreviere, das sind bei
Pflanzenfressern das Weidegebiet, bei Raubtieren das Jagdgebiet. (Wie das alles
bei Katzen ist, wird im nächsten Kapitel dargestellt.)

Instinktbewegungen, die ausschließlich den Zweck haben, mit einem Artgenossen in Kontakt zu treten, heißen soziale Auslöser. Dazu gehören auch
Markierungshandlungen, vor allem aber Lautäußerungen und bestimmte charakteristische Haltungen von Körperteilen. Diejenigen sozialen Auslöser, die den direkten persönlichen Umgang mit Artgenossen regeln, sind Ausdrucksbewegungen. Sie bewirken eine Erregung zu gemeinsamer Tätigkeit − Stim-
mungsansteckung (besser wohl als Stimmungsübertragung zu bezeichnen) −
oder die Hemmung einer Instinktappetenz oder einen Stimmungsumschwung.

Persönliche Kontakte können zwecks gemeinsamen Beuteerwerbs (Wölfe z. B.
jagen in Rudeln), zwecks Familiengründung, gemeinsamer Jungenaufzucht, gemeinsamer Abwehr von Artfeinden oder Rudelfremden gesucht werden oder
dem Kampf um Nahrung, Wohnung, Weibchen, also der Rivalität („Agonistic Behavior" − führt zur Ausbildung einer sozialen Rangordnung) dienen. Ausdrucksbewegungen, -haltungen und -laute („Affektsprache", volkstümlich „Körpersprache" genannt) dienen beim Tier derjenigen Funktion, die bei uns zusätzlich
von der Sprache bewerkstelligt wird. Man kennt: Vorweisungsbewegun-
gen, bei denen bestimmte Körperstellen dem Partner auffällig zur Schau gestellt

werden; so zeigt z. B. das charakteristische Rollen der Katze und das Präsentieren ihrer Analregion (das heißt Vorweisen des Geschlechtsteiles, bei seitlich hochgestelltem Schwänzchen) deren Deckbereitschaft an, was für den verfolgenden Kater einen Schlüsselreiz zum Aufsprung bedeutet (neben weiteren Hilfsreizen, wie Geruch und charakteristischen Lautäußerungen). Man kennt weiters: F o r-m a l i s i e r t e I n t e n t i o n s b e w e g u n g e n. Dies sind Intentionsbewegungen, die zu Auslösern geworden sind. So ist die Intention zum Beißen beim Wolf zum Drohen formalisiert: Er fletscht die Zähne.

Der nächtliche Katergesang ist Kampfansage gegen männliche Rivalen, aber gleichzeitig Stimulans für rollige Weibchen. Das I m p o n i e r g e h a b e, das einen männlichen Rivalen einschüchtern, dem Weibchen aber gefallen soll, besteht aus übertrieben zur Schau gestellten Intentions- und Übersprunghandlungen: Die Haare werden gesträubt und die Muskeln gespannt, um durch Vergrößerung der Körperoberfläche mächtiger und stärker zu wirken, gleichzeitig werden auffällige und starke Laute ausgestoßen, der Kopf nimmt kampfbereite Stellung an (Hornträger zeigen ihre Waffen, Raubtiere ihre Zähne), und die Blicke fixieren einander. Weibchen besänftigen daraufhin mit „Wegsehen" und kindlichen Bettelgesten oder durch Zurschaustellung weiblicher Sexualmerkmale; männliche Artgenossen dagegen drohen zurück oder eröffnen den Kampf (oder fliehen). Da der Art nicht gedient wäre, wenn sich Artangehörige bei jeder Gelegenheit ausrotten würden, folgt ein solcher Kampf (bei vielen Tierarten) strengen „Turnierregeln". Oft ist so ein Kampf nur Scheinkampf. Wenn die Kräfte gemessen sind, flieht der Schwächere oder nimmt eine Demuthaltung an. Spätere Kämpfe werden dann vermieden, Droh- und Unterwürfigkeitszeremoniell genügen zur Regelung des weiteren Umganges: Der Schwächere geht bei neuerlicher Begegnung freiwillig aus dem Weg oder auf Bedrohung seitens des Stärkeren.

Die Gegenwart eines Überlegenen während des Fressens kann beim Unterlegenen so hemmend wirken, daß er keinen Bissen hinunterbringt. Es kann aber auch vorkommen, daß von zwei Individuen bei der Futterschüssel A ranghöher und B sozial unterlegen ist, am Ruheplatz oder beim Kampf ums Weibchen es sich jedoch umgekehrt verhält. Besonders bei Katzen in Massenhaltung, wie sie in Tierheimen vorkommt, hat man häufig Gelegenheit, solche Verhältnisse zu beobachten. Ähnlich wie beim Menschen scheinen sich also die Rangpositionen in verschiedenen Lebensbereichen überlagern zu können.

Lebt ein Säugetier von frühester Jugend an längere Zeit hindurch in einer sozialen Umgebung, in der es eine extreme Rangposition einnimmt (Spitzenstellung alpha oder Prügelknabe omega), so nimmt es gewohnheitsmäßig auch in anderer sozialer Umgebung (oder auch allein) das typische Auftreten sozialer Überlegenheit, bzw. eine für tiefe soziale Position typische Haltung an: So frißt der ranghohe Hund beispielsweise sein Futter gelassen und unbekümmert um die Vorgänge ringsum, der tiefstehende hingegen äugt, auch wenn er allein ist, ängstlich nach allen Seiten und schlingt dann sein Futter hastig hinunter, so als würde es ihm jemand streitig machen; betritt jemand das Zimmer, dann stößt er Drohlaute aus oder hört sofort zu fressen auf. Bei Begegnungen mit fremden Artgenossen nimmt der Tiefstehende sofort mißtrauisch-abwehrende Haltung an, geht offenem Imponieren aus dem Weg und versucht höchstens Angriffe von hinten, denen sofortige Flucht folgt. (Bis zu gewissem Grade sind außer dem sozialen Jugendmilieu aber auch erbliche Einflüsse für das Zustandekommen eines „selbstbewußt"-ranghohen und ängstlich-unterwürfigen Verhaltens von Bedeutung.)

Das Bewußtsein der „sozialen Lagebefindlichkeit" spielt in der gemischten Familiengemeinschaft des Menschen mit seinen Heimtieren im engen Territorium der Wohnung eine wichtige Rolle.

Auch der Kontakt zwischen Tieren verschiedener Arten, die im gleichen Lebensraum zufällig aufeinanderstoßen oder in einem Räuber-Beutetier-Verhältnis zueinander stehen, wird durch angeborene Verhaltensausstattungen geregelt. Bekannt sind das Schleichen, das Belauern und Verfolgen einerseits, das Deckungnehmen, Tarnen, Totstellen, Weglocken des Feindes (vom Nest mit Jungen) andererseits.

Die Fluchtdistanz ist derjenige Mindestabstand, bis auf den ein artunterlegenes Tier den biologischen Feind an sich heranläßt, ohne zu fliehen. Wird dieser Abstand bei fehlender Fluchtmöglichkeit wesentlich weiter unterschritten, so erfolgt ab einer bestimmten kritischen Distanz (Wehrdistanz) Abwehraggression des Tieres, also Angriff mit dem Mut der Verzweiflung. (Man beobachte von diesem Gesichtspunkt aus das Verhalten einer Katze bei der Annäherung eines Hundes!) Viele Zirkusdarbietungen mit Raubtieren und erstaunliche Dressurkunststücke sind nur möglich unter verständiger Berücksichtigung und Ausnützung dieser Verhältnisse seitens des Dompteurs. Das Wiederauftreten einer Fluchtdistanz und Abwehrdistanz bei einem Haustier (dem Menschen gegenüber) ist als „Rückschlag zum Wildverhalten" (Atavismus) anzusehen.

Zur Aufstellung einer biologischen Rangordnung — im Gegensatz zur sozialen Rangordnung unter Artgenossen — kommt man, wenn man die Stärkeverhältnisse der in einem Lebensraum wohnenden verwandten Tierarten miteinander vergleicht. So dominiert beispielsweise der Leopard über den Gepard und die Fleckenhyäne über die Streifenhyäne.

Außer der Flucht- und Wehrdistanz kennt man noch weitere Distanztypen, von denen uns hier nur noch die sogenannte I n d i v i d u a l d i s t a n z interessiert. Das ist derjenige Abstand, auf den ein Artgenosse den anderen an sich heranläßt. Sie ist oft ein Maß für den persönlichen Bekanntheitsgrad zweier Individuen oder die Rangstellung oder für die gerade vorherrschende Instinktstimmung – und abhängig von letzterer. Daher kann sie zeitweilig zwischen gegengeschlechtlichen Artgenossen geringer, zwischen gleichgeschlechtlichen größer sein. Die Individualdistanz ist bei Katzen im allgemeinen viel größer als bei den bekanntlich viel kontaktfreudigeren Hunden. Während in der Hundemeute kaum Individualdistanz unter den Mitgliedern herrscht, legen Mitglieder eines Wolfsrudels großen Wert auf die Respektierung einer solchen.

Manche Tiere können ohne Gesellschaft einiger oder wenigstens eines Artgenossen gar nicht auskommen. Sie zeigen sich an Kumpane so gebunden wie an heimisches Territorium. Nach zwangsweiser Entfernung nehmen sie alle möglichen Entbehrungen auf sich, um den Gefährten oder das Heim wiederzufinden.

Bei vorwiegend sozial lebenden Tierarten kommt es durch bestimmte soziale Auslöser, die stimmungsübertragend wirken, zu sogenannten Gruppeneffekten. Die Panik als Gruppenfluchtreaktion ist ein bekanntes Beispiel dafür. Hunde, Schweine, Affen, Hühner, Ratten und viele andere Tiere nehmen in Gemeinschaft viel mehr Nahrung auf als allein – wobei nicht nur der sogenannte Futterneid, sondern auch Stimmungsübertragung eine Rolle spielt.

Auf der Grundlage des Kumpanverhältnisses und des Gruppeneffektes kann es zur sogenannten A n g l e i c h u n g s t e n d e n z kommen: Lebewesen, zu denen man soziale Beziehungen hat, behandelt man (und betrachtet man unbewußt) als Artgenossen. Das gilt für den Hund und die Stubenkatze dem Menschen gegenüber genauso wie auch für den Menschen seinem Pflegetier gegenüber. Ein mürrischer Herr hat nach jahrelanger Gemeinschaft schließlich auch einen gegen andere Personen mürrischen Hund – das Sprichwort „Wie der Herr, so das Geschirr" drückt treffend diese altbekannten Tatsachen aus. Eine soziale Angleichungstendenz und die ihr zugehörigen Verhaltenserscheinungen treten bei höheren Tieren nur auf, wenn sie in ein enges Kumpanverhältnis miteinander treten können.

Für verschiedene Instinktfunktionen kann ein Tier verschiedene Kumpane haben. Dies setzt P r ä g u n g s v o r g ä n g e voraus. Ein Wolfswelpe z. B., der frühzeitig von der Mutter weggenommen und ohne Kontakt mit Artgenossen in menschlicher Umgebung aufgezogen wird, folgt später dem Menschen und verteidigt diesen gegen ein Wolfsrudel. Macht man dasselbe mit einem Pferd, so folgt es später dem Menschen durch eine Pferdeherde hindurch, als hielte es sich für einen Menschen. Nicht nur während der Jugend betrachtet es offensichtlich seinen Pfleger als Muttertier, sondern auch im Erwachsenenalter sind seine sexuellen Anträge anfänglich nur auf diejenige Art (in diesem Fall auf den Menschen) gerichtet, auf die es als Jungtier geprägt wurde.

Bis zur 48. Stunde nach dem Schlüpfen können Kücken auf die Eltern geprägt werden, auf die Geschwister bis zur 60. Lebensstunde. Sowohl Aussehen, charakteristische Bewegung als auch Lockruf wirken dabei als Prägemerkmale. Mehrere Merkmale wirken stärker als eines allein, wie Versuche mit künstlichen Attrappen zeigten. Die Fluchtbereitschaft kann während der Prägung auch bei Säugetieren von zuvor fehlender bis zu beachtlicher Größe ansteigen.

Die angeborenermaßen für jede Tierart festgelegte Zeitspanne, in der der Vorgang der Prägung stattfindet, bezeichnet man als s e n s i b l e   P h a s e oder als „kritische Periode". Falsche oder versäumte Prägungsvorgänge können nicht wieder gelöscht oder nachgeholt werden, weshalb sie zur häufigen Ursache abnormer Verhaltenstendenzen bei domestizierten Tieren werden können.

Die Prägung auf das Muttertier, welche zur sogenannten Nachfolgereaktion führt, muß nicht identisch sein mit der Prägung auf einzelne Artmerkmale der Tierart, aus der — das wirkt sich erst sehr viel später aus — einmal die Partner ausgewählt werden, auf die sexuelle Appetenzen gerichtet sind. Es gibt dafür zwei zeitlich verschiedene sensible Phasen, beide jedoch in frühem Jugendalter. Bei vielen Tierarten scheint es auch so etwas wie eine Prägung auf ein bestimmtes Territorium zu geben.

Tiere, die man künstlich so aufzieht, daß normal ablaufende Prägungsvorgänge und andere Übungsmöglichkeiten, die bei natürlicher Aufzucht gegeben sind, möglichst verhindert werden, nennt man K a s p a r   H a u s e r.

Kaspar-Hauser-Versuche dienen dazu herauszufinden, welche Verhaltensanteile bei einem Tier auf angeborenen Mechanismen beruhen und was erlernt wird. Bei höheren Säugetieren umfassen die angeborenen Verhaltensanteile meist nur kurze Bewegungsfolgen, die wie die Steine eines Mosaiks durch Dazulernen zu sogenannten E r w e r b s k o o r d i n a t i o n e n in verschiedenartiger Weise zusammengeschaltet werden können; man spricht von I n s t i n k t - D r e s s u r - V e r s c h r ä n k u n g.

Lern- und Intelligenzleistungen spielen bei den höheren Säugetieren, mit denen wir es in diesem Buche zu tun haben, eine sehr große Rolle. Deshalb müssen wir uns nun damit etwas näher befassen:

Im „Wörterbuch der Verhaltensforschung" von Immelmann werden unter dem Begriff L e r n e n alle Prozesse zusammengefaßt, die zu einer individuellen Anpassung des Verhaltens an die jeweiligen Umweltbedingungen führen, das heißt „Veränderungen im Verhalten als Folge individueller Erfahrungen" hervorrufen. Nach Lorenz kann man deshalb Lernen im weitesten Sinne als eine adaptive Modifikation des angeborenen Verhaltens definieren. Nach Buchholtz erfolgt der Lernvorgang in vier Teilphasen: Aufnahme von Information (über die Sinnesorgane), Einspeichern von Information (in zentralnervösen Strukturen), Aufbewahren von Information (innerhalb des Zentralnervensystems) und schließlich Abrufen von Information aus dem Speicher im Bedarfsfalle.

Lernen ist also die zeitweilige oder langdauernde individuelle Veränderung angeborener Verhaltensweisen als Ergebnis von Erfahrung durch vorausgegangene Erlebnisse bei der Kontaktaufnahme eines Lebewesens mit seiner Umwelt. Es werden jedoch dabei nicht die einzelnen Instinktbewegungen selbst, sondern nur deren Auslösbarkeit und Aufeinanderfolge verändert. Das erfahrungsunabhängige (instinktive) Reaktionsvermögen der Tiere bildet sozusagen ein Gerüst für die verschiedenen möglichen Umweltkontakte eines Tieres; die präzisere Anpassung an die Umweltgegebenheiten − und den Bezug mit der jeweils individuell besonderen Umwelt - ermöglicht die persönliche Erfahrungsbildung, also das Lernen. Bei ein und demselben Tier können die AAM vieler Instinkthandlungen sehr weitgehende Anpassungen an besondere Lebensbedingungen erfahren, andere sind so „konstruiert", daß nichts „dazugelernt" werden kann. Von einer allgemeinen Lernfähigkeit eines Tieres zu sprechen, ist also falsch. Ein Tier, das sich in einem Verhaltensbereich äußerst gelehrig zeigt, kann in einem anderen geradezu stupide erscheinen. Selbst die Verwertung bzw. Übertragung von Fähigkeiten, die im Rahmen eines bestimmten Instinktfunktionskreises erlernt wurden, in einen anderen Verhaltenszusammenhang geschieht nicht immer auf Anhieb.

Es ist für jede Tierart genetisch festgelegt, in welchem Funktionsbereich und wie weitgehend das Instinktgefüge durch Lernleistungen ergänzt oder überlagert werden kann. Auch ist es nur möglich, im Appetenzbereich eines Instinktes durch Lernakte die Ansprechbarkeit des AAM zu verändern.

Ein angeborener auslösender Mechanismus spricht auf Signale sehr einfacher Art an: So reizt z. B. jedes nicht zu große, sich von der Katze wegbewegende Objekt, gleichgültig welcher Gestalt, den AAM für Beuteinstinkthandlungen (Belauern, Anspringen usw.). Ein AAM, der durch Lernakte präzisiert wurde, spricht hingegen nur auf die Wahrnehmung vieler ganz bestimmter Merkmale an. So wird z. B. nur das persönlich bekannte Elterntier, mit seinem individuell besonderen Aussehen und Verhalten, von seinen Jungtieren in artcharakteristischer Weise begrüßt.

Wahrnehmungen zeigen Kennzeichen, die sie grundsätzlich von Schlüsselreizen für angeborene auslösende Mechanismen unterscheiden. Unter vielen anderen Besonderheiten gilt für sie die sogenannte Transponierbarkeit: Eine Katze, die darauf dressiert wurde, nur jenen Kistendeckel zu öffnen, auf dem sich ein Dreieck befindet, um zum Futter zu gelangen, wählt unter verschiedenen Kisten die richtige auch dann, wenn das Dreieck viel größer als das zur Dressur verwendete ist oder wenn es auf dem Kopf steht, sodaß eigentlich ein ganz anderes reales Bild auf der Netzhaut erscheinen muß. Wahrnehmung ist also „gestaltet".

Durch Lernakte kann die Wirkung eines angeborenen auslösenden Mechanismus (AAM) somit im Endeffekt wesentlich verändert, manchmal sogar durch einen erworbenen auslösenden Mechanismus (EAM) gänzlich ersetzt werden. Es können aber auch, was besonders bei Säugetieren vorkommt, beide nebeneinander bestehen bleiben. In Situationen starker Erregung (verschiedener Ursache) und wenn der EAM nicht zum Ansprechen gebracht werden kann, weil Reizgegebenheiten dafür fehlen, kann wieder der weniger differenzierte AAM der gleichen Appetenz Handlungsauslösung ermöglichen. Auch bei dem mehr auf der motorischen Seite stattfindenden Lernen, dem Zusammenschalten einzelner angeborener Teilbewegungen zu einem neuen Bewegungsablauf (der oft trainiert werden muß, bis er als Einheit automatisch ablaufen kann) handelt es sich um „transponierbare Gestalten"; das fällt besonders auf, wenn man an die von Affen erlernbaren Fertigkeiten, wie z. B. Radfahren, oder gar an das Tanzen, Klavier-Spielen, Schreiben beim Menschen denkt; bei einer Katze, die eine Türschnalle zu öffnen oder irgendein kleines Zirkuskunststück erlernt hat, ist dies weniger deutlich durchschaubar.

Bei einer fertigen Handlung eines erwachsenen Säugetieres greifen angeborene Komponenten und Erlerntes oft wie Zahnräder ineinander; es können aber auch zur Meisterung ein und derselben Situation beide Möglichkeiten, eine erlernte und die angeborene Verhaltensweise, getrennt wahlweise zum Einsatz kommen, wie Forschungsergebnisse Leyhausens an Katzen zeigten.

Man kennt verschiedene Arten des Lernens. Eine in der Natur sehr allgemeine und schon bei niederen Tierarten vorkommende Art des Lernens ist das „A b g e - w ö h n e n" (nicht mit Gewohnheitsbildung zu verwechseln!). Viele, besonders kleine, schutzlose Tiere sind einer großen Anzahl von Feinden und allerlei Gefahren im Leben ausgesetzt. Sie haben daher die angeborene Verhaltensausstattung, auf sehr viele Reize in erster Linie mit Flucht oder mit einer anderen selbstschützenden Reaktion (z. B. Sich-tot-Stellen) zu antworten. Einen solchen Reiz stellt etwa jedes sich plötzlich bewegende Objekt dar, jede optische oder akustische Erscheinung, die plötzlich oder in ungewöhnlicher Stärke auftritt. Würden nun solche Tiere nicht die Fähigkeit besitzen, nach mehrmaligen derartigen Erlebnissen zwischen wirklich für sie gefährlichen und harmlosen, für ihr Leben belanglosen Reizen unterscheiden lernen zu können, so würden sie infolge nahezu ständigen Fluchtsuchens und Deckungnehmens zu überhaupt nichts anderem mehr im Leben kommen. Die G e w ö h n u n g an einen offensichtlich von keinem bestimmten, persönlich betreffenden Erlebnis gefolgten Reiz (durch Hemmung der ursprünglich durch ihn ausgelösten Instinktreaktion) − in unserem Beispiel Feindvermeidungshandlung − ist also eine wichtige, elementare Art des Lernens. Sie findet aber nicht nur im Funktionskreis der Feindvermeidung Anwendung, sondern auch zur Modifikation vieler anderer Instinkte. Besonders im Reviererkundungsverhalten (Territoriumserforschungsverhalten, wozu auch die „Neugierdereaktion" bei höheren Tieren gehört) spielt Gewöhnung („Habituation") eine große Rolle. Gewöhnung ist nicht identisch mit „Instinktermüdung", „Sinnesadaptation", „Instinktatrophie" und „Vergessen".

Die nächste, von den beiden bisher beschriebenen Lernarten Prägung und Gewöhnung deutlich abgrenzbare, etwas kompliziertere Form zu lernen ist die sogenannte „K o n d i t i o n i e r u n g": Dieser Begriff, der ursprünglich aus der anglo-amerikanischen behavioristischen Schule stammt, wurde zunächst als Sammelbezeichnung für experimentelle Verfahren benutzt, in deren Verlauf eine Verhaltensweise oder eine vegetative Reaktion von bestimmten Bedingungen abhängig wird. Die beiden häufigsten Konditionierungsformen sind die klassische und die instrumentelle oder operante Konditionierung. Bei der klassischen Konditionierung wird ein natürlicher Schlüsselreiz („Originalreiz", „unbedingter Reiz") − z. B. der Anblick von Nahrung − mit einem künstlichen, zunächst indifferenten „Signalreiz" − z. B. einem Glockenzeichen oder einem Lichtblitz − verbunden. Nach einer gewissen Anzahl gemeinsamer Darbietungen ist der Signalreiz schließlich auch allein in der Lage, die dazugehörige Reaktion (z. B. in den klassischen Experimenten des russischen Physiologieprofessors Pawlow: starken Speichelfluß – der bei Hunden zur normalen Freßappetenz gehört) auszulösen; es ist ein „bedingter Reflex" – wie man sich damals auszudrücken pflegte – entstanden (heute: „bedingte Reaktion"). Nach Hassenstein sprechen wir auch von „bedingter Appetenz" (bzw. „bedingter Aversion", wenn der Reiz zu einer Abwendungsreaktion oder einer Handlungsunterlassung führt, also dem Funktionskreis des „Flucht- und Meideverhaltens" zugeordnet werden muß).

Die instrumentelle oder „operante Konditionierung" unterscheidet sich von der „klassischen Konditionierung" dadurch, daß hier nicht ein neuer Reiz an eine natürliche, bereits vorhandene Reaktion (aus dem angeborenen Appetenzverhalten) gebunden, sondern eine neue Bewegung, also eine neu kombinierte Verhaltensweise mit der Verminderung eines Bedürfnisses in Verbindung gebracht wird (z. B. eine Fertigkeit wie das Drücken einer Taste, um einem Automaten Futter zu entlocken, oder ein erlernter „Trick" zum Entweichen aus einem Käfig, um einer unangenehmen Situation zu entfliehen). Diese Bewegungsweise, oft nur eine einfache Rechts- oder Linkswendung oder das Picken nach einer farbigen Scheibe, das Drücken einer Hebeltaste, muß zunächst spontan auftreten. Folgt einer solchen Bewegung eine von den amerikanischen Lerntheoretikern als „Verstärkung" bezeichnete (oder nach der russischen Lehre von den bedingten Reflexen als „Bekräftigung" bezeichnete) „Belohnung" (die Möglichkeit zum darauffolgenden Vollzug einer Instinktendhandlung, die zur Verminderung der Motivationsspannung führt: z. B. Möglichkeit des Fressen-Könnens eines Futterkornes), so wird vom Tier eine Verbindung hergestellt und die betreffende Bewegung oder Handlungsweise in entsprechenden Situationen (z. B. bei Hunger) vermehrt ausgeführt. Ein weiterer Unterschied besteht darin, daß bei der klassischen Konditionierung das Tier mehr oder weniger passiv den Signalreiz mit einem nachfolgenden Reiz zu verbinden lernt, während bei der instrumentellen Konditionierung aktiv eine neue Bewegung angewandt wird. Nach Hassenstein spricht man in der Verhaltensforschung heute in diesem Zusammenhang vom Erlernen einer „bedingten Aktion" und einer „bedingten Hemmung". Als klassische Versuchstiere für Konditionierungen wurden von den amerikanischen Lerntheoretikern zumeist Laborratten und Tauben verwendet (Skinner).

Die instrumentelle Konditionierung wird mitunter auch als „L e r n e n a m E r f o l g" oder als „Lernen durch Versuch und Irrtum", „Motor-Konditioning" bezeichnet. Lernvorgänge, die den beiden Konditionierungsformen entsprechen, spielen sich auch natürlicherweise bei freilebenden Tieren ab, wenn sie etwas aus probieren, etwa auf der Nahrungssuche oder beim Nestbau. Dabei können sich manche Bewegungen als geeigneter erweisen als andere, und es kann zu ähnlichen, wenn auch in der Regel weniger starken Verknüpfungen kommen wie bei der Konditionierung im tierpsychologischen Labor.

Beide Lernarten spielen auch eine wesentliche Rolle bei der sogenannten Gewohnheitsbildung der Tiere und des Menschen. Eine gedeihliche Mensch-Tier-Beziehung und Heimtier-Mensch-Beziehung wäre ohne Vorhandensein dieser Lernfähigkeiten undenkbar.

Ein kleines Beispiel zur Illustration: Eine hungrige Katze befindet sich in einem Käfig, in dem plötzlich eine bestimmte Zeitlang eine Lampe aufleuchtet. Das Versuchstier − durch das Aufleuchten der Lampe vielleicht zu Neugier- oder Beunruhigungs- und damit zu Fluchtaktivität angeregt − drückt zufällig unter vielen anderen Bewegungen auch einmal auf eine am Boden des Käfigs angebrachte Drucktaste, worauf durch eine Öffnung Futter in den Käfig fällt, das die Katze natürlich sogleich verzehrt. Die Versuchsanordnung ist so konstruiert, daß Futter nur dann in den Käfig fällt, wenn das Tier auf die Taste drückt, während (oder knapp nachdem) das Licht aufleuchtet. Durch häufige Versuchswiederholung lernt so ein Tier schließlich, auf den „Lichtbefehl", also ein optisches Signal, mit der Pfote auf die Taste zu drücken (eine Handlungsweise, die mit den Bewegungen des Nahrungsaufnahmeinstinktes, dessen Instinktendhandlung dann als „Belohnung" in Form von trieblösendem, lustvollen Fressen-Können erfolgt, ursprünglich gar nichts zu tun hatte).

In diesem Versuch treten Lernakte nach Art der klassischen Konditionierung (das Beachten des zuvor indifferenten Lichtsignales) und der operanten Konditionierung (das Niederdrücken der Taste mit der Pfote im Dienste der Freßappetenz) gemeinsam auf. Natürlich kann − in anderen Versuchsanordnungen − nicht nur die Instinktendhandlung des Nahrungstriebes als „Belohnung" fungieren, sondern auch Befriedigung des Geschlechtstriebes, des Muttertriebes, ja des Fluchttriebes u. a. m.

Man braucht aber kein tierpsychologisches Labor, um solche Lernvorgänge beobachten zu können, solche Dressuren funktionieren auch in natürlicher Umgebung, und man macht auch von ihnen Gebrauch: Eine Filmgesellschaft benötigte für eine Szene eine Katze, die auf Befehl Fische aus einem Fluß fangen sollte. Wie wurde dies verwirklicht? Man startete eine Umfrage nach einem Kater, der als geschickter Fischfänger bekannt war und praktisch nur noch lernen mußte, auf Kommando zu fischen. Da eine entsprechend hohe Belohnung dafür ausgesetzt war – das Ganze spielte sich in Amerika ab –, einen solchen Kater namhaft zu machen und für Dressur und Filmaufnahmen zur Verfügung zu stellen, dauerte es nicht lange, bis man geeignete Tiere zur Verfügung hatte. Die Katzen erhielten (in für jedes Tier gesonderten Lektionen) ihr Futter täglich in Form eines Fisches in einer Schüssel Wasser. Als sie sich an die Selbstversorgung gewöhnt hatten, wurde die Schüssel immer größer, bis zum Wasserbecken. Die Tiere mußten also bereits regelrecht auf der Lauer liegen, um den Fisch mit einem Tatzenhieb aus dem Wasser zu schleudern. Dabei wurde jedesmal das Kommando – vom geschickten Tierlehrer mit einschmeichelnder Stimme, anfangs mehrmals wiederholt, später stets nur einmal – „Hol' dir den Fisch" gegeben. Das Tier, das sich am besten eignete, am schnellsten lernte und am wenigsten durch (vorerst nur als Kulissen aufgestellte) Aufnahmekameras abzulenken war, wurde schließlich für Probeaufnahmen in einer natürlichen Situation, nämlich an einem Bach (in dem man genügend Fische ausgesetzt hatte) ausgewählt. Mit dem der Katze bereits bekannten Kommando „Hol' dir den Fisch" – das das Drehbuch vorschrieb – war es nun nicht mehr schwer, die Katze prompt zum kunstgerechten Fischfang zu bewegen, zudem sie hungrig war und der Bach von Fischen nur so wimmelte. Wie gewünscht trug sie auch ihre Beute das Ufer hinauf, denn größere Beute wird von Katzen selten sogleich an Ort und Stelle gefressen.

Nach Hassenstein ist „Lernen am Erfolg" als eine Kombination von bedingter Appetenz mit bedingter Aktion aufzufassen; „Lernen aus Erfahrung" als eine Sammelbezeichnung für vier verschiedene Lernarten, nämlich bedingte Appetenz, bedingte Aktion, bedingte Aversion und bedingte Hemmung. Da es jedoch selten vorkommt, daß sich jemand mit Dressur von Katzen beschäftigt, soll auf diese theoretischen Belange hier nicht weiter eingegangen werden. (Der Interessent findet mehr darüber in meinem schon in der Einleitung genannten Hundebuch.)

Bei genauer Beobachtung von Tieren während des Ausführens erlernter Handlungen hat man häufig den Eindruck, daß so ein Tier schließlich die Situation auch bis zu einem gewissen Grade „versteht"; es erwartet geradezu nach dem richtigen Ausführen der gelernten Handlung nun eine Belohnung (diese muß allerdings nicht unbedingt dieselbe bleiben wie in der ursprünglichen Lernphase). Das Tier führt sein „Kunststückchen" mit der sichtlichen Absicht aus, beachtende Zuwendung zu erfahren oder sich einen Leckerbissen zu verschaffen: In die Appetenzphase des Freßinstinktes oder des et-epimeletischen Verhaltens wurde eine „Präappetenzhandlung" hineingelernt. (So auch sind viele der bekannten Bettelgesten von Zootieren aufzufassen.) Es gelingt allerdings mit noch so geschickten Methoden nicht, einem Tier Bewegungsweisen beizubringen, die es auch sonst im Leben – im Zusammenhang mit irgendeinem anderen Instinkt – nicht auszuführen imstande wäre: Man kann nur seine angeborenen Bewegungselemente sozusagen andersartig zusammensetzen, aber nicht prinzipiell ändern.

Im Zirkus und auch im Zoo kann man unschwer die Beobachtung machen, daß die Tiere zu bestimmten Zeiten besonders unruhig werden; z. B. dann, wenn die Stunde der Fütterung naht oder die des Auftrittes in der Manege oder wenn bestimmte Bezugspersonen (z. B. der von der Fütterung oder der Dressur her gut bekannte Pfleger) in ihre Nähe kommen; während sie sonst häufig träge und interesselos herumsitzen. Die Tiere scheinen ganz offensichtlich etwas zu erwarten! Auch dabei handelt es sich um Präappetenzerscheinungen. Das wurde schon vor vielen Jahrzehnten im Pawlow-Institut in Leningrad als Randerscheinung bei der Vornahme der klassischen Untersuchungen Pawlows beobachtet: Anfänglich lösen nur Anblick und Geruch des Futters Speichelfluß (als vegetative Begleiterscheinung der Freßappetenz) des Versuchshundes aus, später löst auch der „bedingte Reiz" des Klingelzeichens (wenn es mehrmals knapp vor der Futtergabe ertönt) Speichelfluß aus (obwohl jetzt gar kein Futter sichtbar ist), schließlich löst bereits das Hinführen des Hundes in den Versuchsraum (in dem die Experimente mit Fütterung nach Klingelzeichen mehrmals stattfanden) den Speichelfluß, also Freßappetenz aus, und noch später speichelt der Hund schon beim bloßen Erscheinen des Wärters, der ihn regelmäßig vom Zwinger zum Versuchsleiter führt.

Werden die Versuche stets zu einer bestimmten Tageszeit durchgeführt, dann merkt man nach mehreren regelmäßig hintereinander vorgenommenen Fütterungen, daß der Hund bereits beim Heranrücken der Versuchszeit unruhig zu werden und etwas zu erwarten scheint.

Genauso kann es sich auch beim Erwerb einer bedingten Aversion verhalten: Es bildet sich schließlich eine ganze hierarchische Kette von furchtauslösenden Reizen aus.

Wird nun längere Zeit hindurch nur ein bedingter Reiz geboten, ohne daß dieser von der Möglichkeit der Durchführung einer Instinkthandlung als „Belohnung" oder „Bestrafung" (die Behavioristen sprechen von „Reinforcement", das heißt Bekräftigung) gefolgt wird, dann verschwindet die reaktionsauslösende Wirkung nach bestimmten Gesetzmäßigkeiten zeitweilig oder dauernd: Sie unterliegt einer Hemmung. (Es sind auch noch andere Bedingungen für das Auftreten sogenannter innerer und äußerer Hemmungen – sowie auch für Verstärkungen

– bedingter Reaktionen bekannt, die z. B. im Rahmen einer „Behaviortherapie" sorgfältig beachtet werden müssen.)

Unerwünschte zufällige Ereignisse oder Einflüsse, die Unlust oder Angst auslösen, können sowohl im natürlichen Dasein eines Tieres, als auch während einer Dressur zu unerwünschten Fehlverknüpfungen führen, die nur zeitraubend wieder zu beseitigen sind. Das gilt in besonderem Maße für in menschlicher Umgebung gehaltene Tiere, wie Hunde und Katzen. Es ist eines der Anwendungsgebiete der sogenannten „Behaviortherapie" („Heildressur") – mit der wir uns in späteren Kapiteln zu beschäftigen haben –, solcherart entstandene „Phobien" wieder zu beseitigen.

Sowohl bei der „Ausbildung" und „Erziehung" von Säugetieren (im Zoo, im Zirkus, bei der Hundeabrichtung und als Heimtier), als auch bei den verschiedenen Verfahren der Behaviortherapie spielen die verschiedenartigsten Kombinationen des Erwerbs bedingter Appetenzen, bedingter Aktionen, bedingter Aversionen und bedingter Hemmungen eine wichtige Rolle.

Eine weitere Lernkategorie, die manche Forscher besonders unterscheiden zu müssen glauben, ist das sogenannte l a t e n t e L e r n e n: Wenn man beispielsweise Ratten in ein für sie unbekanntes Versuchslabyrinth setzt, ohne besonderes Dressurarrangement zur Auffindung einer bestimmten „Zielstelle" (an der irgendeine Belohnung, wie Futter oder ein kopulationswilliges Weibchen oder dergleichen, wartet), so laufen sie unter unspezifischer, das heißt nicht genauer einordbarer Appetenz zunächst scheinbar planlos darin herum, beschnuppern da eine Ecke, besichtigen dort einen Blindgang usw.

Entfernt man sie eine Zeitlang aus diesem Labyrinth, um sie später wieder dorthin zurückzubringen, nun aber unter Beköderung einer Zielstelle, so stellt man fest, daß diejenigen Ratten, die früher Gelegenheit hatten, zwanglos im Labyrinth zu verweilen, wesentlich rascher und mit geringerer Fehlerzahl den komplizierten Weg von der Einlaufstelle zur Zielstelle finden als eine Kontrollgruppe, die nicht Gelegenheit hatte, vorher das Labyrinth „kennenzulernen"; woraus wohl gefolgert werden muß, daß Ratten die Anordnung eines bestimmten Labyrinthes sich auch dann einprägen, wenn ein solcher Lernakt nicht durch das Vollziehenkönnen einer von starken Affekten begleiteten Instinktendhandlung belohnt wird wie beim Lernen nach Versuch und Irrtum. Tiere können auf diese Weise also die Fähigkeit erlangen, das unter den zwanglosen Bedingungen der Neugierde, des Spielens usw. Gelernte später – wenn es um das Erreichen eines Triebzieles geht – sinnvoll zu verwenden. Es geht also beim Erlernen eines Labyrinthweges keinesfalls etwa, wie man früher einmal glaubte, um rein mechanisches „Einfahren einer Bewegungsfolge" des richtigen Weges, sondern um eine Art wirklichen Verstehens der räumlichen Anordnung, denn das Labyrinth wird auch dann „erkannt", wenn das Tier es schwimmend durchqueren oder an einer anderen Stelle als gewohnt betreten muß.

Auf der gleichen Basis prägt sich ein Tier in freier Wildbahn die markanten Örtlichkeiten seines Revieres, den richtigen Heimweg, einen Fluchtweg usw. ein.

Namentlich bei höheren Tieren – Wirbeltieren, besonders Säugetieren – kann man beobachten, daß eine ausgeprägte Neigung, die Umgebung zu untersuchen und kennenzulernen, also „Neugierde" besteht. Die Tätigkeit des Untersuchens einer neuen Umgebung – von höheren Tieren mit großer Aufmerksamkeit durchgeführt – nennt man Erkundungsverhalten. Manche Forscher halten dies für einen eigenen Trieb. Es handelt sich, so betrachtet, dann nicht um eine besondere Lernkategorie „latentes Lernen", sondern nur um eine besondere Motivation.

Latentes Lernen, auch E r f o r s c h u n g s l e r n e n genannt, ist nicht nur bei Säugetieren zu beobachten, sondern spielt im Dienste des Heimfindevermögens bereits bei Insekten – z. B. bei Bienen – eine wichtige Rolle; also bei Tieren, in deren Leben Lernakte nur eine sehr begrenzte Rolle spielen.

Als weitere, besondere Lernkategorie kennt man das sogenannte L e r n e n d u r c h   N a c h a h m u n g. Es wird auch „Lernen durch Beobachtung" genannt. Manche Tiere, so auch Katzen, sind in der Lage, das Verhalten eines Vorbildes – zumeist eines Artgenossen – nachzuvollziehen und damit auch auf indirektem Wege Erfahrungen zu sammeln. Nachahmung ist die Übernahme beobachteter Bewegungen (oder gehörter Lautäußerungen) in die eigene Motorik (bzw. in das eigene Lautrepertoire). Nachahmungslernen setzt als sogenannte echte Imitation eine besonders hoch entwickelte Intelligenz voraus, daher kommt es auch nur bei wenigen Säugetierarten vor (hauptsächlich bei Affen, insbesondere Menschenaffen).

Vieles im Verhalten von Vögeln und Säugetieren erscheint auf den ersten Blick als Nachahmung, ist jedoch meist nur Instinktansteckung bzw. Stimmungsübertragung (auf dem Weg über soziale Auslöser), beruht also nicht auf einem Lernakt oder gar auf zweckbewußter Einsicht, Absicht. Um Instinktansteckung und nicht um Nachahmung handelt es sich auch beim Menschen, z. B. wenn einer in einer Gesellschaft gähnt und alle anderen daraufhin das gleiche tun. So wirkt auch das Bellen von Hunden für andere Hunde ansteckend; ähnliches gilt für viele Putzbewegungen.

71

Imitation aber ist das Kopieren einer neuen und dem Individuum bisher unbekannten Handlungsweise, und zwar einer solchen, für die eindeutig keine angeborene Vorprogrammierung vorhanden ist. Es ist nach dieser Definition also eine Art Bewußtsein des eigenen Wesens Voraussetzung und die − bewußte oder unbewußte − Absicht, von der Erfahrung anderer zu profitieren. An Katzen konnte man in entsprechenden Versuchsanordnungen beobachten, daß diejenige Katze, die zusehen konnte, wie eine andere sich aus einem Käfig, dessen Türe von innen nur durch eine bestimmte Handlungsweise (wie etwa das Wegschieben eines Riegels) zu öffnen war, durch Versuch-und-Irrtum-Verhalten zu befreien lernte, sichtlich viel weniger Mühe hatte, die richtigen „Handgriffe" auszuführen, wenn sie selbst dann in dem Versuchskäfig saß. Macht man denselben Versuch mit Hunden, dann kann man beobachten, daß jeder Hund erst selbst mühsam durch Versuch und Irrtum auf die richtige Lösung kommen muß, das Zusehendürfen beim Lernen des anderen erweist sich als keinerlei Hilfe. (Es ist daher auch völlig sinnlos zu glauben, einem Hund, dem man etwas beibringen will, erleichtere man seine Lernaufgabe durch Vorzeigen der gewünschten Tätigkeit; wie man das bei einem Kind tun würde.)

Lernen nach Art der Nachahmung spielt bekanntlich beim Menschen eine sehr große Rolle.

Das S p o t t e n mancher Vögel (und das „Sprechen-Lernen" der Papageien) soll, wie Forscher, die sich eingehend damit befaßt haben, versichern, nicht auf Nachahmung, sondern auf einer besonderen Art des Lernens am Erfolg beruhen. (Über die biologische Bedeutung des Spottens herrscht trotz vieler Erklärungsversuche und Diskussionen noch keine endgültige Klarheit.)

Die höchste, für Tiere schwierigste Art zu lernen, die schon einen ziemlich hohen Intelligenzgrad voraussetzt, ist das sogenannte E i n s i c h t s l e r n e n.

Man muß unterscheiden zwischen Einsicht an sich und Lernen durch Einsicht. Unter Einsicht verstehen wir das Begreifen von kausalen Beziehungen, es ist also Sache der Organisation von Wahrnehmungen; das bekannte „aha-Erlebnis" ist dafür kennzeichnend. Einsichtslernen hingegen ist das Vollführen einer zweckmäßigen − nicht angeborenen − Handlungsweise in einer neuen Situation (zur Lösung einer neuen Aufgabe) ohne vorheriges Versuch- und Irrtum-Lernen. Zur Erklärung dieses „vernunftgemäßen" Handelns, bei dem frühere, unter anderen Bedingungen gemachte Erfahrungen zur Lösung einer neuen Situation sinnvoll − ohne neuerlichen Handlungsversuch − n e u k o m b i n i e r t auf Anhieb zum Einsatz gebracht werden, müssen wir das Vorhandensein einer gewissen D e n k -

fähigkeit voraussetzen, die das Tier instandsetzt, bestimmte Folgen bzw. Wirkungen seiner beabsichtigten neuen (willkürlichen!) Bewegungskombination zu erwarten, also das Eintreten eines Wirkungsgeschehens vorwegzunehmen (richtig vorauszusehen), was nur durch B e z i e h u n g s e i n s i c h t − Begreifen von Zusammenhängen − möglich ist. Denken ist sozusagen Probehandeln in der Vorstellung. Bekanntlich kommt diese Fähigkeit nur den höheren Säugetieren zu, und diese „geistige" Tätigkeit scheint auch sehr anstrengend zu sein, also nahe an der Grenze der psychischen Leistungsfähigkeit eines Tieres zu liegen, da sehr selten davon Gebrauch gemacht wird, wie Experimente und Freilandbeobachtungen zeigen. Am ehesten noch beobachtbar ist die einfachste Form einsichtigen Verhaltens im sogenannten Umwegversuch: Hier kann − nach Immelmann − eine Einsicht in die räumliche Situation immer dann angenommen werden, wenn das Versuchstier bei versperrtem direkten Zugang zu einem Ziel einen Umweg ausführt, bei dem es sich zunächst von diesem Ziel entfernen muß, um sich ihm später hinter dem Hindernis wieder zu nähern. Das anfängliche Laufen in die

Trotz des manchmal so intelligent erscheinenden Verhaltens einer Katze sind ihrer Einsichtsfähigkeit enge Grenzen gesetzt: Es entsteht eine ausweglose Situation, wenn sie ihre Leine unabsichtlich um ein Stuhlbein wickelt!

„falsche" Richtung kann hier nur als Bestandteil des gesamten Umwegs einen Sinn besitzen und läßt sich daher auch nur aus einer Einsicht in die Gesamtsituation verstehen. Spontane Umwegleistungen sind vor allem von Säugetieren bekannt; so beim Hund, beim Dachs, bei der Katze, bei der Ratte u. a.

Was ist B e g r i f f s b i l d u n g? Sind Tiere dazu fähig? Diese Fähigkeit definiert Thorpe als das Vorkommen von Wahrnehmungen (wahrnehmungsartig strukturierten psychischen Vorgängen ohne dazugehörige äußerliche Stimulation) in Form von Vorstellungen, die einigermaßen abstrakt oder generalisiert sind und Gegenstand weiteren Vergleichens durch Lernprozesse (Denktätigkeit!) sein können.

Versuche Koehlers mit einigen Vögeln und Säugetieren beweisen, daß Tiere in beschränktem Maße sogar Z a h l b e g r i f f e bilden können und daß das vorsprachliche Zählvermögen bis höchstens 7 reicht.

Dressurergebnisse bei Blindenführhunden zeigen, daß unter gewissen Umständen Hunde zu einer einfachen Abstraktion fähig sind: so z. B. bei der sogenannten „Personalerweiterung". Normalerweise beachtet ein Hund Hindernisse ja nur, wenn sie so in seinem Weg liegen, daß er mit seinem Körper daran stoßen würde. Ein Blindenführhund muß aber seinen Herrn auch dann einen Umweg führen, wenn z. B. ein offener Fensterflügel einer ebenerdig gelegenen Wohnung vom Haus wegragt. Der Hund würde nicht daran stoßen, wohl aber sein ihm anvertrauter Herr. Bei der Ausbildung von Blindenführhunden werden die Tiere daher in Hindernisgärten mit Hilfe von Wägelchen (in menschlichen Dimensionen), die sie ziehen müssen, dazu gebracht, auch Hindernisse im weiteren Bereich in ihre Reaktion mit einzubeziehen. Wenn das Wägelchen durch ein Hindernis zum Stoppen gebracht wird, fühlt der Hund einen schmerzhaften Ruck. Dabei zeigt sich, daß der Hund zunächst nur Hindernisse gleicher Form oder gleicher Größe vermeiden lernt; ein Hindernis anderen Aussehens wird zunächst wieder nicht beachtet. Man muß daher die Gestalt der verschiedenen, möglichen Hindernisse während der einzelnen Dressurlektionen wechseln und variieren, bis der Hund begriffen hat, worauf es ankommt: Nicht das Aussehen eines Hindernisses ist entscheidend, sondern dessen Entfernung und Lage im Raum.

Leider hat man bis heute eine allgemein akzeptierte Gliederung und Abgrenzung der verschiedenen Lernarten noch nicht finden können. Dies wird wohl erst dann möglich sein, wenn man die jeweils beteiligten Mechanismen wenigstens im Prinzip aufgeklärt hat. Neurophysiologisch wird Lernen durch funktionelle Neuverschaltungen von Nervenzellen ermöglicht. Dazu sind alle Nervensysteme aus-

74

reichender Komplexität zumindest prinzipiell befähigt, sodaß bereits niedere Würmer, wie z. B. Planarien, über gewisse Lernfähigkeiten verfügen. Lernen ist nicht einmal unbedingt an die Existenz eines Gehirns gebunden: Im Experiment lernen auch kopflose Schaben, ja sogar einzelne Körpersegmente dieser Tiere mit dem zugehörigen Anteil Bauchmark, durch Anheben eines Beines Strafreize zu vermeiden. Wer sich näher für die neurobiologischen Grundlagen des Verhaltens interessiert, findet eine gemeinverständliche Darstellung in dem Buch von Wolf und Hess („Seele oder Programm").

Nach Ergebnissen amerikanischer Forscher läßt sich annehmen, daß das Lernen erwachsener Tiere auf primär Gelerntem aufbaut, das in der frühen Kindheit erworben wurde und besonders die Art der Wahrnehmungs- und Auffassungsakte bestimmt. Späteres Lernen – Sekundärlernen – kann so durch die Art des früher Gelernten gefördert, oder aber auch erschwert werden.

Doch nicht jede Verhaltensweise, die bei einem jungen Säugetier erst später im Laufe seiner Entwicklung, manchmal gar erst nach der Pubertät auftritt, muß auf Erfahrungsbildung oder Übung, kurz auf Lernvorgängen beruhen. Es gibt angeborene Verhaltensweisen, die erst später reifen. So auch lernt eine Katze nicht laufen, gehen oder schwimmen, diese Fähigkeiten sind, wie viele andere, angeboren und nur zum Zeitpunkt der Geburt noch nicht zur Funktionstüchtigkeit gereift. Ein Katzenkind, das man tagelang am „Gehen-Üben" hindert, kann in einem Alter, in dem seine Geschwister längst laufen können, dies sogleich auch, wenn man es von seinen Fesseln befreit. Allerdings ist es etwas ungeschickter.

Eine gewisse Hilfsrolle für die Reifung angeborener Fähigkeiten spielt die Übungsmöglichkeit also doch. So wird es verständlich, daß manche Instinkthandlungen, zu deren Betätigung ein Tier unter bestimmten Umweltbedingungen die gesamte Jugendzeit hindurch keine Auslösereize vorfindet, nicht zu Leerlaufreaktionen führen, sondern verkümmern. Man kann sich dies ähnlich vorstellen wie die Atrophie eines Muskels, der verkümmert, wenn er lange Zeit untätig ist. Je nach besonderen Umweltbedingungen können angeborene Fähigkeiten somit nicht nur besonders entwicklungsgefördert sein, sondern auch einer Entwicklungshemmung unterliegen. Man spricht dann von „Instinktatrophie" sogenannter „trainierbarer Instinkte".

Umgekehrt können bei Säugetieren, besonders bei Haustieren, unter besonderen Umständen einzelne angeborene oder erworbene Verhaltensformen so sehr „hypertrophieren", daß eine Störung in der Rangordnung der Instinkte entsteht: Die Befriedigung sogenannter erworbener Bedürfnisse („Quasibedürfnisse") kann so bevorzugt gesucht werden — und erlangt so übermäßig triebartigen Charakter —, daß keine Zeit mehr für biologisch wichtige „natürliche" Aktivitäten verbleibt.

Die tägliche Beobachtung einer Katze und ihrer subtilen Anpassungsfähigkeit an die menschliche Welt verleitet leicht dazu, ihre oft recht zweckmäßig und sinnvoll erscheinenden Handlungen sogleich für Beweise des Vorliegens höherer Intelligenzleistungen zu halten. „Meine Katze versteht jedes Wort; nur schade, daß sie nicht sprechen kann", höre ich sehr oft meine Klienten sagen. Es kann aber nicht genug vor vorschnellen Schlüssen dieser Art gewarnt werden. Oft stellt sich bei näherer Prüfung eine Handlungsweise als auf viel einfacheren Lernleistungen oder gar auf Instinktgrundlagen beruhend heraus. Als oberste Regel tierpsychologischen Denkens gilt daher nach wie vor das sogenannte P r i n z i p d e r s p a r s a m s t e n E r k l ä r u n g. Erst wenn eine Handlungsweise — nach Ausschaltung aller Irrtumsquellen — keinesfalls mit angeborener Auslösbarkeit oder den einfachsten Lernkategorien befriedigend erklärt werden kann, sind wir berechtigt, das Vorliegen komplizierterer psychischer Vorgänge als Grundlage anzunehmen. Andererseits aber ist es der modernen tierpsychologischen Forschung gelungen, eindeutig zu beweisen, daß Tiere — innerhalb gewisser Grenzen und unter bestimmten Umständen — zu sogenannten echten Intelligenzleistungen tatsächlich fähig sein können und zur Meisterung ihrer Lebensprobleme davon gelegentlich auch Gebrauch machen. Dies gilt keineswegs ausschließlich für Primaten. Ein neueres Buch, das sich in gemeinverständlicher Form speziell mit derartigen Problemen beschäftigt, ist das von Griffin, „Wie Tiere denken". Weiteres über die heutigen Auffassungen über „Gedächtnis, Begriffsbildung und Planhandlungen bei Tieren" kann in dem Buch (dieses Titels) von Rensch nachgelesen werden oder über „Instinkt, Lernen, Spielen, Einsicht" in dem ganz ausgezeichneten Taschenbuch von Hassenstein. Einen allgemein orientierenden Überblick über den heutigen Stand der Verhaltensbiologie verschafft auch die sehr kurz gefaßte „Einführung in die Verhaltensforschung" von Immelmann.

Fassen wir das Wichtigste aus diesem Kapitel zusammen:

Das Seelenleben der Tiere ist uns nicht unmittelbar zugänglich. Vieles an unserer Deutung tierlichen Verhaltens ist hypothetisch. Man kann um so eher aus dem Verhalten auf das Befinden schließen, je ähnlicher ein Lebewesen uns Menschen selbst ist und je genauer man sein Verhalten in den vielfältigen Interaktionen mit seiner natürlichen Umwelt kennt.

Ethologie ist die Lehre von den Instinkten. Instinkte sind ererbte Handlungsfähigkeiten, mit denen ein Tier biologisch zweckmäßig auf seine Umwelt reagiert, obwohl es den Zweck seiner Instinkthandlungen eigentlich gar nicht kennt. Instinkthandlungen sind so unveränderlich wie Körperteile. Alle Vertreter einer Tierart führen Instinkthandlungen in prinzipiell gleicher, arttypischer Weise aus. Damit eine bestimmte Instinkthandlung zum Abrollen gelangen kann, müssen verschiedene innere und äußere Bedingungen erfüllt sein.

Je höher ein Tier in der stammesgeschichtlichen Entwicklungsreihe steht, desto weniger meistert es die Auseinandersetzung mit seiner Umwelt nur auf Instinktbasis allein, in immer höherem Maße spielen auch verschiedene Lernvorgänge und einfache Intelligenzleistungen eine wesentliche Rolle; sie ermöglichen eine präzisere Anpassung an die jeweiligen, individuell besonderen Umweltgegebenheiten und gewähren solcherart ein gewisses Maß an Freiheit gegenüber dem starren Zwang der Instinktmechanismen. Dies führt, besonders auch bei Haustieren wie Katzen (und Hunden), zur Ausbildung diverser feinerer, individueller Verhaltensunterschiede, die den besonderen Charakter eines bestimmten Individuums ausmachen. (Beim Menschen würde man in diesem Zusammenhang von „Persönlichkeit" sprechen.)

3 Herkunft und Besonderheiten des Katzenverhaltens

Beginnen wir gleich mit einem von mehreren Rätseln, die Katzen uns aufzulösen geben:

Eine Katze liegt auf der Ofenbank und wird gestreichelt; sie s c h n u r r t. Wie macht sie das? Warum macht sie das? Auf beide Fragen geben verschiedene Untersucher verschiedene Antworten.

Darüber, wie das Schnurren zustande kommt, existieren mehrere Theorien. Eine besagt, daß die Stimmbänder bei der Ausatmung willkürlich in Schwingungen versetzt werden und dies das typische schnurrende Geräusch verursache, einer anderen zufolge wird durch die Kontraktion (Zusammenziehung) einiger Kehlkopfmuskeln die Stimmritze teilweise verschlossen, und das Geräusch des Schnurrens entsteht durch Turbulenzen der Luft, wenn diese bei Ein- und Ausatmung durch die verengte Stimmritze strömt. Einer weiteren Theorie zufolge werden aber nicht die normalen Stimmbänder, sondern besondere Hautfalten, die sogenannten „falschen Stimmbänder", die sich näher dem unteren Ende des bei Katzen relativ langen Kehlkopfes befinden, beim Schnurren in Vibrationen versetzt. Einer völlig andersartigen Version zufolge ist das Schnurren gar das Resultat von Turbulenzen im Blutstrom der Hohlvene, also jener großen Vene, die das Blut aus dem Körper dem Herzen zuführt. Die Vibrationen der Blutwirbel in diesem Gefäß sollen in Zwerchfellnähe entstehen, den Brustkorb in Schwingungen versetzen und durch die Luftröhre nach oben geleitet werden (und sogar die Schädelknochen zum Schwingen bringen).

Ähnlich unklar scheint der Sinn bzw. der biologische Zweck des Schnurrens: Für gewöhnlich nimmt man an, daß die Abgabe von Lautsignalen eines Tieres der innerartlichen Verständigung dient, also als sozialer Auslöser zu betrachten ist, etwa um dem Zuhörer eine Stimmung oder einen Stimmungsumschwung − unbewußt − mitzuteilen (was bei jenem die Entstehung einer bestimmten Stimmung oder eines Stimmungsumschwunges einleitet). Doch diese Betrachtungsweise bringt uns im Sonderfall des Schnurrens − zumindest bei oberflächlicher Betrachtung − keinen eindeutigen Informationsgewinn: Während man das Schnurren zumeist bei Katzen beobachtet, die sich in einer Situation befinden, von der man annehmen kann, daß sie mit einem subjektiven Erleben einhergeht, das am besten mit Entspannung, Zufriedenheit oder Euphorie umschrieben werden kann, wird Schnurren nicht nur während des Streichelns einer Katze und während der Körperpflegehandlung des Felleckens beobachtet, sondern z. B. auch bei einem Muttertier während der Geburt und bei chronisch kranken Tieren im letzten Krankheitsstadium.

Auch junge Saugkätzchen schnurren bereits während des Trinkens an der mütterlichen Zitze. Und diese Tatsache ist es, die uns möglicherweise den Ansatz zu einer einleuchtenden Erklärung liefert: Das Rätsel um die Bedeutung des Schnurrens läßt sich nämlich auflösen, wenn man bedenkt, daß infolge der bestehenden Stimmungshierarchie bei einem Säugetier wie der Katze einzelne Instinktbewegungen verschiedene Funktionen übernehmen können, also nicht nur wie bei den einfacher organisierten Tieren in einem bestimmten Funktionszusammenhang auftreten! Die Ergebnisse einer sehr subtilen Analyse Leyhausens, unter Bedachtnahme auf die Entstehung bzw. ursprüngliche Bedeutung des Schnurrens, lassen uns dieses gleich viel verständlicher erscheinen: „Soweit man heute weiß, besteht die ursprüngliche Funktion des Schnurrens darin, der säugenden Mutterkatze zu melden, daß die Jungen sich alle wohlbefinden", schreibt Leyhausen und führt dazu weiter aus: „Die Tiere behalten aber die Fähigkeit des Schnurrens über das Säuglingsalter hinaus, der Laut erhält dabei in Abhängigkeit von Situation und sozialem Zusammenhang einige weitere Bedeutungen, die alle mehr oder weniger von der ursprünglichen abweichen: a) Die Mutter schnurrt, wenn sie ins Nest kommt, und beruhigt damit die aufgestörten Jungen; während des Säugens sorgt gemeinsames Schnurren von Mutter und Jungen dafür, das Gefühl des Wohlseins und der Sicherheit wechselseitig zu verstärken. b) Wenn eine Jungkatze eine ältere zum Spiel auffordert, nähert sie sich ihr schnurrend. c) Umgekehrt schnurrt auch eine rangüberlegene Katze, wenn sie sich einer unterlegenen in freundlicher oder spielerischer Absicht nähert. d) Eine unterlegene oder kranke, sehr schwache Katze schnurrt, wenn sich ihr eine überlegene oder ein Feind nähert; auf den ersten Blick mag dies paradox erscheinen, da ja ursprünglich Schnurren Wohlbefinden anzeigt. Aber wie in allen anderen, abgeleiteten Fällen ist es wohl auch hier ein Beschwichtigungslaut und sagt — menschlich ausgedrückt — etwa soviel wie: ich bin nur klein, hilflos, harmlos und unschädlich." Leyhausen vergleicht diese seine Betrachtungsweise sehr treffend mit der anfänglich ebenfalls schwierigen Einordnungsmöglichkeit der Verhaltensweise des Kusses beim Menschen, indem er schreibt: „Oft begegnet uns eine Verhaltensweise bei unseren Untersuchungen nicht zuerst und nicht am häufigsten und auffallendsten oder fast gar nicht mehr in dem Situationszusammenhang, dessen Selektion ursprünglich zu ihrer Entwicklung führte. Der Kuß scheint uns bei *Homo sapiens* hauptsächlich ein Bestandteil des Sexualverhaltens zu sein, kann aber auch Kindesliebe, Freundschaft oder gar Unterwerfung ausdrücken. Entstanden ist er jedoch als Mund-zu-Mund-Füttern während der Entwöhnungsphase. In dieser ursprünglichen Funktion kommt er bei der Kinderaufzucht des Zivilisationsmenschen praktisch nicht mehr vor. Ein Verhaltensforscher vom Mars, der den Kuß als von seiner Haupt- (das heißt häufigsten) Funktion bestimmt ansähe und dementsprechend benennen wollte, würde ihn also wohl als Sexualpartner-Mundaufdruck oder so ähnlich bezeichnen. Die Umgangssprache hat mit der neutralen Bezeichnung Kuß der vielseitigen funktionellen Verwendbarkeit dieser Instinktbewegung längst Rechnung getragen."

Leyhausen betont, daß bei Katzen und vielen anderen Säugetieren fast alle Bewegungsweisen und Lautgebungen auch des Kampf- und Drohverhaltens sowohl im Angriff wie in der Abwehr auftreten können, manche davon außerdem auch beim Beutefang und alle beim Spiel! Entsprechendes gelte auch für die Verhaltensweisen der Werbung, Paarung, Jungenaufzucht, der Jungen gegenüber der Mutter und des sozialen Verkehrs gleichaltriger Tiere. Dieser grundsätzlichen Feststellung des erfahrenen Verhaltensforschers und Psychologen sollte man bei der nachfolgenden Darstellung der verschiedenen Verhaltensweisen der Katze in diesem sowie allen anderen Kapiteln dieses Buches stets eingedenk sein! Aus Raumgründen ist es hier nur möglich, einige der allerwichtigsten Instinkthandlungen der Katzen darzustellen (und auch das nur oberflächlich) und kaum auf die sogenannte freie Verwendbarkeit von Instinktbewegungen und dem gleichzeitig beobachtbaren Ausdrucksverhalten in allen möglichen Einzelheiten einzugehen, sodaß der wissenschaftlich interessierte Leser in vielen Fällen auf die eingehenden vergleichenden Darstellungen Leyhausens, besonders hinsichtlich des Verhaltens der Katze zur Beute und allen Facetten des Sozialverhaltens, zusätzlich wird zurückgreifen müssen („Katzen − eine Verhaltenskunde", 1982, − dort auch zahlreiche weitere Literaturangaben).

Nochmals kurz zurück zum Wie des Schnurrens: es ist erstaunlich, daß in vielen gemeinverständlichen Katzenbüchern der letzten Jahre immer noch so viele verschiedene, einander widersprechende Theorien über die Erzeugung des Schnurrlautes angeführt werden, obwohl doch bereits im Jahre 1949 durch die tierärztliche Dissertation Hussels diese Frage anhand von zahlreichen Operationen und anderen eingehenden Untersuchungen eindeutig beantwortet wurde. Hussel kam zu dem Schluß, daß die Erzeugung des Schnurrens lediglich im Kehlkopf durch die Stimmlippenbewegung geschieht und die Katze keine besonderen, anatomisch feststellbaren Einrichtungen für die Produktion des Schnurrens verwendet. (Es schwingen nur die zueinander gekehrten Randabschnitte der Stimmlippen.) Geschnurrt werden kann beim Ein- und Ausatmen. Dabei ziehen sich die Muskeln des Kehlkopfes ca. zwanzig- bis dreißigmal in der Sekunde zusammen, wobei eine Luftschwingung von ungefähr 25 Hertz mit einer Lautstärke von etwa 2 Phon entsteht, die nicht nur hörbar, sondern als Vibration auch fühlbar ist.

Die wilden Verwandten der Hauskatze können übrigens ebenfalls schnurren. Während die Kleinkatzenarten alle auch miauen, ist von den Großkatzenarten, wie Löwe, Tiger usw., bekannt, daß sie statt dessen brüllen können. (Über weitere Lautäußerungen werden wir uns später unterhalten.)

Eben noch schnurrend auf der Ofenbank, sieht unsere Mieze plötzlich eine Motte in der Luft vorbeihuschen: Sofort folgen Augen und Ohren punktgenau dem Beuteobjekt; die Muskeln des Körpers wirken plötzlich gespannt, und im nächsten Augenblick vielleicht schon springt sie dem Insekt nach und versucht es mit den Vorderpfoten — die Krallen ausgefahren — zu erhaschen. Schier unermüdlich spielen bekanntlich schon kleine Kätzchen mit Papierkügelchen, werfen sie in die Luft, fangen sie wieder auf, springen ihnen nach. Solche „Beuteattrappen", die das Abrollen derartiger Instinkthandlungen immer wieder auslösen — es besteht ein starker, sich rasch regenerierender, innerer Antrieb dafür —, brauchen gar keine Ähnlichkeit mit einer Maus zu haben: Jedes nicht zu große Objekt, wenn es sich nur von der Katze irgendwie wegbewegt, kann diese Handlungsanteile aus dem Beuteinstinkt in Gang setzen!

Es ist eigentlich einleuchtend, daß es für ein Raubtier zur Sicherstellung der lebensnotwendigen täglichen Nahrungsmenge von großer Wichtigkeit ist, all jene Instinkthandlungen, die dem Auffinden, Nachstellen und Erlegen von Beutetieren dienen, unermüdlich und präzise immer wieder möglichst unmittelbar aus jeder Situation heraus — also gewissermaßen auf Knopfdruck — parat zu haben.

Vieles an den Verhaltensbesonderheiten unserer Hauskatzen wird uns also transparent, wenn wir an ihre zoologische Herkunft denken. Nicht nur die großen, wilden Verwandten unserer Katze — die die meisten von uns wenigstens im Zoo bewundern können —, sondern auch alle sogenannten Kleinkatzen, wie z. B. der Luchs, der Ozelot, die europäische Waldkatze, die nordafrikanische Falbkatze — es gibt ihrer über dreißig verschiedene Arten —, gehören zu den höchstspezialisierten Raubtieren überhaupt. Ihr ganzer Körperbau ist auf ihren „Beruf" als Raubtier eingestellt. Ihr Skelett ist extrem beweglich und stark bemuskelt, die Kiefer können einen erheblichen Gebißdruck erzeugen. Die Zahnformation ist optimal für das Erfassen, Reißen, Totbeißen und das Aufreißen der Körperoberflächen getöteter Opfer selektiert. Alle Vertreter dieser Raubtierfamilie sind Zehengänger.

Mit Ausnahme des Geparden, der die einzige Katze ist, die ihre Beute hetzt und auf kurzen Strecken eine Geschwindigkeit bis zu 100 Kilometern pro Stunde erreichen kann, halten die Katzenartigen hohe Laufgeschwindigkeiten nicht allzulange durch. Sie beschleichen daher ihre Beute und legen sich zum Beutefang lieber auf die Lauer. Jede Katzenart jagt ihre Beute auf eine etwas andere Weise, wobei die Jagdgepflogenheiten ihrer Beute angepaßt sind. Die meisten Kleinkatzen töten ihre Beute, indem sie deren Genick mit den Eckzähnen durchbeißen.

Alle wilden Katzenarten jagen ihre Beute allein, sind normalerweise mehr oder weniger Einzelgänger und streng territorial. Der Löwe und bis zu gewissem Grad der Gepard sind davon die einzigen Ausnahmen. Löwen leben normalerweise in Rudeln (bis zu dreißig Tieren) und halten auch eine gewisse Rangordnung ein, und Geparde leben manchmal in Familienverbänden und Gleichaltrigengruppen. Bei den anderen wilden Katzenarten treffen sich Männchen und Weibchen nur zur Paarung. Die Weibchen zeigen den Männchen ihre Paarungsbereitschaft an, indem sie an bestimmten Stellen ihres Jagdgebietes Urin versprühen. Die Körperoberfläche der Männchen strömt einen mehr oder weniger penetranten Duft aus, der die Weibchen stimuliert. Alle neugeborenen Wildkatzen sind ebenso blind und taub wie die Hauskatzenjungen und werden ausschließlich vom Muttertier aufgezogen und umsorgt.

Die Fähigkeit der meisten Katzenartigen, zielgerichtet zu springen, zu klettern und zu balancieren, ist beneidenswert. Der ausgeprägte Gleichgewichtssinn und vor allem die Funktion des Schwanzes als Steuerruder läßt Katzen beim Fallen immer wieder auf die Beine kommen. Selbst die domestizierten Hauskatzen können bis zu 3 Meter hoch und bis zum Fünffachen ihrer Körperlänge springen.

Alle Katzen haben hochentwickelte Sinnesorgane, die es ihnen ermöglichen, ihre Beutetiere präzise zu orten. Insbesondere die Augen und Ohren erbringen erstaunliche Leistungen. Die berühmten Katzenaugen durchdringen bekanntlich die Dunkelheit auch dann noch, wenn wir Menschen schon lange nichts mehr sehen. Das Katzenauge hat nämlich ein System zur Restlichtaufhellung im Augenhintergrund entwickelt, wodurch die Netzhaut von den Lichtstrahlen doppelt durchdrungen wird. Die Pupillen sind ellipsenförmig und reagieren in Sekundenbruchteilen auf wechselnde Lichtverhältnisse; sie können sich am hellen Tag zu

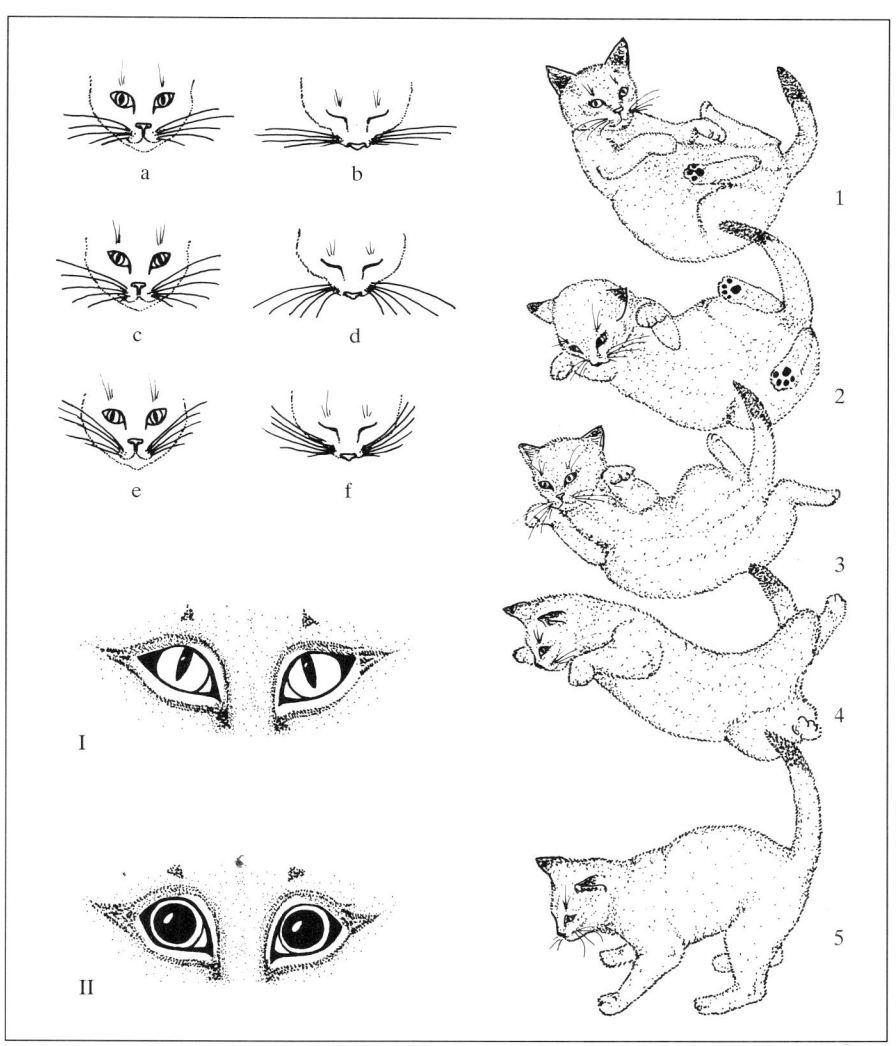

Stellung der Schnurrhaare: a und b in Ruhe, bei freundlicher Stimmung, Behagen; c beim Gehen; d beim Beutefang, bei höchster Aufmerksamkeit; e und f bei Abwehr, Zurückhaltung, beim Schnuppern, Zubeißen, Lippen-Lecken, Köpfchen-Geben.

Pupillenweite: I bei Helligkeit, Spannung, aggressiver Drohung; II bei Dunkelheit, Abwehrbereitschaft, Angst.

Eine fallende Katze landet (fast immer) auf den Beinen: Bildfolge 1–5.

schmalen Schlitzen verengen, im Dunkeln aber wie die Blendenautomatik eines Fotoapparates weit öffnen. (Dies ist von besonderer Wichtigkeit, denn die meisten Katzen suchen ihre Beute im Morgengrauen und in der Abenddämmerung.) Von Hauskatzen ist bekannt, daß sie vertraute Personen durch bloßes Hinschauen erkennen können; besonders dann, wenn diese sich bewegen. Präzises Bewegungssehen ist verständlicherweise für ein Raubtier besonders wichtig. Im Gegensatz zu früheren Vermutungen weiß man heute auch, daß die Katzen Farben sehen können, wenn auch viel blasser als der Mensch. Buchholtz, die das Farbsehvermögen von Hauskatzen untersuchte, konnte herausfinden, daß ihre Lieblingsfarbe Rot zu sein scheint. Katzen gelingt es auch, räumlich zu sehen, obgleich diese Fähigkeit ebenfalls geringer ausgebildet sein soll als beim Menschen.

Während das scharfe Gehör aller Katzenartigen diesen im Dienste der Jagd ebenfalls einen beträchtlichen Vorteil gegenüber anderen Tieren verschafft, wird angenommen, daß der — zwar ebenfalls gut ausgebildete — Geruchssinn zum Jagen kaum gebraucht wird. Wildkatzen spüren vermutlich, im Gegensatz zu hundeartigen Raubtieren, ihre Beute nicht mit der Nase auf. Jedoch ist ihr Geruchssinn höchst wichtig zur Aufnahme von Signalen im Kontakt mit Artgenossen, sei es im Rahmen der Territorialität, im Sexualfunktionskreis oder im Funktionskreis der Nahrungsaufnahme.

Von Hauskatzen weiß man, daß sie Ultraschallschwingungen bis gegen 50.000 Hertz und manchmal noch höher wahrnehmen können. Die kegelförmigen Ohrmuscheln, die in einem Bogen von 80 Grad gedreht und auf die Schallquelle eingestellt werden können, ermöglichen es einer umherstreifenden Katze, Lautäußerungen und Bewegungsgeräusche kleiner Nagetiere mit großer Präzision zu lokalisieren. Die Fähigkeit, Schwingungen aufzunehmen, besitzt nicht nur das Ohr der Katze, es besteht auch eine außerordentliche Vibrationsempfindlichkeit der Pfoten; Katzen können gewissermaßen „mit den Pfoten noch hören"!

Der Tastsinn in den Pfotenballen der Katze befähigt diese auch, durch leichtes und später stärkeres Berühren von Objekten von solchen subtile Kenntnis zu nehmen. (Die Größe des Gehirnbereiches, der die Verarbeitung der mit den Vorderpfoten aufgenommenen Reize zur Aufgabe hat, zeigt deren Bedeutung.) Auch die haarlose Haut der Nase ist reichlich mit Tastsinneskörperchen versehen sowie mit sogenannten Wärme- und Kältepunkten. Sogar das Fell der Katze ist ein Sinnesorgan: Die Endhaare des Felles sollen fast so empfindlich sein wie die Schnurrhaare. Borstige Tasthaare befinden sich nicht nur auf der Oberlippe (und einige an der Wange), sondern auch je ein Büschel davon über jedem Auge und einige

84

am Kinn. Ihnen verwandt sind die Augenbrauenhaare und die Haare an den Unterseiten der Vorderbeine. Sie sind für das Betasten und Ergründen nahegelegener Objekte wichtig. Die Schnurrhaare an der Oberlippe können nach vorne gerichtet, aufgefächert und nach hinten zusammengelegt werden. Die an ihrer Basis befindlichen Rezeptoren sind derart empfindlich, daß Katzen damit sogar Luftströmungen wahrnehmen können. Katzen mit krankheitsbedingt schlechtem Sehvermögen oder Katzen im Dunkeln laufen vorsichtig und bewegen ihren Kopf hin und her, wenn sie durch Schlupflöcher wollen! Tastsinn und Gehör können so zusammenwirken, daß sich eine blinde Katze in einem ihr bekannten Areal sicher bewegen kann. Mit den „Barthaaren" kann eine Katze auch die Fellrichtung eines Beutetieres feststellen, bevor sie dieses verspeist. Es ist durchaus zu verstehen, daß so eine Fähigkeit notwendig ist, denn gegen den Fellstrich schluckt sich's sicherlich schwerer. Die Tasthaare scheinen auch eine Schutzvorrichtung für die Augen zu sein: Die geringste Berührung der Schnurrhaare löst einen Blinzeleffekt der Augenlider aus.

Geruch und Geschmack bewirken eine wichtige Erweiterung der Sinneswahrnehmungen aller Säugetiere und werden als „Chemische Sinne" bezeichnet. Die Riechzellen, in einer besonderen Partie der Nasenhöhle gelegen, sprechen auf alle flüchtigen, gasförmigen Stoffe an. Was für die menschliche Begriffswelt die visuellen Merkmale der verschiedenen Farbnuancen darstellen, wird bei vielen Säugetieren wahrscheinlich durch das sogenannte „Geruchsbild" hervorgerufen. Dies ist wohl der Grund, warum Katzen jedes neue Objekt, neue Personen und Geländestellen, an denen sich Duftmarken von Artgenossen befinden, intensiv beschnüffeln. Geruchsempfindungen − in Verbindung mit Geschmacksempfindungen − spielen auch beim Nahrungsaufnahmeverhalten der Katze eine wesentliche Rolle: Das im Fleisch enthaltene Fett wird, wie man annimmt, wahrscheinlich mit dem Geruchssinn wahrgenommen. Für Katzen riecht jedes Fleisch anders. Versuche haben ergeben, daß sie solche Gerüche auseinanderhalten können.

Durch den Verlust des Geruchssinnes wird das Verhalten einer Katze in mehreren Funktionskreisen gestört, so im Sexualverhalten, bei der Körperpflege, beim Absetzen und Wahrnehmen von Duftmarken und nicht zuletzt bei der Nahrungsaufnahme: Jeder Katzenhalter, dessen Katze schon einmal an Katzenschnupfen erkrankt war, weiß, wie schwierig es ist, während der Zeit der gestörten Geruchswahrnehmung seine Katze dazu zu bringen, ihre tägliche Mahlzeit aufzunehmen. Damit sie nicht an Kräften verlieren, ist es in solchen Fällen notwendig, Katzen mit allen möglichen Tricks zum Fressen zu animieren, etwa indem man ihnen breiiges Futter auf die Pfoten schmiert, oder aber indem man sie einfach zwangsfüttert.

Die Bedeutung des Geruchssinnes für das Sozialverhalten der Katze zeigen die zahlreichen Duftdrüsen zu beiden Seiten des Kopfes, in der Kinngegend, an den Lippen und am Schwanz. Katzen markieren damit nicht nur Gegenstände, sondern auch andere Tiere, Artgenossen und den menschlichen Pfleger. Das bekannte „Köpfchen-Geben", von uns als Zeichen der Freundschaft gedeutet, ist wahrscheinlich dem Aufdrücken eines Besitzvermerkstempels vergleichbar. Wie gut, daß wir all diese Duftmarken nicht riechen können – denn wer weiß, ob wir sie als angenehm empfinden würden. Die Duftmarken, die Kater mit ihren Analdrüsen (indem sie ihr Hinterteil gegen einen Gegenstand drücken) setzen, und die Duftstoffe, die ihr Urin enthält, den sie schräg nach rückwärts-aufwärts auf senkrechte Flächen spritzen können, mögen Katzendamen angenehm sein, uns Menschen sind sie bekanntlich ein Greuel.

Ähnlich wie man einem Blinden die Empfindung der roten Farbe nicht erklären kann, so ergeht es uns mit der Vorstellung zahlreicher Geruchsqualitäten, die Hunde und Katzen erleben. Da ist z. B. die Katzenminze: Ihr Geruch sagt uns so gut wie nichts. Auch Baldrian ist für uns eher ein Gestank, denn ein Wohlgeruch. Geruchskonzentrate aus beiden Pflanzen vermögen Katzen – angeblich alle Katzenarten (auch die Großkatzen) – geheimnisvoll anzuziehen, ja gelegentlich sogar in Extase zu versetzen: Sie rollen sich auf dem Rücken, versuchen, sich mit dem Geruchsstoff einzuparfümieren, und geben Geräusche der Wollust von sich. Handelt es sich um einen überoptimalen Sexualgeruch, oder lösen diese Geruchsempfindungen im Gehirn der Katzen Vorgänge aus wie bei uns die Aufnahme von Haschisch oder LSD?

Im Gegensatz zum Hund reagieren Katzen auf Fäulnisgerüche zumeist äußerst ablehnend. Dies gilt besonders für unsere Hauskatze.

Geruchs- und Geschmacksorgane sind bei den Katzenartigen eng miteinander verbunden. Hinter den Schneidezähnen liegen im Gaumen Zuführungsgänge zu einem kleinen zigarrenförmigen Beutel, einem weiteren chemischen Sinnesorgan, dem sogenannten „Jacobsonschen Organ". Dieses ist mit Sinneszellen besetzt, die auf bestimmte gasförmige und in Flüssigkeit gelöste flüchtige Stoffe ansprechen; wahrscheinlich nur im Dienste des Sexualfunktionskreises. Es gibt eine bestimmte Verhaltensweise, die nur Säugetiere zeigen, die dieses Organ besitzen: das sogenannte Flemen. Diese Verhaltensweise ist am bekanntesten bei Hirschen und Pferden, kommt aber auch bei den Katzenartigen vor. Sie strecken dabei den Kopf vor, öffnen den Fang und ziehen die Oberlippe zurück. (Man kann dieses Verhalten besonders bei unkastrierten Katern sehen, wenn sie auf den Spuren einer rolligen Katze wandern oder deren Urin kosten.) Das, was mit dem Jacobsonschen Organ wahrgenommen wird, ist eine Art Zwischending zwischen Geruch und Geschmack. Auch bei der Wahrnehmung von Katzenminze wird geflemt, und zwar von beiden Geschlechtern, einschließlich Kastraten. Die chemische Struktur der Stoffe, die das Jacobsonsche Organ reizen, ist noch ungenügend erforscht.

Die Zunge der Katze hat verschiedene Funktionen, solche, die mit dem Fressen, dem zusätzlichen Festhalten von Beute, der Flüssigkeitsaufnahme und mit der Fellpflege zusammenhängen. Ihre Oberfläche trägt nicht nur hakenartige, fadenförmige Hornpapillen, sondern mehrere unterschiedliche Sensoren, die dem Tastsinn, der Temperaturfeststellung und dem Geschmackssinn dienen. Ob alle Säugetiere ähnliche Geschmacksqualitäten empfinden können wie der Mensch, nämlich süß, sauer, salzig, bitter und scharf, ist noch nicht ausreichend abgeklärt. Von Katzen nimmt man an, daß sie für süße Sachen keinen Geschmack haben, statt dessen merkwürdigerweise aber einen ausgeprägten Geschmackssinn für Wasser.

Zum sogenannten „Zeitsinn", „Ortssinn" (Heimfindevermögen) und „meteorologischen Sinn" (Wetterfühligkeit) kommen wir später. Außerdem verfügen Katzen auch noch über eine Wahrnehmungsfähigkeit für geringfügige Erdbewegungen und angeblich auch für weit entfernten Regen – was alles mit „übersinnlichen Kräften" ganz sicher nichts zu tun hat!

Wie ist es eigentlich möglich, daß unter so artenreicher wilder Verwandtschaft von überlegen ausgerüsteten, „blutdürstigen" Einzelgängern ein so liebenswertes Haustier entstehen konnte, das bereit ist, mit uns Menschen die Wohnstube zu teilen?

Nach heutiger Meinung der meisten Zoologen kommen für unsere Hauskatze drei direkte Vorfahren in Betracht: in erster Linie die afrikanische Falbkatze, dann die indische Steppenkatze und vielleicht auch die kaukasische Waldkatze. Sowohl aus dem alten Ägypten (4500 v. Chr.) als auch aus Mesopotamien und Anatolien (6000 v. Chr.) sind Überreste von Katzen im Hausstand belegt. Es dürfte mehrere Domestikationszentren gegeben haben. Als Hauptgründe für die Haustierwerdung der Katze werden außer Liebhaberei in erster Linie ihr Gebrauchswert als Mäuse- und Rattenvertilger angesehen sowie die noch heute bei den genannten Ausgangsarten zu beobachtende Tendenz, sich menschlichen Siedlungen zu nähern. Im alten Ägypten waren die Katzen heilig und Gegenstand kultischer Verehrung. Für gestorbene Katzen veranstaltete man ähnliche Trauerzeremonien wie für verstorbene Familienmitglieder. Ausgrabungen förderten einen gigantischen Katzenfriedhof zutage. Etwa zur selben Zeit gab es auch in China und Japan bereits Katzen. Um Christi Geburt tauchten domestizierte Katzen in Griechenland und Rom auf, erst 1000 Jahre später aber in England und bald darauf auch in Mitteleuropa, wo sie nach ihrer Einführung zunächst ebenfalls hohe Verehrung genossen haben sollen, um im späten Mittelalter im Rahmen von Hexenprozessen in großer Zahl das Opfer öffentlicher Massenverbrennungen zu werden. Erst gegen das Ende des 18. Jahrhunderts gewann die Katze als Ratten- und Mäusejäger wieder Ansehen. In arabischen Ländern führen Katzen jedoch auch heute noch das unstete Leben von Hungerleidern. (Schwarze Katzen werden von abergläubischen Moslems als Inkarnation des Bösen angesehen und verfolgt; andere wieder betrachten Katzenblut als wirksames Sexualtonikum, wenn man es örtlich einreibt oder einnimmt.)

Wenn auch die Zähmung der Hauskatze zuerst aus der in Afrika und Asien beheimateten Falbkatze (*Felis s. lybica*) im Nahen Osten erfolgt sein dürfte, so sind später mit großer Wahrscheinlichkeit Verpaarungen zwischen dieser und der europäischen Wildkatze vorgekommen, obgleich letztere mehr Wildheit und weniger günstige Haustiereigenschaften vererbt. Obzwar man Hauskatzen mit ihren wilden Verwandten ohne Schwierigkeiten paaren kann, scheint in der genetischen Ausstattung der Hauskatzen möglicherweise irgendwann eine Mutation stattgefunden zu haben, denn die Hauskatze wird vergleichsweise relativ zahm geboren, während die Wildkatzen und deren Vermischungen mit Hauskatzen wesentlich weniger umgänglich sind und nur innerhalb gewisser Grenzen gezähmt werden können. Trotzdem muß der genetisch entstandene und vielleicht auch durch eine gewisse Zuchtwahl geförderte angeborene Zähmungseffekt bekanntlich durch Prägungsvorgänge der Jungtiere in menschlicher Umgebung verstärkt werden, denn verwilderte Hauskatzen, deren Junge ohne menschlichen Kontakt aufwachsen, benehmen sich ängstlich und mißtrauisch, fast wie Wildtiere. Auf die vermutlich erfolgte sprunghafte Veränderung des Erbgutes, welche die Domestikation ermöglichte, ist es wohl auch zurückzuführen, daß die Hauskatze selbst in verwilderter Form ein viel sozialeres Verhalten zeigt als ihre Stammform, deren Vertreter im erwachsenen Zustand fast ausschließlich allein leben sollen und nur zur Paarungszeit und Jungenaufzucht sich mit ihresgleichen vertragen. (Eingehendere Untersuchungen der Raumverteilung und des Sozialverhaltens der *Felis s. lybica* fehlen zur Zeit noch.)

Wie jedes Haustier hat auch die Katze gegenüber ihrer wilden Stammform ein kleineres Gehirn, weniger Scheuheit, weniger Angriffslust, verlängertes Sexualverhalten und verschiedene Verhaltenscharakteristika der Jugendlichkeit zeitlebens, die bei der wilden Stammform nur während der Kindheit gesehen werden (wie z. B. die Spielfreude und vieles andere, mit dem wir uns noch ausführlich beschäftigen werden).

Man nimmt an, daß bei allen Haustieren die wesentliche Voraussetzung ihrer „Domestikationseigenschaften" eine genetisch determinierte, teilweise Reifungshemmung ist. Damit Hand in Hand gehen auch die verlängerte Spielbereitschaft und das getrennte Auslösbarwerden einzelner Instinkthandlungen, die ursprünglich mehr oder weniger streng in einer „hierarchischen Handlungskette" aneinander geknüpft waren, bzw. bei der Wildform heute noch sind. Auch Änderungen im Ausmaß der Antriebsenergie für verschiedene Instinkthandlungen kennzeichnen ein domestiziertes Tier gegenüber seiner Wildform.

Infolge der bei der Katze gegenüber anderen Haustieren aber recht geringen, mehr oder weniger nur indirekten Einflußnahme des Menschen ist diese das einzige Haustier, das, wie ein wildlebender Felide, sich jahrhundertelang seine Sexualpartner selbständig wählen konnte, sodaß auch eine gewisse natürliche Auslese nicht durch künstliche Zuchtwahl beeinträchtigt wurde. Leyhausen spricht demnach bei der Katze von einer Art „Selbstdomestikation" wie beim Menschen und betont, daß sie sich, ganz im Gegensatz zu allen anderen Haustieren, freiwillig der menschlichen, bzw. dessen häuslicher Umgebung anschloß, bei freier Gattenwahl, uneingeschränkter Bewegungsfreiheit und einer gesteigerten Fähigkeit zur Bildung vielfältiger Sozialstrukturen. Viele Forscher sind sich auch darüber einig, daß die domestizierte Katze im Vergleich zu ihren wilden Vorfahren sich in vielen Grundverhaltensmustern, wie z. B. im Ausdruck aggressiver Stimmung, in der Kampfesweise und im Fortpflanzungsverhalten, eigentlich recht wenig geändert hat. Stark unterscheidet sie sich jedoch von der Wildform hinsichtlich des hohen Maßes an innerartlicher Toleranz. Diese Toleranz ist es auch, die es Hauskatzen ermöglicht, in großen Gruppen auf Bauernhöfen oder anderen Wohnstätten mit einer zentralen Nahrungsquelle bis in hohes Alter reibungslos zusammenzuleben (was allerdings Kater weit weniger als Weibchen betrifft).

Die verschiedenen sogenannten Edelkatzenrassen werden erst seit einem Jahrhundert systematisch gezüchtet; diese unterliegen nun, wie alle anderen Haustiere, gänzlich der strengen künstlichen Zuchtwahl des Menschen (mit allen positiven, aber auch negativen Folgeerscheinungen).

Langhaarigkeit scheint durch eine Genmutation in Südrußland entstanden zu sein. Von dort aus verbreitete sie sich in die Türkei und nach Persien (Angora- und Perserrassen).

Obwohl es viele Theorien über den Ursprung der Siamkatzen gibt, weiß man mit Sicherheit nur, daß diese eigenartigen, schlanken, temperamentvollen Tiere mit ihrer auffälligen Maske in der vorderen Gesichtshälfte, an den Ohren und den Pfoten sowie am Schwanz schon in der alten Literatur und Kunst Siams in der Zeit zwischen etwa 1500 und 1767 dokumentiert sind. Sie wurden dort von den Mitgliedern des Königshauses in Palästen gehalten, gemeinsam mit einigen anderen dort heimischen Schlankformkatzen. Aus dem Jahre 1793 stammt eine Zeichnung einer siamähnlichen Katze, die in Zentralrußland entstanden sein soll. In Europa wurden Siamkatzen zum ersten Mal im Jahre 1871 bei einer Katzenausstellung in England gezeigt.

Die zahlreichen heute unterschiedenen Katzenrassen und -unterrassen, die sich nicht nur im Körperbau, in der Fellfarbe und -zeichnung und in der Haarlänge, sondern auch in diversen feineren Verhaltenscharakteristika voneinander unterscheiden, teilt man in zwei große Klassen: in die sogenannten echten L a n g - h a a r k a t z e n (z. B. die Perser und die Colour-Points), die Halblanghaarrassen (welche zuchtbuchmäßig ebenfalls als Langhaar geführt werden; zu ihnen gehören die Van-Katze, die Türkisch Angorakatze, die Maine-Coon-Katze, die Norwegische Waldkatze, die Birmakatze und die Somalikatze) und in die K u r z - h a a r k a t z e n r a s s e n. Diese werden weiter unterteilt in mittelschwere Rassen (z. B. die europäischen Kurzhaarrassen, britischen Kurzhaarkatzen, Kartäuser, American Shorthair, Manx-Katzen u. a.) und in Schlankformrassen (z. B. Siamkatzen, orientalische Kurzhaarkatzen, Rex-Katzen). Es gibt sogar bereits Katzen mit Hängeohren (bzw. Faltohren) statt mit aufrecht stehenden Ohrmuscheln (Scottish Fold), solche mit lockigem Fell (Rex-Katzen) und „Nacktkatzen", die nur ganz kurzes, flaumiges Fell am Körper und dünne, kurze Haare an den Ohren, am Schwanz, am Kopf und an den Beinen haben (Sphinx).

So wie das Aussehen, die körperliche Ausstattung und die Leistungsfähigkeit der Sinnesorgane, so sind auch die angeborenermaßen vorprogrammierten Verhaltensanteile unserer Hauskatze in all ihren Rasseerscheinungen A h n e n e r b e. Selbst was und wieviel dazugelernt werden kann, ist innerhalb bestimmter Grenzen festgelegt.

Wie schon in Kapitel 2 erwähnt, bezeichnet man alle Instinkthandlungen, die an Tieren einer bestimmten Tierart beobachtet werden können, als artspezifisches Verhaltensinventar. (Katalogisiert ergibt das ein Ethogramm. Um die Übersicht zu erleichtern, werden die verschiedenen Instinkthandlungen nach ihrem offensichtlichen oder vermuteten ursprünglichen, biologischen Zweck ganz speziellen Umweltbeziehungs- oder Funktionskreisen zugeordnet. Man sollte aber nie vergessen, daß das eine mehr oder weniger künstliche Einteilung ist.)

Wenn wir uns ein Tier ins Haus nehmen und erwarten, daß es sich wohl fühlt, dann müssen wir über einige Verhaltensbereiche vordringlich Bescheid wissen: Wir müssen wissen, wie dieses Tier normalerweise wohnt und wo es sich aufhält. Wir brauchen also Informationen über seinen Lebensraum, sein Territorialverhalten, die Bedürfnisse seines Ruhe- und Schlafverhaltens und seines Komfortverhaltens; dann über sein Nahrungsaufnahme- und Ausscheidungsverhalten; und schließlich über sein Sozialverhalten, besonders sein Ausdrucksverhalten, damit wir wissen, wie wir mit ihm kommunizieren können. Da letzteres bei der Katze unter natürlichen Verhältnissen in erster Linie im Rahmen des Sexualfunktionskreises einerseits und der Mutter-Kind-Beziehung (vice versa) andererseits auftritt – und von diesen Motivationen her am leichtesten zu verstehen ist –, werden wir uns über die kätzischen Verhaltenseigentümlichkeiten auch in diesen Funktionskreisen zu informieren haben. Im Gegensatz zu hundeartigen Raubtieren, die in Gruppen-koordinierten Meuten jagen, spielt Sozial- und Ausdrucksverhalten im Rahmen des Beutejagdverhaltens der Katze keine Rolle; für die Heimtierhaltung interessant ist daher letzteres vornehmlich im Rahmen des Spielverhaltens und bei der Betrachtung eher unerwünschter Verhaltensweisen. Nicht unwichtig für die tierartgerechte Haltung eines Heimtieres ist es schließlich auch, ein wenig über sein natürliches Bewegungsbedürfnis, seine Aktivitätsperiodik und über die Verhaltensphysiologie des Abwehr-, Flucht- und Meideverhaltens Bescheid zu wissen. Unser Augenmerk auf die Verhaltensausstattung der Katze in den verschiedenen Bereichen wird daher verschieden ausführlich sein und in erster Linie den vorgenannten Themen und allen damit zusammenhängenden Belangen gelten.

Mit der zoologischen Sonderausstattung eines hochspezialisierten Raubtieres erhält sich unsere domestizierte Hauskatze unter natürlichen Bedingungen dadurch am Leben, daß sie auf die Jagd geht. In einem Revier, das etwa der Größe des Grundbesitzes eines Kleinbauernhofes entspricht, belauert sie alles, was sich bewegt und nicht größer ist als sie selbst: Jungkaninchen, Ratten,

Mäuse, Vögel, Eidechsen, Spitzmäuse, Maulwürfe, Schlangen, Insekten allerlei Art, Kröten, Frösche und auch Fische. Dabei lernt sie schnell, daß Spitzmäuse und Maulwürfe keine besonderen Delikatessen sind. Sie werden zwar häufig trotzdem gefangen, aber nur selten gefressen. So, wie es Fisch-fangende Katzen gibt, so gibt es auch ausgesprochene Vogelspezialisten, und verwilderte Katzen sollen auf manchen südlichen Inseln die dortige Seevogelpopulation sogar auszurotten im Stande sein. (Die Katze gilt als vielseitiger Generalist, der sich bei Bedarf durchaus von einer Beutetierart auf eine andere umstellen kann.)

Bei Stubenhaltung verliert die Reviergröße für die Katze allerdings ihre eigentliche Bedeutung. Durch das Zusammenleben mit dem Menschen, der ihr die täglichen Futtersorgen abnimmt, ist sie auch mit einer Wohnung mittlerer Größe anscheinend durchaus zufrieden, wie tausendfältige Erfahrung zeigt.

Hinsichtlich des Territorialverhaltens kennen wir bei der Katze, wie bei vielen anderen Säugetieren, zunächst das „Heim erster Ordnung"; es ist sozusagen das „Zentrum ihrer Lebensinteressen" und umfaßt Schlaf-, Ruhe- und Wurflager sowie den Freßplatz; es wird auch nicht beschmutzt. In vielen Einfamilienhäusern mit Garten hat man daher der Katze ein Loch in die Türe geschnitten, durch das sie das Heim erster Ordnung verlassen kann, um ihre Ausscheidungsbedürfnisse draußen zu verrichten. (Ausschließlich in der menschlichen Wohnung gehaltene Katzen brauchen als Ersatz ein Schüsselchen mit geeigneter Einstreu.) Die Stubenreinheit der Katze beruht auf der Instinkttendenz, im Heim erster Ordnung Kot und Harn an bestimmten Stellen zu vergraben. (Fähigkeit und Interesse, vor dem Ausscheidungsgeschäft in lockerem Material eine Grube zu graben, die Exkremente dort hinein zu deponieren und sie hinterher sorgfältig zuzuscharren, kann man schon bei kleinen Kätzchen beobachten. Allerdings muß sie die Mutter – oder ersatzweise der menschliche Pfleger – zu der Örtlichkeit hinführen, wo sie dieses Instinktverhalten abrollen lassen können.) Es gibt Zeiten und Örtlichkeiten, an denen die Exkremente nicht nur nicht vergraben, sondern sogar möglichst auffällig zu Markierungszwecken deponiert werden; so z. B. während der Rolligkeit und an bestimmten Reviergrenzen. Man hat viel darüber nachgedacht, warum diese Tendenz zum Vergraben der Exkremente im Heim erster Ordnung besteht. Man vermutet, daß der biologische Sinn darin zu suchen ist, daß artfremde Feinde, möglicherweise aber auch potentielle Beutetiere nicht auf die ständige Anwesenheit der Katze an einem bestimmten Ort aufmerksam gemacht werden sollen; andere Vermutungen zielen auf Hygienegründe ab. Eine allen Fachleuten akzeptable Erklärung wurde bis heute nicht gefunden.

Das Zentrum der Lebensinteressen wird normalerweise von einer Katze ohne Pardon verteidigt. Es ist ihr dabei absolut egal, ob ein fremder Artgenosse absichtlich oder etwa nur deshalb ihr Heim betritt, weil er sich verirrt hat. Der Fremdling wird gnadenlos vertrieben und flieht auch tatsächlich, selbst wenn er viel größer und kräftiger sein sollte; zumeist wird er sogar noch ein Stück verfolgt. Von dieser Regel gibt es allerlei Variationen in Reviergrenzbereichen, insbesondere wenn es sich um einander persönlich bekannte Tiere handelt; oft ist dann jeweils das Tier vorübergehend überlegen, das zuerst eingetroffen ist, wie das aus einem von Leyhausen geschilderten Beispiel ersichtlich ist. Er schreibt: „Zwei Katzen hatten ihre Heime erster Ordnung in zwei nebeneinanderliegenden Zimmern. Die im allgemeinen Überlegene hatte Junge, was ihre Stellung noch stärkte. Sie wollte in das der anderen Katze gehörende Nebenzimmer hinüberwechseln, aber ihre Nachbarin saß auf der Türschwelle. Als sie versuchte vorbeizugehen, spuckte die Schwächere nach ihr und versperrte ihr den Weg. Die Ranghöhere nahm diese Herausforderung nicht an, sondern zog sich etwas zurück und wartete. Erst als die Türschwelle von der anderen geräumt war, ging sie hinüber, und die Nachbarin ließ sie nun auch ungehindert gewähren. Ebenso wird im allgemeinen eine überlegene Katze eine unterlegene nicht vertreiben, wenn diese bereits deren Lieblingsplatz oder Beobachtungsplatz eingenommen hat. Manchmal entsteht aus den Zusammenstößen und Jagereien, die mit der Errichtung einer ortsabhängigen Hierarchie verbunden sind, ein dauernder unversöhnlicher Haß zwischen zwei Nachbarn, sodaß der Überlegene den anderen jagt und angreift, wo er ihn sieht. Aber das ist keinesfalls die Regel. Nicht nur das überlegene Tier darf das Heimgebiet des unterlegenen besuchen, auch das letztere darf Gegenbesuche machen.“

Die unmittelbare Umgebung des Heimes erster Ordnung, wie beispielsweise das Haus und der Garten, ist einer ansässigen Katze genau bekannt; sie benützt dort verschiedene Plätze zum Ausruhen, Sonnenbaden oder als Beobachtungsposten. Viele Örtlichkeiten haben dort ihre besondere Valenz. Dieses sogenannte „Heimgebiet" wird von der Katze auch noch als eine Art persönliches Besitztum betrachtet − und gegenüber nicht bekannten, fremden Katzen verteidigt. Man kann es daher als „H e i m z w e i t e r O r d n u n g" bezeichnen.

Über den engeren Wohnbezirk mit dem Heim erster und zweiter Ordnung hinaus gibt es dann noch, wie wir schon aus dem vorhergehenden Kapitel wissen, die sogenannten Nahrungsreviere: Beim Raubtier Katze unterteilt man das Jagdgebiet in ein S t r e i f r e v i e r und das eigentliche Beutefanggebiet. Man darf sich die-

Reviergrenzbezirke werden gerne von e r h ö h - t e m Aussichtsposten inspiziert. (Eine Katze fühlt sich dort sicherer.)

sen Teil eines Katzenreviers jedoch nicht als ein flächig geschlossenes Areal vorstellen, sondern er besteht aus einer verschiedenen Anzahl mehr oder weniger regelmäßig besuchter Örtlichkeiten, die durch ein Netz von vertrauten Wegen miteinander verbunden sind. Die oft sehr großen Jagdgebiete benachbarter Katzen überlappen einander häufig beträchtlich (manchmal auch kaum), wobei an einmal begangenen Wegen nicht selten mehr oder weniger genau festgehalten wird. So kommt es, daß mehrere Katzen in ein und demselben Revier jagen. Nach Beobachtungen Leyhausens und diverser Mitarbeiter beträgt die Reviergröße einer Hauskatze auf dem Land (in Mitteleuropa) etwa 0,5 bis 1 Quadratkilometer (abhängig von der Beutetierdichte bzw. anderweitigem Nahrungsangebot). Die Gesamtausmaße des Streifgebietes von Katern sind jedoch zur Fortpflanzungszeit mehrfach größer. Verwilderte Katzen bewegen sich über größere Bereiche, verwilderte Kater sollen, nach Beobachtungen Libergs in Schweden, sogar Reviere bis zu 900 Hektar haben. In der Nicht-Paarungszeit nutzen sie jedoch nur einen kleinen Teil ihrer Reviere, sodaß man annimmt, daß deren Ausdehnung von der Verteilung weiblicher Katzen abhängig ist. Meiner Meinung nach müßte man zur Klärung dieser Belange zwischen Nahrungsrevieren und Sexualrevieren unterscheiden (was in neueren Untersuchungen heute teilweise bereits geschieht). In Villenvierteln von Städten haben Katzen beträchtlich kleinere Reviere; sicherlich u. a. auch dadurch erklärlich, daß Katzen, die in Gärten gehalten werden, es nicht nötig haben, sich mit selbstgefangener Beute zu ernähren.

Nach Angaben amerikanischer, schottischer, schwedischer und schweizerischer Untersucher weisen die Streifgebiete von Katzen desselben Hofes (es handelt sich zumeist um untereinander verwandte Tiere) viele Überlappungen auf, während die Streifgebiete von Weibchen benachbarter Höfe sich kaum überschneiden. Die Kater sind dagegen allgemein etwas toleranter untereinander, und die Überschneidung ihrer Streifgebiete soll bis zu viermal größer als bei Weibchen verschiedener Höfe sein. Die einzelnen, zu ein und derselben Katzengruppe gehörenden Individuen nützen ihre Gebiete unterschiedlich aus. Dies könnte vielleicht u. a. auch damit zusammenhängen, daß sie nicht alle gleich ambitionierte Mäusejäger sind.

Viele Fragen zum Thema Katzenterritorium galten bis vor kurzem noch als ungenügend geklärt und werden auch heute noch verschiedenenorts weiterhin wissenschaftlicher Untersuchung mit modernsten Methoden (z. B. Radiotelemetrie) für wert erachtet. Dies gilt auch für das mehr oder weniger komplizierte S o z i a l v e r h a l t e n d e r K a t z e n , über das verschiedene Untersucher sehr verschiedene Ergebnisse zutage förderten. Während man früher allgemein annahm, daß Katzen relativ einzelgängerische Wesen sind, kam man aufgrund neuerer Beobachtungen immer mehr zu der Ansicht, daß diese je nach Umständen, wie Populationsdichte, Nahrungsangebot, Jahreszeit und Sexualzyklus (und möglicherweise noch vielen anderen, wenig bekannten Ursachen) recht unterschiedliche soziale Beziehungen untereinander aufrecht erhalten können. Diese gehen, wie man heute weiß, über soziale Ordnungen bloßer „Nachbarschafts-Systeme" oft weit hinaus. In vielen Fällen erweist sich die Sozialstruktur einer Gruppe völlig anders als die einer anderen. Manche Kätzinnen leben weit verstreut, andere zu vielen auf engem Raum, manche ziehen ihre Jungen allein auf, manche in Partnerschaft mit anderen Kätzinnen, nach der Entwöhnung bleiben manche in ihrer angestammten Gruppe, andere werden verjagt, manche Kater teilen sich in Revier und Kätzinnen, oder aber ein dominanter Kater beherrscht alle anderen und versucht, wenn auch nicht immer erfolgreich, die anderen Kater an der Paarung mit anderen Kätzinnen innerhalb seines Kontrollgebietes zu hindern. Außer der Art des Nahrungsangebotes (konzentriert oder über größere Räumlichkeiten gleichmäßig verteilt) und dem sozialen Umfeld in der Jugend eines Kätzchens sollen auch genetische Unterschiede zur Art der Sozialstrukturen beitragen.

Über die unterschiedlichen räumlichen Verteilungsmuster und die zahlreichen neuen Beobachtungen zum Sozialverhalten freilebender Katzen − nicht nur auf Bauernhöfen, sondern auch in Großstädten − wäre noch sehr viel zu berichten; so viel, daß der Rahmen dieses Kapitels bei weitem gesprengt würde. Da jedoch mehrere Autoren in dem von Turner und Bateson 1988 herausgegebenen Buch

oben: Eine sich rangunterlegen fühlende Katze wird durch das Hinzutreten einer rangüberlegenen beim Fressen gehemmt. Die zurückgezogenen Ohrmuscheln zeigen Angst und Abwehrstimmung an. Die Überlegene dagegen hat ihre aufgestellten Ohrmuscheln nach vorne gerichtet und fixiert die andere mit dem Blick.

unten: Ein Hund als Futterkonkurrent ist äußerst unerwünscht. (Mancher befreundete Mit-Hausgenosse darf aber oft ungehindert mitnaschen.)

96

„Die domestizierte Katze − eine wissenschaftliche Betrachtung ihres Verhaltens" sich viele Seiten lang ausführlich mit diesen Themen beschäftigen und für den Stubenkatzenhalter derartige Belange nicht bis in alle Details von vorrangiger Wichtigkeit sind, sei hier nicht weiter darauf eingegangen. Daß auch im Freileben Katzen nicht nur nebeneinanderher leben, sondern echten sozialen Bezug aufeinander nehmen − unabhängig von Sexual- und Familienverhalten −, zeigen schon einfache Beobachtungen, die jeder Urlaubsgast auf einem Bauernhof anstellen kann: Manche hofeigene Katzen werden gemeinsam schlafend angetroffen und begrüßen einander mit erhobenem Schwänzchen (und streichen sich um die Beine), wenn sie vom Beutegang heimkommend einander begegnen, ehe sie sich dem Futter zuwenden. An der Futterschüssel selbst gibt es allerdings nicht selten Rivalitäten − die mitunter durch sehr subtile Auslöser ausgetragen werden: So genügt z. B. manchmal bloß ein direkter Blick von einer Katze zur anderen, um verhaltenshemmend zu wirken. Auch mit Pfotenhieben wird manchmal eine ansonsten gut bekannte Katze am späteren Hinzukommen zum Futternapf gehindert, wenn andere dort bereits fressen.

Katzen, die, wie wir schon wissen, in Heimnähe zumeist ihren Kot vergraben, machen plötzlich beim Betreten ihres Jagdrevieres das Gegenteil: Sie setzen Kot ab − womöglich noch an besonders auffälliger Stelle − und lassen diesen unvergraben liegen. Kommt eine andere Katze daher, die auf demselben Weg ins Revier will, merkt sie an der frischen Duftmarke, daß der gemeinsame „Anstand" zur Zeit besetzt ist. Viele Katzen ändern darauf die Wegrichtung. Dabei ist dieses „Rotlicht" durch die Kotmarke gar nicht unbedingt erforderlich. Wenn zwei Katzen einander von weitem sehen, warten zunächst beide taktvoll, bis eine doch den Weg fortsetzt oder sich zurückzieht. Hier entscheidet der „Rang" des Tieres. In solchen Fällen ist der Rang abhängig vom Begegnungsort, und man spricht demnach von einer „relativen Rangordnung". Oft aber hat auch diejenige Katze den Vorrang, die an einer bestimmten Wegstelle als erste da war. Der Vorrang kann daher das nächste Mal ganz anders sein.

Die Markierung wichtiger Örtlichkeiten bzw. Grenzpositionen eines Territoriums kann auf verschiedene Weise vorgenommen werden. Sie betrifft, wie bei vielen Säugetieren, in erster Linie den geruchlichen Bereich. Die stärksten Duftmarken entstehen beim Versprühen von Urin. Kopf- und Kinn-Reiben sowie Schwanz-Reiben hinterlassen Geruchsmarken aus Schweißdrüsen (die bei der Katze nicht der Abkühlung der Körpertemperatur dienen). Auch das Aufdrücken des Analsekretes auf verschiedene Gegenstände ist eine bekannte und, ähn-

Verschiedene Arten zu markieren: 1 Harn-Spritzen; 2 Analbeutel-Abdrücken; 3, 4 und 5 Nacken-, Flanken- und Backen-Reiben; 6 und 7 Krallen-Schärfen.

lich wie das Urin-Spritzen, von uns Menschen als intensiv unangenehm wahrnehmbare Markierungsmethode der Katzen, insbesondere der Kater. Kratzen (z. B. an Baumstämmen) mit den Krallen hinterläßt außer sichtbaren Grenzzeichen auch Duftmarken aus den Schweißdrüsen der Sohlen- und Zehenballen.

Im Gegensatz zu Beobachtungen Leyhausens hat ein schottischer Untersucher festgestellt, daß sich in seinem Beobachtungsgebiet die Katzen auch um frischeste und intensivste Duftmarken überhaupt nicht kümmern, sondern ihre Wege ungestört fortsetzen oder Duftmarken untersuchen, ja manchmal sogar zu überdecken versuchen, wie dies von Hunden bekannt ist. Man nimmt an, daß diese unterschiedlichen Beobachtungsergebnisse daher rühren, daß es sich um verschieden dichte Katzenbesiedlungen handelt und daß die Reaktion auf Artgenossen bei dichter Besiedlung − wir kennen das ja auch aus unserer Menschenwelt − sich gegenüber der in dünner besiedelten Gebieten entscheidend ändern kann.

Duftstoffe aus Körperausscheidungen und aus Hautdrüsen spielen jedoch unter Katzen nicht nur eine Rolle zur Kennzeichnung von Örtlichkeiten und Gegenständen in Abwesenheit eines möglichen Revierkonkurrenten, sondern können auch eine unmittelbare Wirkung entfalten, wenn sich zwei Katzen begegnen: So werden durch die gegenseitige Berührung Duftstoffe von einer Katze auf die andere Katze übertragen. Man nimmt an, daß so eine Art Gruppengeruch hergestellt wird. Die bekannten Verhaltensweisen des Köpfchen-Gebens, Flanken-Reibens, Backen-Reibens, Schmeichelns entlang des Körpers und unter dem Kinn des Partners dienen, wie man heute weiß, nicht nur einer gegenseitigen Reizübermittlung über den Tastsinn, sondern der gleichzeitigen Übertragung der Duftstoffe aus Talg- und Schweißdrüsen. Alle diese Bewegungen, mit denen die Tiere einander berühren, kann man auch an geeigneten leblosen Gegenständen ausgeführt sehen, und es ist bekannt, daß die solcherart auf diese Gegenstände übertragenen, persönlich unterschiedlichen Körperdüfte noch nach Tagen von Katzen wahrgenommen werden können und daß sie daran erkennen, von welcher Katze sie hinterlassen wurden. Bei Katern kann man darüber hinaus beobachten, daß sie ihre Backen an häufig von ihnen mit Urin besprühten Gegenständen reiben und ihre Backenbärte so mit einer penetranten Duftfahne versehen, die sie dann mit sich herumtragen (vermutlich, um damit ihren Rivalen zu imponieren). Sowohl das Harn-Spritzen als auch das Kratzen mit den Krallen der Vorderpfoten dienen, wenn ein Artgenosse zusieht, auch als optisches Signal: Eine Katze, die vor den Augen des Gegners spritzharnt, demonstriert damit Selbstbewußtsein und Stärke; auch „Trotz". Das gleiche gilt für das Bekratzen liegender oder schräg aufgestellter Baumstämme in Gegenwart des Gegners.

Katzen haben einen ausgeprägten Z e i t s i n n , womit nicht nur der übergeordnete Saison- oder Jahresrhythmus gemeint ist. Ein Katzentag beginnt frühmorgens mit einem Rundgang durchs Revier. Handelt es sich um eine mit Menschen gut vertraute Katze, dann ist sie zuverlässig zum Frühstück ihrer menschlichen Freunde wieder zurück, das sie schließlich mit einem kurzen Nickerchen beschließt. Das natürliche Schlafverhalten der Katze besteht aus zahlreichen kurzen Nickerchen über den Tag verteilt − ganz anders als das menschliche Schlafverhalten. Die tägliche Schlafenszeit von Katzen variiert erheblich, je nach Wetterlage, dem Grad des Hungers, der sexuellen Bedürfnisse und der Jahreszeit. Freilebende bzw. verwilderte Katzen sind aktiver als im Haushalt ausreichend mit Futter versorgte. Einer englischen Untersuchung über das A k t i v i t ä t s b e d ü r f n i s d e r K a t z e n ist zu entnehmen, daß weibliche Tiere einen Wintertag zu 50 % mit Jagen, zu 15 % mit Putzen, zu 3 % mit Umherwandern, zu 3 % mit Fressen und zu 2 % mit anderen Aktivitäten zubringen. Einer schottischen Untersuchung zufolge verbringen Katzen über 9 Stunden des Tages mit Schlaf, 5 Stunden mit Ruhen und Dösen, 30 Minuten am Tag werden mit Essen und Trinken verbracht, 45 Minuten mit Flanieren und Spazieren, 15 Minuten mit zielstrebigem Gehen oder Laufen, über 3 ½ Stunden mit Sich-Putzen und Krallen-Schärfen und nur etwa 3 Stunden und 40 Minuten mit Jagen. Vom späten Nachmittag bis zum Abend sind Katzen besonders aktiv. Es wird das Jagdrevier − allein − durchstreift. Doch selbst dann, wenn eine Katze zu dösen scheint, ist sie für ein mögliches Beutetier nicht ungefährlich: Sie kann nahezu übergangslos ihr Nickerchen beenden, wenn sie beuteverdächtige Schlüsselreize in ihrer Nähe wahrnimmt.

Katzen haben nicht nur bestimmte Vorlieben für bestimmte Wege ins Revier, sondern auch einen speziellen, aufs Revier bezogenen Zeitsinn. Ein bestimmtes Revier wird meist nur zu bestimmten Zeiten betreten. Mieze legt Wert darauf, darin ungestört Beute machen zu können; sehr zum Unterschied von hundeartigen Raubtieren, die weniger auf ein bestimmtes Revier eingestellt sind und zeitweilig auch von neuen Revieren Besitz ergreifen. Hundeartige lassen sich auch durch die Anwesenheit eines benachbarten Artgenossen nicht vom Betreten des Revieres abhalten; ganz im Gegenteil, Wolfsfamilien heulen sich bekanntlich zusammen, um dann gemeinsam auf Jagd zu gehen.

Begegnen einander zwei fremde Katzen, dann hängen ihre Verhaltensweisen sehr entscheidend davon ab, wo die Begegnung stattfindet: auf neutralem Bo-

Begegnen einander zwei Katzen auf „gleichem Niveau", hat jene Katze Vorteile, die als e r s t e eine höhere Position erreicht. Körperhaltung und Ohrenstellung verdeutlichen dies sehr genau: Die unsichere Katze hat die Ohren flach gelegt und weit zurückgezogen.

den, auf eigenem Territorium oder an der Reviergrenze. Begegnen einander zwei fremde Katzen in einem für beide unbekannten Raum, dann passiert zunächst einmal gar nichts. Die Katzen scheinen sich zu ignorieren. Jede Katze untersucht allein den Raum. Dabei kann es freilich einmal vorkommen, daß beide aufeinanderstoßen. Dann stehen sie einander einmal Nase an Nase gegenüber, und jede versucht, die Flanken der anderen bis zur After-Genital-Region hin zu beschnuppern; eine „Vertraulichkeit", die vorerst keine der beiden zu dulden gewillt ist, jede aber für sich zu beanspruchen versucht. Die Mutigere der beiden schreitet mit dieser Untersuchungstätigkeit ungehemmt fort, was dazu führt, daß die scheuere Katze sich bedrängt fühlt und in die Defensive geht, erkennbar an heftigem Fauchen und kräftigen Tatzenhieben. Außerdem wird sie zu fliehen versuchen, und zwar vorzugsweise auf einen erhöhten Platz (dort ist sie vor weiteren, ihr unangenehmen Vertraulichkeiten sicher).

Diese Art zu reagieren ist auch einer der Gründe, warum es zur sprichwörtlichen Feindschaft zwischen Hund und Katze kommen kann: Der Hund, gewohnt, das Analgesicht eines auftauchenden Artgenossen oder anderen Tieres mit seiner Nase zu kontrollieren, beginnt mit seiner Untersuchung schnurstracks in der hinteren Region. Dies wird von der Katze als Frechheit empfunden und mit Fauchen, Tatzenhieben und − wenn möglich − Flucht auf erhöhten Gegenstand

(Baum oder Zaun) quittiert. „Wie brutal, so ein Hund" – in den Augen der Katze – „geht forsch drauf los und wartet gar nicht, ob ihm die Analkontrolle überhaupt gestattet wird."

Ein hocherhobener Schwanz bedeutet bei Katzen grünes Licht für die Analkontrolle; eine Geste, die aus dem Infantilverhalten stammt. Elterntiere und auch der menschliche Pfleger und andere gut bekannte, befreundete Wesen werden mit hocherhobenem Schwanz begrüßt. Handelt es sich um zwei gleichwertige Katzen, dann zeigen sie nach dem Beriechen manchmal das schon beschriebene Flemen, um dann wieder friedlich ihrer Wege zu gehen. Ist hingegen eine Katze unterlegen, dann vermeidet sie nicht nur, sich hinten beriechen zu lassen, sondern auch die andere bloß anzusehen, sie schaut geflissentlich weg. Letzteres mit gutem Grund: durch den Kontaktabbruch mindert sie den Angriffsreiz der überlegenen Katze und vermeidet es auch, sich selbst provozieren zu lassen. Sind Katzen nicht feinfühlig?

Wie bei den Menschen, so entscheidet auch bei Katzen oft der erste Eindruck: Von den Reaktionen eines bisher fremden Tieres bei der ersten Begegnung hängt häufig die künftige Einstellung einer Katze allen Vertretern jener Tierart gegenüber ab. Allerdings wird diese Einstellung nicht so starr fixiert, daß sie nicht durch spätere, andersartige Erfahrungen gelöscht werden könnte. Eine meiner Katzen, die noch vor der Aufnahme in meinen Haushalt beim Züchter von einem fremden Hund erschreckt worden war, versuchte über 4 Wochen lang, den Kontakt mit dem in meinem Haushalt befindlichen Hund – der freundlich und an den Umgang mit Katzen gewöhnt war – ängstlich zu vermeiden. Alle anderen jungen Kätzchen, die vor der Aufnahme in meinen Haushalt keine üblen Erfahrungen mit Hunden gemacht hatten, gewöhnten sich innerhalb weniger Tage an den Umgang mit dem Hund und nahmen sich ihm gegenüber sogar allerlei spielerische „Ungezogenheiten" heraus.

Auch eine Katze kann also durch Erfahrungen umlernen. Und Katzen lernen gar viel! Interessant ist in diesem Zusammenhang ein Experiment, das mit einer isoliert aufgezogenen Katze unternommen wurde: Sie hatte bis zu diesem Versuch keine Möglichkeit gehabt, andere Tiere – egal, ob Beute- oder Feindtiere – kennenzulernen. Folglich behandelte sie vorerst jedes Säugetier wie einen Artgenossen: Nase an Nase, Beschnuppern der Flanken und so fort. Das ging aber nur bis zu jenem Punkt gut, bis das Fremdtier irgendeine Bewegung machte, die bei der Katze als Schlüsselreiz für eine bestimmte Instinkthandlung wirkte: Eine Maus, die davonläuft, wird zum Beuteobjekt! Es gibt allerdings bestimmte Ausnahmesituationen, in denen selbst von einem optimalen Schlüsselreiz die zugehörigen Instinktbewegungen nicht ausgelöst werden können; dies etwa, wenn ein Mutter-Kind-Verhältnis, eine erworbene Kumpanbeziehung, Prägungsvorgänge besonderer Art oder bestehende Aggressionshemmung im Heim erster Ordnung vorliegen. Ist das der Fall, dann kann man Katzen ohne weiteres sogar mit weißen Mäusen aufziehen. Das schlimmste, was den Mäusen passieren kann, ist, daß sie im gemeinsamen Spiel ein wenig beschädigt werden. Wie ein echtes Beutetier werden sie als persönliche Bekannte der Katze aber nicht behandelt.

Will man zwei fremde Katzen aneinander gewöhnen, so sollte man zweckmäßigerweise gewisse Regeln einhalten. So sollte die erste Begegnung möglichst auf neutralem Boden stattfinden, um Schwierigkeiten zu vermeiden. Denn kommt eine Katze neu ins Haus, in dem sich bereits eine andere als Alleinherrscherin fühlt, ist mit Feindseligkeiten zu rechnen. Da keine Fluchtmöglichkeit besteht, kann die eine nach verlorenem Kampf einen Schock erleiden, auch für längere Zeit die Stubenreinheit verlieren. Das ist dort bereits vorgekommen, wo sich die neue durch individuelle Temperamentsunterschiede gegenüber der alteingesessenen besonders dreist und forsch benommen hat. Schließlich auch uns Menschen

Derjenige ist im Vorteil, der erhöht sitzt! (Eine Neue sollte man daher oben plazieren, damit sie von der Alteingesessenen nicht so leicht verjagt werden kann.)

verständlich: man stelle sich einmal vor, in die eigene Wohnung käme ein Wildfremder. Dieser benützte das Badezimmer, drehte den Fernseher auf, plünderte die Hausbar, um sich schließlich dann noch mit der Bettwäsche des Wohnungseigentümers in dessen Bett zur Ruhe zu begeben! Was würde man dabei wohl empfinden?

Katzen sind standortstreu. Das zähe Festhalten am Jagdrevier und Heim mag vielleicht auch damit zusammenhängen, daß eine Katze einen günstigen Beuteort nicht mit der Nase ausfindig machen kann. Sie muß sich deshalb die Örtlichkeiten erfolgreicher Fangerlebnisse gut einprägen. Das Einprägen der Charakteristika des Heimatterritoriums führt bei Katzen zu Leistungen, die manche Katzenbuchautoren geradezu an Magie denken ließen. Es gibt eine Menge glaubhafter Berichte, denen zufolge Katzen selbst über große Entfernungen und unter Überwindung aller möglichen Hindernisse es erfolgreich geschafft haben, wieder nach Hause zurückzufinden. Zur Erklärung solcher Leistungen gibt es eine Menge Theorien; es hat auch nicht an Ansätzen gefehlt, dieses H e i m f i n d e v e r m ö g e n d e r K a t z e n systematisch zu untersuchen. So hat schon vor vielen Jahren der deutsche Katzenforscher Schwangart einen Kater auf Umwegen 16 Kilometer weit in eine fremde Umgebung verfrachtet und dort ausgesetzt. Überraschend schnell fand das Tier nach Hause! Anhand der Marschgeschwindigkeit von Katzen konnte man errechnen, daß das Tier den direkten Weg eingeschlagen haben mußte; dies, obwohl die Katze auf kurvenreichen Umwegen von zu Hause fortgebracht worden war. Precht und Lindenlaub vom zoologischen Institut der Universität Kiel unternahmen 1954 sogar einen Großversuch, in dem 5 Kilometer vom Heimatort verschiedener Katzen diese in ein Labyrinth mit Ausgängen nach verschiedenen Richtungen nacheinander eingesetzt und beobachtet wurden. Fast jedes der Tiere benützte sofort denjenigen Gang, der in Richtung Heimat zeigte. Die Ergebnisse verschlechterten sich bei Entfernungen von über 12 Kilometern. Einer der Erklärungsversuche für dieses Vermögen der Katzen postuliert, daß Katzen in ihnen unbekannten Gegenden durch eine Kombination des Sonnenstandes und des Magnetfeldes der Erde sich zurechtfinden; nach einer anderen Theorie mit Hilfe einer inneren Uhr und der Sonne als Kompaß: Die innere Uhr ist auf die Ortszeit ihres Zuhauses eingestellt, und wenn sie sich nun 50 Kilometer von zu Hause entfernt befinden, stimmt der Sonnenstand nicht mit der Zeit der inneren Uhr überein. Die Katze geht also in die Richtung, in der Sonne und Zeit sich annähern und schließlich übereinstimmen. (Diese Orientierungsweise entspräche dem Heimfindevermögen der Brieftauben.) Nach wieder einer anderen

Theorie erlaubt das „Hörbild" von den heimatlichen Geräuschen im Gedächtnis der Katze dieser die notwendige Orientierung. Der am weitesten reichende Ton wirke wie ein Leitstrahl, bis sich alle anderen Geräusche dazu addieren. In der Nähe der bekannten Gegend richten sie sich dann wahrscheinlich nach vertrauten Anblicken und Gerüchen zusätzlich. Diese Theorie würde auch erklären, warum die Leistungsfähigkeit des Heimfindevermögens bei größeren Entfernungen beträchtlich nachläßt. Junge Katzen und reine Wohnungskatzen, denen solche Orientierungshilfen fehlen, haben denn auch eine beträchtlich größere Fehlerquote.

Nach Klever soll ein amerikanischer Hirnforscher (Frank Morell) entdeckt haben, daß in Teilen des Katzengehirns, die für das Sehen zuständig sind, Nervenaktivitäten nachweisbar seien, wenn sich die Tiere in einem stockdunklen Raum zu orientieren versuchen und akustische Reize (im Ultraschallbereich) als Orientierungshilfe dargeboten werden. Auch diese Besonderheiten sollen beim Heimfindevermögen mit eine Rolle spielen.

Viel weitere Forschungsarbeit wird wohl noch notwendig sein, um abzuklären, welcher der verschiedenen Erklärungsversuche nun tatsächlich der Realität am nächsten kommt.

Ich habe schon erwähnt, daß die Erscheinung, daß je nach Bekanntheitsgrad des Ortes der Begegnung zweier Katzen einmal das eine Tier, ein anderes Mal das andere Tier sich als überlegen erweist, als das Bestehen einer „r e l a t i v e n   R a n g o r d n u n g" unter Katzen aufgefaßt werden muß. Katzendamen haben ein viel ausgeprägteres Revierverhalten als Kater, die gegen Eindringlinge weitaus toleranter sind. Zu ernsten Rivalen werden erwachsene, geschlechtstüchtige Kater allerdings beim Kampf um den Geschlechtspartner. Durch Rivalenkämpfe, die revierunabhängig ausgetragen werden, bildet sich unter diesen dann eine „a b s o l u t e   R a n g o r d n u n g" heraus. Das Verhältnis der Behauptungsbereitschaft von absoluter und relativer Rangordnung steht in direktem Verhältnis zur Wohndichte. Rivalenkämpfe laufen − im Gegensatz zu Territoriumskämpfen, wenn sich eine Begegnung nicht vermeiden läßt, oder im Gegensatz zu Kämpfen zur Selbstverteidigung oder Jungenverteidigung gegen Artfremde − nach festen, angeborenermaßen geregelten Verhaltensweisen ab (worauf aber in diesem Zusammenhang nicht näher eingegangen werden soll).

Die sozialen Strukturverhältnisse bei Katzen sind viel undurchsichtiger und verwickelter als beispielsweise bei Hunden. Katzen, die zu einem Haushalt gehören, bilden mehr oder weniger lose Wohngemeinschaften, in denen Weibchen so freundschaftlich miteinander verbunden sind, daß sie häufig das ganze Leben zusammenbleiben und fremde Weibchen nicht dulden. Auf die unbedingte Einhaltung einer unter solchen Bedingungen dann bestehenden absoluten Rangordnung scheinen sie aber nicht immer in dem Maße zu achten, wie dies Hunde täten. Innerhalb eines Katzenwurfes entwickelt sich eine Rangordnung manchmal fast unmerklich. Doch beginnt deren Ausbildung, schon ehe die Augen richtig geöffnet sind, mit dem Drängen nach der ergiebigsten Zitze, bei dem das kräftigste Tierchen sich eindeutig durchsetzt und so seinen Gewichts- und Kräftevorsprung von Tag zu Tag steigert. Bleiben die Geschwister eines Wurfes über die Zeit der Entwöhnung hinaus beisammen, so verhalten sie sich meist verhältnismäßig friedlich zueinander, wenn nur der zur Verfügung stehende Raum nicht allzusehr beschränkt ist, Futter in genügender Menge zur Verfügung steht und jedem Tier ein Ruheplatz bleibt, auf den es sich zurückziehen kann. Der Ruheplatz wird auch im allgemeinen von den übrigen respektiert, doch sieht man einander befreundete Tiere auch dann noch beieinander ruhen, wenn sie schon längst erwachsen sind. Sie wärmen einander, belecken einander. Ja selbst Würfe junger Kätzchen können von Müttern gemeinsam gesäugt und betreut werden.

Wilde und halbwilde Katzen sollen eine k o m p l e x e S o z i a l o r g a n i s a t i o n mit einer ausgeprägten Hierarchie von den niedrigsten bis zu den dominanten Tieren ausbilden (nach anderen Untersuchungsberichten existiert in einer solchen Gemeinschaft eher ein sehr ranghohes Spitzentier und ein sehr rangniedriges Omegatier und dazwischen eine nur sehr wenig ausgeprägte relative Rangordnung). Die weibliche Hierarchie ist sehr lose und basiert in erster Linie auf der Mutterschaft: Mit jedem Wurf steigt die Mutterkatze in der sozialen Skala etwas höher. Zu der Zeit, in der sie ihre Jungen hat, steigt ihr Sozialstatus vorübergehend sprunghaft.

Die Katerhierarchie ist davon sehr verschieden. Vergleichend psychologisch besonders interessant ist die Tatsache, daß, nach Leyhausen, unter freilebenden Katern die Jungkater lange Zeit Narrenfreiheit genießen, in der sie sich älteren Artgenossen gegenüber viel herausnehmen dürfen. Erst gegen das 2. Lebensjahr hin kommt eine Zeit, in der sich der „Halbstarke" qualifizieren muß, indem mit jedem Kater in seiner Umgebung ein Kampf ausgefochten werden muß. Zwischen denjenigen, die diese Rivalenrangordnungskämpfe bestehen und nicht völlig besiegt werden, stellt sich eine formale Rangordnung ein. Diese formale Rangordnung ist nicht etwa straff hierarchisch gegliedert wie bei manchen anderen Säugetieren, sondern die Kater beherrschen und kontrollieren ihr aller Gebiet gemeinsam. R. Wolff nennt dies daher treffend die „B r u d e r s c h a f t d e r K a t e r“.

Genauere Untersuchungen haben ergeben, daß es vier Entwicklungsstadien bei männlichen Katzen zu geben scheint. Der Übergang vom Kinder- in ein soge-nanntes Novizenstadium wird durch plötzliches aggressives Verhalten der älteren und dominanten männlichen Konkurrenten gegenüber dem Jungkater gekenn-zeichnet. Dies fällt meistens in die Zeit kurz nach Erlangen der sexuellen Reife. Als Reaktion auf wiederholte Verfolgungen emigriert ein Teil der Novizen in ein Gebiet mit geringerer Aktivität dominanter Kater, in dem sich naturgemäß dann auch weniger weibliche Katzen befinden. Sie werden zu „Ausgestoßenen“. Typi-sche Verhaltenscharakteristika von Novizen und „Ausgestoßenen“ sind beson-ders wachsames Auftreten beim Umherstreifen und das Meiden anderer Kater. An der Werbung um rollige Katzen können sie nicht teilnehmen. Mit steigendem Alter kann der untergeordnete Kater entweder direkt vom Novizenstadium, oder nach einer Periode des Ausgestoßenseins in das Stadium des „Herausforderers“ aufsteigen. Dieses dauert meist nur kurze Zeit − höchstens eine Paarungssaison −, nach welcher der Kater, wenn er es überlebt hat, zum sogenannten „Zucht-tier“ avanciert. Ein solches hat Vorrang bei der Paarung in mindestens einem Haushalt mit einer oder mehreren Katzendamen. (Weitere und auch von den dar-gestellten teilweise abweichende Untersuchungsberichte findet man in dem schon erwähnten Buch von Turner und Bateson, 1988.) Unter Stubenhaltungsbe-dingungen sind aber alle diese Verhältnisse weitgehend verwischt und nicht selten von einer infolge Revierenge ausgebildeten, viel unerbittlicheren absoluten Rang-ordnung überlagert, die eher der zeitlich beschränkten provisorischen Rangord-nung unter Jungtiergeschwistern gleicht. (Es kommt aber äußerst selten vor, daß mehrere unkastrierte Kater in einer Wohnung gemeinsam gehalten werden!)

Über die bisher genannten freundlichen und feindseligen sozialen Kontakte unter Jungtieren im Familienverband und solche unter erwachsenen Katzen hin-aus − die mehr oder weniger mit dem Wohnen und der Nahrungskonkurrenz im gemeinsamen „Home-Range“ und Begegnungen mit persönlich bekannten Nachbarkatzen an Reviergrenzen sowie solchen sexuell konkurrierender männli-cher Artgenossen im eigenen und fremden „Sexualterritorium“ und den sich un-ter verschiedenen Bedingungen ausbildenden verschiedenen Rangordnungsver-hältnissen zu tun haben − scheinen Katzen zeitweilig noch weitere, recht merk-würdige Geselligkeitsbedürfnisse zu haben, die nicht leicht einzuordnen sind: Scheinbar unabhängig von der Paarungszeit, besonders aber vor deren eigentlichem Beginn, halten sie des Nachts V e r s a m m l u n g e n ab. Der Platz, den sie dafür wählen, liegt abseits ihrer Reviere. Dort treffen Tiere beiderlei Geschlechts und verschiedenen Alters zusammen, um ganz einfach nur herumzusitzen — etwa im Abstand von einigen Metern, Fellkontakt kommt nur höchst selten vor, Gefauche und Grollen ist kaum zu hören. Diese Versammlungen beginnen nach Einbruch der Dunkelheit und dauern etwa bis Mitternacht; dann geht man wieder auseinander. Nur während der Paarungszeit bleiben die Versammlungsteilnehmer die ganze Nacht beisammen. Der biologische Zweck dieser merkwürdigen Erscheinung, die Leyhausen als erster beobachtet und beschrieben hat, ist nach wie vor ungenügend geklärt. Sie soll auch bei freilebenden Tigern vorkommen.

Katzen wie Menschen bilden nicht nur sehr komplexe Nachbarschaftssysteme aus, sie bringen eine große Vielfalt verschiedenartiger sozialer Systeme hervor. Bestimmend sind außer klimatischen und anderen Umweltbedingungen auch traditionelle Populationsunterschiede, wie es scheint. Es konnte bewiesen werden, daß es nicht nur äußere, im weitesten Sinne ökologische Faktoren sind, die bestimmen, wie sich Katzengruppen organisieren. Man kann verschiedene Gradunterschiede der Geselligkeit beobachten. Manche Katzen scheinen regelrechte Einzelgänger zu sein, andere formen individuelle Bindungen, und wieder andere bilden feste, zusammenhaltende Gruppen. Was die einzelne Katze bevorzugt, hängt, wie schon früher erwähnt, zum Teil von der individuellen Veranlagung des Tieres, zum Teil aber auch davon ab, welchen Katzentyp sie während ihrer Jugendentwicklung traf; doch dürften auch noch andere Faktoren mit eine Rolle spielen. Weitere Untersuchungen zur Aufklärung dieser verwickelten Verhältnisse sind weltweit im Gange.

Doch wie teilt eine Katze einer anderen mit, ob sie zu friedlichem Kontakt bereit ist, etwa gar zu freundlicher Begrüßung, oder aber zu feindseliger Ablehnung? Warum kommt es in letzterem Falle nicht immer gleich zum Kampf? Dazu dient die „K ö r p e r s p r a c h e" der Katze; der Fachmann spricht von sozialen Auslösern oder vom sogenannten A u s d r u c k s v e r h a l t e n . Uns interessiert in diesem Zusammenhang in erster Linie Mimik, Gestik und Lautgebung. Eine solche vorsprachliche Kommunikationsmöglichkeit besitzen bekanntlich auch wir Menschen. Sie läuft, von beabsichtigtem Schauspiel abgesehen, völlig unbewußt ab und begleitet all unsere Kontakte mit Artgenossen und anderen Lebewesen. Man beobachte nur einmal eine junge Frau beim Telefonat mit einem jungen Mann: Alle Verhaltensformen menschlicher Koketterie begleiten das Gespräch — trotzdem doch der Adressat am anderen Ende der Telefonleitung das alles gar nicht sehen kann! Zeichengebung und Zeichendeutung sind bei allen Tierarten angeboren, viele Vögel und Säugetiere ergänzen dieses Repertoire noch durch zusätzlich Erlerntes. So lernen auch Katzen, fremdartigen Ausdruck situationsrichtig zu deuten, etwa im Umgang mit Hunden. Dazu ist allerdings längere persönliche Erfahrung der jeweiligen Katze notwendig. Darüber hinaus erlernen − gleich einem Schauspieler − viele Katzen sogar, bestimmte Ausdrucksweisen gezielt (also offenbar beabsichtigt) einzusetzen. Dazu werden sie von dem Befinden, das sie ursprünglich ausdrücken, „abgekoppelt" und somit zu einer Art Täuschungsmanöver (z. B. beim Betteln). Auch Hunde können das bekanntlich sehr gut! Es gibt Ausdrucksweisen, die Katzen nur zur Verständigung mit ihrem Besitzer benutzen. Diese Ausdrucksweisen können von Tier zu Tier recht unterschiedlich sein. Jede Katze hat ihre eigene Art, um Futter zu betteln oder Streicheleinheiten zu erbitten, um zu erreichen, daß das Fenster aufgemacht wird, und ähnliches mehr. Die Vielzahl dieser individuellen Ausdrucksmöglichkeiten machen die Persönlichkeit einer bestimmten Katze aus und zeigen uns, wie gut Katzen ihr Verhalten ihrer Umwelt anzupassen vermögen.

Hinsichtlich der L a u t g e b u n g unterscheidet der Katzenforscher Leyhausen zwischen stimmlosen und stimmhaften Lauten. Eine der stimmlosen Lautäußerungen der Katzen ist das bekannte Schnurren, das am Anfang dieses Kapitels schon betrachtet wurde. Ein weiterer, weit verbreiteter stimmloser Laut ist das Fauchen. Es bedeutet Abwehr. Dies ist auch der Grund, warum die meisten Katzen sofort zurückfahren, wenn man ihnen ins Gesicht bläst, und warum das Anblasen aus einem Blasebalg oder einer Blumenspritze als so wirksames Abschreckungsmittel für Katzen verwendbar ist.

Eine Steigerung der Droh- und Warnlaute ist im sogenannten „Spucken" zu erblicken, einem plötzlich und sehr heftig ausgestoßenen stimmlosen Explosivlaut. Er wird meistens von einem abwehrenden Tatzenhieb mit den Vorderpfoten begleitet. Oft ist dieses Gehabe nur halb so gefährlich, wie es sich anhört, trotzdem verfehlt es nicht seinen Zweck: Der Angreifer weicht einen Augenblick zurück, und der Unterlegene hat so die Möglichkeit zu flüchten.

An Katzenraufereien ist interessant, daß sich die schwächer fühlende Katze oft viel heftiger gebärdet, viel mehr Wirbel macht und viel intensiver faucht. So kommt es, daß die rangniedrigere Katze oft als erste zuschlägt, um dann allerdings sofort die Flucht zu ergreifen. Im Zweifelsfalle kann der gute Beobachter die Mutigere allein schon an der Tatsache erkennen, daß diese ihre Ohren aufgerichtet trägt, während die Unsichere die Ohren zurückzieht, oft so weit, daß sie von vorne gar nicht mehr sichtbar sind. Außerdem kann man an der ängstlich abwehrenden, sich verteidigenden Katze extrem weite Pupillen und am ganzen Körper gesträubte Haare beobachten (eine Folge reichlicher Ausschüttung des Nebennierenmarkhormones Adrenalin in die Blutbahn).

Eine weitere, von typischer Mimik begleitete Lautform ist das Knurren, ebenfalls ein Droh- und Warnlaut, der aber mehr offensive als defensive Absichten ankündigt. Ein stoßweise wiederholtes Knurren hört sich an wie ein Grollen.

Ein in Frustrationssituationen des Beuteverhaltens hörbarer Laut ist das „Schnattern" oder „Meckern". Man kann es in Situationen hören, in denen eine Katze einen Vogel vor der Fensterscheibe belauert und dieser dann plötzlich wegfliegt, ohne daß die Katze die Möglichkeit hat, ihm zu folgen. Die soziale Bedeutung dieser Lautäußerung ist unbekannt. Gibt es Lautgebung ohne Mitteilungsfunktion?

Von den stimmhaften Lautäußerungen ist bei Katzen die bekannteste das „Miauen". Nach Leyhausen soll sich das Miauen vom Schrei des verlassenen oder in seinem Befinden gestörten Jungen herleiten. Es deutet jedenfalls eine Art Unzufriedenheit oder Mißmut, ein Begehren, einen Mangelzustand an. Verschiedene Varianten von „Miau" werden auch zum Fragen, zum Bitten und als Ausdruck der Verwunderung benutzt.

Viele Katzen können durch Veränderung der Mundstellung reguläre „Worte" bilden, um mit ihrem Besitzer zu „sprechen" (Kontaktlaute). In vielen Katzen-Haushalten führen die einzelnen Katzen regelrechte „Unterhaltungen" miteinander. Die längsten Gespräche finden anscheinend während der Paarungszeit statt.

Auch Katzenmütter „sprechen" mit ihren Jungen. In diesem Zusammenhang ist das Wort sprechen tatsächlich wörtlich zu nehmen: Wenn eine Mutter ihren 4 bis 5 Wochen alten Jungen die ersten Beutestücke zuträgt und sie damit auffordert, sich diese einmal näher zu betrachten, so gibt die Mutter eine Art „Gurren" als Locklaut nur dann ab, wenn es sich um ungefährliche, kleine Beutetiere handelt. Kommt sie dagegen mit einer großen Ratte, dann kündigt die Mutter dies durch laute Rufe an, die wie Schreie klingen. Man kann also zwischen einem „Mäuseruf" und einem „Rattenruf" unterscheiden! Dies ist der erste und bisher einzige Fall, schreibt Leyhausen, in dem ein derartiger Lautgebrauch bei einem Säugetier nachgewiesen ist. Er setzt voraus, daß die Katze zwischen Maus und Ratte begrifflich unterscheidet, ohne daß ihr das im Umgang mit Menschen andressiert worden wäre. Tatsächlich reagieren auch die Jungen völlig verschieden auf die Rufe: Nur wenn der Mäuseruf ertönt, kommen sie ohne Scheu heran!

Außerhalb des Funktionskreises des Brutpflegeverhaltens kann man ein hohes „Gurren" in Situationen freundlicher Begrüßung hören. Wird es von leisen miauenden Tönen überlagert, dann entsteht daraus das sogenannte „Plaudern", das von Katze zu Katze recht unterschiedlich klingen kann und als sozialer Stimmfühlungslaut aufzufassen ist. Wir wissen noch viel zu wenig von der Verständigung der Katzen untereinander und ihrem abwechslungsreichen Lautschatz!

Das sogenannte „Abwehrkreischen" − ein kreischender Schrei − ist von Katzen in großer Bedrängnis zu hören, aber auch am Ende einer Begattung seitens der Kätzin.

Der Droh- und Kriegsgesang rivalisierender Kater, der häufig fälschlich für Liebesgesang gehalten wird, ist die akustische Begleitung des Imponiergehabens, ein Verhalten, in dem die Rivalen aufeinander zustelzen und sich androhen. (Über weitere Lautäußerungen im Rahmen des Sexualfunktionskreises an anderer Stelle.)

Die verschiedenen Lautäußerungen in sozialen Situationen werden natürlich nicht ohne begleitende M i m i k und G e s t i k abgegeben. Unter Gestik versteht man Stellungen und Bewegungen von Kopf, Ohren, Rumpf, Gliedern und Schwanz, soweit sie Ausdrucks- bzw. Signalcharakter haben; in vielen Fällen tritt das Aufstellen oder Zurücklegen der Haare hinzu und dient der Vergrößerung oder Verkleinerung der körperlichen Erscheinung. Unter Mimik versteht man den jeweiligen, eine bestimmte Gemütslage begleitenden Gesichtsausdruck durch Veränderung der Lippen-, Backen-, Ohrenstellung, der Hautmuskulatur an der Stirn und Nase und der Stellung der Schnurrhaare. Eine Beschreibung ist schwierig, insbesondere da bei der Katze die verschiedenen einzelnen Ausdruckselemente nicht nur in vielen Abstufungen von Stärke und Dauer, sondern in vielfältiger Kombination miteinander vorkommen. Viele Ausdruckszeichen sind einzeln für sich genommen mehrdeutig und erhalten ihre für den jeweiligen Fall gültige Bedeutung erst in Verbindung mit anderen und der Situation, in der sich Sender und Adressat jeweils befinden − betont Leyhausen.

So bedeuten z. B., nach Fox, nach vorn gestellte Ohrmuscheln häufig freundliches Interesse, Aufmerksamkeit oder gespannte Aufmerksamkeit; hochgestellte, aber nach hinten gezogene Ohrmuscheln dagegen eine Angriffsdrohung, aus der Abwehrbereitschaft, Angst und Fluchtbereitschaft signalisiert werden, wenn die Ohrmuscheln nach hinten eingeknickt und seitlich herabgezogen werden. Halbgeschlossene Augen, bei zur Seite gedrehten Ohren, können „ich genieße diesen Augenblick" signalisieren und gespitzte Ohren bei weit geöffneten Augen Spiel-

Die unterschiedlichen Körperhaltungen bei Überlagerung verschieden starker aggressiver und defensiver Stimmungen (nach Leyhausen):

a_0 d_0 neutrale Stimmungslage (darüber Gesichtsausdruck); a_3 d_3 gleich starke, maximale Angriffs- und Abwehrstimmung (darunter Gesichtsausdruck); a_3 d_0 maximale Angriffsdrohung ohne Furcht; a_0 d_3 maximale Defensivstimmung (Angstabwehrhaltung). (Veränderungen der Körpergröße durch Haare-Sträuben bzw. -Anlegen.)

Der unterschiedliche Gesichtsausdruck bei Überlagerung verschieden starker aggressiver und defensiver Stimmungen. (Die Stärke des aggressiven Stimmungsanteils ist um so größer, je mehr Ohrrückseite von vern sichtbar ist.) Nach Leyhausen müssen der wechselnde Stimmungsausdruck des Gesichtes und der der Körperhaltung nicht immer völlig dasselbe signalisieren!
1 Der „extatische" Gesichtsausdruck einer zufrieden genießenden Katze: Sie wird gestreichelt und schnurrt. 2 Der Gesichtsausdruck einer erschreckten Katze. 3 Die Katze ist verärgert. 4 und 5 Verschiedene Arten von Drohung.

bereitschaft. Verengte Pupillen begleiten Spannung, erhöhtes Interesse und aggressive Drohung; erweiterte Pupillen können Überraschung, Angst, Abwehrbereitschaft bedeuten.

Die Pupillenveränderungen hungriger Katzen angesichts angebotenem Futter wurden von einem amerikanischen Forscher sogar als unbestechlicher Indikator herangezogen, um den Beliebtheitsgrad einer Futtersorte taxieren zu können (E. H. Hess). Natürlich verändern auch die jeweiligen Lichtverhältnisse die Pupillenweite einer Katze.

Gähnen bedeutet bei Katzen etwas anderes als bei uns: Es drückt friedliche Stimmung aus und die Erwartung, daß auch der andere friedlich gestimmt ist.

Die verschiedenen Lautäußerungen und Ohrstellungen der Katzen werden auch von ausdrucksbetonten Bewegungen der Lippen, insbesondere der Oberlippe begleitet, die verschieden weitgehende Sicht auf die Zähne und den verschieden weit geöffneten Rachen freigeben.

Die Stellung der Schnurrhaare kann freundliche Stimmung, Ruhe, Behagen oder Gleichgültigkeit ausdrücken (Normalstellung), oder aber Zurückhaltung bis Ängstlichkeit (wenn extrem nach hinten zurückgezogen), hingegen höchste Spannung und Aufmerksamkeit, wenn aufgefächert und weit nach vorne gestellt. Auch bei der Orientierung im Finstern, beim Beutefang und bei der Untersuchung von Freßbarem werden die Schnurrhaare nach vorne gerichtet − dann wohl ohne Ausdruckscharakter.

Jeder Katzenbesitzer findet bei aufmerksamem Beobachten seiner Katze in verschiedenen Situationen mit der Zeit unschwer von selbst heraus, was der Gesichtsausdruck seiner Katze anzeigt. Dies gilt auch für die Mehrzahl der verschiedenen Körperstellungen. So bedeutet ein vorgestreckter Kopf in vielen Fällen Annäherungsbereitschaft (aus der begleitenden Mimik ist zu ersehen, ob diese neugierig, freundlich oder feindlich gemeint ist). Eine sich überlegen fühlende Katze hebt den Kopf an, eine unterlegene senkt ihn. Kopf-Hochheben und gleichzeitig -Zurückziehen will jedoch sagen: „Sie sind mir zu aufdringlich." Jede Vergrößerung des Körpers bedeutet Selbstsicherheit, hochgereckte Beine nicht selten angriffsbereite Spannung. Meist werden dabei die Haare gesträubt; insbesondere in der hinteren Hälfte der Wirbelsäule und des Schwanzes. Knicken dagegen die Hinterbeine ein, so deutet dies auf Unsicherheit hin, knicken die Vorderpfoten ein, dann handelt es sich um abwehrbereites Ausweichen.

Ein gestreckter Rumpf signalisiert Selbstsicherheit bis Angriffsbereitschaft. Zieht sich der vordere Körper zurück, während der hintere Körper vorgeschoben

114

Die „Körpersprache" der Katze verrät, was in ihrem Inneren vorgeht:
1 Zurückschrecken, Unsicherheit; 2 abwehrbereites Ausweichen; 3 angstvolle Abwehrbereitschaft; 4 Furcht; 5 freudige Begrüßung; 6 selbstsichere Aufmerksamkeit; 7 erwartungsvolle Aufmerksamkeit (das Futter wird zubereitet); 8, 9 und 10 Katzenbuckelformen, die sehr Unterschiedliches ausdrücken: 8 verteidigungsbereite Abwehrhaltung (z. B. gegenüber einem näher kommenden Hund), 9 spielerische Angriffsdrohung, 10 eine der „Gymnastikübungen" nach einem wohligen Schläfchen.

Unerhört – im eigenen Territorium –, ein „böser" fremder Hund kommt näher!

ist, sodaß der bekannte Katzenbuckel erscheint, so handelt es sich um eine Überlagerung von Flucht-, Abwehr- und Angriffsstimmung. Die extreme Buckelstellung ist breitseits zum Gegner orientiert; die Katze kann aus dieser Position steifbeinig seitwärts zurück und ebenso wieder zum Gegner nach vorn stelzen, auch blitzartig angreifen oder fliehen.

Katzen vermögen ihren Ausdruck sehr gezielt zu adressieren, wobei die rechte Körperhälfte, insbesondere Kopfhälfte, einen anderen Ausdruck zeigt als die linke, je nachdem, welche Seite dem Adressaten zugewandt ist.

So wie die Ohrenstellung sind auch die Schwanzbewegungen einer Katze sehr aufschlußreich über das, was in ihrem Inneren vorgeht. Der ruhig hochgerichtete Schwanz bedeutet bekanntlich freundliche Begrüßung. Das ruckartige Hin- und Herbewegen desselben bedeutet Erregung verschiedenster Art; ein plötzlich hochgeschnellter Schwanz mit peitschender Bewegung ist als ernste Angriffsdrohung anzusehen. All das geschieht nicht stumm, sondern ist fast immer von entsprechend typischen Lautäußerungen begleitet. (Wir werden im Verlauf dieses Kapitels und der nächstfolgenden noch auf zahlreiche weitere charakteristische Elemente katzentypischen Ausdrucksverhaltens stoßen.)

Trotzdem man in den letzten Jahren der früher allzusehr als Einzelgänger betrachteten Katze weit mehr Verständnis und Bedürfnis für soziale Bezüge zuerkennen mußte, sind solche – im Vergleich zu Hunden, Affen, Menschen – nach wie vor doch eher als zweitrangige Bedürfnisse einzustufen. Vielleicht ist das der Grund, weshalb Katzen nur in abgrenzbaren Lebensbereichen eine absolute Rangordnung zu entwickeln pflegen. Anfänge entwickeln sich zwar schon in den Kinderschuhen (beim Drängen nach der ergiebigsten Milchquelle), später aber scheint diese Entwicklung gewissermaßen steckenzubleiben. Eine Art „Hackordnung" wie bei Hühnern bildet sich selbst unter den extremen Lebensumständen einer zwangsweise zusammengewürfelten Katzengesellschaft eines Tierasyls nur selten aus. Es gibt da zwar ein paar Bevorrechtete, die als erste zur Futterschüssel stolzieren und die besten Ruheplätze für sich in Anspruch nehmen, und dann noch ein paar Prügelknaben, an denen sich die ganze Katzenschar ihr Mütchen kühlt, aber nicht einmal aus den täglichen Reibereien, aus denen sich sonst bei allen sozialen Lebewesen eine unerbittliche Rangordnung herausbildet, lassen sich bei Katzen fixe Vorrechte oder Ordnungen entwickeln. Das längere Zusammenleben mehrerer erwachsener Katzen auf engem Raum mag zu verschiedenen Formen wohlmeinender oder ablehnender Koexistenz unter einzelnen Individuen führen, irgendwelche Formen etwaiger echter Kooperation sind jedoch nur in

Ausnahmesituationen kurzzeitig beobachtbar. So helfen gelegentlich mehrere Katzen zusammen, wenn es um das gemeinsame Vertreiben eines eingedrungenen Feindes geht. Auch Freundschaften zwischen einer Katze und einem mitwohnenden Hund können dazu führen, daß letzterer, wenn er sich gegenüber einem fremden Eindringling in Bedrängnis fühlt, von der Katze so verteidigt wird, als handle es sich um eine Beziehung zwischen Mutter und Jungtier. Auch habe ich gar nicht so selten beobachten können, daß in einem Haushalt, in dem eine Katze gestorben ist, die andere längere Zeit um den verlorenen Genossen trauert (dies bei Kastraten beiderlei Geschlechts). Auch gegenüber dem Menschen können Katzen ja bekanntlich intensive Freundschaften und ganz besondere soziale Bezüge aufbauen (worauf wir später noch ausführlicher zurückkommen werden). Andererseits kann man bei Katzen erstaunliche Reaktionen beobachten, die dazu verleiten, ihnen mangelndes Gemeinschaftsgefühl zu unterstellen: Wird in der tierärztlichen Ordination im Beisein einer anderen Katze einem kranken Tier beispielsweise eine Injektion verabreicht oder eine nicht angenehme Behandlung an ihm vorgenommen, wie etwa Ohren-Ausputzen, dann entlockt das mancher Patientin ein abwehrendes Fauchen, das eine zweite Katze, soferne sie zur Patientin nicht in einem Mutter-Kind-Verhältnis steht, sofort auf sich bezieht — was dazu führen kann, daß sie mit unverhüllter Aggression auf die Patientin losfährt. Würde man einen Hund im Beisein seiner Meutegenossen, ja selbst im Beisein eines fremden Hundes so behandeln, daß er Schmerz- oder Abwehrlaute von sich gibt, dann kommt auf die Lautäußerung des Patienten wenn möglich gleich die ganze Meute, um ihm beizustehen: Dem Tierarzt und nicht dem Kranken geht es dann an den Kragen!

Daß das Bewegungsbedürfnis der Katze — besonders im Vergleich zu dem der hundeartigen Raubtiere — sehr gering ist, habe ich schon kurz erwähnt. Katzen sind die geborenen Faulenzer! Das prädestiniert sie zum Heimtier in der menschlichen Wohnstube wohl ganz besonders. Das geringere Verständnis für soziale Kooperation gleicht sie damit reichlich aus: Man braucht sie nicht spazieren-zuführen; man braucht sie nicht der verkehrsüberfüllten Straße auszusetzen; man kann sie ohne weiteres mehrere Stunden am Tag in der Wohnung alleine lassen: Schlafen und Dösen sind die Hauptbeschäftigungen unserer Katze während unserer Abwesenheit. Von 24 Tag-Nacht-Stunden verbringen manche Katzen über 15 Stunden im Ruhezustand! Ihre Raubtierinstinkte sind anscheinend ersatzweise durch reichliches Spielen ausreichend abreagierbar, und wenn sie es nicht nötig haben, sich das Futter selbst zu suchen, und sexuelle Bedürfnisse nicht kennen, da sie kastriert wurden, scheint ein Bedürfnis nach Bewegung, das wie beim Hund durch regelmäßige Spaziergänge befriedigt werden müßte, bei der Katze nicht zu bestehen. Das soll allerdings nicht heißen, daß nicht so manche Stubenkatze, so ihr Gelegenheit geboten wird, davon Gebrauch macht, des Abends oder auch tagsüber in den Garten zu gehen und ein Territorium aufzubauen. Von frühester Jugend an in der Wohnstube aufgezogene Katzen jedoch zeigen eher Angst vor dem Verlassen der Wohnung, die ihnen doch — wir haben schon von der Größe eines Katzenterritoriums Kenntnis genommen — eigentlich wie ein enges Gefängnis vorkommen müßte.

All das ist noch verwunderlicher, wenn wir daran denken, daß der Körperbau der Katze als Raubtier auf erstaunlich schnelle Bewegungen und insbesondere vielfältige F o r t b e w e g u n g s w e i s e n geradezu spezialisiert ist: Die Katze kann schreiten, traben, galoppieren, sie kann schleichen, extrem weit und hoch springen, sie kann meisterhaft klettern — und all das in plötzlichem Wechsel von einer Bewegungsart zur anderen und mit zielsicherer Präzision. Eine Katze kann sogar schwimmen — wenn es sein muß! Zum Klettern und zum Beutefassen hat sie einen besonderen Bandapparat entwickelt, um ihre spitzen Krallen ausstrecken zu können und andererseits, wenn dies beim Schleichen und Laufen hinderlich ist, extrem weit zurückziehen zu können. Letzteres funktioniert sogar ohne Kraftanstrengung: Das vordere Zehenglied mit der Kralle wird in Ruhestellung durch zwei Paar elastische Bänder von selbst nach oben gezogen, sodaß die Kralle gar nicht sichtbar ist. Erst in Erregung werden die Krallen durch unten verlaufende Sehnen aktiv herausgestreckt.

Manche Stubenkatzen sind so geschickt, daß sie auf Gesimsen herumbalancieren können, auch auf Kästen und Möbeln, Vitrinen, ohne dort aufgestellte Gegenstände herunterzuwerfen — soferne sie das nicht absichtlich tun wollen, weil sie daran Spaß haben.

Während Stubenhunde, wenn man ihnen nicht genügend Auslauf bietet, durch aufgestaute Bewegungsenergie recht ungebärdig werden können, scheint das bei Katzen keineswegs der Fall zu sein. Ich konnte nie den Eindruck gewinnen, daß ausschließlich in der Stube gehaltene Katzen unter dem damit verbundenen Bewegungsmangel in irgendeiner Form leiden würden. Können sie ihr motorisches Aktivitätsniveau den Umweltgegebenheiten anpassen? Wieder eines der großen Rätsel, die Katzen uns aufgeben!

Katzen lieben Wärme. Wärme ist eine der Vorbedingungen für den S c h l a f . Wir wissen, daß Katzen je nach Sonneneinfall ihren Schlafplatz verlegen; viel-

Eine erfahrene Katze kann genau abschätzen, wieviel Sprungkraft sie investieren muß, um zielsicher dort zu landen, wo sie möchte.

leicht um dem leichten Temperaturabfall, der den Schlaf begleitet, entgegenzuwirken. Katzen können in verschiedenen Positionen schlafen und dösen; mehr oder weniger sitzend, aufrecht und unter verschiedenen Körperverformungen angelehnt, hingegossen, ja hingeworfen und verdreht wie ein leerer nasser Sack oder keulig brütend mit eingeschlagenen Pfoten, in Embryonalhaltung zusammengerollt (mit dem Schwanz quer vor die Nase und über die Pfoten gelegt) und was es da sonst noch alles an Variationen von kätzischen Ruhepositionen gibt.

Ähnlich wie beim Menschen und anderen Säugetieren kann man auch bei der Katze verschiedene Schlafstadien unterscheiden, je nach Grad der Muskelentspannung und der begleitenden, charakteristischen Aktivität der Ganglienzellen in der Hirnrinde (sogenannter NON-REM-Schlaf und REM-Schlaf). Innerhalb der Schlafenszeit wechseln 6- bis 7minütige Perioden von REM-Schlaf mit 20- bis 30minütigen NON-REM-Schlafphasen ab. Während bei allen anderen Ruheformen vom Wachzustand deutlich abweichende EEG-Aufzeichnungen registrierbar sind, kann man paradoxerweise während der sogenannten REM-Schlafphasen ähnliche Wellenverläufe wie bei der wachen Katze beobachten, trotzdem sie aus diesem Stadium schwerer erweckbar ist und zu träumen scheint: Unter den geschlossenen oder halbgeschlossenen Augenlidern kommt es zu raschen Bewegungen des Augapfels („Rapid Eye Movements"); Zuckungen können auch an den Pfoten, den Ohren, den Schnurrhaaren und am Schwanz beobachtet werden, während die Muskulatur des übrigen Körpers weitestgehend entspannt ist.

Gesunde ausgewachsene Katzen sollen 15 % ihres Lebens im Tiefschlaf, 50 % in leichtem Schlaf und 35 % im wachen Zustand verbringen.

Während wir Menschen durchschnittlich 8 Stunden hintereinander in einem Zuge — jedoch ebenfalls in abwechselnden Phasen — schlafen, schläft die Katze in kleinen Abschnitten über den Tag verteilt.

Eine Katze, die erwacht, gähnt, streckt sich in charakteristischer Weise durch und lockert so ihre Körperteile in einem immer gleich aussehenden Ritual. Jede Katze hat einen oder mehrere Lieblingsplätze, die zum Ruhen aufgesucht werden.

Ehe Katzen ein Nickerchen machen, oder auch nachdem sie gefressen haben, pflegen sie sich zu putzen; auch nach Tätigkeiten wie Jagen oder Spielen oder nachdem eine Katze hochgehoben und gestreichelt wurde, tritt Körperpflegeverhalten auf.

Einige Katzen putzen sich viel, bei anderen scheint dieser Trieb schwächer zu sein. Bei warmem Wetter wird häufiger geputzt als bei kaltem, wahrscheinlich zur

Aus dem Ruhe- und Komfortverhalten.

Mulden – auch wenn sie nicht weich sind – werden als Liegeplätze bevorzugt.

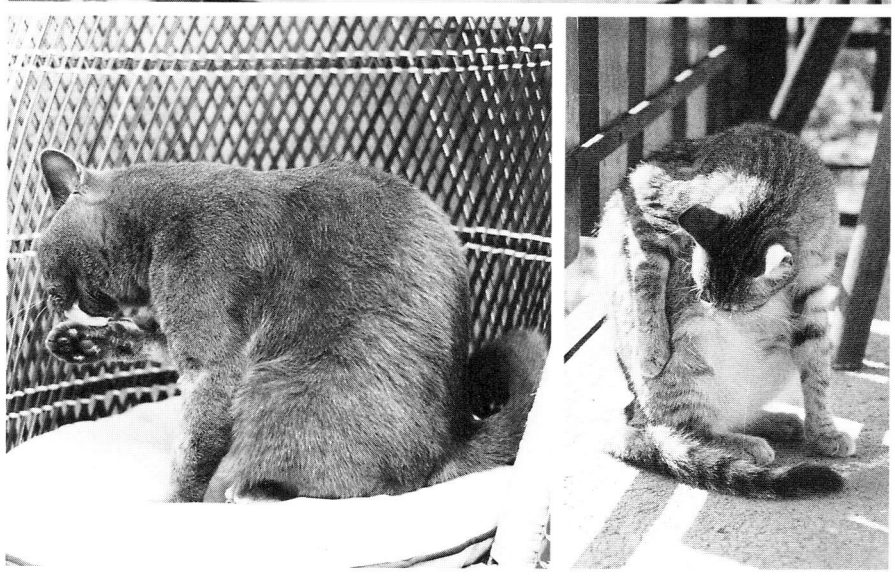

Aus dem Körperpflegeverhalten.

Regulierung des Wärmehaushaltes: Da eine Katze nicht schwitzen kann, muß sie ihr Fell mit Speichel befeuchten, um Kühlung zu erreichen. Katzen, denen übertrieben heiß ist, kann man darüber hinaus sogar hecheln sehen. Die charakteristischen Bewegungen, mit denen eine Katze ihre einzelnen Körperteile pflegt, sind eine angeborene Verhaltensausstattung, die schon in frühester Jugend funktionsfähig ist. Katzen können ihren Körper so geschickt verdrehen, daß sie mit der Zunge fast jeden Körperteil erreichen. Der Kopf wird mit den Vorderpfoten gereinigt – zuerst die eine, dann die andere Seite –, indem die Pfoten naß geleckt und dann in charakteristischer Weise am Kopf gerieben werden. Um sich zu kratzen, benützen Katzen ähnlich wie Hunde ihre Hinterpfoten. Putzen dient nicht nur der Körper- und Fellpflege, sondern kann, ebenso wie Kratzen, eine „Verlegenheitsgeste" in Situationen gesteigerter Erregung und der Unmöglichkeit deren adäquater Abreaktion sein; es kann also in Konflikt- und Frustrationssituationen als Übersprunghandlung auftreten.

Gegenseitiges Putzen – also soziale Körperpflege – kann man beim Zusammenleben mehrerer Katzen beobachten oder bei einer Katze-Hund-Freundschaft. Es scheint nicht nur Aggressionen zu beschwichtigen, sondern mit großem Wohlbehagen verbunden zu sein, denn es wird dabei geschnurrt. Diese soziale Verhaltensweise entstammt dem kätzischen Brutpflegeverhalten: Die Mutter leckt und säubert die Kleinen. Später, wenn diese größer geworden sind, können auch die Jungtiere die Mutter putzen; auch kann man sie sich gegenseitig belecken sehen. Das Putzen stellt dann eine der sozialen Handlungen dar, die Katzen untereinander bis ins Erwachsenenalter binden können. Soziale Körperpflege ist also nicht nur eine Verhaltensweise, die für solche Säugetiere charakteristisch ist, die man als Herden- bzw. Rudeltiere, ihres extremen sozialen Kontaktbedürfnisses wegen, bezeichnet (wie z. B. Affen und Hunde)!

Jeder, der eine Katze hält, wird beobachtet haben, daß in den frühen Abendstunden Katzen besonders spielfreudig sind. Dies hängt wohl damit zusammen, daß im natürlichen Dasein der Katze am Abend die Jagdzeit beginnt. Je weniger eine Katze auf Jagd gehen kann, um so mehr sollte ihr besonders zu dieser Zeit Möglichkeit zum Spielen geboten werden. Spielen ist also nicht nur für Jungtiere von Bedeutung, sondern auch zur körperlichen und seelischen Hygiene erwachsener, ausschließlich in der Wohnstube gehaltener Katzen.

Es spricht für die hohe Intelligenz der Katzen, daß sie neue Räumlichkeiten, oder neue Gegenstände in bereits bekannten Räumlichkeiten, ausgiebiger Untersuchung unterziehen. E r k u n d u n g s v e r h a l t e n wird mit allen Sinnesorganen

Freundschaftliches Interesse –

verhaltene Neugierde –

vorsichtiges Untersuchen.

127

und mit den Pfoten, ja mit dem ganzen Körper durchgeführt, weshalb Katzen ein ganz besonderes Interesse an engen Rohren, kleinen Schachteln, Kaminen, Schubladen, Taschen, schwer zugänglichen Öffnungen, Löchern und Spalten haben – man spricht daher von einer regelrechten „Spaltenappetenz" der Katze. Deren Ursache ist bis heute nicht zufriedenstellend geklärt. Man nimmt an, daß kleine dunkle Öffnungen Schlüsselreize im Rahmen der Beuteappetenz darstellen könnten; größere hingegen möglicherweise für die Katze als Versteckmöglichkeit, also im Rahmen des Flucht- und Meideverhaltens von Interesse sein können. Für ein nicht primär in Herden oder rudelartigen sozialen Gemeinschaften lebendes Haustier, das somit gezwungen ist, selbständig für seine Sicherheit zu sorgen, kann es freilich von lebenswichtiger Bedeutung sein, Unterschlupf und Fluchtmöglichkeiten in seinem Lebensraum besonders gut zu kennen!

Zur besseren Anpassung an die jeweilige „Marktsituation" ist das B e u t e - s c h e m a d e r K a t z e weit und unspezifisch gehalten; auf alle knisternden, kratzenden, schürfenden Geräusche, die an Aktivitäten einer Maus oder anderer kleiner Beutetiere erinnern, reagiert die Katze blitzartig mit orientierenden Blick- und Ohrwendungen. Außer einer Orientierung der Sinnesorgane in Richtung auf die Reizquelle zu stellt dies gleichzeitig eine Art Appetenzhandlung zum Beutefangen dar. Die J a g d s t i m m u n g wird aktiviert. Wie schon mehrmals erwähnt, spricht jedes bewegte, nicht zu große Objekt, egal welcher Farbe und welcher Gestalt, als optisches Beuteschema den angeborenen auslösenden Mechanismus für die Instinkthandlung des Annäherns an die Beute an (soferne es sich nicht geradewegs auf die Katze zubewegt). Sie beginnt mit Schleichlaufen, Anschleichen, Lauern, Ansprung und Zufassen; wobei die Katze in höchster Erregung vor dem Ansprung ein wenig mit dem Hinterteil wackelt. Beim sogenannten Schleichlaufen kann man sehen, wie die Katze, den ganzen Körper dicht geduckt und jede Deckung ausnützend, auf das Beutetier zuläuft. In Lauerstellung kann sie sehr lange verharren. Sie nützt jede natürliche Deckung und wendet diese Stellung erst dann an, wenn sie nahe genug am Beutetier ist. Beim Anspringen stemmt die Katze die Hinterfüße fest in den Boden und bleibt auch während des Sprunges geduckt. Mitunter schlägt sie dann seitlich von unten her zu, und zwar dann, wenn die Beute sich nicht „bißgerecht" vor dem Raubtierrachen befindet. Der Tötungsbiß erfolgt ziemlich genau in den Nacken des Opfers und ist die einzige Art zu töten, die die Katze kennt.

Junge Katzen, die im Alter von 6 bis 20 Wochen keine lebende Beute gesehen haben, töten oft ihr ganzes Leben nicht; denn der Tötungsbiß ist, wie schon erwäh:t, nicht vollständig angeboren. Das hat auch seine guten Gründe: wird doch der Nackenbiß in gehemmter Form als Nackengriff auch beim Umhertragen der Jungen und bei der Paarung angewendet. So gesehen ist Miezes Tötungshemmung durchaus logisch: Wo sie nicht funktioniert, könnte es zur Tötung von Jungtieren und Geschlechtspartnern kommen. (Auf dem Umweg über Versuch und Irrtum sollen aber − wenn Ernährungsnotwendigkeit und fortgesetzte Übungsmöglichkeiten bestehen − auch adulte Katzen später doch noch das Töten erlernen können.)

Eine Katze in ihrem Jagdrevier durchstreift ihr Gelände wachsam und hält alle paar Meter an, aufmerksam umhersehend und horchend. Hat sie eine die Beuteappetenz fesselnde Stelle entdeckt − z. B. ein Mauseloch −, dann nähert sie sich langsam und vorsichtig und starrt (bei aufmerksam nach vorne gerichteten Ohrmuscheln) konzentriert auf das Zentrum ihres Interesses, das sie, bis auf Sprungdistanz angekommen − geduckt stehend, sitzend oder liegend wartend −, nicht aus den Augen läßt. Wenn ein Beutetier erscheint, wartet die lauernde Katze zumeist noch, bis sich dieses von seinem Loch entfernt hat, erst dann erfolgt der Ansprung. In einer alternativen „Taktik" werden Spalten und Erdlöcher nicht reglos belauert, sondern die Katze versucht, mit der Vorderpfote Beute herauszuangeln (z. B. einen Maulwurf knapp an der Erdoberfläche). War der Fang erfolgreich, wird die Beute getötet und entweder gleich in der Nähe verzehrt, oder aber nach Hause getragen (und auch dann oft nicht gefressen − wie z. B. im Falle von Spitzmäusen und Maulwürfen). Besonders kleine Beute, wie etwa eine Heuschrecke, wird meist auf der Stelle gefressen.

Gelegentlich passiert es selbst der erfahrensten Katze, daß sie sich im Opfer gewissermaßen verschätzt. Dann wird das Angriffsverhalten durch das Abwehrverhalten zeitweise überlagert: Die Katze muß sich verteidigen, um mit heiler Haut davonzukommen! Diesem Zweck dienen Tatzenhiebe, die uns Menschen wie Ohrfeigen anmuten (sie werden allerdings mit ausgefahrenen Krallen ausgeführt). Angesichts eines übermächtigen Gegners und fehlender Fluchtmöglichkeit legt sich die Katze sogar auf den Rücken, um alle vier Pfoten gleichzeitig als Waffen einsetzen zu können. (Das auch in ausweglos erscheinenden Situationen eines Abwehrkampfes gegen einen Artgenossen.)

Manchmal versucht eine Katze auch mehrere Überraschungsangriffe auf große Beute oder einen Feind, wie beispielsweise Nachbars Hund. Zwischen den einzelnen Überraschungsangriffen zieht sie sich immer wieder zurück und lauert. Mutterkatzen pflegen gegenüber möglichen Feinden besonders aggressiv zu sein.

130

Was bewegt sich dort im Geäst des Nachbarbaumes?

Nach einem Kampf mit einem gefährlichen Beutetier, wie etwa einer Ratte, vollführt Mieze einen „Freudentanz“. Man nimmt an, daß dieses sogenannte E r - l e i c h t e r u n g s s p i e l dadurch zustande kommt, daß aufgestaute Reste der akti- viert gewesenen motorischen Energie abreagiert werden müssen, damit es wie- der zur gesunden Entspannung und Lockerung kommen kann. Dies ist nicht schwer zu verstehen: Ein Kampf besteht aus Angst und Aggression. Nur dann, wenn die Katze die Angst überwindet, kann sie kämpfen und siegen. Ist die Beute aber erlegt und getötet, fällt die Angst weg und die noch vorhandene Aggressions- energie hat kein Betätigungsfeld mehr. Nachdem es weder etwas zu erbeuten gibt − das hat die Katze ja schon hinter sich −, noch ein Fluchtgrund vorhanden ist, kann die entfesselnde Erregung nicht in den zu den Funktionskreisen gehörenden Endhandlungen abreagiert werden. Folglich beginnt die Katze zu „tanzen“, bis die Erregung gelöst ist und wieder Ruhe und Ausgeglichenheit im Nervensystem herrscht. (Auch bei menschlichen Naturvölkern kann Vergleichbares beobachtet werden.)

Erst nach diesem „Freudentanz“ nimmt eine Katze im Rahmen einer stark ri- tualisierten Handlungsweise, die zunächst ohne praktischen Sinn erscheint, die Beute mit den Zähnen lose am Nacken auf und legt sie verschiedentlich zeitweilig auch wieder ab. Warum sie das tut, ist noch nicht ganz geklärt: Denn die Katze

Einige Verhaltensmuster aus dem Beutefunktionskreis:
1 Schleichlaufen; 2 Lauern; 3 Anschleichen; 4 Ansprung; 5 Zufassen; 6 und 7 „Stauungsspiel";
8 Sprung nach fliegender Beute (z. B. Insekt); 9 unerfahrene Jungkatze erkundet Beute durch vorsichtiges Antippen; 10 und 11 „Erleichterungsspiel" nach großem Kampf; 12 Beute-Tragen.

macht das auch bei den kleinsten Beutetieren, sodaß Müdigkeit als Beweggrund sicher ausscheidet.

Kleine Beutetiere werden übrigens oft nicht sofort getötet, sondern wiederholt freigelassen, wieder beschlichen, gefangen, geschüttelt, in die Luft geworfen und wieder erhascht und so fort, um erst nach mehrmaliger Wiederholung dieses „grausamen" Spiels endlich getötet zu werden. Man kann dieses Verhalten besonders ausgeprägt beobachten, wenn eine Katze lange Zeit keine Gelegenheit hatte, Beute zu machen. Auch hierbei handelt es sich möglicherweise um Mechanismen, den Energiestau abzureagieren: Die spezifische Antriebsenergie für die Beutefanghandlungen ist nämlich viel größer als die für die Tötungshandlung. Merkwürdigerweise − ganz im Gegensatz zur Theorie − scheint die Instinktendhandlung, der Tötungsbiß, die aktionsspezifische Energie für die Appetenzhandlungen nicht vollständig lösen zu können, wie dies nach dem Instinktfunktionsmodell Tinbergens der Fall zu sein hätte. Sogar tote Beute kann noch als Spielzeug im Sinne des beschriebenen, als Stauungsspiel bezeichneten Phänomens benutzt werden.

Ein optisches Reizschema, nämlich die Gliederung der Beute in Kopf und Rumpf, sagt der Katze, wo sie anpacken muß, sowohl beim Töten als auch beim

Zupacken. Ungegliederte Objekte werden nämlich an beliebigen Stellen erfaßt, schreibt Leyhausen.

Zum Jagdinstinkt im weiteren Sinne gehört auch das bekannte „Beute-Heimtragen". Man kann diese Handlungsweise jedoch auch dem Brutpflege-funktionskreis zuordnen, aus dem sie wohl ursprünglich stammt (indem eine Mutterkatze lebende oder tote Mäuse heimträgt, um sie den Jungen zu präsentieren, sei es in lebendem Zustand als Übungsobjekt oder in totem Zustand als Futter). Katzen beiderlei Geschlechts, auch wenn kastriert, pflegen diese Handlungsweise jedoch auch ihrem Besitzer gegenüber auszuüben. Man ist taktvollerweise verpflichtet, die Erwartungen der Katze nicht zu enttäuschen und über solche Gabe Freude zu mimen. (Freilich ist es nicht jedermanns Geschmack, wenn die Katze tote Mäuse aus dem Garten ins Haus bringt.) Solche Beute wird immer mit dem Nackengriff getragen.

Trotz vieler verschiedener, möglicher Beutetiere hat die Katze aufgrund ihrer angeborenen Instinktausstattung nur eine einzige Jagdmethode, die sich zwar für Kleinnager bestens, für Vögel aber nicht optimal eignet. Daran liegt es wohl, daß die Katze, trotz eifrigen Nachstellens, Vögel nur sehr selten erwischt. Natürlich gibt es unter Katzen auch ausgesprochene Vogelspezialisten, aber die Regel sind sie nicht, betont Leyhausen.

Ob es sich bei der Jagdmethode, mit einem Prankenhieb Fische aus dem Wasser zu angeln, um eine erlernte Abänderung der arttypischen Beutefangmethode oder doch um eine zweite angeborene Jagdmethode handelt, wurde meines Wissens noch nicht genügend untersucht.

Soferne eine Katze hungrig ist, leitet der Geruchssinn vom Beuteverhalten in den Funktionskreis des Nahrungsaufnahmeverhaltens über: Er entscheidet, ob die Beute angeschnitten wird (soferne die Katze hungrig ist). Unter Anschneiden versteht man das Zerteilen mit den Reißzähnen in kleine Streifen. Der Geschmackssinn ist am Zustandekommen von Kau- und Schluckbewegungen beteiligt.

Eine Katze frißt ihre Beutetiere nicht an einer beliebigen Stelle an. Nur Fleischbrocken nimmt sie, wie sie kommen. Kleine Beutetiere frißt die Katze immer von vorne nach hinten. (Mit Hilfe ihrer Barthaare ertastet sie die Richtung des Fellstriches.) Als man versuchsweise einer toten Maus den Kopf abgeschnitten und am Hinterteil angenäht hatte, begann die Katze beim Kopf zu fressen, bis sie das Hinterteil erreichte, dann fraß sie vom Hals zum Rumpf weiter. Ungerichtet frißt sie, wenn ihr die Barthaare abgeschnitten wurden.

134

Besonders „Vogelspezialisten" erbeuten auch durch die Luft ge-
worfene Spielzeugmäuse mit der
von ihnen bevorzugten Fangme-
thode. (Ähnlich werden Schmet-
terlinge erhascht.)

Mit geschickter Haschebewe-
gung bei ausgefahrenen Krallen
wird ein Fisch erbeutet. (Aus Tierschutzgründen wurde hier nur anfangs zur Interesseerregung ein
wirkliches Fischlein verwendet,
für die Aufnahmen des tatsächli-
chen Beutefanges wurde dieses
vorher gegen eine Köderfisch-
attrappe ausgetauscht.)

Nahrungsaufnahmeverhalten und Beuteinstinkt gehören zu zwei verschiedenen Triebkreisen. Während man das Beuteverhalten mit Attrappen auslösen kann, läßt sich das Nahrungsaufnahmeverhalten damit nicht stimulieren: Eine Versuchskatze fängt die Attrappe zwar, frißt sie aber nicht an. Jeder dieser beiden Triebkreise muß für sich allein befriedigt werden; die Befriedigung des einen kann nicht die des anderen ersetzen. Das ist der Grund, warum auch satte Katzen jagen und hungrige angesichts einer lebenden Maus oder einer bewegten Attrappe manchmal sogar verlockendes Futter in ihrer Schüssel zunächst stehen lassen, nach Befriedigung des Beuteinstinktes aber dann nicht die Maus, sondern das schmackhaftere Futter fressen! In Großstädten wildlebende Katzen (in Ruinen, Parks, in der Nähe von Müllhalden) sind weit weniger wählerisch: Sie fressen außer den dort erbeutbaren Nagetieren auch allerlei Abfälle − und das, was ihnen Tierfreunde an Futter zukommen lassen. Überfütterte Stubenkatzen dagegen emanzipieren sich nicht selten zu ausgesprochenen Feinschmeckern, die nur das Beste vom Besten bevorzugen. Aber auch unter freilaufenden sind solche bekannt, die Innereien, Fell und Gallenblase größerer Beutetiere verschmähen, andere dagegen fressen alles. Vielfach wird diejenige Nahrung bevorzugt, die in der frühen Kindheit nach dem Abstillen gereicht wurde, bzw. diejenigen Beutetiere, die die Mutter den Kleinen zum Nest brachte.

Aus dem Nahrungsaufnahmeverhalten:
1 Rupfen großer gefiederter Beute; 2 Zerbeißen von Beute (oder großer Fleischbrocken). 3 Beim Trinken wölbt die Katze die Zunge nach unten rückwärts und schöpft so die Flüssigkeit ins Mäulchen.

Die meisten Katzen fressen Vögel gern, einige lassen von einer solchen Mahlzeit nur wenige Federn übrig, andere wieder unternehmen ernsthafte Anstrengungen, sie vor der Mahlzeit sorgsam zu rupfen. Fett und Leber werden von den meisten Katzen gerne gefressen.

Während junge Kätzchen bereit sind, von allem zu kosten, lehnen erwachsene Katzen Nahrung, die sie nicht Gelegenheit hatten, in der Kindheit kennenzulernen, meist hartnäckig ab. (Dies gilt auch für industriell hergestelltes Katzenfutter.) Wenn es aus Gesundheitsgründen notwendig ist, eine Katze auf Diät zu setzen, kann es vorkommen, daß so eine Katze lieber tagelang hungert, als das ihr nicht genehme Futter anzurühren.

Nicht nur am Freßverhalten einer unter natürlichen Verhältnissen lebenden Katze, sondern auch an dem einer Stubenkatze – ja selbst an Edelrassekatzen, die noch nie in ihrem Leben eine Maus gesehen haben – läßt sich beobachten, daß die Katze ein Beutefänger ist: Mausgroße Fleischstücke werden oft nicht sofort verzehrt, sondern geschüttelt, vom Teller geschleppt, herumgeworfen, in die Luft geschleudert und gefangen, ungekaut verschlungen und manchmal wieder herausgewürgt, ja sogar gelegentlich versteckt. Schon kleine Kätzchen verteidigen ihre Beutestücke knurrend gegen konkurrierende Geschwister. Flüssige und breiige Nahrung fressen Katzen jedoch meist gemeinsam aus einer Schüssel, ohne

Katze beim Trinken.

Futterneid zu zeigen und ohne damit herumzuspielen. Vielleicht betrachten sie das als eine Art Getränk. Beim Lecken wird die Zunge löffelförmig geformt und schnellt flink aus und ein; viel Flüssigkeit bleibt wohl auch an den zahlreichen großen, hornigen Papillen der Katzenzunge hängen. Geschluckt wird erst nach vier- oder fünfmaligem Lecken.

Viele Instinkthandlungen der Katze, die den betreuenden Menschen gelegentlich sehr stören, stammen aus dem Funktionskreis des Sexualverhaltens. Das S e - x u a l v e r h a l t e n wird außer durch Vorgänge im Zentralnervensystem auch erheblich von hormonellen Einflüssen geregelt. Katzendamen haben mehrere jahreszeitlich bedingte Östrus-Zyklen, die sich auch nach dem geographischen Lebensraum der Katze richten: In nördlichen Gegenden gibt es Spitzen von Mitte Jänner bis Anfang März, dann im Mai und im Juni. In südlicheren Breiten leben Katzen zeitverschoben, dort treten die statistisch ermittelbaren Spitzen der Rolligkeitshäufigkeiten früher auf. Wesentlichen Einfluß auf den Sexualzyklus hat die Tageslänge bzw. deren regelmäßige Zunahme.

Die ersten Zyklusansätze zeigen Katzen durchschnittlich im Alter von 6 bis 8 Monaten. Je nach Frühreife oder Spätreife gibt es hiervon jedoch genetisch bedingte Abweichungen. Verschiedene Berichte fixieren das Pubertätsalter freilaufender Katzendamen aber auch zwischen einem Alter von 15 und 18 Monaten.

Die Zyklen treten zu den entsprechenden Jahreszeiten in Intervallen von 2 bis 3 Wochen — bei Stubenkatzen mehrmals hintereinander — auf. Die Empfängnisbereitschaft dauert 4 bis 6 Tage, hat keine Paarung stattgefunden, dauert sie bis zu 10 Tagen.

Die Katze hat eine sogenannte provozierte Ovulation, das heißt, daß der Eibläschensprung erst nach einem mechanischen Reiz der äußeren Genitalorgane erfolgt. Dieser wird im Normalfalle durch den Katerpenis beim Deckakt gesetzt, kann jedoch auch ersatzweise künstlich, also vom Menschen manuell mit hierzu geeigneten Gegenständen hervorgerufen werden. Derartige Maßnahmen empfiehlt ein amerikanischer Kollege (Fox), um bei Stubenkatzen die langdauernden und wiederkehrenden Rolligkeiten abzukürzen, ohne zur Hormonspritze greifen zu müssen (was nicht immer frei von unerwünschten, gesundheitsschädlichen Nebenwirkungen ist). Die Empfehlung, sich zum „Sexualpartner" seiner Katze zu machen, hat dem Buch in Europa aber manche ungünstige Pressekritik beschert.

Eine rollige Katze ist unruhig, frißt weniger und schreit viel und andauernd. In den ersten Tagen der Hitze reibt sie Kopf und Flanken an allerlei Gegenständen. Dieses sexuell getönte Kontaktbedürfnis bezeichnet man als „Köpfchen-Geben". Es wird später durch das Sich-Wälzen ergänzt, das oft von Instinktbewegungen des Körperpflege- und Komfortverhaltens (wie Augenwäsche, Pfoten-Belekken, Krallen-Schärfen) überlagert wird.

Gegen das Stadium der Hochbrunst hin zeigt dann die Katze während des Flanken-Reibens auch ein Zucken und Zittern, das von der Aftergegend bis zur Schwanzspitze reicht. Mit zunehmender Raunzedauer wird diese Verhaltensweise verstärkt. Dem Kater präsentiert sie nun die etwas aufgeschwollenen äußeren Geschlechtsteile bei zur Seite gehobenem Schwanz.

Kater erreichen die Pubertät etwa im Alter von 8 Monaten. Verschiedene Einzelhandlungen aus dem Sexualfunktionskreis (wie Aufspringen und Nackenbiß) können – in Spiel eingebettet – aber schon ab dem 4. Lebensmonat beobachtet werden. Eine Kastration des Katers vor der Pubertät verhindert das Auftreten normalen Paarungsverhaltens. Nachpubertäre Kastrationen zeigen Wirkungen, die vom rapiden Absinken des Sexualverhaltens bis lediglich zu einer gewissen Abnahme der Paarungsfrequenz reichen. Kater, die kastriert wurden, um das übelriechende Markieren zu verhindern, bleiben mehr zu Hause und raufen weniger mit ihresgleichen. An Temperament, Intelligenz oder Jagdlust büßen kastrierte Kater nichts ein, wohl aber ihre Rangstellung bei Kontakten mit anderen Katern im Freien. Die verbreitete Meinung, daß kastrierte Kater nie mehr kämpfen, ist unrichtig. Dies trifft nur für Rivalenkämpfe zu, nicht aber für Revierkämpfe: Da solche Tiere territorial wie die weiblichen werden, kann es ihnen Dank ihrer Größe und Kraft sogar gelingen, revierfremde Katzen besonders erfolgreich zu vertreiben.

Kater können normalerweise das ganze Jahr über sexuell erregbar sein, und es bereitet kaum Schwierigkeiten, einen erfahrenen Casanova jederzeit zu Sexualhandlungen zu veranlassen. Mit einer Ausnahme: in einem fremden Raum kann er auch der verführerischsten Katzendame nichts abgewinnen, denn die Untersuchung des Raumes ist für ihn vorrangig. Wer also Katzennachwuchs haben möchte, sollte die Katze zum Kater bringen, nicht umgekehrt.

Bevor ein Kater mit Paarungsaktivitäten beginnt, untersucht er einmal sehr genau die Gegend und markiert, indem er Gegenstände in dem betreffenden Gebiet mit Urin bespritzt. Auch die Katzendame uriniert nach der Untersuchung der Umgebung. Ihr sexuelles Verhalten ist aber nicht so sehr vom Bekanntheits- bzw. Fremdheitsgrad der Umgebung abhängig.

Nach Leyhausen sind viele freilebende Kater nicht immer paarungsbereit, sondern weisen eine wenig deutlich ausgeprägte Periodik auf, die unabhängig

Aus dem Sexualfunktionskreis:
1–4 die rollige Katze, 5–11 aus dem Paarungsverhalten.

vom Geschlechtspartner und von wechselnder Intensität der Neigung zum Harn-Spritzen begleitet ist. So wurde auch Harn-Spritzen und Belecken des halberigierten Geschlechtsteiles beobachtet, obwohl gar keine rollige Katze in der Nähe war.

Trifft ein erfahrener Katzencasanova auf eine sich im Östrus befindende Katze und hat er die Untersuchung und Kennzeichnung des voraussichtlichen Paarungsgebietes beendet, so konzentriert er sich auf seine Partnerin. Er versucht, sich ihr zu nähern und die Genitalgegend zu beschnuppern. Weil aber jede Dame erobert sein will, hält sich auch die Kätzin an die angeborenen Spielregeln. Dem sich nähernden Kater wird vorerst in einem Anflug von Koketterie keine direkte Annäherung gestattet. Sie läuft ein Stück davon, blickt vorgeblich unbeteiligt überallhin, nur nicht in Richtung des Katers („Umhersehen") und hält ihre Katzenreize erneut demonstrativ zur Schau. In diesem Stadium haben allzu stürmische Kater schon manchen Prankenhieb einstecken müssen. Ob eine Katze den Deckakt duldet, zeigt sie dem Kater durch ihre Körperhaltung: Das Kriechen ist eine Einladung zum Aufsteigen. Brust und Bauch liegen dabei dem Boden an, das Becken ist hochgestellt, die Oberschenkel sind fast senkrecht zum Boden gerichtet, die Kniegelenke befinden sich knapp über dem Boden. Der Schwanz ist angehoben und seitwärts weggestreckt. Bei hoher Erregung erfolgt ein Treteln mit den Hinterpfoten. Das Werben und Davonlaufen, Kriechen und Treteln, Lautgeben und Überschlagen dauert zwischen 10 Sekunden und 5 Minuten. Im Freileben kann das einer Kopulation vorangehende Liebesspiel – die „Kokettierflucht" – tagelang dauern.

Während des Deckaktes verbeißt sich der Kater in den Nacken seiner Partnerin, steigt zuerst mit den Vorderpfoten und dann mit den Hinterbeinen auf, mit letzteren dann aber wieder ab, macht eine Art Katzenbuckel und führt mehrere Beckenstöße aus, die eine Erektion des dornenbewährten Penis sicherstellen und Suchbewegungen zur Einführung desselben in die Vulva darstellen. Dieser Vorgang dauert zwischen 1 und 3 Minuten; der darauf folgende eigentliche Sexualakt währt nicht länger als 5 bis 10 Sekunden. Während dieser Zeit führt der Kater den Penis ein, die Katze dreht sich gegen den Kater, es kommt zur Ejakulation, und der Kater zieht den Penis wieder zurück. Meist wird diese Verhaltenssequenz von der Kätzin abschließend damit beantwortet, daß sie dem Kater knapp nach dessen Abrollen einen Prankenhieb versetzt. Das Nachspiel dauert weniger als 1 Minute. Der Kater beleckt Penis und Vorderpfoten und sitzt neben der Katze, die ihrerseits ihre Genitalien säubert, um alsbald den Kater von neuem zu animieren.

Erfahrene Paare können den Paarungsvorgang bis zu zehnmal pro Stunde wiederholen.

Was Katzen absolut nicht haben, ist die Fähigkeit, ihre eigene Populationsdichte zu kontrollieren, deshalb ist es um so interessanter, daß trotz fehlender Geburtenregelung immer ein gewisses ökologisches Gleichgewicht zwischen den verfügbaren Nagetieren und dem Katzennachwuchs herrscht.

Wie bei vielen Tieren in zoologischen Gärten, so treten auch bei Stubenkatzen Änderungen der natürlichen jahreszeitlichen Sexualperiodik auf: Die Stubenkatze in der Großstadt wird viel häufiger rollig als eine freilebende Katze; besonders dann, wenn sie nie gedeckt wird oder ihr die Jungen sofort nach der Geburt abgenommen wurden.

Appetenzhandlungen aus dem Funktionskreis des Sexualverhaltens kommen auch als Ausdruck der Zuneigung außerhalb der Hitzeperiode zum Einsatz, und zwar gegenüber dem Menschen, mit dem die Katze besonders vertraut ist. Ihn behandelt Mieze wie einen Ersatzpartner: Sie wälzt sich vor ihm wie vor dem Kater und drückt mit dieser Instinkthandlung genau dasselbe aus, was sie dem Kater sagen will, nämlich liebende Werbung, Bedürfnis nach intensivem Kontakt.

Das häufig mißgedeutete Liebesgeschrei der Katzen, das viele Villenbesitzer vornehmlich im Frühjahr und im Herbst am Schlafen hindert, gehört ebenfalls in den Funktionskreis des Sexualverhaltens: Das vermeintliche „Liebesgeschrei" gilt aber nicht der Katze und ist auch gar kein Liebesgesang (jener ist nämlich leise und erinnert an das Gurren der Tauben), vielmehr gilt das lautstarke Getue eines Katers einem möglicherweise in der Nähe befindlichen Rivalen. Es soll ihn abschrecken und vertreiben und geht einem K a t e r k a m p f geraume Zeit voraus. Begegnen zwei Kontrahenden einander, dann schreien sie vorerst und stelzen in charakteristischer Drohhaltung mit schräg nach hinten ansteigender, gerader oder hyänenähnlich leicht gekrümmter Rückenlinie langsam und steifbeinig und mit steil aufgerichteten, auswärts gedrehten Ohren (daß deren Rückseite dem Gegner als spitzes, auf der Schmalseite stehendes Dreieck erscheint) aufeinander zu oder aneinander vorbei, wobei die Schwanzspitzen immer heftiger hin und her peitschen. Mit diesem I m p o n i e r g e h a b e will einer dem anderen Schrecken einjagen. Freilebende Kater, die einander zum ersten Mal begegnen, machen zwar einen Höllenlärm und pflegen sehr hart und erbarmungslos gegeneinander zu kämpfen, bei späteren Begegnungen gibt es aber nur selten neuerlich echte Kämpfe; auch dann nicht, wenn eine rollige Katze in der Nähe ist. In Katerkämpfen, die revierunabhängig ausgetragen werden, erwerben sich die Tiere zwar einen Rang innerhalb einer absoluten Rangordnung, aber dieser Rang verhilft dem siegreichen Liebhaber nicht immer dazu, tatsächlich erfolgreich die Gunst der Katzendame zu erringen. Diese nämlich sucht sich ihre Partner oft selber aus, und ihre Wahl fällt nicht immer auf den Sieger. Sie kann angeblich auch sogar einem untergeordneten Kater von einer Hitzeperiode bis zur anderen durchaus treu bleiben; vielleicht deshalb, weil das den dominanten Kater offenbar nicht immer zu stören scheint. Möglicherweise ist die Sexualordnung so aufgebaut, daß sie mehreren gesunden Männchen einer Umgebung die Möglichkeit zur Nachkommenschaft bietet, um Inzucht durch Begünstigung eines bestimmten dominanten Superliebhabers zu verhindern. (Diese Meinung teilen allerdings nicht alle Untersucher des Katzenverhaltens, und neueren Beobachtungsergebnissen zufolge existieren mehrere verschiedene Katerstrategien, um die Angebetete erfolgreich zu umwerben. Genaueres über derartige Feldbeobachtungen findet man in dem schon mehrmals erwähnten Buch von Turner und Bateson [1988], das aus zahlreichen verschiedenen Referaten zusammengesetzt ist, die 1986 beim internationalen Symposium über das Verhalten und die Ökologie der Hauskatze in Zürich gehalten wurden. Man findet darin vorwiegend Feldbeobachtungen an freilaufenden Katzen – in zahlreichen Teilen der Erde –, betreffend räumliche Organisation und Fortpflanzungsstrategien, Paarungsverhalten, Jagdverhalten und Nahrungsbevorzugung unter verschiedenen ökologischen Bedingungen, sowie neueste Beobachtungen über das Sozialleben der Katze, die Verhaltensentwicklung der Katze und wissenschaftliche Ansätze zum Studium individueller Verhaltensunterschiede unter Katzen; ein Buch, das einen umfassenden Überblick über den heutigen Stand der Katzenforschung zu vermitteln geeignet ist und zusätzlich zu dem schon zu Anfang dieses Kapitels genannten Buch Leyhausens [1982] zur weiteren Wissensvertiefung, insbesondere in diversen Detailfragen des „Normalverhaltens“, jedem Leser bestens empfohlen werden kann.)

Kommt es zum ernsten Katerkampf, dann kann es mitunter sehr gefährlich zugehen. Der Unterlegene hat nur die Möglichkeit, sich der blutigen Wahlstatt durch schleunigste Flucht zu entziehen, denn eine zubißhemmende „Demutgeste“, wie beim Wolf und Hund, gibt es nicht. Das regungslose Sitzenbleiben in Abwehrstellung hilft in dieser Situation nicht viel. Gibt der Unterlegene aber Fersengeld, dann kann er meist sicher sein, daß der Sieger ihn nicht, wie bei einem Revierverteidigungskampf, verfolgt. Der Umschwung vom Angreifer zum Unterlegenen ist für entfernte Beobachter an der Stellung der Ohren erkenntlich: Als Angreifer hat der Kater die Ohren steil aufgerichtet, packt ihn aber die Angst, dann zieht er sie weit zurück und seitlich breit auseinander (in höchster Abwehrstimmung sind sie von vorne gar nicht mehr sichtbar). Von da bis zur raschen Flucht dauert es nicht lang. Der Sieger droht dann noch eine Weile und beschnuppert den Boden („Übersprungschnuppern").

Freilich vollzieht sich ein Katerkampf nicht so schnell, wie in diesen wenigen Zeilen oberflächlich erwähnt. Die Opponenten fixieren sich mit den Augen (die Pupillen sind dabei verengt), und der Kopf wird dabei in einem bestimmten Winkel schief gehalten. Beide Opponenten heulen in auf- und abwärtsgehendem Ton, und wenn ein Angriff erfolgt, steigert sich das Geheul plötzlich zu einem Schrei mit hohem Ton. Der Angreifer versucht einen Biß in den Nacken des Opponenten, aber der Verteidiger wehrt sich dagegen, indem er sich auf den Rücken wirft und den Angreifer mit allen vier Beinen und offenem Maul abzuwehren versucht. Die Katzen können für einige Sekunden hin und her rollen, um sich dann zu trennen und den Prozeß wieder von vorne beginnen zu lassen; vornehmlich mit Drohungen auf kurze Distanz. In jedem Stadium kann jeder der Teilnehmer aber auch den Kampf abbrechen, indem er sich mit typischen, langsamen und steifen Bewegungen entfernt oder indem sich das unterlegene Tier durch sofortige Flucht mit voller Geschwindigkeit jeder weiteren Konfrontation entzieht.

Für gewöhnlich meidet ein untergeordneter Kater einen dominanten Rivalen. Bei unvorhergesehenen Begegnungen, bei denen ein Ausweichen nicht mehr möglich ist, zeigt er typische D e f e n s i v h a l t u n g , wie Kriechen, den Nacken durch Einziehen des Kopfes schützen, Ohren-Anlegen, Fauchen und Pranken-Schlagen mit den Vorderpfoten, wenn der Angreifer zu nahe kommt. Wenn möglich versucht das in die Defensive gedrängte Tier, in die Höhe zu flüchten, etwa auf einen Baum. (Genauso, wie eine Katze sich vor einem verfolgenden Hund zu retten versucht.) Ernste aggressive Interaktionen zwischen erwachsenen Katern treten fast ausschließlich während der Paarungszeit auf. Nicht jede Begegnung zweier Konkurrenten muß zu echten Kampfhandlungen führen; in den weitaus häufigeren Fällen bleibt es bei mehr oder weniger mildem offensiven Drohen aus gewissem Abstand.

Unter weiblichen Katzen sind ernsthafte aggressive Interaktionen gewöhnlich viel seltener und in milderer Form zu beobachten; mit Ausnahme von Weibchen, die Katzenwelpen verteidigen, und solchen, die eine ins Heim erster Ordnung eingedrungene, völlig fremde Katze zu verjagen suchen. Begegnungen zwischen einander nicht völlig fremden Weibchen außerhalb des Heimes erster Ordnung und solche zwischen erwachsenen und jungen Katzen führen, wenn sie aggressi-

Katzenkampf in vollem Gange: Das vordere Tier zeigt Abwehrdrohen, die Katze dahinter Hochabwehr. Das ist eine besonders unerbittliche Kampfesweise, die bei Revier- und Jungenverteidigung häufig zu sehen ist.

ver Art sind, gewöhnlich nur zu mildem defensivem Drohen in Form von Fauchen oder Knurren mit angelegten Ohren. Gelegentlich setzt es auch einmal einen Prankenhieb.

Flucht- und Feindmeideverhalten, mit anderen Worten die Manifestation des Selbsterhaltungstriebes, wird bei Katzen ebenfalls von den Möglichkeiten der angeborenen Verhaltensausstattung repräsentiert. Eine Katze ist zwar nicht feige, trotzdem flieht sie aber vor eindeutig überlegenen Gegnern. Fühlt sie sich in die Enge getrieben, so ist sie auch bereit, sich den Fluchtweg durch blitzschnelle Scheinangriffe zu erzwingen. Das ist der Fall, wenn der Feind zu nahe kommt und die sogenannte kritische Distanz der Katze unterschritten wird. Sie verhält sich dann nicht anders als ein Löwe oder Tiger, der sich in die Enge getrieben fühlt.

Die schon beschriebene, ambivalente Haltung des Katzenbuckels − Vorderteil fluchtbereit zurückgezogen bei sprungbereitem Hinterteil − gehört ebenfalls in

Der Ausdruck höchster Angst.

diesen Funktionskreis, ist also eigentlich eine von verschiedenen Variationen des Abwehrverhaltens; eine andere, eindeutigere liegt dann vor, wenn sich eine Katze auf den Rücken rollt, um die Krallen aller vier Pfoten und das zubißbereit geöffnete Raubtiergebiß gleichzeitig zur Verfügung zu haben; dann ist sie in eine Extremsituation gekommen. Als Tierarzt hat man leider damit gelegentlich seine liebe Not. Auch jegliche Form des Pranken-Schlagens ist als Zeichen von Abwehr zu deuten, selbst wenn es in einer Angriffssituation auftritt, wie z. B. bei der Heim- und Jungenverteidigung.

Wenn eine Katze flieht, dann macht sie das gewöhnlich viel weniger raumgreifend als beispielsweise das Laufraubtier Hund. Merkt die Katze, daß sie nicht weiter verfolgt wird, dann zieht sie sich auf einen relativ nahe gelegenen, erhöhten Beobachtungsposten oder in einen dunklen Schlupfwinkel zurück. Dort wartet sie in Ruhe ab, was weiter geschieht. Eine auf diese Eigentümlichkeiten abgestimmte Taktik, eine entlaufene Katze wieder einzufangen, wurde schon in Kapi-

146

tel 1 beschrieben. Das dort Dargestellte ergänzend sei lediglich noch besonders darauf hingewiesen, daß man hastige Bewegungen und jedes Blick-Fixieren unter allen Umständen vermeiden sollte, denn direktes Anblicken faßt eine Katze immer als Bedrohung auf. Wäre eine Maus imstande, die Katze direkt anzustarren und geradewegs auf sie zuzugehen – wie das Nestjunge-verteidigende Muttertiere manchmal tatsächlich tun –, dann könnte sie so manche Katze in die Flucht treiben!

Durch starres Anblicken, ohne näher zu kommen, kann man bei katzenartigen Raubtieren aggressive Vorhaben hemmen oder verhindern. (Allerdings nur dann, wenn man von einem solchen Tier nicht als Sexualrivale betrachtet wird.) Dieses fixierende Anblicken ist ja auch bekanntlich einer der großen „Tricks" der Raubtierdompteure. (Neben geschickt gehandhabter, wahlweiser Überschreitung von Flucht- und Wehrdistanz mittels Stock, Peitschenstiel oder anderen Gegenständen. Näheres hierüber siehe in den Büchern von Hediger, G. Weiß, Kleemann.)

Als echter Hauptinstinkt hat das Fluchtverhalten auch eine zugehörige Appetenz. Das kann man beobachten, wenn Katzen aus sicherer Entfernung einen Hund geradezu provozieren, sodaß dieser deren Verfolgung aufnimmt, bzw. der Katze dadurch die zum Flüchten-Können notwendigen Schlüsselreize geboten werden. Im Gegensatz zu vorwiegend als Stubenkatze lebenden Tieren dürfte es jedoch bei in Gärten von Villenvierteln freilaufenden Katzen nur selten zu unerträglichen Fluchttriebsstauungen kommen, da Kinder, herumlaufende Hunde und nicht zuletzt der Großstadtverkehr oft genug Fluchtverhalten bei Katzen auslösen, meint Leyhausen. Nach Untersuchungsergebnissen von Spurway können unter den Bedingungen der Großstadt Katze und Hund eine Art Symbioseverhältnis hinsichtlich gegenseitiger Triebabreaktion entwickeln: Der Hund reagiert an der Katze seinen aufgestauten Jagdtrieb und die Katze dadurch an ihm ihren ebenfalls aufgestauten Fluchttrieb ab. Vielen Haltern von Stubenkatzen ist überdies bekannt, daß ihr Pflegling sich gar nicht so selten so verhält, daß man den Eindruck hat, er wolle zum Nachlaufen, zu einem Verfolgungsspiel richtiggehend animieren. Es scheint also bei Katzen offensichtlich ein echtes Bedürfnis danach zu bestehen, von Zeit zu Zeit flüchten und ein Versteck aufsuchen zu können.

Die Trächtigkeitsdauer liegt bei Katzen im Durchschnitt zwischen 63 und 65 Tagen, in seltenen Fällen darunter oder darüber. Sie scheint von individueller Veranlagung, von der Rasse und von der Früchteanzahl und -größe abhängig zu sein.

Während der Trächtigkeit verändern die Katzen ihr Verhalten nicht wesentlich, manche werden etwas ruhiger und unnahbarer. Die Milch kann schon einen Tag vor der Geburt im Gesäuge vorhanden sein. Tagelang vor der Geburt sucht manche Katze nach einem geeigneten Wurflager. Dunkle, ruhige und leicht zu bewachende Örtlichkeiten werden bevorzugt. Ein vom Besitzer hergerichtetes Wurflager wird nicht immer angenommen; hingegen scheint dessen Bett mancher Katze als viel geeigneter. Beobachtungen an freilebenden Wildkatzen haben ergeben, daß die Katze kein Nestmaterial zum Wurfplatz trägt, sondern auf dem blanken Untergrund wirft, der sich im Gegensatz zu hundeartigen Raubtieren niemals unter der Erde befindet.

Im Haus gehaltene Katzen suchen manchmal vor und während der Geburt vermehrten Kontakt zum Besitzer. Die G e b u r t einer Katze kann manchmal lange dauern: Noch 1 bis 2 Tage nach einer scheinbar abgeschlossenen Geburt kann ein Spätling lebend oder tot zur Welt kommen. Den Geburtsbeginn kann man daran erkennen, daß die Katze unruhig wird, hechelt und sich vermehrt die äußere Genitalöffnung beleckt. Bei den ersten sichtbaren Wehen liegt die Katze meist in Seitenlage. Kurz vor der Austreibung des ersten Jungen geht die Katze in eine Hockstellung über, die der Stellung beim Kotabsatz ähnlich sieht. Der zeitliche Abstand zwischen der Austreibung der einzelnen Wurfgeschwister beträgt im Durchschnitt etwa ½ Stunde, oft aber auch länger. Während oder zwischen den Austreibungen dreht sich die Katze öfters im Kreis. Im Augenblick der vollständigen Austreibung der Frucht dreht sich die Katze sofort um, um an deren Kopf die Fruchthüllen zu öffnen, die Nase von Fruchtwasser sauber zu lecken und die abgelösten Eihäute aufzufressen. Die Katze zieht die Jungen nicht, wie es bei der Hündin der Fall ist, aus dem Geburtskanal heraus. Mit den Schneidezähnen erfaßt sie die Nabelschnur und zieht daran, von Wehen unterstützt, die Nachgeburt aus dem Geburtskanal heraus, um sie zu fressen. Sie durchbeißt die Nabelschnur in etwa einer Entfernung von 3 bis 5 Zentimeter von der Bauchdecke des Neugeborenen. Bei erstgebärenden Katzen kann es jedoch vorkommen, daß dieser Abstand nicht eingehalten wird, sondern daß ein Welpe teilweise oder vollständig aufgefressen wird. Normalerweise wird das Fruchtwasser sowohl vor wie auch nach der Geburt aufgeleckt. Nachdem alle Feten ausgetrieben sind, werden sie vom Muttertier noch einmal ausgiebig beleckt und dadurch am ganzen Körper getrocknet.

Die Milchsekretion setzt zumeist während der Geburt oder alsbald nachher ein, besonders wenn die Suchbewegungen der Welpen das Gesäuge stimulieren.

Die Verhaltensweisen bei der Geburt sind schon bei Wildkatzen sehr variabel, noch unterschiedlicher können sie bei Hauskatzen sein. Bei Rassekatzen treten besonders häufig Ausfälle einzelner Instinkthandlungen auf: So kann das Herausziehen der Nachgeburt unterlassen werden, die Geburt kann von starker Unruhe begleitet sein (dies insbesondere bei erstgebärenden Hauskatzen und bei manchen Siam- und Perserkatzen); das Öffnen der Eihäute und das kunstgerechte Abnabeln wird bei Edelrassekatzen ebenfalls besonders häufig unterlassen, sodaß ohne menschliche Hilfe die Neugeborenen zugrunde gehen würden; auch die Nachgeburt wird nicht mehr gefressen.

Die ersten Tage nach der Geburt stehen gänzlich im Dienste des M u t t e r v e r - h a l t e n s : Eine gute Mutterkatze wird ihr Augenmerk fast ausschließlich den Jungen zuwenden. Das Wurflager wird nur für kurze Zeit zum Essen und Trinken sowie zur Körperausscheidung verlassen. Im Nest wieder angekommen, läßt sie sich seitlich nieder, die Bauchseite den Jungen zugewandt, die Jungen schützend in Form eines U mit den Vorder- und Hinterpfoten umschließend. Sie achtet sorgsam darauf, sich auf keines der Jungtiere zu legen, und fährt sofort hoch, wenn ihr das doch einmal passiert und ein Junges schreit. Sie kann die Jungen durch Lecken und leichtes Stupsen zu den Zitzen geleiten und zum Saugen animieren. (Die ersten 20 Tage geht die Initiative zum Säugen von der Mutterkatze aus, vom 20. bis 30. Tag sowohl von dieser als auch von den Jungen, dann nur mehr von letzteren.) Immer wieder werden die Jungen von der Mutter am ganzen Körper abgeleckt und intensiv beschnuppert, insbesondere in der Bauch- und Aftergegend, wodurch Harn- und Kotabgabe angeregt werden. Die Exkremente der Kleinen werden von ihr anfangs sofort aufgefressen, später weit entfernt außerhalb des Nestbereiches deponiert. Ist ein Jungtier vom Nest abseits gekommen, dann schreit es und wird auf diesen akustischen Reiz hin von der Mutter „eingetragen", wozu es mit den Zähnen am Nacken erfaßt wird. Fühlt sich eine Katzenmutter am Nest gestört, dann trägt sie die Jungen an einen anderen Platz („Verschleppen").

Eine gute Mutterkatze verteidigt selbstverständlich auch die im Nest befindlichen Jungen gegen die Annäherung fremder Artgenossen, gegen Hunde und andere Tiere sowie − sehr selten − auch gegen den Menschen. (Allerdings erst, nachdem die Kleinen das erste Mal getrunken haben.)

Alle diese Verhaltensweisen, die von normalen Hauskatzen vollständig und instinktsicher ausgeführt werden, können bei Siam-, Perser- und anderen Edelrassekatzen auch fehlen oder unvollständig ausgeführt werden. So geschieht z. B. das Niederlegen oft viel unvorsichtiger, und selbst wenn ein Junges schreit, weil

Das Junge wird von der Mutter „eingetragen".

das Körpergewicht des Muttertieres auf ihm lastet, wird nicht hochgefahren, so-daß das Kind den Erstickungstod erleidet. Das Belecken der Kleinen kann man-gelhaft oder auch übertrieben ausgeführt werden, das Eintragen eines schreien-den, vom Nest abgekommenen Jungtieres kann unterlassen werden (obwohl der Tragegriff beherrscht zu werden scheint, denn die gleiche Mutter kann durchaus in der Lage sein, im Falle von Störungen alle Jungen in ein ihr geeigneter erschei-nendes Nest umzuquartieren). Auch die Tendenz zur Nestverteidigung kann ex-trem vermindert sein oder gänzlich fehlen — wie aus einer sehr sorgfältigen, ver-gleichenden Untersuchung von E. Zimmermann zu entnehmen ist und auch eige-nen Erfahrungen entspricht.

Die Intensivbetreuung der Jungen durch die Mutter dauert etwa 3 Wochen lang und nimmt in den ersten Tagen etwa 70 % ihrer Zeit in Anspruch. Zeitaufwendig ist insbesondere das Säugen, da die Jungen ja nicht alle gleichzeitig trinken und zwischendurch auch immer wieder in Schlaf verfallen. Das Nest wird von einer

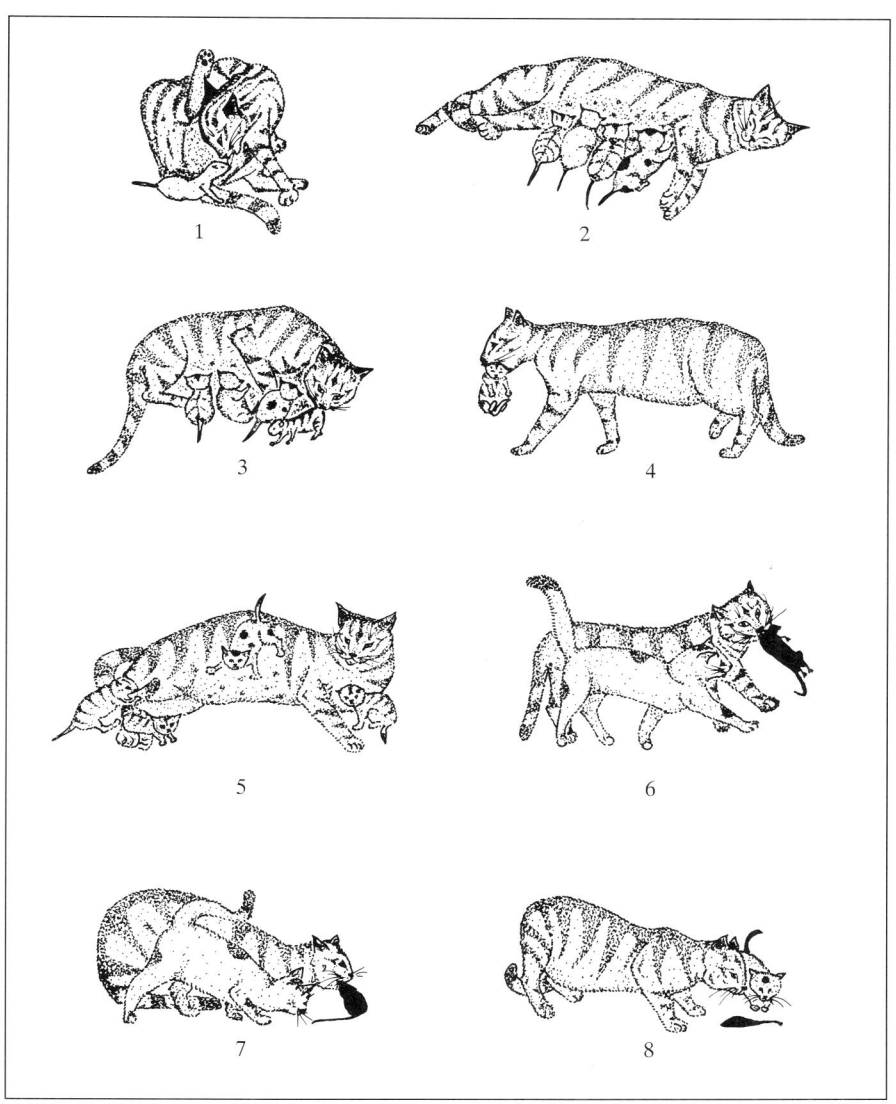

Aus dem Mutter-Kind- und Kind-Mutter-Verhalten:
1 Neugeborenes wird trockengeleckt; 2 das Säugen und 3 Putzen der Jungen; 4 Zurückschleppen ins Nest; 5 Spiel mit den Kindern; 6 und 7 Futter-Abbetteln. 8 Lebende Beute wird präsentiert.

guten Mutter kaum länger als 1 Stunde verlassen, und auch in dieser Zeit gehört ein Teil ihrer Aufmerksamkeit den Kleinen.

Sobald die Kleinen sehen können, beginnen sie, eine gewisse Unabhängigkeit zu entwickeln, wodurch sich auch das Verhalten des Muttertieres ändert. Während der 3. und 4. Lebenswoche versuchen die Kleinen tollpatschig, ihrer Mutter nachzufolgen, wenn sie das Nest verläßt, was nun immer häufiger und länger der Fall ist. Um diese Zeit herum kann man auch häufig beobachten, daß die Mutter die Kleinen an einen neuen Nestplatz umquartiert, auch dann, wenn am ehemaligen Wurflager keine Störungen stattfinden. (Dabei können die Kleinen über beachtliche Hindernisse und Entfernungen geschleppt werden.) Die nun schon größeren Katzenwelpen überfallen ihre Mutter regelrecht zum Saugen, wenn sie sich dem Nest nähert. Sie läßt sich nun auch häufiger neben dem Nest statt in demselben nieder, und die Kleinen sind nun auch imstande, an der sitzenden und stehenden Mutter zu trinken.

Mütter großer Würfe ziehen sich häufig auf einen hochgelegenen Aussichtsposten zurück, um zeitweilig Ruhe vor den Kleinen zu haben und sie trotzdem im Auge behalten zu können.

Während bei den wildlebenden Verwandten unserer Hauskatze die Muttertiere bereits nach der 2. Lebenswoche damit beginnen, ihre Jungen schrittweise auch an feste Nahrung zu gewöhnen, tragen Hauskatzenmütter Fleischstückchen und tote Beutetiere selten vor der 4. Woche ins Nest. Doch die eigentliche Entwöhnung geschieht schrittweise erst später. In der 6. bis 8. (bei wildlebenden Hauskatzen auch schon in der 4. bis 5.) Lebenswoche werden, wenn die Mutter eine gute Mäusefängerin ist, den Kleinen auch lebende Mäuse präsentiert.

Nun zum e t - e p i m e l e t i s c h e n V e r h a l t e n und zum zwischengeschwisterlichen Verhalten speziell: Die Jungen werden blind und taub geboren. Die einzigen Sinne, die funktionieren, sind der Tastsinn, der Gleichgewichtssinn, ein Wärme- und Kälteempfindungsvermögen sowie der Geruchssinn. Sobald das Neugeborene trockengeleckt ist, versucht es durch vertikales Nasen-Stoßen, eine der mütterlichen Zitzen zu finden. Der Auslöser für das Saugen ist das Merkmal „nackte Hautstelle im Fell". Das Saugen der Neugeborenen setzt gewöhnlich etwa ½ bis 1 Stunde nach der Geburt ein. Der Geruchssinn spielt zum Auffinden und beim Wiedererkennen der individuell bevorzugten Zitze eine wesentliche Rolle. Auch den Mutter- und Nestgeruch prägen sich die Kleinen von Anfang an ein. Wird er schwächer, so reagieren sie mit Geschrei und horizontalen, pendelnden Kopfbewegungen (Suchautomatismus), bis der Kontakt wiederhergestellt ist. Während des Saugens treteln die Welpen mit den Vorderpfoten alternierend gegen den Bauch der Mutter, besonders zu Beginn des Saugens oder während Störungen („Milchtritt").

Zwei Junge, die an derselben Zitze trinken wollen, bekämpfen einander durch alternierendes Schlagen mit den Vorderpfoten und gegenseitiges Wegdrängen mit dem Kopf. Solche Zitzenkämpfe können auch von lautem Schreien begleitet sein. Die Tatsache, daß sich ein Welpe innerhalb der ersten Lebenstage eine bestimmte Zitze aussucht und diese als die seine verteidigt und bis gegen die 5. Lebenswoche hin beizubehalten trachtet, während er kaum an einer anderen saugt, bezeichnet man als „Zitzenpräferenz". Dieselbe Erscheinung kann man auch bei Schweinen beobachten. Sie ist, nach Untersuchungen E. Zimmermanns, bei der wilden Stammform der Hauskatze und bei gewöhnlichen Hauskatzen in 85 %, bei den von ihm untersuchten Edelrassekatzen (Persern, Siam) jedoch nur in 16 % der Fälle registrierbar. Für die schon im Kindesalter wesentlich aggressiveren wilden Verwandten zweifellos von biologischer Notwendigkeit: Da heftige Zitzenkämpfe bei strenger Zitzenkonstanz nicht neuerlich auftreten, sondern aufhören, sobald Ort und Reihenfolge des Saugens einmal festgelegt sind, wird gegenseitige Beschädigung der Kleinen untereinander dadurch weitgehend minimiert. Da bei den domestizierten Katzen die Aggressivität wesentlich verringert ist, spielt deren Nachlassen der Zitzenpräferenz keine Rolle (als etwaiger negativer Naturauslesefaktor).

Futteraggressivität unter den Geschwistern ist auch beim Fressen fester Nahrung zu beobachten: Knurren, Schlagen mit den Vorderpfoten, Fauchen, Wegtragen von Futterbrocken. Sie führt zur Ausbildung der schon erwähnten absoluten Rangordnung unter den Geschwistern. Auch hierbei werden bei den wilden Verwandten unserer Hauskatze die Kämpfe besonders aggressiv geführt, bei der Hauskatze milder, am mildesten gewöhnlich bei verschiedenen Edelrassekatzen. Unter Perserkatzen ist am Futter häufig keinerlei Aggression mehr zu beobachten.

Jungkatzen, die bei ihrer Mutter aufwachsen, verlassen etwa ab der 3. Lebenswoche kurzzeitig das vertraute Heim und versuchen ihre ersten kurzen Streifzüge. In der 4. Woche beginnen die intensiven Beziehungsspiele der Katzen, an denen sich auch die Mutter beteiligen kann. Von der 4. Lebenswoche an schaltet die Katzenmutter kräftig zurück: Sie beteiligt sich kaum mehr an den gemeinsamen Spielen und baut ab der 5. Lebenswoche auch ihre mütterliche Fürsorge merklich ab. All das trägt wesentlich zur Entwöhnung der Jungkatzen bei.

Schon früh hat man in Laborversuchen die Heranreifung junger Katzen exakt beobachtet: 6 bis 12 bis 14 Tage brauchen sie, um die Augen zu öffnen. Verliert ein Kätzchen in den ersten beiden Lebenswochen Kontakt mit Mutter oder Geschwistern, so kommt es außer zum Kopf-Pendeln zum sogenannten Kreis-Kriechen. Erst um den 22. Tag herum können sie gehen, am 23. beginnen sie mit der Fellpflege und am 28. Tag mit dem Klettern. Die ersten Spiele beginnen etwa im Alter von 3 Wochen. Sie bestehen aus Scheinangriffen auf Mutter und Geschwister — Vorformen des späteren Territorial- und Dominanzverhaltens. Mit etwa 4 Wochen können sie spielerisch ringen, mit den Vorderpfoten schlagen und den Hinterbeinen auskratzen. Der Jagdsprung reift selten vor der 5. Lebenswoche. In der 6. Lebenswoche beginnt das Ohrfeigenspiel, und die Kleinen können mit beachtlicher Zielsicherheit aufeinander zu springen. Ab der 8. Woche sieht man Fangspiel mit Gegenständen.

Unter all diesen Zeitangaben gibt es jedoch beachtliche rassebedingte Differenzen, wie man heute weiß. In allen motorischen Fähigkeiten sind Hauskatzen, und ganz besonders Edelrassekatzen, gegenüber Kindern der wilden Stammform spätreifer.

Isoliert und ohne Mutter aufgewachsene Kätzchen zeigen jedoch keine großen Unterschiede im Reifungsverhalten, sie erscheinen eher frühreifer. Infolge Frustration des Saugtriebes zeigen sie besonders ausgeprägt die Tendenz, einander gegenseitig an verschiedenen Körperstellen zu besaugen. Ferner unterscheiden sich Waisenkatzen deutlich von ihren umsorgten Artgenossen durch ihre Unruhe. Isoliert aufgezogene Katzen zeigen ein viel aktiveres, viel lauteres Verhalten. Es scheint so, als würden sie mit Vehemenz eine Quelle der Nahrung und Wärme suchen.

(Mit den Stadien der Reifung der einzelnen Verhaltensweisen und mit Prägungsvorgängen werden wir uns im nächsten Kapitel genauer befassen. Dann wird auch verständlich werden, warum man ein junges Kätzchen nicht vor der 10. bis 12. Lebenswoche von der Mutter wegnehmen und in einen neuen Haushalt einstellen sollte.)

Möglichst frühzeitig, nämlich sobald die Kleinen imstande sind, selbständig das Nest zu verlassen, sollte man ihnen bereits ein niedriges Katzenklo zur Verfügung stellen. Die Mutter wird durch ihr Beispiel sie zu diesem hinführen. Sobald die Kleinen nicht mehr ausschließlich von der Muttermilch leben — bereits von der 4. Woche an —, kann man ihnen breiiges und halbfestes Futter anbieten. Zu dieser Zeit frißt die Mutter nicht mehr Harn und Kot der Kleinen auf.

154

Manchmal wird der Fehler gemacht, Kätzchen zu früh von der Mutter abzusetzen. Die Nachteile für die Entwicklung der Kleinen sind dabei sehr groß. Kätzchen, die bereits im Alter von 2 Wochen von der Mutter weggenommen wurden, zeigten als Erwachsene zwar eine imponierende Betriebsamkeit, aber nicht die geringste Zielstrebigkeit. In neuen Situationen waren sie besonders ängstlich. In Vergleichsbeobachtungen mit normal aufgezogenen zeigten sie sich zwar als die Aggressivsten, aber auch als die am wenigsten Erfolgreichen. In einem Frustrationstest mit Futter zeigten solche Tiere sogar ein asthmaähnliches Atmungssyndrom.

Normalerweise ist es gar nicht so leicht, einer Katze ihre Jungen wegzunehmen. Solange die Kätzchen nicht fluchtfähig sind, verteidigt die Katzenmutter das Nest und dessen engere Umgebung verbissen. Wie viele Tiermütter hat auch die Katze während der Mutterschaft eine gesteigerte Aggressionsbereitschaft, in der sie es sogar mit überlegenen Gegnern aufnimmt – z. B. großen Hunden –, vor denen sie sonst fliehen würde. Sind die Kätzchen schon größer, dann schleudert die Katzenmutter vorerst mit Tatzenhieben, die von einem aggressiven Fauchen begleitet werden, die Jungen ins Nest zurück, um erst dann, wenn sie dort einigermaßen sicher sind, den Kampf mit dem Feind aufzunehmen. So lernen auch die Kleinen – anhand des Verhaltens der Mutter –, wer künftig als gefährlich zu betrachten ist. Denn ein Feindschema ist ihnen nicht angeboren. Außer durch eigene schlechte Erfahrungen können sie nur durch Mutters Warnverhalten erlernen, daß es auch Feinde gibt. (Versuchsweise von Geburt an bis zum Alter von 10 Monaten völlig isoliert aufgezogene Kätzchen reagierten jedoch auf viele andere Tiere, die man ihnen später präsentierte, nicht neugierig interessiert, wie dies junge unerfahrene Kätzchen täten, sondern vornehmlich feindlich und angriffslustig.)

Auch bei Katzen geht die schöne Kleinkindzeit rasch zu Ende. Bei großen Würfen versiegt die Milch der Mutterkatze etwa 6 bis 8 bis 10 Wochen nach der Geburt, und das Muttertier beginnt alsbald, die Jungen „abzuschlagen": Mit Tatzenhieben wird das nun lästige Drängen zur Milchquelle abgewehrt. Denn die Kleinen würden bis zum 12. Lebensmonat weiter saugen wollen. Hat Mieze aber nur ein einziges Jungtier, dann schlägt sie es nicht ab, weil dieses trotz der dann bereits vorhandenen großen, spitzen Zähne der Mutter nie so unangenehm wird wie ein ganzer Wurf.

Die kurze Lehrzeit der Kleinen bei der Mutter wird intensiv genützt. Erst dann, wenn die Katzenkinder sicher auf den Beinen sind, werden sie von der Mutter zu kurzen Ausflügen mitgenommen, und im Alter von etwa ½ Jahr, kurz vor Auflösung der Familie, werden die Halbwüchsigen auf die Jagd ins Revier mitgenommen.

Daß zum kunstgerechten Töten mit einem einzigen kräftigen Biß Lernakte notwendig sind, wurde schon erwähnt. Es liegt zwar, wie andere Instinktleistungen auch, latent als fertig vorprogrammierte Schaltung im Gehirn bereit, bedarf aber, um aus dem Dornröschenschlaf erstmalig erweckt zu werden, einer Zusatzerregung, die über die ansonsten nötigen Schlüsselreize hinausgeht: Kommt anfänglich die Mutterkatze mit einer bereits getöteten Maus zum Nest, um sie den Kindern zu zeigen, dann aber unter starkem Knurren selbst zu fressen, so bekommen etwa im Alter von 5 bis 6 Wochen die Kleinen zum ersten Mal lebende Beute vorgesetzt. Mutter läßt das Mäuslein laufen und fängt es wieder. Dies geschieht so lange, bis die Katzenkinder im Eifer der Konkurrenzsituation fester zubeißen, als sie es bislang beim Beute-Haschen taten. Und damit ist es passiert! Von jetzt an können die Jungkatzen töten. Die Mutter weiß auch, was man Raubtierkindern zumuten kann: anfangs lediglich eine Maus, niemals eine noch nicht tote Ratte. Der unterschiedliche Mäuse- und Rattenruf der Mutter wurde schon erwähnt.

Geschwister, auch wenn sie unverträglich sind, vertragen sich immer noch besser als bunt zusammengewürfelte Katzengesellschaften. Mütterliche Handlungen kann man manchmal auch zwischen Bruder und Schwester beobachten. Sogar zwischen Hunden und Katzen gibt es sie. (Vorausgesetzt, daß sie gemeinsam in menschlicher Obhut großgezogen wurden.) Freilich werden solche Handlungen auch von bereits erwachten Teilhandlungen des Sexualinstinktes überlagert.

Hauskatzen, besonders wenn sie in menschlicher Nähe aufgewachsen sind, bleiben viel länger kindlich und spielfreudig als Wildkatzenkinder. Die Jungtiere wildlebender Kleinkatzenarten werden infolge beträchtlicher Aggressivitätszunahme allmählich so unverträglich, daß sie mit 4 ½ Monaten bereits auf sich allein gestellt sind und alles, was sie bis dahin im Spiel gelernt haben, nun nur mehr als Ernstfall praktizieren.

Nach Ansicht vieler Zoofachleute finden sich Katzen und Kater nur für die Paarung zusammen, und die Jungenaufzucht ist allein Sache der Mutterkatze. Dieser Ansicht stehen jedoch Beobachtungen entgegen, denen zufolge die Väter sich nicht nur nicht als Kannibalen verhielten, sondern an der Aufzucht aktiv teilnahmen, indem sie Fleischbrocken zum Nest brachten, in dem sich das säugende Muttertier befand, und sie dort mit Locklauten deponierten. Dies konnte sogar vereinzelt bei Wildkatzen beobachtet werden.

156

Jugendliche Kater zeigen gegenüber erwachsenen nie Kampfbereitschaft oder ernstes Imponiergehabe. Sie genießen etwa 1 Jahr lang sozusagen „Narrenfreiheit": Erwachsene Kater nehmen die jungen auch dann nicht ernst, wenn sie sich wirklich einmal wie Halbstarke gebärden. Es kommt aber vor, daß junge Kater Andeutungen weiblicher Unterwürfigkeit, Schwänzchen-Heben zur Begrüßung − wie Weibchen während der Hochbrunst − und einige andere et-epimeletische Auslöser zeigen; denn weibliche und kindliche Verhaltensweisen erfüllen bei erwachsenen Tieren oft die Funktion der Besänftigung.

An S p i e l f o r m e n unterscheidet man bei Katzen:

A) *Auf den Sozialpartner bezogene Spielformen*

Das sind Verhaltensweisen, die den Partner zum Spiel auffordern und deshalb auf ihn gerichtet sind, wie spielerisches Hinwerfen, Spielwälzen, Spielschleichen, Spiellauern, Losspringen, spielerisches Anlaufen, sogenannte Hochabwehr, plötzliches Losrennen, Verfolgungsaufforderung mit getragenem Objekt; sowie Kontaktspiele, wie spielerisches Pfoten-Schlagen, Spielbeißen, Pfoten-Stemmen, Spieltreteln, Stemmbeißen, gegenseitiges Umklammern, Aneinander-Hochgehen, spielerisches Umwerfen, Überrollen, Herumschleudern des Hinterkörpers, Auf-die-Seite-Werfen, Umstoßen, Burgverteidigungsspiel; und Spiele mit aggressiver Tendenz, bei denen Drohmimik − jedoch unter Rollenwechsel − beobachtbar ist, wie Drohen, der bekannte Katzenbuckel mit Breitseitvorgehen, Umkreisen, Vorstoßen, Heben der Vorderpfote und Schläge in Richtung des Gegners, Sich-fallen-Lassen als extremes Abwehrspiel, Abrollen; ferner Rennspiele, wie Verfolgungslauf, Hochspringen im Lauf, spielerisches Rücken-Beißen, Einander-Überspringen, Überschlagen, Luftsprung, Prallsprung; und Sexualspiele, bei denen beide Geschlechter die Rolle des Katers oder die der Katze übernehmen können. Zur ersten Rolle gehören Nackenbiß, Übertreten, Beckenstöße, zur zweiten Begattungsstellung und Treteln.

B) *Solitärspiele bzw. Objektspiele*

(Als Objekte kommen die unterschiedlichsten Gegenstände, wie Papier- oder Wollknäuel, tote oder lebende Beutetiere oder deren Fellattrappen, Schachteln und selbst der Schwanz der Mutter, in Betracht.) Man sieht alle Fanghandlungen, wie Spielschleichen, Spiellauern, Losspringen, jedoch nicht auf einen Partner, sondern auf das Symbol-Beuteobjekt gerichtet: spielerisches Pfoten-Schlagen, Haschespiel, Spielbeißen, Umhertragen, spielerisches Rupfen und Wegschleudern, Rückwärtsgehen, Vorne-Hochspringen mit dem Ob-

Partnerbezogenes Spiel der Jungen.

jekt im Rachen, Spielwerfen, Fangballspiel, Umklammern und Auf-die-Seite-Werfen, Stemmbeißen, Überrollen, spielerisches Unterkriechen unter Decken, Pappschachteln und dergleichen sowie Spielangeln mit den gestreckten Vorderpfoten unter Möbelstücke, in Spalten und Löcher.

Auch das früher schon beschriebene, sogenannte „Stauungsspiel", das man besonders bei Katzen beobachten kann, die schon lange kein lebendes Beutetier fangen konnten, und das wie Tanz anmutende „Erleichterungsspiel", das im Anschluß an das Töten großer, gefährlicher Beutetiere auftritt, wären hier einzuordnen, obwohl sie in dieser Form bei Katzenkindern noch nicht vorkommen.

Die verschiedenen Spielweisen reifen in der Kindheit nicht alle gleichzeitig, werden aber ab einem Alter von etwa 5 Wochen nahezu alle beherrscht. Von der 6. Lebenswoche an sieht man auch Jagdsprung, Vogelfang und Fischschaufelbewegung der Vorderpfoten. Der Vogelfang kann leicht durch eine baumelnde Schnur oder ein vorbeiflatterndes Insekt ausgelöst werden. Sexualspiele treten gewöhnlich erst nach dem 53. Tag auf.

Die Bevorzugung der einzelnen Spielhandlungen ändert sich mit dem Alter. Ab dem 5. bis 6. Lebensmonat lassen Häufigkeit und Dauer des Spielens bei Katzen nach, viele Handlungen des Kontaktspieles verschwinden völlig. Doch sind auch bei erwachsenen Haus- und Rassekatzen noch verschiedene Spielformen zu beobachten, während bei adulten Wildkatzen jegliches Spielen, mit Ausnahme der Objektspiele, völlig zu verschwinden scheint.

(Für Spiel ist nach Meyer-Holzapfel folgendes kennzeichnend: Dem Spiel fehlt der spezifische Ernstbezug. Die gesetzmäßige Reihenfolge der Appetenz- und Instinktendhandlungen ist im Spiel aufgelöst. Das Spiel tritt nur in Aktion, solange keine echte Instinkthandlung aktiviert ist. Das Spiel hat kein außerhalb liegendes Ziel. Das Spiel ist oft wiederholbar. Das Spiel ist objektbezogen. Im Spiel bleiben die sozialen Hemmungen erhalten. Zum Spiel gehört meist ein der Neugier entsprechendes Ausprobieren. Das Spiel ist lustbetont. Insbesondere die beliebige Wiederholbarkeit der Spielhandlungen ist eines der wesentlichsten Kennzeichen des Spiels und auch der Umstand, daß Instinkthandlungen aus den verschiedensten Funktionskreisen durcheinandergemischt auftreten. Den biologischen Sinn des Spielens erblickt man in einem Einüben angeborener Bewegungsformen, also im Körpertraining und der Möglichkeit zu latentem Lernen und sozialer Anpassung. Viele Fragen sind noch offen.)

Zum Schluß dieses Kapitels seien einige der Besonderheiten des Katzenverhaltens kurz zusammengefaßt:

Ausgezeichnet ist das Hörvermögen der Katze. Sie kann nicht nur präzise richtungshören, sondern sich auch „akustische Bilder" ihrer Umgebung einprägen. Im Ultraschallbereich erstreckt sich ihr Wahrnehmungsvermögen bis zu Frequenzen von etwa 50.000 bis 60.000 Schwingungen pro Sekunde. Ihr Farbsehvermögen ist zwar wesentlich schlechter ausgebildet als das des Menschen, dafür sieht sie aber wesentlich besser in der Dämmerung. Auch der Geruchssinn ist, wie bei den meisten Säugetieren, wesentlich schärfer als der menschliche.

Etwa 65 % ihrer Zeit verbringt die Katze ruhend. Man unterscheidet den 20- bis 30minütigen leichten Schlaf und den 6 bis 7 Minuten dauernden Tiefschlaf mit völliger Muskelrelaxation. Geschlafen wird täglich nicht in einem Zug, sondern in zahlreichen kurzen Nickerchen über den Tag verteilt.

Die Körperpflege kann 30 bis 50 % der Wachzeit der Katze in Anspruch nehmen und erfolgt besonders nach den Mahlzeiten und vor den Ruheperioden. Neben der Reinigung des eigenen Körpers tritt Putzverhalten auch bei Katzen untereinander sowie zwischen Kätzin und Jungen auf.

Von der wilden Stammform her eigentlich Einzelgänger, vermeidet die erwachsene Katze ein Zusammentreffen mit fremden Artgenossen, außer während der Sexualperioden und der Jungenaufzucht. Um ökologischer Vorteile willen können jedoch Jungtiere, insbesondere weibliche, die gemeinsam im gleichen Haushalt aufgewachsen sind, zeitlebens beisammen bleiben und dann ein gemeinsames „Home-Range" bewohnen, das gegen Ortsfremde verteidigt wird. Katzen können verschiedenartige, komplizierte, einander überlagernde Sozialsysteme ausbilden. Sowohl wildlebende wie auch Hauskatzen zeigen ausgeprägtes Revierverhalten. Die Größenunterschiede der Reviere können je nach Nahrungsangebot beträchtlich sein. Die einander überlappenden Streifreviere der männlichen Tiere sind größer als die Nahrungsreviere der weiblichen; ihre jeweiligen Größen sind von der Anzahl der darin vorkommenden Weibchen und anderen Faktoren abhängig.

Während im Heim erster und zweiter Ordnung Katzen ihre Exkremente vergraben, wird an markanten Örtlichkeiten des Streifgebietes Kot und Harn an deutlich sichtbaren Stellen zu Markierungszwecken abgesetzt. Zur Markierung wird auch Analbeutelsekret und besonders Harn verwendet, der insbesondere von Katern zielgerichtet auf senkrechte Flächen gespritzt werden kann. Außerdem kann die Katze mit Hilfe von Duftdrüsen im Bereich der Stirn, des Kinns, der Lippen und der Oberseite der Schwanzwurzel Geruchsmarkierungen setzen, die jedoch dem Menschen nicht wahrnehmbar sind. Optisch wahrnehmbare Zeichen hinterläßt das Kratzen an Bäumen, eine Handlungsweise, die in Anwesenheit eines Partners auch gerichtet als Ausdrucksverhalten zum Einsatz gelangt. Weitere visuell wahrnehmbare soziale Auslöser entstehen durch charakteristische Ohrenstellungen, Gesichtsmuskelveränderungen, Schwanzhaltungen sowie situationstypische Körperstellungen. An Grundhaltungen lassen sich besonders deutlich offensives Drohen, defensives Drohen und eine passive, geduckte Haltung unterscheiden. Eine Vielzahl von Lautäußerungen dient der vokalen Kommunikation.

Im Alter von 3 ½ bis 9 Monaten tritt die Geschlechtsreife ein; bei Weibchen früher als beim Kater. Die Kätzin wird gewöhnlich im Vorfrühling und im Frühsommer rollig, und zwar mehrmals hintereinander, sofern sie nicht gedeckt wird. Die Ovulation wird erst durch das Einführen des Penis ausgelöst. Während der Brunst zeigt die Kätzin charakteristische Verhaltensweisen.

Die Tragezeit dauert 63 bis 65 Tage. Für die Aufzucht der Jungen sorgt die Kätzin. Ab einem Alter von etwa 5 Wochen werden die Jungen schrittweise entwöhnt, ein Prozeß, der etwa 2 Wochen später mehr oder weniger abgeschlossen ist.

4 Altersabhängige Verhaltensänderungen, Verhaltensreifung, Reifungsverzögerung

Die verschiedenen artcharakteristischen Verhaltensbereitschaften eines Tieres und besonders die feineren rasseabhängigen und individuellen Variationen des arttypischen Verhaltens sind außer vom Erbgut und mannigfachen Umwelteinflüssen (persönlichen, insbesondere frühkindlichen Erfahrungen) auch vom Alter eines Lebewesens abhängig. Das merkt man besonders deutlich in der frühen Jugend und im hohen Alter. Es gibt Verhaltensweisen, die nur in der Jugend auftreten, wie z. B. das Saugen, das kriechende Suchpendeln, Spielaktivität und Bevorzugung bestimmter Spielhandlungen, und solche, die nur beim erwachsenen Tier vorübergehend (und periodisch wiederkehrend) zu beobachten sind, wie z. B. Instinkthandlungen des Sexualfunktionskreises und der mütterlichen Fürsorge. Von typischen Charakteristika des hohen Lebensalters sind die Folgen des Nachlassens der Leistungsfähigkeit der Sinnesorgane und Muskelkraft sowie ein Nachlassen der allgemeinen Aktivität am bekanntesten.

Der Begriff des Lebens ist nicht statisch; er schließt Entwicklung, Reifung, Entfaltung und Abbau mit ein.

Zeitabhängige Einflüsse können gewisse Verhaltensbereiche tiefgreifend beeinflussen, andere nur wenig ändern; Veränderungen, die sowohl vorübergehend, als auch dauerhaft sein können. Die Ursachen sind vielschichtig: Vorgänge der körperlichen Entwicklung, Reifung des Nervensystems, wechselndes Zusammenspiel von Hormondrüsenfunktionen, jahreszeitliche Aktivitätsperioden einzelner Instinkte (von inneren und äußeren Reizgrößenänderungen abhängig), einschneidende Erlebnisse, die zu tiefgreifenden Erfahrungen führen, Veränderungen der Umwelt bzw. der Lebenssituation, Sozialkonflikte, Verlust eines geliebten Kameraden, veränderte Rangposition, Verpflanzung vom gewohnten Heim – sind einige der wichtigsten Faktoren, die das Verhalten der Katze nachhaltig beeinflussen können. Viele Unterschiede im Verhalten der Katzen gegenüber Menschen, die durch Unterschiede in der früheren Behandlung verursacht wurden, können in späteren Lebensabschnitten dieser Katze unter Umständen verschwinden, andere Verhaltensunterschiede dagegen können mehr oder weniger hartnäckig fixiert bleiben. Worauf es dabei wesentlich ankommt, wurde u. a. von Karsh im Feline Behavior Laboratory der Temple Universität in Philadelphia

162

vor mehreren Jahren und wird neuerlich von der Arbeitsgruppe Turner in der Schweiz eingehender wissenschaftlicher Analyse unterzogen.

Daß sich bei alternden Katzen, ähnlich wie bei alternden Hunden und Menschen, eine zunehmende Tendenz zum Starrsinn, zu verringerter Umstellungsfähigkeit auf neue Umweltbedingungen und ein vermehrtes Ruhebedürfnis deutlich bemerkbar machen, haben viele Katzenhalter schon selber erlebt. Vielfach kann eine zahnlose alte Katze überhaupt nur unter häuslichen Bedingungen existenzfähig gehalten werden. Auffällig ist, daß diejenigen Zähne, die zuletzt ausfallen, die Reißzähne sind; dies möglicherweise deshalb, weil sie als lebenswichtiges Werkzeug zur Selbsterhaltung eines in Freiheit auf sich allein gestellten Raubtieres absolut notwendig sind. Dieses Beispiel zeigt wieder einmal, wie eng die Grenzen des Ahnenerbes für den Modifikationsspielraum persönlicher Anpassung in manchen Belangen gesteckt sind und wie sehr körperliche Ausrüstung und Instinktausstattung aneinander gebunden sind: Die Reißzähne fallen auch dann als letzte aus, wenn die Katze durch die Stubenhaltung ihre „Morddolche" zeitlebens gar nicht benötigt hat!

Einige typische Alterserscheinungen bei der Katze sind schon von weitem erkennbar: schuppige Nase, Zahnfleischschwund, stumpfe Krallen, unelastischer Gang. Alten Katzen wird jede Veränderung ihrer sozialen und territorialen Umwelt unangenehm. Spielanträge von Jungtieren werden ihnen lästig, sie springen ungern und werden tyrannisch, sie beharren auf peinlich genauer Einhaltung von Fütterungs- und Schlafenszeiten und benötigen ganz offensichtlich mehr Wärme als früher. Auch die Leistungsfähigkeit der Verdauungsorgane kann stark nachlassen, nicht selten auch stellen sich alle möglichen chronischen Krankheiten ein. Ein Vergleich des Lebensaltersfortschrittes mit dem des Menschen – ähnlich wie man das beim Hund zu berechnen gewohnt ist – läßt sich bei der Katze nur schwer ziehen. Manche Katze ist schon mit 8 Jahren deutlich senil, manch andere erst mit 15 Jahren. Katzen bleiben anscheinend länger gleich alt und machen dann plötzlich einen Sprung ins Alter, der von Katze zu Katze aber sehr verschieden sein kann.

Feldstudien über die Verhaltenscharakteristika gealterter Katzen, deren eventuelle Änderungen im sozialen Verhalten und der Rangstellung sowie Beobachtungen und Beschreibung der häufigsten Schicksale, die zum natürlichen Lebensende freilaufender Katzen führen, fehlen leider bis heute.

Man kann nicht genug betonen, daß für die Verhaltensentwicklung einer jungen Katze nicht nur Erbfaktoren ausschlaggebend sind, sondern auch persönliche

Erlebnisse, also Erfahrungseinflüsse, und zwar ganz besonders diejenigen, die während der relativ kurzen Kindheit stattfinden („Early Experience"). Ein erstes charakteristisches Erlebnis genügt oft, um Angst-, Aggressions- oder Zuneigungsbereitschaft so zu fixieren, daß sie nur in seltenen Fällen, bzw. nur durch besondere Bemühungen korrigierbar ist. Eine Katze, die − unbeabsichtigt durch Stubenhaltung seit frühester Kindheit − so isoliert gehalten wird, daß sie mit der Außenwelt nicht in Kontakt kommt, kann durch die Begleitumstände einer ungeschickt vorgenommenen Kastration einen derartigen Schock erleiden, daß sie ihre Stubenreinheit verliert. Das hat mit dem medizinischen Vorgang selbst gar nichts zu tun: Es ist das erste Erlebnis mit der Außenwelt, und Mieze reagiert auf dieses unangenehme Ersterlebnis mit einer neurotischen Wesensänderung. (Dies ist nur eines von vielen Beispielen.)

Vorgänge und Erlebnisse der ganz frühen Jugendzeit können so nachhaltige Auswirkungen auf die Entwicklung persönlicher Verhaltenscharakteristika haben, daß es bekanntlich sogar möglich ist, Katzen mit weißen Mäusen zusammen aufzuziehen, ohne daß den Mäusen etwas passiert. Es sind auch Versuche unternommen worden, Kätzchen ausschließlich mit jungen Hunden oder anderen Tieren aufzuziehen (Fox, Kuo u. div. a.). Dabei zeigte sich z. B., daß Katzen, die vom Alter von 4 Wochen an mit Chihuahuawelpen aufwuchsen, mit 12 Wochen furchtlos mit anderen Welpen spielten, während Katzen, die bis zum Alter von 12 Wochen keine Erfahrung mit Welpen gemacht hatten, solchen fauchend und abwehrend auszuweichen trachteten.

Der Mensch, der mit seiner Jungkatze möglichst viel Kontakt hat, nicht nur füttert und streichelt, sondern auch mit ihr reichlich spielt und sie − wie das sonst nur beim Hund üblich ist − überallhin mitnimmt und wie einen Kameraden (Kumpan) behandelt, wird eine Katze erleben, die viel beeinflußbarer, viel zusammenarbeitsfreudiger ist, als das ihrer Art und Rasse entsprechen würde. Die Voraussetzung zu so innigem Kontakt mit dem Menschen und so optimale Anpassung an besondere Umweltbedingungen (wie beispielsweise das Stubendasein) ist aber, daß diese Einflüsse in der richtigen Altersstufe einsetzen.

Während die Verhaltensentwicklung des Hundes bereits an Hunderten Fällen vergleichend beobachtet und außer von einigen neueren amerikanischen Autoren schon vor über 40 Jahren von deutschen und österreichischen Forschern untersucht und beschrieben wurde, liegen über die Entwicklung von Verhaltensweisen der Katze weniger und vorwiegend Untersuchungen jüngeren Datums vor, die aber doch bereits eine recht stattliche Zahl ausmachen. (Z. B. von Bateson,

164

Baerends v. R., Caro, Ewer, Fox, Karsh, Konrad, Kuo, Leyhausen, Lawrence, Macdonald, Martin, Meier und Turner, Mendl, Moelk, Olmstead und Villablanca, Rosenblatt, Rodel, Schär, Schneirla, Seitz, Simonson, Weiß, E. Zimmermann. Diese Aufzählung ist noch keineswegs vollständig!)

Eine sehr sorgfältige Darstellung von Beobachtungen über die Verhaltensentwicklung von Wild- und Hauskatzen und einigen Edelrassekatzen vom 1. bis zum 70. Lebenstag ist die Dissertation des Tierarztes E. Zimmermann. Während Zimmermanns Kätzchen unter natürlichen „Katzenfamilienverhältnissen" aufwachsen durften, entstanden einige der weiteren Beschreibungen der Verhaltensentwicklung junger Kätzchen aus Beobachtungen an Tieren, die in „Kaspar-Hauser"-Situation (also unter Verhältnissen weitgehender sozialer Isolation) aufgezogen wurden. Eine dieser interessanten Untersuchungen stammt von dem bekannten Berliner Dompteur Weiß.

So gut man aus dem Verhalten von Kaspar-Hauser-Tieren feststellen kann, welche Handlungsweisen eines Tieres zur angeborenen Verhaltensausstattung gehören (da keine Möglichkeit besteht, von Artgenossen zu lernen), so unverläßlich sind allerdings daraus gezogene Schlüsse über die zeitliche Festlegung der Reifung der einzelnen Instinkte. Die biologische Ausnahmesituation, in der beispielsweise übendes Spiel und Angebot erregender sozialer Auslöser seitens der Mutter und der Geschwister fehlen, führt nämlich dazu, daß viele Verhaltensweisen später als normal reifen, andere aber zu früh, während wieder andere gänzlich verkümmern (sodaß sie überhaupt nicht aufscheinen).

Soweit man aus annähernd übereinstimmenden Ergebnissen der in der Literatur verstreuten Angaben über Verhaltensentwicklung der Katzen entnehmen kann – und wenn man diese Angaben zur Ergänzung der Kaspar-Hauser-Beobachtungen verwendet –, darf vermutet werden, daß (ebenso wie bei der Verhaltensreifung beispielsweise des Hundes, des Schimpansen und menschlicher Kinder) auch bei Katzen eine Einteilung in mehrere Entwicklungsstufen vorgenommen werden kann. So lassen sich deutlich fünf Entwicklungsabschnitte unterscheiden, Zeitspannen, in denen immer etwas ganz Bestimmtes passiert.

Die *erste* dieser Perioden ist die *Vorgeburtsperiode*, und die letzte endet etwa im Lebensalter von 8 Monaten mit der Erlangung der Geschlechtsreife.

Die *zweite,* die *Neugeborenenperiode,* ist für uns besonders interessant. Sie dauert vom 1. bis etwa zum 15. Lebenstag: Die noch blinden und tauben Säuglinge können noch nicht stehen, sie kriechen umher und zeigen Suchautomatismus (ein Hin- und Herpendeln mit dem Köpfchen, um die mütterliche Milchquelle zu finden). Der Tastsinn und ein Geruchs- und Geschmacksvermögen, das vermutlich noch nicht klar unterschieden werden kann, dürften neben Schmerz- und Temperatursinn die ersten geöffneten Tore für den Reizeintritt aus der Außenwelt in das Innengetriebe des noch unreifen Organismus sein. Bei Hungergefühl und unterhalb einer Umgebungstemperatur von minus 10 Grad Celsius und oberhalb einer solchen von plus 40 Grad Celsius tritt klägliches Rufen nach der Mutter und sichtliche Unruhe auf. Auf Massagereize, durch das Lecken in der Bauch- und Geschlechtsorgangegend, wird Kot und Harn abgesetzt.

In die Neugeborenenperiode fallen aber auch noch andere, allmählich auftretende Verhaltensweisen; so z. B. eine Aufstützreaktion der Vorderpfoten, ein Schlafen, das den Charakteristika der Tiefschlafperioden Erwachsener ähnlich ist, das Umklammern einer hingehaltenen Milchflasche mit den Vorderpfoten, der sogenannte Milchtritt u. a.

Um den 9. bis 10. Tag, rasseabhängig auch später, öffnen sich dann die Augen. Manchmal bleibt aber noch tagelang die Nickhaut, das sogenannte dritte Augenlid, vorgezogen und verhindert ein exaktes Bildersehen. Gegen den 12. bis 14. Tag wenden die kleinen Kätzchen den Kopf in Richtung einer plötzlich auftretenden Lichtquelle, ohne aber auf Bewegungen im Gesichtsfeld zu reagieren. Auch das Nervensystem reift in dieser Zeit. Jeder Tag bringt neue, arttypische, angeborene Handlungen: So können die Kleinen schon schnurren und ruhen mit angezogenen Vorderbeinen. Ganz allmählich verbessert sich der Gesichtssinn. Um den 9. bis 12. Tag herum, oft aber auch erst einige Tage später, können sie kurzzeitig wackelig stehen, unsicher gehen, hopsen. Das Sitzen bereitet allerdings noch Schwierigkeiten. (Das Stehen mit ständig abgehobenem Bauch trat bei den Haus- und Rassekatzen E. Zimmermanns um 4 bis 8 Tage später als bei den jungen Wildkatzen und Mischlingen aus Haus- und Wildkatzen auf. Hauskatzen und Siamkatzen zeigten es am 23. und 24. Lebenstag, Perserkatzen gar erst am 25. und 27. Tag.)

Gegen den 13. und 14. Lebenstag konnte man zum ersten Mal Kratzen hinter dem Ohr beobachten. Auch das Kopf-Schütteln und ein kräftiges Sich-Durchstrecken funktioniert manchmal schon in diesem Alter sowie erste Anzeichen von Scharren nach dem Kotabsatz und Ansätze zum Schwanz-Peitschen. Fauchen können die Kleinen in diesem Alter noch nicht. Der Gehörsinn wird aber jetzt zusehends ausgeprägter: plötzliches Hände-Klatschen des menschlichen Pflegers löst Schreckreaktionen aus. Die Kätzchen horchen jetzt aufmerksam auf jedes Geräusch.

166

Etwa um den 15. Lebenstag brechen die Milchschneidezähne durch; das komplette Milchgebiß ist aber erst sehr viel später — bei manchen in der 4., bei anderen in der 8. Woche — fertig.

Manche Untersucher datieren das Ende der Neugeborenenperiode um den 10. Tag. Weil aber hirnhistologische und elektroenzephalographische Untersuchungen und weitere Befunde, nach denen eine klare Beurteilung und Begrenzung vorgenommen werden könnte, noch fehlen, verlegen viele Untersucher das Ende dieser Entwicklungsperiode auf später, nämlich auf den Beginn des Zahnens.

Die entwicklungsgeschichtlich jüngeren und damit höher organisierten Gehirnteile reifen später. So wiederholt die Jugendentwicklung eines Tieres ungefähr die Reihenfolge des stammesgeschichtlichen Fähigkeitserwerbs der ganzen Tierart. Daraus kann der Schluß gezogen werden, daß eine Handlung um so einfacher ist, je früher sie auftritt. Dies erklärt auch, warum die Instinktendhandlungen immer zuerst funktionsfähig werden, während die dazugehörigen Appetenzhandlungen erst viel später reifen. Auch für die Entlastungsreaktionen gilt das: Je stärker die konfliktartig gestaute Erregung ist, desto primitivere Bewegungsweisen treten als Entlastungsreaktion auf. Solchen Reaktionen — man bezeichnet sie als Primitivreaktionen — werden wir im Verlauf dieses Buches öfters begegnen.

Die *dritte Entwicklungsperiode* der kleinen Kätzchen liegt zwischen dem 15. und 22. Lebenstag. Manche Kätzchen nehmen jetzt schon Bewegungsabläufe wahr, vorausgesetzt, daß sie nicht zu schnell ablaufen. Aber auch in dieser Periode sind noch immer nicht alle Teile voll ausgereift, die zu einer ordnungsgemäßen Funktion des Gesichtssinnes und der Reaktion auf optische Einflüsse notwendig sind. Etwas rascher geht die Entwicklung des Gehörsinnes vor sich. Eine Katze, die im Alter von 15 Tagen zwischen eine aufgeregt flatternde und gakkernde Schar Junghühner gesetzt wird, zeigt Orientierungsbewegungen und Interesse — ein Verhalten, das aber störbar ist: Auf Zuruf kriecht das kleine Kätzchen zu dem ihm bekannten Pfleger zurück. Ein solches Experiment wurde im Rahmen eines Kaspar-Hauser-Versuches vorgenommen. Es beweist, daß eine Art akustischer Prägung auf Mutter-, Pflege-, oder Schutzwesen offenbar schon stattgefunden haben muß.

Wieder gilt das Durchbrechen von Zähnen als das Ende einer Entwicklungsperiode: Frühestens zwischen dem 21. und 22. Tag kann man bei sich rasch entwickelnden Katzenwelpen das komplette Milchgebiß sehen (auch Eck- und Backenzähne). Um diese Zeit ist auch der Gesichtssinn voll entwickelt. Diese Reifungsstufen erst ermöglichen den nächsten wesentlichen Entwicklungsschub: die optische Prägung auf Mutter und Geschwister; im Normalfall also die Prägung auf Artgenossen. Gleichzeitig tritt auch eine Teilentwöhnung von der reinen Flüssigkeitsnahrung auf. Die Tage, die diesem Stadium vorangehen, zeigen das Erstauftreten einer Reihe weiterer Instinkthandlungen: Kratzen hinter dem Ohr, Graben einer Grube für den Kotabsatz (wobei die Grube noch nicht zugescharrt wird), Schwanz-Peitschen als Zeichen ärgerlicher Erregung, Ausdrucksbewegungen durch verschiedene Ohrmuschelstellungen, Fauchen und abwehrendes Pfoten-Schlagen. Aus dem Funktionskreis des Beuteverhaltens tritt das Anschleichen in tollpatschigen Spielversuchen auf.

Das Auftreten all dieser Fähigkeiten ist nur zum kleinsten Teil eine Folge von Übung und stellt keineswegs etwa erlerntes Verhalten dar; hierin manifestiert sich vielmehr die organische Weiterentwicklung des zentralen Nervensystems und das Vorliegen von Instinktreifungsvorgängen. Katzen, die im Kaspar-Hauser-Versuch aufgezogen, und solche, die an der Ausführung der beschriebenen Instinktbewegungen künstlich zwangsbehindert waren, beherrschten nach Erreichen des entsprechenden Alters alles genauso gut wie normal und biologisch richtig aufgezogene. Die einzige Ausnahme bildete das gezielte Springen. Zur Erlangung einer entsprechenden Geschicklichkeit gilt also auch hier das Sprichwort vom Meister, der nicht vom Himmel fällt.

Von der 3. bis zur 10. Lebenswoche in etwa befindet sich die Katze in der *vierten Entwicklungsperiode*. Sie wäre für einen jungen Zoologen oder Veterinärmediziner ein lohnendes Dissertationsthema, weil man noch immer nicht genau weiß, ob in dieser relativ langen Zeitspanne eine weitere Unterteilung der Entwicklung gerechtfertigt erscheint. (Man darf aber die Einteilung in Entwicklungsphasen nicht allzu ernst nehmen, denn diese dient eigentlich nur der besseren Ordnung der Beobachtungsdaten und wird also mehr oder weniger willkürlich vorgenommen. So gibt es auch Untersucher, die die ersten 8 Lebenswochen — nach anderen Gesichtspunkten — in drei Phasen aufteilen, wieder andere nur in zwei usw.)

Während vereinzelt bereits am 17. Lebenstag Kätzchen nach vorgehaltenen Wollfäden mit den Vorderpfoten angeln, wurde an Kaspar-Hauser-Tieren dieselbe Handlungsweise erst ab dem 24. Lebenstag beobachtet. Das scheint zu beweisen, daß zumindest einige optische Auslöser bereits ab dem 17. Lebenstag funktionsfähig sind. Unbestritten ist heute, daß in diese Periode der Beginn des ersten sogenannten Sozialisierungsstadiums fällt. (Interessant ist, daß die Artprägung bei „Nesthockern" — wie Hund und Katze — relativ spät stattfindet, wäh-

Mutter und Kind in Eintracht.

rend sie bei „Nestflüchtern" — Schaf und Pferd beispielsweise — bereits in den ersten Lebensstunden nach der Geburt eintritt. Das ist selbstverständlich keine Laune der Natur: Wie könnte sonst ein junges Kälbchen seiner Mutter in der ziehenden Herde folgen?)

Dieses erste Sozialisierungsstadium ist für das Zusammenleben einer Katze mit dem Menschen von nicht zu unterschätzender Bedeutung. Denn es ist wahrscheinlich nicht nur das erste, sondern auch das einzige Sozialisierungsstadium der Katze. Die Ereignisse in ihm sind für das lebenslängliche Verharren der Katze auf — dem Menschen gegenüber — jugendlichem Niveau, die Verhinderung des Dranges nach ausschließlich selbständigem Futtererwerb und vielleicht auch für den Verzicht auf eine selbständige Jagdterritoriumsgründung verantwortlich. Das alles ist für Katzen, die ja üblicherweise nicht in absoluten Rangordnungen leben, zur Entwicklung einer wirklich innigen Freundschaft zum Menschen von großer Bedeutung! In der Katzenfamilie herrscht nämlich, solange sich die Geschwister nicht trennen und eigene Wege gehen, eine geradezu rührende Eintracht (soferne man von den Raufereien der Geschwister an der mütterlichen Zitze und an der Futterschüssel absieht).

Auch Turner betont — anhand seiner neuesten Untersuchungsergebnisse — die Wichtigkeit der Vorgänge in dieser sensiblen Phase (die er irgendwann in der Zeit zwischen der 2. und 7. Lebenswoche der Kätzchen ansiedelt, zu einer Zeit also, in der die Kleinen noch bei Mutter, Geschwistern und jedenfalls beim Hobby- oder Hof-Züchter leben). Er schreibt, daß es ratsam ist, sich als zukünftiger Katzenhalter zu erkundigen, ob der „Züchter" seine „Kontaktpflicht" ernst genommen hat. (Ein solcher — möglichst einträchtiger, harmonischer und konfliktfreier — Kontakt mit Menschen während dieser sensiblen Phase muß aber nicht mit dem zukünftigen Besitzer selbst stattgefunden haben, denn soziale Erfahrungen dieser Lebensspanne werden — wie eine Artprägung — auf andere Menschen übertragen.) Auch andere neuere Untersucher (z. B. Karsh, Martin, Meier, Mendl, Moelk) betonen immer wieder, daß die Sozialisierungsphase bei Jungkatzen früher stattfindet, als bisher angenommen, nämlich bereits zwischen der 2. und 6. Lebenswoche, und wie wichtig es ist, daß gerade in dieser Lebensspanne reichliche, regelmäßige und nicht nur auf kurze Kontakte oder eine einzige Bezugsperson beschränkte positive Erlebnisse mit Menschen (und auch diversen anderen Tierarten, wie z. B. Hunden — wenn ein solches Kätzchen später mit einem Hund zusammenleben soll) stattfinden. Alles weitere soziale Lernen nach diesem Zeitpunkt baut auf diesen Früherfahrungen auf! Da aus mehreren gewichtigen

170

Gründen ein Kätzchen keinesfalls vor dem Ende der natürlichen Entwöhnung, also der 8. Lebenswoche – bei Edelrassekatzen besser erst mit 10 bis 12 Wochen – von Mutter und Geschwistern getrennt werden sollte, um in den neuen Haushalt eingestellt zu werden, liegt es ausschließlich in der Hand des Züchters, ob so ein Kätzchen später freundlich und kontaktbereit zu Menschen sein wird oder eher scheu und kratzbürstig. Ist die Mutterkatze beim ersten Kontakt mit Menschen zugegen, so kann auch deren scheues (oder aber freundliches) Verhalten als Beispiel für die Jungtiere wesentlich zur Art der Einstellung jener dem Menschen gegenüber beitragen.

Am 23. Lebenstag erwacht das Interesse der Kleinen, die Gegenstände ihrer Umgebung ausgiebig zu untersuchen. Jetzt werden auch Objekte, die sich nicht bewegen, interessiert betastet, und zwar mit der ungespreizten Pfote bei eingezogenen Krallen. Das Wackeln (wechselndes Auf und Ab der Hinterpfoten vor dem Absprung) kann um diese Zeit zum ersten Mal beobachtet werden. Die visuelle Tiefenreaktion tritt ebenfalls auf: Das Kätzchen kann zwar am menschlichen Begleiter hochklettern, zeigt aber eine deutliche Scheu vor dem Hinunterblicken und kann nicht hinunterspringen.

Manche motorische Fähigkeit reift nur allmählich: So beginnen zwar bereits im Alter von 3 Wochen die Kleinen mit Bewegungen des Fell-Putzens, vollständig wird diese Instinkthandlung aber erst mit 6 Wochen beherrscht. Von da an wird es nicht nur auf den eigenen Körper gerichtet, sondern auch gegenseitig ausgeführt.

Hinsichtlich aller Zeitangaben über beobachtetes erstes Auftreten von Verhaltensweisen gelten beträchtliche rassebedingte und wohl auch familiäre Unterschiede. (Zu diesen genetisch bedingten Unterschieden in der Entwicklungsgeschwindigkeit kommen vermutlich weitere Ursachen umweltbedingter Art.)

Ab dem 25. Tag scharren Katzenwelpen jene Grube, die sie ausgraben, um ihre Exkremente darin zu verbergen, auch tatsächlich wieder zu. Die ambivalente Bewegung des Katzenbuckels taucht etwa in diesem Alter zum ersten Mal auf; auch Verstecken, Beschleichen, Lauern und Anspringen werden schon – vorerst auf Spielzeuggegenstände ausgerichtet – ausgeführt. (Diese Beuteinstinkthandlungen kommen aber bereits in der richtigen Reihenfolge.) In dieser Periode beginnt unser Kätzchen auch zu „sprechen": Das Miau und andere Laute kann man vernehmen. Der vertraute Pfleger wird mit erhobenem Schwänzchen und einem hohen Gurrlaut begrüßt.

So um den 30. Tag herum schütteln die Kleinen die Pfötchen energisch ab, wenn sie ungewollt ins Nasse treten. Zuckende Bewegungen während des Schlafes legen den Schluß nahe, daß solche Kätzchen möglicherweise nun auch träumen. Und wenn man so ein kleines Miezchen auf der Bettdecke jetzt treteln sieht, erinnert diese Bewegung nicht nur an den Milchtritt und an den Funktionskreis des Sexualverhaltens, sondern in dieser Periode vor allem an den Funktionskreis des Komfortverhaltens: Unser Kätzchen fühlt sich wohl! Eine allzu intensive Betätigung dieser Art ist den Besitzern von Stubenkatzen allerdings nicht sehr erwünscht: Die Katzen „hakeln" und ziehen aus Textilien Fäden. Möglicherweise ist dieses Verhalten eine Vorform des sogenannten Krallen-Schärfens, das – in aufrechter Stellung ausgeführt – ab dem 60. Lebenstag bereits als Übersprungreaktion beobachtbar wird; beispielsweise dann, wenn die Katze ungeduldig auf ihr Futter wartet.

In dieser Reifeperiode findet wahrscheinlich auch eine Prägung in geruchlicher Hinsicht statt, zumindest ein Erlernen des Bekanntheitsgrades des Geruches des Muttertieres und der Familiengenossen: Streckt man ab dem 41. Tag einem Kätzchen eine fremde Hand hin, erschrickt es und zeigt Katzenbuckel, manchmal auch Fauchen und Schwanz-Schlagen. Bei der bekannten Hand (des vertrauten Pflegers) schnuppert es und reibt sich schmeichelnd und gurrend daran.

In dieser Entwicklungsphase scheinen Katzen ein empfindliches und für einmalige Erlebnisse besonders empfängliches Nervensystem zu haben. Wird so ein Kleines von Kindern nur harmlos erschreckt, so geht es diesen lange Zeit nicht mehr – je nach Umständen vielleicht gar nie mehr – zu.

Obwohl, wie wir bereits wissen, Katzen in keiner Rangordnung leben, die der der Hunde, Hühner und anderer typischer Herdentiere vergleichbar wäre, werden trotzdem Unterschiede im Verhalten zueinander und auch menschlichen Familienmitgliedern gegenüber gemacht: Vom Pfleger läßt sich Mieze so ziemlich alles widerstandslos gefallen, seine mitwohnenden Kinder dürfen sie aber nur hochheben, wenn sie in Stimmung ist, fremden Personen gegenüber ist sie noch abweisender: Es besteht eine ausgesprochene Fluchtdistanz, also eine Mindestentfernung, auf die sich ein Fremder nähern kann, ohne daß das Tier flieht, deren Unterschreitung aber Flucht auslöst. In dieser Hinsicht sind aber individuelle Verhaltensunterschiede erheblich. Wahrscheinlich spielen nicht nur erbliche Veranlagung, sondern auch Erfahrungsfaktoren – beispielsweise frühzeitige Gewöhnung an das häufige Auftauchen fremder Personen – dabei eine große Rolle.

Wie neuere Untersuchungen zeigten, gehen die Einflüsse der Kindheitseindrücke, die einer Katze zuteil werden, viel weiter, als man früher geneigt war anzunehmen. So werden z. B. diejenigen Beutetiere bevorzugt gejagt (und beson-

172

ders geschickt gefangen), die die Mutter den Kleinen zum Nest brachte — das geht bis zur Präferenz einer bestimmten Rattenrasse oder zu vegetarischer Kost, wenn Kätzchen in der frühen Jugend nichts anderes kennengelernt haben. So können auch Umstände, wie z. B. Aufzucht seitens mehrerer Katzenmütter und Anwesenheit vieler adulter Artgenossen in unmittelbarer Nähe — wenn die Kontakte mit ihnen harmonisch waren —, wesentlich dazu beitragen, daß eine Katze später mit anderen Katzen gut verträglich, oder aber negativenfalls eher ein Einzelgänger sein wird.

Kleine Kätzchen sind neugierig und „experimentierfreudig". Wie ein Kind, das sich einmal selbst die Finger am heißen Ofen verbrennen muß, um zu erkennen, daß er kein erstrebenswertes Spielzeug ist, so lernen auch kleine Kätzchen nicht nur am Vorbild der Mutter, sondern durch eigene Erfahrungen, was bekömmlich und was schädlich ist. Wobei sich Muschi selten die Pfoten, dafür aber häufiger das Mäulchen „verbrennt": Hat sie zum ersten Mal herzhaft in eine Kröte gebis-

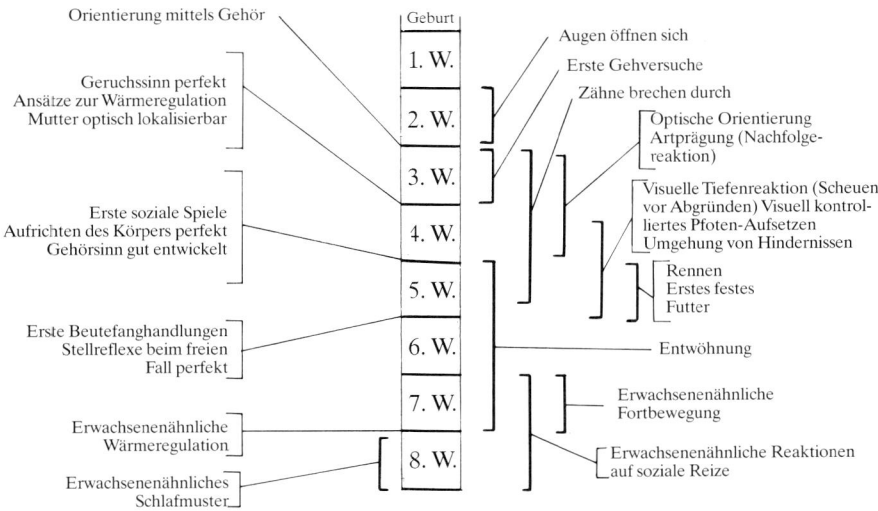

Diese Zeittafel möge den Überblick über einige wichtige Entwicklungsereignisse von der Geburt bis zum Ende der 8. Lebenswoche erleichtern.

sen und das heftige Brennen deren Sekretes auf der Mundschleimhaut verspürt, geht sie allen hüpfenden „Gegenständen", die sie anfangs mit Begeisterung gejagt hatte, aus dem Weg. Hat sie nun Gelegenheit, anderen Katzen bei der Behandlung von hüpfenden Beutetieren zuzusehen, lernt sie später unterscheiden: Frösche sind genießbar, Kröten läßt man besser in Ruhe!

Um die 5. bis 8. Lebenswoche trägt die Mutter den Kleinen lebende Beutetiere zu – sofern dazu Gelegenheit besteht –, die den ungeübten Mäulern allerdings noch häufig entkommen. Gegen Ende dieser Entwicklungsperiode aber können die Jungtiere schon ziemlich schwierige Aufgaben lösen, wie Hindernisse überwinden und sogar Türen öffnen, wenn es ihnen zuvor von der Mutter gezeigt worden ist. Diejenigen, denen man in dieser Altersstufe und am Beginn der nächstfolgenden nicht allerlei lehrt, bleiben mehr oder weniger „dumm".

Die *fünfte Entwicklungsstufe* im Katzenleben beginnt ungefähr ab der 10. Woche und dauert bis zum 6. oder 8. Lebensmonat. Möglichst zu Anfang dieser Entwicklungsperiode, also in der Zeit zwischen der 10. und 12. Lebenswoche, in der nun alle Bewegungskoordinationen allmählich zur vollen Entwicklung gelangt sind, sollte man das junge Kätzchen nun von der Mutter trennen und in seine zukünftige Familie eingliedern. Dort lernt das Kätzchen weiter durch Versuche, was ihm bekömmlich und was ihm schädlich ist. Mit großer Aufnahmefähigkeit und Neugier wird die Umwelt erkundet. (In diesem Alter schon sollte man ein Kätzchen auch ans Autofahren und Ausgehen an der Leine gewöhnen.)

Es dauert bis zum 6. Monat, bis das Kätzchen alle Spielregeln kennt und die kätzischen Instinkthandlungen anzuwenden versteht. Ein freilaufendes Jungtier lernt in dieser Entwicklungsstufe, sich in die Revierordnung und die sozialen Rechte der ansässigen Katzen einzufügen, wobei es allerdings noch weitgehend Narrenfreiheit genießt.

Während Katzen bereits im Alter von 3 Wochen zu spielen beginnen und ihr Spielrepertoire allmählich von der 4. bis zur 6. Lebenswoche immer mehr erweitern und mit fortschreitendem Alter die einzelnen Spielelemente immer geschickter kombinieren (man könnte sagen, schöpferisch gestalten lernen!), nehmen die Häufigkeit und Dauer des Spiels vom 5. Lebensmonat an merklich ab. Alle bis dahin im Spiel aufgetretenen Instinktbewegungen aus den verschiedenen Umweltbeziehungskreisen werden nun immer mehr der arttypischen Reihenfolge im Ernstbezug zugeordnet.

Zwischen dem 4. und 6. Monat tut sich viel! Das Milchgebiß wird gegen die endgültigen Zähne ausgetauscht, und ein weibliches Tier kann sogar schon geschlechtsreif werden. Bei Katern beginnt die Pubertät zwischen dem 7. und 9. Lebensmonat, oft auch später; zeugungsfähig sind sie selten vor einem Jahr.

Nach 70 Lebenstagen sind alle arttypischen Instinkthandlungen einer erwachsenen Katze verfügbar. Einzige Ausnahme: die Appetenzhandlungen aus dem Funktionskreis des Sexualverhaltens. Möglicherweise ist nach diesen 70 Tagen aber auch die Zeit für grundlegendes, primäres Lernen mit besonders nachhaltiger Wirkung auf charakterliche Grundhaltungen unwiederbringlich abgelaufen – eine Zeitspanne der Individualitätsausbildung, die mit der sensiblen Phase für die Artprägung (2. bis 6. oder 7. Lebenswoche) begonnen hatte. Alle grundlegenden sozialen Fähigkeiten und Verhaltensweisen werden im wesentlichen bis zum Ende der ersten 4 oder 5 Lebensmonate erworben. Fähigkeiten, die die heranwachsende Katze in dieser Zeit nicht entwickelt (z. B. im Funktionskreis des Beuteverhaltens), können für immer verloren sein; was natürlich nicht heißt, daß – entsprechend schwerer und enger begrenzt – nicht auch erwachsene Katzen noch allerlei erlernen und auch umlernen können, ja es sind sogar Sonderfälle von unter Streß zustandegekommener extremer Bindung (und andererseits auch Aversions- bzw. Phobieentstehung) bekannt geworden, die an prägungsähnliche Vorgänge erinnern. (Sogenannte „S t r e ß p r ä g u n g“; man nimmt an, daß dabei das in extremen Erregungssituationen vermehrt in die Blutbahn ausgeschüttete Hormon Noradrenalin die neurale Formbarkeit vorübergehend besonders erleichtert.)

Da der schubweise Wechsel des Milchgebisses auch bei Katzen in einem ähnlichen Alter wie beim Hund verläuft, nämlich zwischen dem 4. und dem 6. Lebensmonat, wäre man versucht, hier Parallelen zu ziehen und anzunehmen, daß diesem körperlichen Entwicklungsschritt auch fortschreitende Reifungsvorgänge (vornehmlich des Beute- und Nahrungsaufnahmeverhaltens) folgen. Leider wurden meines Wissens über diese Belange noch keine vergleichenden Beobachtungen über unterschiedliches Verhalten von in Kaspar-Hauser-Situation und natürlich aufgezogenen Wurfgeschwistern veröffentlicht.

Alle streng isoliert aufgezogenen Säugetiere geben sich sehr ängstlich, wenn sie plötzlich mit den unbekannten Reizen einer bislang unbekannten Welt und mit bisher nicht gewohnten Lebewesen konfrontiert werden. In kurzer Zeit scheinen sie aber dann vieles von dem nachzulernen, was sie aufgrund der Isolation versäumt haben. Selbst fehlende oder falsche Prägungsvorgänge werden manchmal – bei allerdings gleichzeitigem Fortbestehen verschiedener Kontaktschwierigkeiten – zumindest so weit umweghaft ersetzt, daß Fortpflanzung möglich ist. Allerdings ist dabei häufig ein zeitlebens abnormes Sexualverhalten, gepaart mit Ungeschicklichkeit, zu beobachten.

Katzen zeigen bekanntlich auch ein auf den Menschen gerichtetes sexuelles Werbungsverhalten. Das ist nicht nur bei Stubenkatzen so, sondern auch bei katzenartigen Raubtieren, wenn kein arteigener Partner vorhanden ist. Eine Hauskatze geht dabei noch einen Schritt weiter: Ist sie rollig, dann kann sie ohne weiteres auch einmal einen ihr gut bekannten Hund sexuell umwerben.

Es darf vielleicht vermutet werden, daß Katzen etwa zu jener Zeit, zu der sie das erste Mal selbständig allein Beute machen, oder aber knapp vor der Zeit der ersten Sexualappetenz eine weitere sensible Phase haben, in der es zu einer Art Heim- und Revierprägung kommt (eine Frage, die unter diesem Gesichtspunkt noch ungenügend untersucht wurde). In dieser Altersstufe ist nämlich folgendes auffallend: Das Revier wird meist erst vom Zeitpunkt der Geschlechtsreife an verteidigt. Nur Katzen, die ein Revier gegründet hatten, scheinen bei gewaltsamer Verbringung an einen anderen, ihnen bislang fremden Ort (in dem sie neuerlich ein Revier aufbauen müßten) unter ausgeprägtem Heimweh zu leiden. Man erkennt das an der dann stark zutage tretenden Tendenz, an die alte Wohnstätte zurückzukehren. (Katzen hängen bekanntlich generell nicht, wie der Hund, am Sozialpartner Mensch, sondern in erster Linie an ihrem Heim-Territorium.) Heimweh scheint bei Katzen ein derart vitales Erleben zu sein, daß es erhebliche Gesundheits- und Verhaltensstörungen hervorrufen kann. Wir werden uns später damit noch ausführlicher beschäftigen.

Katzen, die bis über die Altersstufe der geschlechtlichen Reife hinaus überhaupt nicht aus einer Wohnung hinauskommen, bleiben zeitlebens scheu, gewöhnen sich kaum mehr an ein angstfreies Dasein in einem Garten, fürchten sich, die Wohnung zu verlassen, und sind nicht mehr dazu zu bringen, den menschlichen Pfleger an einer Leine in den Park zu begleiten. Solche Katzen flüchten gewöhnlich panisch beim Eintritt eines Fremden in die Wohnung (springen sofort auf einen Kasten oder verkriechen sich unter das Bett). Ein in Isolation aufgewachsener Hund hingegen legt die ebenfalls anfänglich vorhandene Scheu im Verlaufe von 8 Wochen bis längstens 6 Monaten ab, soferne sie nicht auch noch durch andere Ursachen bedingt ist.

Statt der zweiten Sozialisierungsphase des Hundes existiert also bei der Katze möglicherweise im annähernd gleichen Alter eine Revierprägungsphase.

Mit der Erlangung der Geschlechtsreife sind auch die letzten angeborenen Handlungen der Katze zur vollen Funktionsfähigkeit ausgereift. Der Kater be-

176

ginnt, markante Gegenstände seines Territoriums durch Bespritzen mit Urin und Beschmieren mit Analbeutelsekret zu markieren.

Soferne es sich nicht um einen Zuchtkater handelt, fühlt sich der Halter eines solchen Tieres nun schleunigst dazu motiviert, den Tierarzt zwecks Kastration des Katers aufzusuchen. Läßt man ihn aber unkastriert und ins Freie, dann durchstreift er in der Zeit der Sexualappetenz kilometerweit die umliegenden Gärten, wie wir schon aus dem vorigen Kapitel wissen. Auch zu Hause setzt sich ein auf Freiersfüßen wandernder Kater mit besonders auffälligem Imponiergehabe und gesteigerter Kampflust in Szene.

In der Zeit der Sexualappetenz verhalten sich auch sonst eher unauffällige Katzenladies gar nicht ladylike: Die Nachtruhe stören sie durch ihren gurrenden „Sirenengesang", und die Wohnung versuchen sie mit Duftmarken zu kennzeichnen oder, wenn das möglich ist, besonders häufig zu verlassen.

Wegen der großen Bedeutung für Probleme des gestörten und unerwünschten Verhaltens nochmals kurz ein paar Bemerkungen zum wenig appetitlichen Thema der Körperausscheidungen: Jede normale Katze zeigt frühzeitig die Tendenz, Körperausscheidungen in heimischen Bereichen zu vergraben. Wir haben schon davon gehört, daß bereits im Alter von 14 bis 16 Lebenstagen Bewegungen beobachtet werden können, die als Ansatz zum Zuscharren der Körperausscheidungen zu deuten sind. Aber erst ab dem Ende des vierten Entwicklungsstadiums, also um den 25. Lebenstag herum ist erkennbar, ob eine Katze stubenrein sein wird oder nicht, ob sie vielleicht infolge Instinktverlustes oder infolge defekten Geruchssinnes nie verläßlich das vorgesehene Katzenklo benützen wird. Aber auch durchaus normale Katzen „vergessen" während der Rolligkeit ihre sonst verläßlich eingehaltenen „Verpflichtungen" dem Wohnungsgeber gegenüber, indem sie sich nicht in die Schüssel, sondern daneben setzen. Daß dieses Daneben-Gehen Miezes aber nicht immer nur den Hintergrund der Sexualappetenz haben muß und wie man die Art der dahinterstehenden Motivation erkennen kann, damit werden wir uns ausführlich in Kapitel 9 beschäftigen.

Nun noch einen Blick auf die Langzeit-Stabilität individueller Verhaltenseigenschaften eines bestimmten, erwachsenen Lebewesens (im Sinne der Unveränderlichkeit eines einmal scheinbar fertig ausgeformten Charakterbildes):

In diesem Zusammenhang müssen Beobachtungen herausgestellt werden, denen zufolge außer den besonderen angeborenen Eigenschaftsanlagen und deren Modifikation durch frühkindliche Erlebniseinflüsse vor allem die Art der jeweils aktuellen sozialen Partnerschaft für das individualtypische Verhalten maßgeblich ist. Mit anderen Worten, ein und dieselbe Katze kann je nach der Gesellschaft ihrer jeweiligen menschlichen Bezugsperson ein anderes „Charakterbild" an den Tag legen! Deshalb kann ein Besitzerwechsel bei einem unleidlichen Tier oft verblüffende Wirkungen zeitigen – zumindest im Bereich des Sozialverhaltens. Auch das Umgekehrte ist möglich: Es kann nach einem Besitzerwechsel aus einem guten Heimtier ein „verdorbenes", „neurotisiertes" werden; und um dieses Problem wurden schon etliche Gewährleistungsprozesse bei Gericht geführt! Beim Menschen ist Vergleichbares bekannt: Ein und derselbe gestrenge Chef im Betrieb kann seinen Freunden gegenüber als guter Kamerad und außerdem als „Diener" seiner herrschsüchtigen Gattin auftreten. Hätte er aber eine Gattin anderen Charakters, könnte er vielleicht auch im Kreise seiner Familie gefürchtet sein. In wieder anderen Fällen kann ein im Beruf friedliebender Mensch gezwungen sein, sich zu Hause als zänkischer oder intriganter Typ zu erweisen, während er nach einer Scheidung und Neuvermählung mit einer Frau anderen Charakters harmonischen Zusammenlebens fähig ist und kein Mensch seines Bekanntenkreises ihm Streitlust oder Falschheit zutrauen würde.

Die Art der sozialen Umwelt kann also nicht nur ausschließlich im Laufe der Jugendentwicklung ein maßgeblicher, Wesenseigenschaften überformender Faktor sein; obgleich unbestritten sei, daß während der Jugendentwicklung die wichtigsten und nachhaltigsten Grundeinstellungen erworben werden, die später nur in extremen Ausnahmefällen wesentliche Änderungen erfahren. Daß eine Katze auch je nach Umgebung ein und derselben Bezugsperson gegenüber „zwei Gesichter" haben kann – so z. B. im Garten scheu oder kratzbürstig, in der Wohnung dagegen als kontaktbereites Schmusekätzchen auftreten kann –, sei hier nur am Rande erwähnt. (Dies hängt wohl damit zusammen, daß sich die Katze im Garten möglicherweise im Jagdrevier befindlich fühlt, in welcher Situation Katzen soziale Kontakte bekanntlich unerwünscht sind.) Wir werden darauf sowie auf die verschieden abgestuften Eigenschaftskombinationen im Bereich des Sozialverhaltens in den beiden nächstfolgenden Kapiteln ausführlicher zurückkommen.

Besondere Umstände können den normalen Fortschritt der Verhaltensentwicklung eines Tieres verzögern, die Verhaltensentwicklung kann auch stehenbleiben, oder es kann gar zu einem Rückschritt auf eine frühere Stufe der Verhaltensorganisation kommen:

Ein Verbleiben auf einer kindlichen Stufe der Verhaltensentwicklung bis weit ins Erwachsenenalter hinein kann bei Katzen viele oder auch nur einzelne Triebbereiche betreffen. Ich habe es bisher nur unter Bedingungen sozialer Unterdrükkung beobachten können. In einem späteren Kapitel wird ausführlicher von einem Kater berichtet werden, dessen verbleibende Kindlichkeit zur R e i f u n g s - h e m m u n g d e s S e x u a l v e r h a l t e n s und der Geschlechtsorgane geführt hatte. Der Kater war mit 4 Jahren immer noch das Jungtier seiner Mutter. Zu Lebzeiten des ranghöheren Vaters zeigte er nicht die geringste Sexualappetenz, obwohl er von rolligen Katzen förmlich belagert war. Markierungsverhalten ließ er ebenfalls vermissen. Ans Futter durfte er nur als letzter, es sei denn, seine Mutter war zugegen, um ihn zu schützen. Sie ließ ihm, wie einem Jungtier, den Vortritt an der Futterschüssel und verjagte die anderen Futterkonkurrenten.

Nicht nur soziale Unterdrückung von frühester Kindheit an, sondern auch besonders behütete, isolierte Aufzucht kann einen viele Teilbereiche umfassenden, mitunter sehr tiefgreifenden Reifungsstillstand bedingen. Unter Schoßhunden kommt so etwas besonders häufig und vielgestaltig vor und muß in manchen Fällen eindeutig als psychopathologische Erscheinung aufgefaßt werden. Eine hingegen durchaus als normal einzustufende Anpassungsreaktion zeigen Stubenkatzen, die durch Persistenz infantiler Einstellungen sich in ihre soziale Lebenssituation besser einfügen, indem die menschlichen Betreuer zeitlebens von ihnen als „Elterntiere" betrachtet werden. Ich werde in Kapitel 6 noch näher auf diese Erscheinung eingehen.

Eine bei Stubenkatzen häufig beobachtbare und, wenn besonders übertrieben auftretend, als Abnormität zu bewertende Erscheinung ist die P e r s i s t e n z k i n d l i c h e n S a u g v e r h a l t e n s. Wurden die Saugversuche junger Kätzchen von der Mutter nicht durch das bereits früher erwähnte „Abschlagen" unter Hemmung gesetzt, dann saugen sie als längst erwachsene Katzen immer noch an den nicht mehr milchspendenden Zitzen ihrer Mutter und anderer Tiere, sofern diese das dulden. Hinsichtlich Betätigungsobjekt des Sauginstinktes sind Katzen gar nicht wählerisch. Als Schlüsselreiz und Saugobjekt kann jede nicht zu große Erhebung dienen, die über eine ebene Fläche hervorragt. Finger, Knöpfe, Polsterzipfel und sogar der menschliche Adamsapfel kommen dann zum Zug. Diese Art infantiler Triebbefriedigung an leblosen Gegenständen, eine an sich harmlose Abnormität vieler Stubenkatzen, kann bis zum 4. oder 5. Lebensjahr, ja sogar zeitlebens anhalten. Manchmal wird gleichzeitig dabei mit den Vorderbeinen abwechselnd der Milchtritt ausgeführt. Als Ursache muß man in vielen Fällen eine Art Aufzuchtschaden verantwortlich machen. Oft wird nämlich ein junges Kätzchen bereits in einem Alter von der Mutter entfernt, in dem Nahrungsaufnahmeverhalten durch Saugen noch in voller und sinnvoller Aktion ist. Durch Frustration des Saugtriebes kommt es zu einer Triebstauung. Der menschliche Pfleger bietet ja Milchersatz und Aufzuchtfutter fast nie aus einem Puppensauger, sondern aus einem Tellerchen an. Nach solch einer Mahlzeit ist zwar der Magen befriedigt, nicht aber das Saugzentrum im Gehirn. Betätigung an Ersatzobjekten wird notwendig und, da später nicht durch „Abschlagen" unter Hemmung gesetzt, beibehalten. Auf der Basis von in der Kindheit nicht genügend abreagiertem Saugtrieb (und einiger anderer Hilfsursachen) entsteht auch bei Rindern eine in älteren tierärztlichen Lehrbüchern verständnislos als „Untugend" bezeichnete neurotische Verhaltensweise, das sogenannte Zungenschlagen.

Manchmal sind sich die Fachleute nicht ganz im klaren, ob eine Erscheinung verhaltenspathologisch oder noch verhaltensphysiologisch, also als Anpassungsversuch biologisch zweckmäßig ist; so beispielsweise beim Betteln der Zootiere, das vielfach selbst dann stattfindet, wenn die Tiere gesättigt sind, was im Verein mit Bewegungsmangel zu gesundheitlich recht bedenklicher Überernährung führt. Langeweile, durch Mangel an anderer, biologisch sinnvoller Betätigungsmöglichkeit und -notwendigkeit, sowie Kontaktbedürfnis sind die wahrscheinlichsten Triebfedern, die solche teils infantile, teils durch Lernen am Erfolg erworbene, oft recht absonderliche Verhaltensweisen in Gang halten, ja deren übertriebene Betätigung bedingen können.

Ob man auch die Unerfahrenheit, ja manchmal geradezu Furchtsamkeit mancher besonders isoliert aufgezogener Stubenkatzen angesichts einer plötzlichen Konfrontation mit lebenden Beutetieren − experimentell z. B. mit weißen Mäusen − als eine Art Infantilismus auffassen soll, ist eine Sache des Beurteilungsstandpunktes. Es spielen bei dieser Erscheinung sicherlich Instinktatrophien neben versäumten Lernmöglichkeiten mit eine Rolle. (Von Instinktatrophie spricht man, wenn infolge mangelnder Betätigungsmöglichkeit das Bedürfnis, eine bestimmte Triebhandlung auszuführen, völlig verkümmert, also verschwindet, anstatt, wie anzunehmen wäre, durch Triebstauung zu Leerlaufhandlungen oder Betätigung an Ersatzobjekten zu führen.)

Eindeutig als neurotisch einzustufende infantile Verhaltenszüge findet man besonders häufig und ausgeprägt bei übertrieben verhätschelten und extrem isoliert gehaltenen Schoßhunden, weshalb in dem Buch „Der unverstandene Hund" diesem Thema ein ganzes Kapitel gewidmet wurde. (Da gibt es u. a. Tiere, die selbständig kein Futter zu sich nehmen und deshalb, würden sie nicht täglich mit dem Löffel gefüttert, abmagern, ja möglicherweise sogar zugrunde gehen würden.)

180

Die aus dem Mutter-Kind-Funktionskreis stammenden sogenannten et-epime-letischen (das heißt pflegeheischenden, aufmerksame Zuwendung erregenden) Verhaltensweisen können durch vielerlei selbsterlernte Verhaltensformen er-gänzt werden, um die ihnen zugrunde liegende Motivation wirksamer zur Gel-tung zu bringen. So kennt jeder Katzenhalter die Tricks seines Pfleglings, sich Zu-wendung zu erzwingen, wenn Streicheln, Fütterung, gemeinsames Spiel ge-wünscht wird: Die Katze legt sich auf die Zeitung, wenn wir Zeitung lesen wollen, sie wirft einen Blumentopf herunter, wenn sie aus Erfahrung weiß, daß dies nicht bestraft wird, sondern mit dieser Strategie der menschliche Freund vom sturen Sitzen vor dem Fernseher abzubringen ist. Ja manche Katzen lernen sogar, sich zur Erledigung des Ausscheidungsgeschäftchens geschickt auf den Rand einer Klomuschel zu hocken, wenn sie wiederholt die Erfahrung gemacht haben, daß sie dann bewundert und besonders gelobt werden und sich in den Mittelpunkt der Zuwendung aller anwesenden Personen setzen können. So kenne ich Katzen, die dann, wenn ihr Besitzer sich angeregt mit einem Besuch unterhält, vor der Klotür zu miauen anfangen, damit man ihnen diese öffnet und sie so ihr Kunststückchen

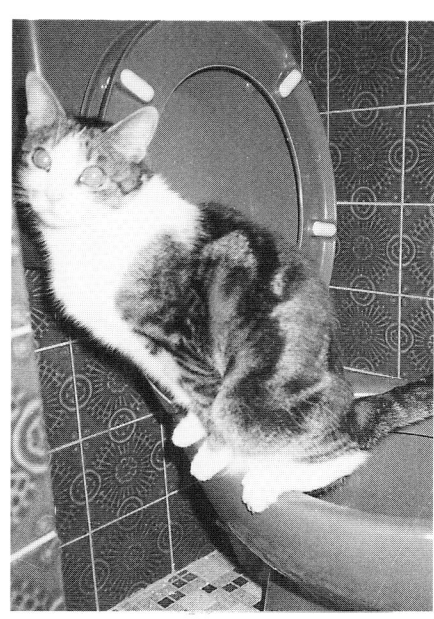

Katze, die ihr „Kunststückchen" vorführt.

vorführen können. (Dies selbst dann, wenn sie gar kein Ausscheidungsbedürfnis haben, also gar nichts ausscheiden; woraus ersichtlich ist, daß diese Verhaltensweise ausschließlich dem Zweck dient, sich in Szene zu setzen.) Wie jedermann weiß, sind von menschlichen Kindern vergleichbare Strategien bekannt!

5 Jede Katze ist eine „Persönlichkeit" (Individuelle und rassetypische Verhaltenseigentümlichkeiten)

Individuelle Verhaltensunterschiede basieren auf Erbfaktoren (z. B. Familiendispositionen, Begabungen) einerseits und auf unterschiedlichen erlebnisbedingten Einflüssen auf die persönliche Entwicklung andererseits. Selbst Geschwister können in ein und derselben Situation manchmal erstaunlich verschiedenes Verhalten an den Tag legen. Vor allem bei Haustieren ist, im Gegensatz zu deren wildlebenden Verwandten, die Bandbreite individueller Variationen des arttypischen Verhaltens besonders groß. Haustiere sind auch anderen und oft beträchtlich unterschiedlichen Umwelteinflüssen unterworfen als in freier Wildbahn lebende Tiere. Das beginnt schon mit dem Wegfall der natürlichen Selektion und deren Ersatz durch künstliche Zuchtwahl (nach vom Menschen willkürlich ausgewählten Eigenschaftskombinationen).

Art und Zahl der feineren Verhaltensunterschiede sind erheblich. Man kann sie durch fast alle Lebensbereiche verfolgen. So gibt es z. B. einerseits Katzen, die an der Futterschüssel wissen, wann sie genug haben, andere aber, die ausgesprochene Vielfraße sind. (Solche sind nicht wählerisch und fressen Unmengen in sich hinein, auch dann, wenn sie nachher Erbrechen oder Durchfall bekommen.) Andere hingegen scheinen ausgesprochene Feinschmecker zu sein. Sie suchen aus der vollen Futterschüssel nur die besten Brocken, sind mit den üblichen Leckerbissen kaum zu ködern und sind auch sonst sehr wählerisch. Bei freßgierigen Tieren kann man mit dem Lockmittel der Futterbelohnung Dressurerfolge jederzeit erzielen, während Tiere mit intaktem Sättigungszentrum (im Gehirn) sehr wohl „wissen", wann sie genug haben, und in sattem Zustand mit Leckerbissen zu keiner wie immer gearteten Leistung zu motivieren sind. Der Wunsch, beachtet und belobt zu werden, ist bei solchen Tieren oft die bessere Lernmotivation. Doch auch diesbezüglich gibt es bei Katzen beträchtliche Unterschiede. Solche Unterschiede bestehen ja bekanntlich nicht nur in Belangen des Verhaltens, sondern auch im körperlichen Habitus: Wir kennen leptosome und pyknische Katzen, also Konstitutionstypen, ähnlich denen des Menschen, und Temperamentsunterschiede, die nicht nur unter der gemischten Hauskatzenpopulation beobachtet werden können, sondern sogar kennzeichnend für die Vertreter verschiedener Katzenrassen sind.

„Ein Tier wie die Katze, das eine so deutliche Persönlichkeit oder Individualität besitzt oder – wenn man so will – von ihr besessen ist, entwickelt auch genau wie der Mensch hinsichtlich des Essens, seiner Gesellschaft und der Art, wie ‚man‘ etwas tut, manche Manieriertheit oder Idiosynkrasie“ – führte der bekannte Katzenforscher Leyhausen im Zuge eines Vortrages beim internationalen Symposium aus Anlaß des 80. Geburtstages des Nobelpreisträgers Konrad Lorenz 1983 in Wien aus – und brachte dazu das Beispiel: „Eine meiner Katzen nahm ihre Milch auf folgende Weise: Erst stupste sie ihre Nase in die Milch, wischte dann die Nase auf ihrer Vorderpfote ab und leckte dann die Milch von dieser. Andere Flüssigkeiten lapperte sie in üblicher Katzenmanier auf, aber nicht die Milch, die erforderte das beschriebene Ritual. Wenn ich also von Idiosynkrasien des Essens sprach, so meinte ich damit keineswegs die wählerische Haltung einer vom Besitzer völlig verwöhnten Katze.“

Es ist gar nicht so einfach, individuelle Verhaltenseigenschaften einzuteilen und zu skalieren. Am weitesten ausgebaut ist die Bestimmung individueller Verhaltenseigenschaften bei jenen Tieren, von deren besonderen Qualitäten sich der Mensch Nutzen verspricht: beim Jagdhund, beim Rennpferd, beim Schutzhund und bei Versuchskatzen, an denen neuentwickelte Psychopharmaka für den Menschen erprobt werden. In wissenschaftlichen Laboratorien wurden zahlreiche Verfahren zur Eigenschaftsprüfung sogar an Ratten und Mäusen, Hühnern, Schafen, Affen und anderen Versuchstieren entwickelt. Diese Testmethoden betreffen allerdings nur die wenigen Verhaltenscharakteristika, die je nach praktischer oder wissenschaftlicher Fragestellung von Interesse sind. In methodischer Hinsicht spielen dabei zufällige Fehlerquellen in Form von v o r ü b e r g e h e n d e n E i n f l ü s s e n a u f d a s V e r h a l t e n eine mitunter störende und nicht immer genügend berücksichtigte Rolle. (Ähnliches kennen wir ja auch vom Menschen her: Erfahrene Pädagogen bedenken beispielsweise die Tatsache, daß nicht nur das Wissen allein für das Bestehen einer Prüfung in der Schule ausschlaggebend ist. Eine Reihe von zufälligen und vorübergehenden Einflüssen können dem noch so gut vorbereiteten Prüfling eine schlechte Note eintragen. Denn Krankheit, Prüfungsangst und Nervosität können den Kandidaten so nachhaltig beeinflussen, daß dem Ergebnis der Prüfung kein zuverlässiger Aussagewert über den Bildungsstand des Prüflings zukommt. Für die Beurteilung des Lernerfolges ist daher nicht nur das Ergebnis e i n e r Prüfung ausschlaggebend, sondern ein ganzes Schuljahr mit wechselnden Begleitumständen: schriftliche Prüfung, mündliche Prüfung, Hausaufgaben, Mitarbeit im Unterricht.) Zufälligen, vorübergehenden

Einflüssen unterliegt auch die Katze. Will man daher persönliche Verhaltenseigentümlichkeiten einer Katze einer Prüfung und Beurteilung unterziehen, so muß man viele mögliche Einflüsse berücksichtigen. Sie können sowohl hemmend als auch fördernd wirken und ganz spezifische Reaktionsbereitschaften entscheidend verfälschen. Wesens- und Charaktereigenschaften lassen sich daher nur in mehreren Prüfungen mit variablen Begleitumständen zutreffend beurteilen. Es ist z. B. sinnlos, den Angriffsgeist einer Katze zu prüfen, wenn diese Junge hat, denn ein solches Tier legt Mut und Angriffslust in einem Ausmaß an den Tag, das es normalerweise nicht zeigen würde. Ist eine Katze krank, zeigt sie gesteigertes Ruhebedürfnis, mangelnde Spielbereitschaft, erhöhte Flucht- und Abwehrdistanz. Eine solche Haltung aber als persönliches, individualtypisches Charakteristikum anzusehen, hieße Zufallseinflüsse ungenügend in Betracht zu ziehen.

Die meisten Menschen zeigen im Wartezimmer des Zahnarztes gesteigerte Angst, dringt dann der Schrei eines gemarterten „Artgenossen" aus dem Behandlungszimmer, wird aus der Angst gar blankes Entsetzen. Auch Katzen reagieren so ähnlich, wenn sie im Wartezimmer des Tierarztes den Schrei oder das Fauchen einer anderen Katze hören. Sind sie dann selbst zur Behandlung dran, geben sie sich viel ängstlicher, viel abwehrbereiter und widersetzlicher als ohne eine solche vorhergehende Stimulierung. Auch das sind Zufallseinflüsse, die das Verhalten vorübergehend beeinflussen und die man aus praktischen Gründen nicht vergessen sollte, in Betracht zu ziehen.

Aus der täglichen Praxis in landwirtschaftlichen Besamungsanstalten weiß man, daß es oft Einflüsse sind, die dem Menschen als unwichtige Kleinigkeiten erscheinen, und trotzdem können sie das Sexualverhalten eines sonst tüchtigen Sprungstieres während der Appetenzphase völlig hemmen: Kommt ein dem Stier ungewohnter Mensch in den Sprungraum, erinnert ihn die Kleidung des Stallburschen an einen ehemaligen Mißhandler, hängt ein weißer Mantel in Sichtweite (der den Stier an eine schmerzhafte tierärztliche Behandlung erinnert), so kann der Stier durch derlei Zufälle und vorübergehende Einflüsse dermaßen verhaltensgehemmt werden, daß er vorübergehend impotent ist.

Selbst das Wetter, also m e t e o r o l o g i s c h e E i n f l ü s s e , können individualtypische Verhaltenscharakteristika zeitweilig stark verändern: An Tagen mit aperiodischen Wetterveränderungen benehmen Katzen sich auch im Zimmer ruhelos, an Tagen mit periodischen Wetteränderungen ist gesteigerte Ruheneigung zu beobachten.

An heißen, schwülen Tagen sind Katzen abwehrbereiter bei tierärztlichen Behandlungen und können sich dann schon bei sonst für sie relativ harmlosen Zwangsmaßnahmen (wie sie etwa nötig sind, um Zahnstein zu entfernen) so aufregen, daß sie einen Schock erleiden. Auch die Verabreichung von Narkotika, bei ein und demselben Tier in jeweils gleicher Dosis appliziert, kann verschieden starke Wirkung zeigen. Auf dem Gebiete der B i o k l i m a t o l o g i e wissen wir ja selbst über uns Menschen noch recht wenig, obwohl fast jedem von uns aus persönlichem Erleben die Einwirkungen von Witterungsfaktoren auf körperliche und psychische Befindensabläufe nur zu gut bekannt sind. Bekannt ist auch, daß verschiedene Personen ganz verschiedenartig auf gleiche meteorologische Einflüsse reagieren können.

So wie bei Hunden gibt es auch bei Katzen individuelle Verhaltensbevorzugungen, die Haltungsschwierigkeiten zur Folge haben können. Da sind beispielsweise ängstliche und überaggressive Typen, unverläßlich stubenreine, temperamentlose, debile (schwachsinnige) und in verschiedener Hinsicht psychisch abnorme Katzen, die man teilweise mit menschlichen Psychopathen vergleichen könnte. (Auch angeborene Sinnesdefekte, wie z. B. erbliche Taubheit, wurden beobachtet.) Natürlich gibt es darüber hinaus und nicht nur in negativem Sinne mannigfache feinere Charakter- und Begabungsunterschiede unter Katzen. So sind manche besonders gute Mäusefänger, einige rattenscharf, andere kennen keine Scheu vor Wasser, manche sind besonders unnahbar und wild, während wieder andere besonders zutraulich und zahm sind. Es gibt überdurchschnittlich intelligente und weniger lernbegabte, sozial beeinflußbare und sture Typen, wehleidige, weiche und harte Charaktere und vieles andere mehr. Dies alles aber hat für die praktische Katzenhaltung im allgemeinen keine so große Bedeutung wie Vergleichbares in der Hundehaltung. Besondere Aufgaben mögen freilich beutetriebstarke, rattenscharfe Katzen zur Ungezieferbekämpfung besonders erwünscht erscheinen lassen, und auffällig aggressive Katzen erhalten bei Ausstellungen keine Bewertung, weil für die Haltung als Heimtier eine Zuchtverwendung solcherart veranlagter Tiere unterbunden werden soll.

Turner konnte bei seinen wissenschaftlichen Verhaltensstudien an Katzen zwei grundsätzlich unterschiedliche Persönlichkeitstypen feststellen: die gelassene, zuversichtliche, menschenfreundliche Katze und die scheue, in Menschennähe eher nervöse Katze. Er nimmt an, daß diese Unterschiede nicht nur durch unterschiedliche Umwelteinflüsse in der frühen Jugend dieser Tiere — also durch das Verhalten der Mutter und des Pflegers — entstanden sein dürften, sondern auch auf genetischen Faktoren beruhen. Ob es sich dabei um direkte Vererbung der Persönlichkeit nicht nur von der Mutter, sondern z. B. auch vom Vater (den die Jungkatzen so gut wie nie zu Gesicht bekommen) handelt oder ob gewisse Gene lediglich die Entwicklungsgeschwindigkeit der Nachkommen beeinflussen, was sich auf deren Sozialisierungsphase auswirken könnte, wird weiterer Forschungen bedürfen. Was die Umwelteinflüsse betrifft, die eine eher menschenzugängliche Katze vorformen, so beziehen sich diese nicht nur auf das Füttern, sondern auch auf Streichel- und Spielepisoden und solche Einflüsse wie „zwischenartliche Gespräche". Da Jungkatzen ihre früh erworbenen Einstellungen und Erfahrungen gegenüber Menschen und Tieren auch auf ihre späteren „Sozialpartner" im neuen Haushalt übertragen, sind die Milieueinflüsse im Haushalt des Züchters neben den genetischen Faktoren für deren − erst viel später sich deutlich ausprägende − Grundeinstellungen und sozialen Bedürfnisse von ausschlaggebender Bedeutung.

Außer individuellen Verhaltenseigentümlichkeiten und sogenannten familienbedingten Charakterähnlichkeiten sind bei Katzen auch mehr oder weniger rassegehäuft auftretende Eigenschaftskombinationen bekannt:

So zeichnen sich beispielsweise besonders Siamkatzen durch reiche Variationsmöglichkeiten auf dem Gebiet der Lautäußerungen aus, was bei der Haltung in Wohnungen mit ungenügender Schallisolation gelegentlich sogar den Unwillen der Nachbarn heraufbeschwören kann.

Um einem Katzenhalter in spe die Rassewahl zu erleichtern, wird in der zweiten Hälfte dieses Kapitels auf einige rassetypische Verhaltensbesonderheiten gesondert eingegangen werden. Vorerst aber ein paar allgemeine Zeilen für Katzenfreunde, die unschlüssig sind, woher und wie sie eine Katze zum Hausgenossen wählen sollen:

Entscheidet man sich für ein Rassetier, sollte man zweckmäßigerweise nach vorherigen Recherchen zu einem anerkannten Züchter gehen. Will man eine normale Hauskatze, dann wählt man am besten eines der zahlreichen Wurfgeschwisterchen einer auf einem Bauernhof lebenden Katze. (Der Überschuß der Kleinen wird ja meistens ertränkt.)

Da regelmäßige positive Kontakte mit Menschen (z. B. Auf-den-Schoß-Heben und Streicheln) während der sensiblen Phase der Sozialisierung (2. bis 7. Lebenswoche) von besonderer Wichtigkeit für die Entwicklung der Menschenfreundlichkeit eines Kätzchens sind, sollte man auch dem menschlichen Milieu in der „Kinderstube" der Katze nicht vergessen, seine Aufmerksamkeit zu schenken. Besonders günstig ist es, wenn man darüber hinaus auch Gelegenheit hat, das Temperament und die Friedfertigkeit des Muttertieres schon vor der Zeit ihrer Mutterschaft kennenzulernen. (Dasselbe gilt natürlich auch für den Vater – leider ist das nur selten möglich.)

Wie immer man sich entscheidet, in jedem Fall sollte man die kleinen Miezen mehrmals längere Zeit genau beobachten, bevor man eine auswählt.

Ansatzweise bereits vorhandene individuelle Verhaltensunterschiede, die für das spätere Zusammenleben von besonderem Belang sind, wie etwa extreme Ängstlichkeit und besonders intensive Abwehrbereitschaft, kann man manchmal sogar schon bei 3 bis 4 Wochen alten Kätzchen erkennen.

Man sollte trachten, halbwegs sicher zu gehen, sich nicht jahrelang mit einem seelisch abnormen oder unerwünscht veranlagten Tier herumquälen zu müssen!

Welches Kätzchen soll man auswählen? Man wähle kein auffallend scheues Kätzchen, es könnte krank, besonders unintelligent oder neurasthenisch sein; vielmehr suche man sich aus einem Wurf dasjenige Tier aus, das mit den anderen

läuft und nicht allein in einer Ecke herumsitzt. Zur Schaffung einer „Testsituation" kann man in die Hände klatschen und beobachten, wie die etwa 8 bis 10 Wochen alten Katzenkinder reagieren. Die flüchtenden, heftig zusammenzuckenden oder fauchenden Individuen sollte man nicht aussuchen. Ein Kätzchen, das sich nur langsam und auffallend träge bewegt – in einer Situation, in der seine Geschwister umherhopsen –, ist verdächtig auf organische Krankheiten oder angeborene oder erworbene seelische Defektzustände. Eine kleine Mieze, die traurig in der Ecke sitzt oder sich nicht gern aufnehmen, hochheben und streicheln läßt, die als einzige beim geringsten Anlaß einen Buckel macht und faucht, sollte man lieber jenen Leuten zum Kauf überlassen, die gerne zum Tierarzt gehen. Und solche Leute gibt es!

Wenn man Katzenverhalten vergleichen möchte, dann ist die Stunde der Tagesmahlzeit eine der besten; dies deshalb, weil während der Freßappetenz nicht nur das Lernen im Funktionskreis der Nahrungsaufnahme am aktuellsten ist, sondern auch viele andere individuelle Verhaltensmerkmale anläßlich der Konkurrenzsituation am Futter deutlicher als sonst beobachtet werden können. Ein auffallend ranghohes, gegen Artgenossen aggressives und ein extrem lebhaftes Tier – im Vergleich zu seinen Geschwistern – ist ebenso wie ein besonders ängstliches nicht optimal veranlagt für reibungslose Einordnung in die Verhältnisse der menschlichen Wohngemeinschaft.

Welche Kriterien sind darüber hinaus besonders maßgebend für die Auswahl eines Kätzchens in einem Zoogeschäft? Im allgemeinen wohl Gesundheit und der Eindruck möglichst „normalen", unauffälligen Verhaltens. Es gibt da eine Reihe von Faustregeln, nach denen man vorgehen kann: Ein gesundes Katzenkind wird spielfreudig sein, das Fell ist glänzend, die Ohren sauber und geruchlos, die Augen klar, das Näschen ohne Sekretausfluß, der Darmausgang weder entzündet noch verkrustet. Natürlich muß uns auch das Aussehen ansprechen, nur sollte man da nicht allzu kapriziös sein. Wer sich nämlich unbedingt auf ein weißes Kätzchen mit blauen Augen versteift, muß damit rechnen, unter Umständen eine schwerhörige oder gar taube Katze heimzutragen. (Um Taubheit festzustellen, kann man mit einem beliebigen Geräusch einen einfachen Gehörtest vornehmen, muß aber darauf achten, daß die Katze durch nichts, auch nicht durch Bewegungen der Lippen abgelenkt wird; auch darf die Erzeugung des Geräusches nicht gleichzeitig eine in den Fußboden fortgeleitete Vibration verursachen. Taube Katzen kompensieren den fehlenden Gehörsinn nämlich mit dem Gesichtssinn und mit gesteigerter Aufmerksamkeit der Vibrationswahrnehmungsfähigkeit in den Sohlenballen. Der Testschall, ein dem Tier möglichst ungewohntes Geräusch, soll von hinten oben kommen. Gehörtüchtige wenden den Kopf nach der Geräuschquelle um.)

Für ein reines Stubendasein sollte man niemals den Anführer einer Geschwisterschar wählen: Er ist zumeist frech, kann überaggressiv sein und ist auf jeden Fall extrem eigenwillig. Hingegen würde ich lebhafte oder auch nicht allzu extrem lebhafte, spielbereite, aufmerksame und vor allem kontaktfreudige Typen bevorzugen, solche, die womöglich noch mit einem Kontaktlaut auf den Zuruf des gewohnten Pflegers antworten und auf ungewohnte Geräusche und den Anblick einer über den Boden gehaltenen Schnur so reagieren wie die Mehrzahl der Geschwister. Von einem solchen Kätzchen kann man mit großer Wahrscheinlichkeit erwarten, daß es problemlos ist und sich normal entwickeln wird; dies selbst dann, wenn es unter belastenden Umweltbedingungen aufwachsen sollte, was in der Großstadtwohnung ja nie völlig auszuschließen ist. Reine Stubenhaltung bedeutet nun einmal für eine Katze eine mehr oder weniger unnatürliche Umwelt. Sie beansprucht nicht nur die Anpassungsmechanismen des Raubtieres Katze immer wieder, sie ist auch mit lebenslanger Frustration des Beutetriebes verbunden. Eine normal veranlagte Katze wird diese Anpassungsreaktion aber bringen, sie wird den Belastungen gewachsen sein und sich in ihrer Situation trotzdem wohlfühlen.

Für welche Mieze man sich auch immer entscheidet, man nehme sie niemals vor der 8. Lebenswoche von der Mutter weg, nur so können die ungünstigen Auswirkungen einer isolierten Aufzucht vermieden werden. Und wenn man außerdem erwartet, daß das Kätzchen später einmal viele Milieuänderungen gut verkraften soll, dann sollte man das Tier bereits vor dem vollendeten 3. Lebensmonat an eine erweiterte Umwelt gewöhnen: an den Park, an Brustgeschirr und Leine, an das Autofahren. Der günstigste Zeitpunkt, sich ein Kätzchen ins Haus zu nehmen, liegt zwischen der 10. und 12. Lebenswoche.

Während interindividuelle Verhaltensunterschiede innerhalb der gemischten Hauskatzenpopulation sehr groß sein können und von Edelrassetieren der einen Rasse zu solchen einer anderen Rasse ebenfalls, sind sie innerhalb jeder bestimmten Rasse mehr oder weniger gering, sodaß man mit Recht von rassetypischen Eigenschaftskombinationen sprechen kann, ähnlich wie beim Exterieur von einheitlichen, rassetypischen Erscheinungsbildern.

Es ist hier nicht der Ort, auf Beschreibungen der körperlichen Erscheinungsbilder der vielen Katzenrassen genauer einzugehen, das würde den gesteckten Rah-

190

men dieses Buches bei weitem sprengen. Nach einigen Bemerkungen zum Exterieur wird daher in der folgenden Darstellung jeweils sofort auf die hervorstechendsten Verhaltenseigentümlichkeiten der Vertreter jeder einzelnen Katzenrasse eingegangen, wobei nicht alle, sondern nur diejenigen Rassen besprochen werden, über die ich eigene Erfahrung habe oder über die in der verstreuten Literatur besondere Angaben zum Verhalten zu finden waren. Bei Rassen, mit denen ich keine eigenen Erfahrungen habe, wird demnach auch der Ausführlichkeitsgrad der einzelnen Darstellungen unterschiedlich sein. Zur Einleitung dieses Themas ist jedoch auf ein paar allgemeine Bemerkungen zu Belangen des Exteriers nicht gänzlich zu verzichten:

Über lange Zeit führte die Katze in Europa ein verhältnismäßig selbständiges, vom Menschen in Bezug auf Zuchtwahl relativ unabhängiges Leben und war nur in verschiedenen, lokal verbreiteten Farben und Zeichnungsmustern, Haarlängen sowie Körperbauproportionen unterschiedlich ausgeprägt (angepaßt an unterschiedliche Umweltbedingungen und vielleicht auch etwas beeinflußt durch menschliche Vorlieben). Erst seit Ende des letzten Jahrhunderts entwickelte sich allmählich die heutige Vielfalt der verschiedenen Typ- und Farbvarietäten. Bestimmte markante Form- und Farbvarietäten wurden schließlich, sobald ein genügend gefestigter, einheitlicher Tierstamm vorhanden war, von einem Gremium der internationalen Katzenzucht als Rasse anerkannt, und es wurden Vorschriften darüber aufgestellt, wie die Vertreter einer Rasse auszusehen haben, welche Eigenschaften erwünscht und welche unerwünscht sind. Solche „Vorschriften" für jede bestimmte Rasse bezeichnet man als deren „Standard". Diese „Kunstprodukte", genannt „Edelrassen", teilt man zur Zeit in zwei große Klassen, nämlich in Langhaarrassen und Kurzhaarrassen. Die Langhaarrassen unterteilt man weiter in die Klasse der echten Langhaarkatzen (Perser und Colour-Point) und die Klasse der Halblanghaarrassen (Türkisch Van, Türkisch Angora, Maine-Coon, Norwegische Waldkatze, Birma, Balinese und die Somali).

Die Kurzhaarklasse wird weiter unterteilt in mittelschwere Rassen (wie z. B. die europäischen Kurzhaarkatzen in ihren vielfältigen Erscheinungsformen, die Exotic Shorthair und die schwanzlosen Manx-Katzen) und in die sogenannten Schlankformrassen (Siamkatzen, orientalische Kurzhaarkatzen, Havanna); dann kennt man noch die Rex-Typen mit welligem Fell, Drahthaarkatzen (American Wirehair) und sogenannte Nacktkatzen (Sphinx).

Jede anerkannte Rasse und jede Farbvarietät derselben trägt eine Nummer, die für alle der FIFe (Fédération Internationale Féline) angeschlossenen Länder gilt.

Bezüglich der Fellfarben und Musterungen unterscheidet man bei den Haus- und Rassekatzen einfarbige Katzen (in schwarz, weiß, blaugrau, braun, chocolate, lavendelfarben bzw. lilac, rot und creme), zweifarbige Katzen oder bicolor (weißgescheckte Tiere kommen sowohl bei Hauskatzen als auch bei Edelkatzen vor; am häufigsten sind Rot-Schwarz- bzw. Schildpatt- und Blau-Creme-Tiere; da diese Variationen geschlechtsgebunden vererbt werden, gibt es nur weibliche Tiere dieser Färbung), dreifarbige Katzen oder bunte (wobei die Schildpatt- und Blau-Creme-Färbung mit Weißscheckung kombiniert ist, was ebenfalls nur in Form weiblicher Tiere in Erscheinung tritt), Katzen mit Abzeichen, sogenannten Points (Kombination von hellem Fell mit dunklen Partien an Kopf, Schwanz und Pfoten, wie bei den Colour-Point-Persern, Balinesen und, wohl am bekanntesten, bei den Siamesen), Katzen mit Abzeichen und Weißscheckung (z. B. die Birmakatzen, bei denen die Siamfärbung mit einer eigentümlichen Weißscheckung verbunden ist, die sich nur an den vier Pfoten als „Stiefel" zeigt), getippte Katzen (das sind Katzen mit Haarspitzenfärbung, die in jeder katzentypischen Farbe vorkommen können; am bekanntesten sind sie in der Ausprägung als Chinchilla, Silver-Shaded und Smoke), gestreifte Katzen oder Tabbies (Tigerung, Stromung und Tupfen kommen bei Wild-, Haus- und Edelkatzen vor) sowie schließlich sogenannte Agouti, bei denen jedes einzelne Haar zwei- bis dreifach hell und dunkel gebändert ist (mit jeweils dunkler Haarspitze). Letzteres nennt man auch Tiking oder Wildfärbung (sie kann in Kombination mit jeder gestreiften Fellmusterung vorkommen). Genaueres findet man in allen Katzenrassenbüchern, dort auch einprägsame Illustrationen und Angaben über mutmaßliche Herkunft und Verwandtschaft sowie die genetischen Grundlagen der Farben- und Zeichnungsvererbung.

Nun zu den einzelnen Rassen konkret:

Die Perser werden charakterisiert als Langhaarkatzen mit rundem kurzen Kopf, abgerundeten kleinen Ohren, großen Augen, kräftigem, aber kurzem Körper auf niedrigen Beinen mit buschigem Schwanz und seidigem Fell. Man kennt sie in fast siebzig Farbvarianten! Obwohl Wesensbeschreibungen von Rassen immer Verallgemeinerungen darstellen, sodaß gelegentlich mit geringeren oder größeren Abweichungen vom Typus (bis zum Gegenteil!) gerechnet werden muß, lassen sich Perser im großen und ganzen als besonders ruhige, ja gelegentlich gar phlegmatische Tiere kennzeichnen. Am ruhigsten sind die einfarbigen; gestromte und gescheckte Perserkatzen können auch temperamentvoller sein. Sie können sich jeder Umgebung schnell anpassen, haben eine leise, melodiöse Stimme und

Übersicht über Körperformen von Langhaarkatzen.

neigen eher zur Zurückhaltung, obwohl man sie nicht als scheu bezeichnen kann. Als Zuchtkatzen sind sie zwar gute Mütter, von denen viele allerdings verschiedene Instinktverluste beim Gebären und im Funktionskreis des Brutpflegeverhaltens aufweisen. Die Wurfgröße ist mit zwei oder drei Jungen relativ klein. Die Jungtiere sind eher Spätentwickler und beim Spielen weniger wild als andere junge Katzen; erwachsene Perser sind oft nur mit Mühe zum Spiel zu motivieren.

Die langhaarigen Colour-Points, ehemaligen Khmer, in Fell und Körperbeschaffenheit den Persern entsprechend, jedoch mit Siamzeichnung und blauen Augen, kommen in vierzehn verschiedenen Tönungen vor. Der Charakter der einzelnen Colour-Point-Katzen ist natürlich ebenso unterschiedlich wie bei anderen Katzenrassen auch, aber grundsätzlich kann man ihn als eine Kombination von Eigenschaften der Perser und der Siam beschreiben. Sie werden als zwar ruhig, aber nicht faul und langweilig beschrieben. Zumeist sind es freundliche und zutrauliche Tiere ohne Kontaktschwierigkeiten zu anderen Katzen, Kindern, Fremden oder Hunden. Sie sind menschenbezogen und brauchen daher ihre täglichen Streicheleinheiten. Es fehlt ihnen das geräuschvolle, ungestüme Wesen der Siamkatzen. Die Weibchen werden gewöhnlich etwas früher als die der meisten Perser rollig, nämlich schon mit etwa 8 Monaten. Die Kater dagegen sind Spätentwickler und kaum vor ihrem 18. Lebensmonat geschlechtsreif. Mit zwei bis drei Jungen ist die Wurfgröße ähnlich klein wie bei den Persern.

Die Heilige Birma zählt zu den Halblanghaarrassen und kommt in Färbungen wie bei den Colour-Points vor, jedoch stets mit weißen Stiefeln an allen vier Füßen. Der Körper ist schlanker und der Kopf länger als bei den Colour-Points und das Fell pflegeleicht. Die Augen sollen wie bei letzteren groß und blau sein. Die Birma ist ganz besonders menschenbezogen, man sollte sie daher nicht täglich allzu lange allein lassen. Sie ist verträglich mit Hunden, Meerschweinchen und anderen kleineren und größeren Haustieren und liebt Kinder. Das Temperament kann man als gemäßigt bezeichnen, weniger ruhig als das der Perser, aber ruhiger als das der Siam. Birmakatzen sind kaum je aggressiv, immer liebenswürdig und spielen gern mit Kindern. Die Kätzinnen sind mit 7 Monaten paarungsbereit und werfen durchschnittlich drei bis fünf Junge.

Die Ragdoll wird manchmal irrtümlicherweise mit der Birma verwechselt. (Wörtlich übersetzt heißt dieser Name etwa so viel wie Fetzenpuppe oder Stoffpuppe.) Es handelt sich um eine noch recht junge, amerikanische Halblanghaarkatzenrasse, ungewöhnlich schwer, mit breiter Brust, kräftigem Hinterkörper und stämmigen Beinen. Die weit gesetzten, chinablauen Augen sind groß und oval. Drei Formen und vier Farben werden gezüchtet: Colour-Point, Bicolor (Colour-Point mit Weißscheckung) sowie Mitted (Bicolor oder Colour-Point mit weißen Pfoten). Bevorzugt werden die vier klassischen Siamesenfarben Seal (schwarz), Blue (blau), Chocolate (schokoladebraun) und Frostpoint (lila). Das Fell soll weich wie ein Kaninchenfell sein und nicht zum Verfilzen neigen. Das Besondere an den Vertretern dieser Rasse ist ihre weitgehende Schmerzunempfindlichkeit, Furchtlosigkeit, Aggressionslosigkeit und überhaupt Temperamentlosigkeit. Es sind ausgesprochene Schmusetiere, geeignet zum Auf-dem-Schoß-Liegen und Herumtragen.

Die ebenfalls zu den Halblanghaarkatzen zählende B a l i - K a t z e könnte man als „langhaarige Siam" bezeichnen. Der Kopf ist keilförmig, die Ohren groß, der Körper schlank, die Beine lang. Obwohl die Siamzeichnung ähnlich wie bei den Colour-Point ist, stellt sie, was Körperbau und Temperament anbelangt, eine ganz andere Katze dar, deren Rasseneigenschaften denen der Siam viel ähnlicher sind: Die Balinesin hat immer Lust zum Laufen, Springen, Umherturnen (auch auf Vorhängen und Möbelstücken). Sie klettert an Menschen hoch und läßt sich gern herumtragen. Sie fordert viel Zuwendung! Balinesinnen können unermüdlich spielen und haben eine laute Stimme, die der der Siam sehr ähnlich klingt. Auch hinsichtlich der Wurfstärke und der Frühreife sind sie den Siamkatzen ähnlicher als den Langhaarrassen.

Eine weitere Halblanghaarkatze ist die S o m a l i. Es handelt sich um eine relativ junge Katzenrasse, hervorgegangen aus der Einkreuzung von Persern in Abessinierkatzen; daher findet man bei ihr dieselbe charakteristische Haarbänderung wie bei letzteren (deren Beschreibung siehe unter den Kurzhaarrassekatzen). Man züchtet sie in den Farben rot, blau, beige und wildfarbig. Die Augen der Somali sind grün und bernsteinfarbig. Kopf und Körper sind mittellang, das Fell weich und dicht, der Schwanz buschig. Die Ohren sind deutlich behaart, manchmal büscheltragend. Das Wesen der Somalikatzen wird von manchen Autoren als umgänglich und sanftmütig beschrieben, von anderen als unbekümmert, doch geschickt und von ausdauernder Spielfreude. Somalikatzen sind anschmiegsam und verträglich, viele von ihnen sollen eine besonders melodische Altstimme haben. Ihre Würfe sind mit nur drei bis vier Jungen klein, es werden mehr Kater als Kätzinnen geboren.

Die N o r w e g i s c h e W a l d k a t z e ist eine Halblanghaarrasse mit wolligem, dichten Unterfell, überdeckt von glänzenden, wasserabstoßenden Haaren. Sie trägt eine große Halskrause. Die Erscheinung erinnert an die einer Wildkatze.

Der Körperbau ist groß und kräftig; das Tier wird als robust, abgehärtet, aktiv und mutig beschrieben, gut angepaßt an das rauhe Leben im nördlichen Klima mit seiner kalten und feuchten Witterung. Obwohl es sich bei diesen Katzen um gute Jäger und ausgezeichnete Kletterer handelt, mit starkem Hang zur Unabhängigkeit, werden diese intelligenten Tiere von Liebhabern als gutmütig und sehr verspielt beschrieben, die die menschliche Gesellschaft lieben sollen.

Die Maine-Coon, eine der ältesten Rassen Nordamerikas, ist der Norwegischen Waldkatze ähnlich, groß und kräftig und relativ hochbeinig, die Zeichnung erinnert an die des Waschbären. Kater können bis 7 Kilogramm schwer werden und treiben allerlei Schabernack; auch die Weibchen sind immer zum Spielen aufgelegt. Als Revierkatzen handelt es sich um große Kämpfer, auch halten sie Haus und Hof von Mäusen und Ratten frei. Als Wohnungskatzen brauchen sie viel Zuwendung, werden als gesellige, verträgliche und angenehme Hausgenossen beschrieben. Es handelt sich um ausgesprochene Spätentwickler, denn es kann bis zum 4. Lebensjahr dauern, bis sie voll ausgewachsen sind. Die Wurfstärke beträgt etwa vier Junge.

Die Türkisch Angora ist wahrscheinlich die älteste Langhaarkatzenrasse überhaupt. Sie wird zur Zeit in Europa selten gehalten. Man erkennt sie am keilförmigen Kopf mit relativ langem, schlanken Körper, verbunden mit langem, buschigen Schwanz, großen Ohren und dem langen, seidigen Fell (das in vielen Farbschlägen und Zeichnungsmustern und auch reinweiß vorkommen kann). Sie soll ein freundliches Wesen haben und sehr spielgewandt sein. Die Kätzchen sind frühreif.

Die Türkisch Van-Katze ist im Körperbau etwas kürzer als die vorhergehend genannte Rasse und hat auch kleinere Ohren und einen kürzeren, breiteren Kopf. Ähnlich wie bei der Türkisch Angora fehlt dem langen Fell die Unterwolle, weshalb es im Vergleich mit dem der Perser weniger zum Verfilzen neigt. Mit der Farbkombination Weiß mit kastanienroten Flecken an Kopf und Schwanz handelt es sich um eine zweifarbige Halblanghaarrasse mittelschweren Typs, die etwas kräftiger gebaut ist als die Angora und, im Gegensatz zu letzterer, auch in Europa als Edelrasse anerkannt wird. In Anatolien werden diese Tiere als normale Hauskatzen gehalten. Eine ihrer Verhaltensbesonderheiten ist, daß sie gerne schwimmen. Auch im Winter toben sie begeistert im Schnee herum. Da sie beim Spielen recht wild sind, brauchen sie in der Wohnung viel Platz und eignen sich wohl mehr für die Haltung im Freien, insbesondere da sie das Herumstreifen lieben und gute Jäger sind. Sie lassen sich nicht gerne herumtragen und werden alsbald ungedul-

196

dig, wenn sie Zwang verspüren. Trotzdem sollen sie anhänglich sein und wollen angeblich nicht gern allein sein, sodaß empfohlen wird, mehrere dieser Tiere in einem gemeinsamen Auslauf zu halten. Die Wurfstärke kann mit fünf bis sechs Welpen als groß bezeichnet werden; die Jungtiere sind frühreif.

Bei den Europäisch Kurzhaarkatzen (EKH) handelt es sich um rein durchgezüchtete Hauskatzen mit klaren Fellfarben und -mustern, mit kräftigem, muskulösem, eher schwerem Körper mit breiter Brust, kurzen, dicken Beinen, kurzem, abgerundeten Schwanz, breitem, runden Kopf und abgerundeten Ohren. Ihnen ähnlich sind die sogenannten British Shorthair, die in siebenundfünfzig Farbschlägen gezüchtet werden, und die American Shorthair, deren Körper ebenfalls kräftig und muskulös, aber nicht so gedrungen erscheint wie bei den EKH; auch ist ihr Kopf nicht so rund, dafür Beine und Schwanz etwas länger. Die europäischen Kurzhaarkatzen unterscheiden sich von den britischen Kurzhaarrassen nur geringfügig im Körperbau und gar nicht in den zugelassenen Farben. Zugelassen sind zahlreiche, genau festgelegte Hauskatzenfarben und Fellmusterungen. Während bei den Europäisch Kurzhaarkatzen das Fell kurz, dicht und glänzend sein soll, wird bei den British Shorthair besonderer Wert auf dichtes, feines Fell mit dichter Unterwolle gelegt, das plüschartig absteht. Ähnlich wie bei den nicht planmäßig durchgezüchteten „gewöhnlichen" europäischen Hauskatzen sind die Charakterbilder eher uneinheitlich, und man findet breitgestreute Eigenschaftskombinationen. Im Gegensatz zu vielen „exotischen" Rassen haben die Muttertiere kaum je Schwierigkeiten bei der Geburt, die Würfe sind mit vier bis fünf Jungtieren mittelgroß und die Jungen, wenn auch nicht extrem, so doch eher frühreif, zumindest im Vergleich zu vielen extrem spätreifen Langhaarkatzenrassen. Teilweise Instinktverluste, in welchem Funktionskreis auch immer, findet man kaum, es gibt jedoch unter ihnen sowohl eher beutetriebschwache als andererseits auch extrem beutetriebstarke Katzen, die im Freien gute Mäusefänger sind, in der Wohnung dann aber gelegentlich die Schuhe und Füße der Betreuungspersonen als Beuteattrappen mißbrauchen und beim schnellen Vorübergehen anspringen. Im allgemeinen − doch davon gibt es, wie stets, Abweichungen − handelt es sich um intelligente, liebevolle Tiere mit mehr oder weniger ausgeglichenem Temperament, lernbegabt, durchschnittlich spielfreudig (manche mehr, manche weniger), mit nicht so extrem wilder Aktivität wie beispielsweise Siamkatzen, sodaß, außer in der frühen Jugend, Vorhänge und Möbelstücke weniger leiden. Auch ist ihre Stimme eher leise und angenehm.

Übersicht über Körperformen von Kurzhaarkatzen.

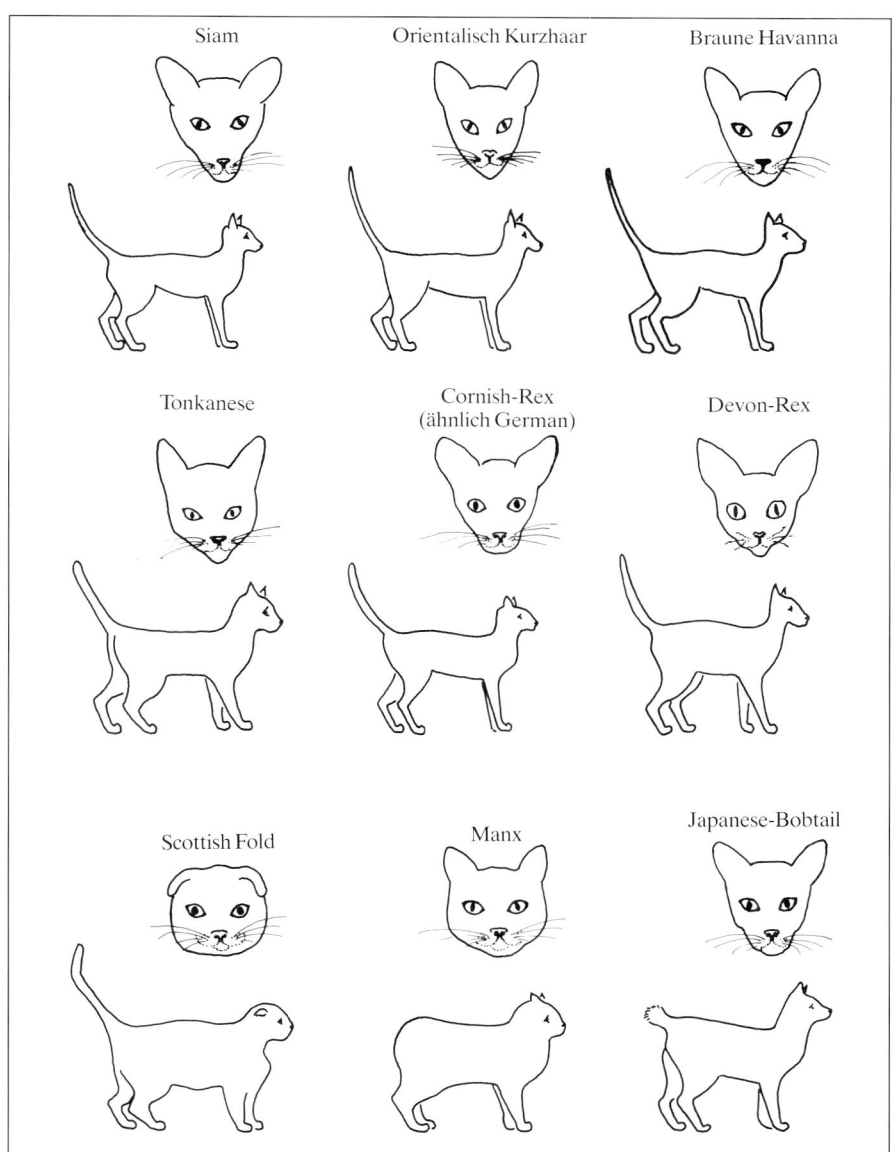

Übersicht über Körperformen von Kurzhaarkatzen (Fortsetzung).

Als Exotic Shorthair wird eine nun auch in Europa allmählich beliebter werdende Kurzhaarrasse bezeichnet, die in den USA aus Einkreuzungen von Persern in amerikanische Kurzhaarkatzen entstanden ist. Das Aussehen dieser Tiere kann man am treffendsten als „kurzhaarige Perser" umschreiben, obwohl ihr Fell nicht ganz so kurzhaarig ist wie das der anderen Kurzhaarkatzen. Der gedrungene Körperbau und das runde Kindergesicht sowie die kurzen, stämmigen Beine und das weiche, plüschartige Fell erinnern stark an den Typ der Perser, dem auch die Farbvariationen entsprechen. Auch im Charakter scheinen sie den Persern ähnlich zu sein: Sie werden als ruhig, verspielt und intelligent beschrieben.

Die sogenannten echten Kartäuser (Chartreuse), eine der ältesten europäischen Katzenrassen, haben einen etwas massiveren, muskulöseren Körper als die EKH mit breiter Brust und großen, dunkelorange gefärbten Augen. Ihr Fell ist kurz, dick und einfarbig graublau mit leicht silbrigem Glanz. In Deutschland und Österreich ähneln sie sehr den einfarbigen Britisch Blau, mit denen sie selbst auf Ausstellungen häufig verwechselt werden. Deutlicher als bei anderen Katzenrassen sind die männlichen Tiere meist größer, kräftiger und muskulöser als die weiblichen. Kartäuser spielen bis ins hohe Alter, und das Spiel kann bei ihnen fehlende Jagdmöglichkeiten gut ersetzen. Viele Kartäuser (und wahrscheinlich auch Britisch Blau) lassen sich nicht gerne angreifen und allzu lange streicheln – jedenfalls nicht von fremden Personen. Sie sind seßhaft, verträglich mit anderen Tieren, nicht übertrieben neugierig und lieben ihren Betreuer anhänglich, welcher Wesenszug ihnen in Frankreich den Spitznamen „Hunds-Katze" eingebracht haben soll. Kartäuserkatzen sind ruhige, unaufdringliche, anpassungsfähige Tiere; dasselbe gilt für die British Blue.

Eine weitere Kurzhaarrasse mit einfarbig blaugrauem, dichtem, sehr feinem, geradezu plüschartigen Fell mit Silberschimmer ist die Russisch Blau. Im Gegensatz zu den Kartäuserkatzen ist diese Katze viel schlanker, hat grüne Augen und einen schmaleren Kopf. Ihr kurzes, dickes, dichtes Fell schützt sie auch bei extremen Witterungseinflüssen, sodaß sie sehr unempfindlich gegen Kälte ist. Russisch Blau-Katzen sind sanftmütige, freundliche Tiere, zurückhaltend, vor Fremden oft scheu. Sie sind insgesamt ruhig (auch während der Rolligkeit), haben eine leise Stimme, sind anhänglich und immer gute Mütter. Sehr empfehlenswerte Wohnungskatzen!

Eine weitere blaugraue Kurzhaarkatze mit großen, grünen Augen und rundlichem, mittelgroßen Körper ist die Korat. Sie stammt aus Thailand. Das Gesicht der Korat-Katzen ist herzförmig, die Ohren sind hochgestellt. Sie sollen spätreif, besonders schnupfenanfällig und ziemlich lärmempfindlich sein. Korats werden als liebenswürdige, stille Hausgenossen beschrieben, sanft in Stimme und Bewegung, die aber auch wild und ausgelassen spielen können.

Die B u r m a - K a t z e n sind kräftige, einfarbige Kurzhaarkatzen mit rundem Kopf und goldgelben, runden Augen. Ihr schimmerndes Fell glänzt wie Satin. Ursprünglich gab es sie nur in braun, heute werden sie aber auch in vielen anderen Farben gezüchtet. Da Burma-Katzen ungern allein bleiben, sollte man sie zumindest zu zweit halten oder in einer Großfamilie mit anderen Haustieren. Ihr Wesen wird als sanft, aber bestimmt beschrieben, sie sind verspielt und lebhaft, aber angeblich nie wild, anpassungsfähig an die Stadtwohnung, aber auch Mäusejäger auf dem Lande. Sie verstehen, sich durchzusetzen, sind aber trotzdem stark auf den Menschen orientiert und lieben es, viel gestreichelt zu werden. Sie sollen langlebig und frühreif sein und werfen normalerweise fünf Junge. Es gibt auch langhaarige Burmas.

Die A b e s s i n i e r sind Kurzhaarkatzen mit geschmeidigem, muskulösen Körper, langem Kopf, langen Beinen und verhältnismäßig großen Ohren, die häufig sogenannte Ohrpinsel tragen. Die Fellfärbungen reichen von warmem Braun bis zu Rötlich (Sorell); mit rudimentärer Tabbyzeichnung am Kopf und manchmal auch an den Beinen und am Schwanz. Seltene Farbvarietäten sind Beige und Blue. Das Auffälligste an den Vertretern dieser Rasse ist, daß außer am Bauch jedes Haar gebändert ist, sodaß eine charakteristische Wildfärbung (Agouti) wie bei einem Hasen entsteht, weshalb sie auch Häschen- oder Kaninchenkatzen genannt werden. Abessinier werden als besondere Individualisten beschrieben: Jede Katze ist anders. Während die wildfarbenen eher als zurückhaltend charakterisiert werden, gilt die rote als stürmischer und geselliger. Alle Abessinier gelten als hochintelligent und sind gute, leidenschaftliche Jäger, obwohl sie sich nicht weit vom Haus zu entfernen pflegen. Infolge ihrer Gelehrigkeit ist es besonders leicht, ihnen verschiedene Kunststücke und das Apportieren beizubringen. Abessinier sind sehr anhänglich und schließen sich merkwürdigerweise Männern stärker als Frauen an. Mit anderen Katzen sollen sie sich nicht immer gut vertragen. Die Stimmen dieser ansonsten unkomplizierten, freundlichen Katzen sind leise, selbst während der Rolligkeit. Die Wurfstärke ist leider klein und das Entwicklungstempo der Abessinierkatzen langsam, wenn auch nicht so langsam wie bei ihren langhaarigen Verwandten, den Somalikatzen.

Die blauäugigen S i a m k a t z e n mit ihren typischen dunklen Abzeichen an Nase, Ohren, Beinen und am Schwanz und ihrem schlanken, eleganten Körper

Auch Katzenzucht unterliegt dem Diktat der Mode! (Bei allen „orientalischen" Rassen bevorzugt man heute extrem lange, schmale Köpfe: So hat sich beispielsweise die Erscheinung der Siamkatzen gegenüber früheren Jahren stark verändert.)

mit langen Beinen und keilförmigem, extrem langem Kopf mit großen, spitzen Ohren sind in Mitteleuropa wohl die bekanntesten Kurzhaarkatzen des „exotischen", sogenannten „orientalischen" Typs. Sie werden heute überschlank gezüchtet, in vielen verschiedenen Farbschlägen. Am bekanntesten sind derzeit wohl die Seal-Point-Siamesen (bei denen der Körper creme- bis rehfarben und die Maske kräftig sealbraun ist) und die Blue-Point-Siamesen (bei denen als Körperfarbe ein kaltes Weiß erwünscht ist, in Verbindung mit blauen Abzeichen), ferner die Chocolate-Point-Siamesen (mit elfenbeinfarbenem Körper) und die Lilac-Point-Siamesen. Zahlreiche Farbschläge sind beliebt, auch solche, bei denen die Abzeichen nur mehr sehr unauffällig und gestreift (Tabby-Point) oder gefleckt (Torty-Point) sind. Siamkatzen sind besonders laut und „gesprächig". Während der Rolligkeit schreien sie nicht selten die ganze Nacht, nach Art eines menschlichen Babys. Es sind extrem temperamentvolle, ja geradezu quecksilbrige, wilde Hausgenossen, die gegen Fremde auch recht böse werden können. Ihren Betreuern sind sie jedoch hundeähnlich zugetan, extrem kommunikationsfreudig und anschmiegsam. Ihre Verspieltheit ist manchmal geradezu verrückt. Siamkatzen erscheinen manchmal nervös und übersensibel. Eines aber ist trotzdem sicher: Siamkatzen kann man viel leichter dazu bringen, an der Leine spazierenzugehen, als alle anderen Katzen. Siamkatzen sind sehr fruchtbar, ihre Wurfstärke ist viel größer als die anderer Rassen, die Jungtiere sind frühreif, Weibchen werden nicht selten schon mit fünf Monaten rollig. Siamkatzen sind keine Katzen für Anfänger und solche, die wenig Zeit haben.

Eine Mischrasse aus Siam- und Burma-Katzen sind die Tonkanesen; sie stehen in der Färbung und Körperform zwischen Siam und Burma und können nicht rein gezüchtet werden, man muß sie daher als Gebrauchskreuzung bezeichnen. Ihr Temperament ist dem der Siamkatze sehr ähnlich.

Die sogenannten Orientalisch Kurzhaarkatzen (OKH) kann man als Siamkatzen in einfarbigem Kleid bezeichnen, denn sie besitzen keine Abzeichen, sondern sind einheitlich gefärbt und werden in über vierzig Farbschlägen anerkannt. Kopf- und Körperform entsprechen der Siam. Alle haben sie (mit einer Ausnahme) im Gegensatz zu den blauäugigen Siam jedoch grüne Augen. Fellfarben und Zeichnungen sind wie bei den EKH. Eine besonders bekannte, einfarbige Variante der OKH sind die sogenannten Braunen Havanna (die in Nordamerika, allerdings unter etwas anderer Körperform, als selbständige, gesonderte Rasse gezüchtet werden, sodaß diese Tiere dann nicht mehr als Farbvariante der OKH aufgefaßt werden können; sie sollen dort auch nicht ganz so laut und temperamentvoll wie die Orientalen sein). Die Verhaltenseigenschaften der orientalischen Kurzhaarkatzen entsprechen weitgehend denen der Siamkatzen: Sie erheischen viel Aufmerksamkeit von ihren Betreuern, gelten als unermüdliche Energiebündel und nehmen engagiert an jeder Familienaktivität teil. Vorhänge, Tapeten, Tischdecken und dergleichen sind vor ihnen nicht sicher. Trotzdem gewinnen diese extrem kontaktbedürftigen, ausgesprochen eleganten Tiere immer mehr Liebhaber. Die Weibchen werden sehr früh geschlechtsreif und haben eine sagenhafte Fruchtbarkeit. Würfe mit sechs bis acht und noch mehr Jungtieren sind keine Seltenheit. Die außerordentlich lebendigen Jungtiere sind Schnellentwickler, und da sie großartige Kletterer sind, versuchen sie sich schon als Halbwüchsige an Möbeln und Vorhängen in der Wohnung sowie an Bäumen und Gesimsen im Freien.

Einen völlig anderen Typ von Kurzhaarrassekatzen als die beiden vorgenannten stellen mit ihrem kurzen, rundlichen Körper die schwanzlosen Manx-Katzen dar. Der Rücken ist aufgekrümmt, die Hinterbeine sind lang und der Kopf etwas langgezogener als bei den europäischen Kurzhaarkatzen. Sie werden in allen bekannten Farben und Mustern der EKH anerkannt. Die fehlenden Schwanzwirbel in Verbindung mit der hohen Hinterhand und dem kurzen Rücken bedingen einen kaninchenähnlich hoppelnden Gang. Infolge Vorhandenseins von Defektgenen und Letalfaktoren lassen sie sich nicht reinerbig züchten. (Eine andere Rasse mit verkürzter Wirbelsäule ist die Japanese-Bobtail oder japanische Stummelschwanzkatze. Sie tritt dreifarbig auf und ist in Europa als Edelrassekatze nicht offiziell anerkannt.) Manx-Katzen werden als intelligent, ausgesprochen gelehrig und leicht erziehbar beschrieben. Trotz ihres rassetypischen Körperdefektes sollen sie gute Kletterer und Mäusefänger sein. Mit Hunden und Kindern sind sie gut verträglich.

Rex-Katzen sind schlanke, hochbeinige Tiere mit sehr großen Ohren und auffällig gewelltem bzw. gekräuseltem Fell. Je nach Herkunft (und etwas anderer Erscheinung) unterscheidet man die Unterrassen Cornish-Rex, Devon-Rex und German-Rex mit verschiedenen genetischen Unterschieden. Bei allen drei Rassen sind nicht nur die Haare, sondern auch die Augenbrauen und die Schnurrhaare gekräuselt sowie Ohren und Augen übergroß. Sie werden in vielen Farben gezüchtet. Rex-Katzen werden als friedlich und sanft beschrieben, die sich besonders leicht an Leine und Geschirr gewöhnen lassen, die Jungen werden früh aktiv, entwickeln eine extreme Neugier und haben bis weit ins Erwachsenenalter hinein Sinn für Spaß und Spiel. Manche können mit dem Schwanz „wedeln", was ihnen in England den Spitznamen Pudelkatzen eingebracht haben soll. Rex-Katzen gelten als extrem eßfreudig, vielleicht weil sie ein schüttereres Fell als andere Kurzhaarkatzen haben und deswegen einen erhöhten Energiebedarf zur Deckung der Wärmeverluste.

Eine sogenannte „Hängeohrkatze" ist die Scottish Fold. Der runde Kopf wirkt durch die kleinen, vorwärts und einwärts gefalteten Ohren noch runder, ansonsten gleichen die körperliche Erscheinung und das Fell den EKH-Katzen. Fellfarben und Fellzeichnungen können ähnlich vielfältig wie bei diesen sein. Die Rasse hat vornehmlich in Nordamerika Freunde gefunden. Die FIFe anerkennt sie in Europa nicht. Die Vertreter dieser Rasse werden als so freundlich beschrieben, daß sie sogar fremden Menschen zugetan sind, als gut verträglich mit anderen Haustieren und als gute und ausdauernde Spielgefährten für Kinder, kurz als anpassungsfähige, gesellige und ruhige Heimtiere. Die Mütter bringen pro Wurf drei bis vier Junge zur Welt.

Im Vergleich zu den bekannten, manchmal sehr markanten Verhaltensunterschieden, wie wir sie bei Hunderassen kennen, sind die der Katzen eher als geringfügig zu bezeichnen und vor allen Dingen noch sehr mangelhaft dokumentiert. Dies kommt sicherlich daher, daß an Katzen keine so großen, unterschiedlichen Gebrauchsanforderungen gestellt werden wie an die − auch körperlich viel unterschiedlicher gebauten − Vertreter der zahlreichen Hunderassen. Auch befaßt man sich mit Reinzucht von Katzen vergleichsweise ja sozusagen erst seit gestern. Und schließlich legt man in der Katzenzucht weit größeres Gewicht auf ansprechendes Exterieur als auf besondere, ausgeprägte Verhaltensdispositionen.

Obwohl jeder Katzenkenner weiß, wie sehr die Vorlieben, Fähigkeiten, Bereitschaften, Neigungen (und das Auftreten im Sozialbereich) von Tier zu Tier unterschiedlich sein können, fehlten bis vor kurzem wissenschaftlich ernst zu nehmende umfassende Untersuchungen über Wesensunterschiede bei Katzen völlig. Es existierten nicht einmal befriedigende Eigenschaftskennzeichnungen − denn die, die hier gebraucht werden mußten, sind in Analogie zu landläufigen menschlichen Charaktereigenschaftsbezeichnungen entliehen. Nur quantitativ ausgewertete Verhaltensbeobachtungen der einzelnen Prüflinge (in vielen vergleichbaren Situationen vorgenommen) wären geeignet − sobald einmal Einigkeit über die Art der Bezeichnung der feststellbaren Variablen („Persönlichkeitsdimensionen") herrscht −, eine Art „Charakterkunde" oder „Wesenstypologie" der Katzen zu fundieren. Die wenigen, erst in den letzten Jahren erschienenen Pilotstudien dieser Art (z. B. von Feaver, Mendl und Bateson, von Karsh und diversen Mitarbeiterinnen, von Meier und Turner, Mertens und Turner und einigen anderen) zeigen eher die ungeheure Komplexität solcher Probleme auf, als bereits geeignet zu sein, dem Katzenzüchter als praktische Hilfe zu dienen. Auch sind diese Publikationen leider noch recht uneinheitlich in den theoretischen Konzeptionen, die darin behandelten Fragen unabgeschlossen, die Untersuchungen fortsetzungsbedürftig. Einen orientierenden Überblick über den derzeitigen Wissensstand geben Mendl und Harcourt unter der Kapitelüberschrift „Die Individualität der domestizierten Katze" in dem schon mehrmals genannten Buch von Turner und Bateson (1988). Mit rassespezifischen Verhaltensprofilen bei Katzen befaßten sich u. a. besonders die amerikanischen Tierärzte B. L. Hart und L. A. Hart (1984). Fragen der Verhaltensgenetik allgemein behandelt u. a. das Buch von Plomin, De Fries und McClearn (1980).

6 Die Welt der Stubenkatze

Nach Untersuchungsergebnissen verschiedener Psychologen werden in den USA in rund 40 % aller Haushalte mindestens ein Hund und noch mehr Katzen gehalten, wobei nicht praktische Gebrauchszwecke, wie Jagd, Bewachung, Ungeziefervertilgung, als Motive an erster Stelle rangieren, sondern Übertragungsmöglichkeit eigener Wünsche, wie z. B. Fütterungs- und Pflegebedürfnis, Hilfsbedürfnis, Kontaktbedürfnis, leider auch gelegentlich Aggressionslust und Befriedigungsmöglichkeit von Beherrschungstendenzen. Eine Katze kann dabei verschiedenen Mitgliedern einer Familie in verschiedener Weise direkt oder symbolisch dienlich sein. Es sind bereits eine Reihe älterer und neuerer Untersuchungen bekannt, die sich mit der bewußten und unbewußten Motivation der Hundehaltung und Rassenauswahl beschäftigen, leider aber nur sehr wenige über Katzenhaltung. Dies ist um so erstaunlicher, als in vielen Gebieten Englands und seit einer Reihe von Jahren nun auch in mitteleuropäischen Ländern bedeutend mehr Katzen als Hunde gehalten werden.

Nach Meinung heute erfreulicherweise immer zahlreicher werdender Fachleute sollte ein Tierarzt die besondere subjektive Bedeutung eines Schoßtieres für seinen Besitzer zu erkennen trachten, um beide besser behandeln zu können: So wird beispielsweise eine nachsichtige, pflegebereite Person ihre kranke Katze zu Hause besser umsorgen, als dies je in einem Tierspital möglich wäre.

Daß ein Stubentier, mit dem man in Kontakt treten kann, wesentlich zur seelischen Hygiene alter, vereinsamter Menschen beitragen und solcherart einen höchst legitimen „Gebrauchszweck" erfüllen kann − auch als Spielgenosse für Kinder und damit mehrfaches Erziehungshilfsmittel (insbesondere für Einzelkinder und sogenannte Schlüsselkinder) −, ist längst bekannt, und man bemüht sich seit einigen Jahren verschiedenenorts, die Ausmaße dieser Wirkungen sorgfältig wissenschaftlich zu erforschen und exakt zu belegen. Die Funktion der Haustierhaltung unterliegt in der modernen Gesellschaft − mit ihren Wohnraumballungen in großen Städten und durch Sozialgesetzgebung immer länger werdenden Freizeit berufstätiger Menschen − ohne Zweifel einem gewaltigen Wandel gegenüber früheren Zeiten, und die Bezeichnung „Luxustierhaltung", wie sie noch bis vor wenigen Jahrzehnten üblich war, trifft für die Hunde- und Katzenhaltung eines modernen Menschen in den meisten Fällen keineswegs zu.

Einige wenige amerikanische und europäische Psychiater haben – pionierhaft – Tiere sogar als Heilgehilfen für seelisch erkrankte Menschen eingesetzt und damit bemerkenswerte Erfolge beobachten können.

Nach neueren Untersuchungsergebnissen von Karsh und Mitarbeitern wurden bei älteren Katzenbesitzern – im Vergleich zu älteren Leuten, die kein Haustier hielten – Steigerung des Wohlbefindens, Abnahme von Bluthochdruck, ja sogar Rückgang eines vorhandenen zu hohen Blutzuckerspiegels und andere Verbesserungen von Altersbeschwerden beobachtet. Der psychologische und physiologische Gewinn war jedoch nicht in allen Fällen gleichermaßen zu verzeichnen, sondern es stellte sich heraus, daß dieser nicht von der bloßen Anwesenheit einer Katze in einem Haushalt abhängt, sondern von der Intensität der sozialen Bindung, die sich zwischen dem Menschen und dem Tier entwickelt.

Daß das persönliche Verhältnis, die soziale Partnerschaft, „Kumpanbeziehung", zwischen dem Tierhalter (und verschiedenen Familienmitgliedern) und dem in Hausgemeinschaft gehaltenen Tier verschiedener Art sein kann, ist verständlich, daß dabei aber an Tiere recht verschiedenartige, mitunter nahezu unerträgliche Anpassungsanforderungen an das Verhalten ihrer Besitzer, mit denen sie oft weitgehend isoliert zu leben gezwungen sind, gestellt werden, das wird allerdings nur selten einer Würdigung für wert befunden. Wir wollen uns daher in diesem Kapitel in Umkehrung des heute so oft gebrauchten Modeschlagwortes von der Mensch-Tier-Beziehung ein wenig mit dem Gesichtspunkt Tier-Mensch-Beziehung beschäftigen.

Die Lebensbedingungen in einer Großstadtwohnung unterscheiden sich wesentlich von den natürlichen Umweltbedingungen, auf die das angeborene Verhaltensinventar der Katze ausgerichtet ist. Diese Verschiedenartigkeit stellt manche Katze oft vor Probleme, die nicht immer so ohne weiteres verkraftet werden können. Oft kommt es zu vielfältigen Frustrationen und unlösbaren Konfliktsituationen. Konfliktsituationen können allein schon durch das erzwungene Kumpanverhältnis mit dem Menschen entstehen. Schließlich ist dieses ja oft der einzige Ersatz für artgemäße Sozialpartner und Reviernachbarn, mit denen man sich – sozusagen von Katze zu Katze – viel leichter, wenn auch nicht reibungsloser verständigen könnte als mit dem oft so herrisch liebeaufzwingenden, manchmal lästigen zweibeinigen Lebensgefährten. Unterschiedliches Ausdrucksverhalten (infolge Artverschiedenheit) beschert der Katze gelegentlich eine ganze Kette von Mißverständnissen, allerdings nach guter Eingewöhnung andererseits auch vielfältige Möglichkeiten zu inniger Kommunikation – dauerhafter und konfliktfreier, als dies mit einem Artgenossen je möglich wäre, da die vielfältigen Konkurrenz- und Rivalisierungssituationen im Kontakt mit ihm wegfallen.

So, wie wir das Ausdrucksverhalten der Katze — obwohl wir es nicht angeborenermaßen verstehen — aus der Erfahrung im Umgang mit ihr kennen und richtig deuten lernen, so kann auch die Katze unser Verhalten, unsere Mimik, unsere Pantomimik erkennen und bewerten lernen; oft viel subtiler, als wir ahnen!

„Mit keinem anderen Lebewesen kann eine Katze so innige Freundschaft schließen wie mit dem Menschen" — betont Leyhausen.

Obgleich wir heute wissen, daß viele Katzen bei weitem nicht so „einzelgängerische" Wesen sind, wie man früher glaubte (wenn es da auch große individuelle Unterschiede geben mag), sollten wir nie vergessen, daß ihre sozialen Bedürfnisse — im Vergleich zu den natürlicherweise in Herden oder Rudeln lebenden, ausgesprochen sozialen Tierarten — von Natur aus doch eher auf kurzzeitige soziale Kontakte begrenzt sind. In der freien Natur kommt es zu solchen in erster Linie nur bei den Vorgängen rund um die Paarung, die Mutterschaft und im Rahmen des Jungtierverhaltens. Gemeinsames Schlafen, gemeinsames Wohnen, gemeinsames Fressen und Begrüßung einander gut bekannter, befreundeter Tiere anläßlich zufälliger Begegnungen im engeren Heimbereich kann man bei freilaufenden Katzen eher nur bei untereinander verwandten, beisammengebliebenen Tieren beobachten, und das nur unter den besonderen Bedingungen einer gemeinsamen, reichlichen, konstanten Futterquelle und der sich dann ausbildenden, verschiedenartigen Sozialstruktur (wovon in Kapitel 3 schon die Rede war).

Aus dem Umstand, daß eine Katze uns gegenüber zahlreiche Auslöser aus dem Sexualverhalten, dem Mutter-Kind-Verhalten, dem Kind-Mutter-Verhalten und dem geschwisterlichen Familienverhalten zeigt, dürfen wir nicht entnehmen, daß sie uns für eine „Auch-Katze" hält. Wir selbst wenden der Katze gegenüber unbewußt ebenfalls zahlreiche Ausdrucksmittel an, die dem angeborenen menschlichen „Brutpflegeverhalten" entlehnt sind, ohne daß wir die Katze ernstlich für ein menschliches Baby halten. Trotzdem leistet diese unsere Einstellung einen wichtigen Beitrag zur Freundschaft zwischen Mensch und Katze. (Eine Einstellung übrigens, die einem Heimtier gegenüber viel sicherer und intensiver zum Tragen kommt als etwa einem Nutztier gegenüber im bäuerlichen Betrieb! Man muß mit einem Tier unter einem Dach, mehr noch, in der Wohnstube zusammenleben, damit solche Beziehungen zum Tragen kommen.)

Eine Katze sieht uns also gewiß nicht als „Auch-Katze" — gehen doch viele kätzische Auslöser der Abwehr und der Aggression, wie sie Katzen in Konkurrenzsituationen einander zeigen, von uns niemals aus —, wohl aber sieht sie uns vielleicht als eine Art „Superkatze", die mit allen guten Eigenschaften auf einmal und ständig aufwartet, betont Leyhausen (1973 und 1982) so treffend. Die Katze kann uns als zu umwerbenden „Sexualpartner" und gleichzeitig als ihr „schützenswertes Jungtier" behandeln. Sie hält uns für ihren geschwisterlichen Spielkameraden und gleichzeitig für das ernährende, übergeordnete Elterntier. Kann sich also der Mensch richtig verhalten, dann vereinigt er alle kätzischen Ausdrucksformen der Zuneigung auf sich, die es überhaupt gibt!

Die enge Beziehung zum Menschen bringt der Katze, wenn ihr andere Bezugspartner nicht zur Verfügung stehen und besonders wenn sie von frühester Kindheit an beim Menschen aufgewachsen ist, eine teilweise Reifungshemmung und Verkindlichung. Das Elterntier Mensch bringt wie die Mutter das Futter: Also wird auch er mit hochaufgerichtetem Schwänzchen begrüßt. Der Mensch streichelt mit der Hand Miezes Fell (wie die Katzenmutter mit der Zunge). Er kann die Katze auch hochheben — wie eine Katzenmutter. Er verteidigt sein Kätzchen gegen Feinde — wie die Katzenmutter, und er läßt (zumeist unangefochten) das Kätzchen in engem Körperkontakt auf warmen, weichen Plätzen bei sich ruhen. Er läßt die Katze neben sich herlaufen — wie die Katzenmutter, die ihre Jungen (ab einem bestimmten Alter) zum Beutefang mitnimmt. Und der Mensch ist der Katzenmutter sogar eindeutig überlegen, weil er all das auch bei der erwachsenen Katze macht, was eine Katzenmutter beileibe nicht täte. (Wird die Jungkatze nämlich erwachsen, dann vernachlässigt die Katzenmutter das Tierchen nicht nur, sondern wehrt es mit Tatzenhieben bei allen möglichen Gelegenheiten — insbesondere auch an der Futterschüssel — ab.) Und so kann eine Katze — zumindest in mehreren Teilfunktionen — sein ewiges Jungtier und damit stets extrem „sozial kontaktbereit" sein.

Auch als Spielgefährte hat der Mensch mehr zu bieten als ein Artgenosse: Normalerweise spielen die meisten erwachsenen Katzen kaum mehr miteinander, auch wenn sie Geschwister sind. Der Mensch bleibt aber geschwisterlicher Spielkamerad auch dann, wenn die Katze bereits längst erwachsen ist. Er fordert die Katze immer wieder zum — häufig gemeinsamen — Spiel auf. Solche Teilhandlungen aus dem Spielverhalten halten ebenfalls wichtige Kontakte zwischen Mensch und Tier wach.

Im Rahmen des natürlichen Sexualverhaltens spielen Teilhandlungen aus dem Kindverhalten interessanterweise bei vielen Säugetieren ebenfalls eine wichtige Rolle — zumeist als Aggressionsbesänftiger. Längst nicht mehr in Gebrauch ge-

Mit hocherhobenem Schwänzchen wird der vertraute menschliche Pfleger begrüßt.

Flanken-Reiben als Zuneigungsausdruck.

wesene Verhaltensweisen leben wieder auf, um vertraute Zuneigung auszudrükken. Eine solche „Regression" – das heißt Rückgriff – auf kindliche Verhaltenszüge gibt es bei vielen Lebewesen unter besonderen Umständen auch in anderen Funktionsbereichen: So z. B. betteln flügellahm verletzte Vögel Artgenossen um Futter an wie ein Nestjunges.

Ständige, zumeist besonders intensive Kontaktbereitschaft der Katze zum Menschen ist also ein durch die Stubenhaltung bedingter oder zumindest begünstigter Sonderfall; der jedoch keineswegs als abnorme oder gar als krankhafte Reifungsverzögerung verstanden werden darf, sondern als eine zweckmäßige Anpassung an die besondere Lebenssituation, in der sich die Katze durch die Stubenhaltung befindet. (Wir werden uns unter anderen Gesichtspunkten mit diesem Thema in anderen Kapiteln noch mehrmals zu befassen haben.) Nun ist auch verständlich, daß manche Stubenkatze am vertrauten Pfleger sogar mehr hängt als an ihrem Territorium, was für eine Katze recht ungewöhnlich ist; verständlich auch, daß viele Katzen völlig verstört sind, wenn ein menschliches Familienmitglied verreist oder verstorben ist; und verständlich auch, daß eine extrem verhätschelte Katze unter besonders starkem Heimweh leidet, wenn sie einmal in einem Katzenheim „auf Urlaub" eingestellt ist.

Vielen Katzenfreunden ist geläufig, daß ihre Katze „zwei Gesichter" hat: Derartiges kann man besonders bei jenen Katzen beobachten, die sowohl Wohnung als auch Garten zur Verfügung haben. Im Zimmer ist die Katze ihrem menschlichen Freund rührend zugetan und genießt es, das ewige Jungtier zu sein; im Garten aber oder gar in Nachbars Garten, wenn Jagdstimmung oder Reviererkundung vorherrschen, flieht sie selbst vor vertrauten Menschen und läßt sich manchmal nicht einmal vom Besitzer fangen. (Im Beuterevier ist jede Katze Einzelgänger.) Eine Katze kann also in einer bestimmten Umgebung zeitlebens kindlich anpassungsbereit sein, ohne gleichzeitig (in anderer Umgebung) in allen Funktionskreisen in einem Zustand der Unausgereiftheit und Unselbständigkeit zu verharren. Andererseits gibt es zahlreiche „Nur-Wohnungskatzen", die nie ins Freie kommen und von Geburt an keine andere Umwelt als die extrem reizeingeschränkte der menschlichen Wohnung kennenlernen konnten. Solche Tiere fürchten sich nicht nur vor dem „unbekannten Draußen", sondern nicht selten sogar vor Mäusen (wenn man ihnen solche unerwartet präsentiert), ihre einzigen Beuteobjekte sind Fliegen und Spinnen, sie bleiben zeitlebens mehr oder weniger verspielt, vom Jagdinstinkt kommen zwar die Appetenzanteile gegenüber nicht erreichbaren Beuteobjekten (wie z. B. dem Wellensittich im Käfig) zum Abrollen,

Die Jagdfreuden der Stubenkatze (freilich kaum je von Erfolg gekrönt).

212

zu einer adäquaten Instinktendhandlung aber kommt es nie. Ersatzweises Spiel — bei welchem der Tierhalter Symbolbeuteobjekte geschickt zu bewegen wissen sollte — ist zur Prophylaxe der Entstehung von Triebstau unter solchen Haltungsbedingungen ein Gebot der psychischen Hygiene! Bloßes Liebhaben und gar Vermenschlichung des vierbeinigen Hausgenossen genügt für einen tiergerechten Umgang mit einer Stubenkatze keineswegs!

Man sollte nie vergessen, daß von der Stubenkatze erhebliche Anpassungsleistungen verlangt werden: Sie muß sich als domestiziertes Raubtier in einer für sie teilweise unverständlichen Umwelt zurechtfinden, einer Welt, in der ihr das Ausleben ihres elementaren Jagdtriebes mit seinem ganzen Arsenal von Instinkthandlungen und mächtigen Antrieben zeitlebens weitgehend verwehrt ist und nur dürftig an Ersatzobjekten betätigt werden kann. Sie muß — als Tier mit nur wenig angeborenem Verständnis für absolute Rangordnungen — in einer Umwelt leben, die zwar eine absolute Rangordnung kennt, sich aber nur selten daran zu halten scheint: Manche Menschen geben sich als recht launische, inkonsequente Ersatzpartner (besonders Kinder und alte Leute), die ihre eigene Rangstellung ständig zu ändern scheinen. Wenn dann manche Katze noch durch ungünstige Veranlagung oder durch Aufzuchtschäden oder ungünstige Jugenderlebnisse in

Die Spinne ist leider entflohen.

213

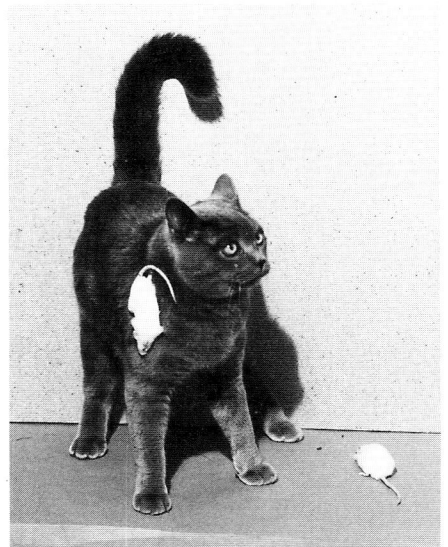

Katzen, die isoliert aufgezogen wurden, sagt die Konfrontation mit dem klassischen Beutetier Maus absolut nichts. Da auch die weißen Mäuse erfahrungslos sind und nicht fliehen, sondern gelegentlich auf die Katze zulaufen oder in ihrem Fell hängenbleiben, wenn man sie dort plaziert, empfinden viele Stubenkatzen eine solche Situation eher als unangenehm und lästig! Die gewohnte Spielzeugmaus, als Beuteattrappe an einem dünnen Nylonfaden ruckartig von der Katze wegbewegt, erscheint ihr dagegen viel interessanter.

ihrer Anpassungsfähigkeit vermindert ist, dann nimmt es nicht wunder, daß es zu allerlei ernsten „Verständigungsschwierigkeiten" – und daraus folgend zu „Haltungsschwierigkeiten" – kommen kann!

Auch hinsichtlich der Revieransprüche müssen viele Stubenkatzen als dauerfrustriert betrachtet werden. Entspricht der Lebensraum einer Katze natürlicherweise etwa der Größe eines Kleinbauernhofes, so hat ihr der Städter bestenfalls drei Zimmer und einen Flur (oft aber nur viel weniger), im Idealfall vielleicht zeitweilig auch noch ein Stück Garten anzubieten, dessen Betreten aber nur selten dem Gutdünken der Katze überlassen wird! So gesehen wird schon verständlich, warum beispielsweise eine Umgruppierung der Sitzecke im Wohnzimmer oder eine Änderung der täglichen Zeiteinteilung so erhebliche Belastungen für manche Stubenkatze darstellen können, daß sie auf diese – je nach nervlicher Konstitution – mit allerlei Verhaltensstörungen reagiert. Schließlich geht es für die Katze im speziellen Fall um ihr Heim erster Ordnung, dessen Örtlichkeiten doppelt affektbesetzt sind, wenn dieses kleine Territorium der einzige überhaupt zur Verfügung stehende Lebensraum ist. Durch Möbelumstellungen kann es einschneidend verändert werden, eingefahrene Gewohnheiten können dadurch frustriert werden, und es besteht nicht einmal die Möglichkeit, sich einer so belastenden Situation durch Ortsänderung zu entziehen!

Um nicht unnötigerweise Schwierigkeiten zu provozieren, sollte man also auf beobachtete Gewohnheiten seiner Katze Rücksicht nehmen. Der bekannte Burgschauspieler Richard Eybner formulierte das einmal so: „Meine Katze wohnt nicht bei mir, sondern ich bin Untermieter bei meiner Katze." Hinsichtlich zweckmäßiger Raumgliederung, Wahl von Futter- und Ausscheidungsplätzen, Schlafplätzen, Klettermöglichkeiten und dergleichen sei an die Empfehlungen erinnert, die bereits in Kapitel 1 gegeben wurden. Schließlich wollen wir ja, daß sich unsere Katze bei uns wohl fühlt!

Es ist eigentlich verwunderlich, daß Katzen auf dem engen Raum einer Kleinwohnung – zeitlebens ohne Jagdrevier, ohne Streifrevier – überhaupt existieren können, ohne Verhaltensstörungen zu entwickeln. (Die meisten Stubenkatzen werden ja nicht wie Hunde regelmäßig zeitweilig ins Freie geführt.) Man erwartet von ihnen mit Selbstverständlichkeit, daß sie dieses ihnen einzig zur Verfügung stehende „Heim erster Ordnung" nie durch Markieren „beschmutzen", die Ausscheidungen ausschließlich in den dazu zur Verfügung gestellten Schüsselchen verrichten, nicht durch Herumklettern die Einrichtung beschädigen, ihr Krallenschärfbedürfnis ausschließlich auf dem zur Verfügung gestellten Kratzbrett befriedigen usw. Sind nicht Stubenkatzen äußerst anpassungs- und kompromißbereite „Mieter"?

Bei der Stubenhaltung von Katzen kommen durch das innige Miteinanderleben des Menschen und des Tieres gegenseitige Abhängigkeiten zustande, wie sie sonst nur in Partnerschaftsbeziehungen eng verbundener Artgenossen auftreten. Ändert einer der Partner sein Verhalten, so ändert er damit auch zwangsläufig das des anderen, was wiederum auf sein eigenes Verhalten zurückwirkt. Eine Katze, die den Erwartungen ihres Besitzers hinsichtlich langanhaltendem Streichelbedürfnis nicht regelmäßig und dann entspricht, wenn der Besitzer es wünscht, fällt oft in Ungnade, ja wird gelegentlich wie ein eigenwilliges Kind gar mißhandelt, was die Kontaktscheue eines solchen Tieres natürlich erst recht steigert, ja zu allerlei neurotischen Verhaltensweisen Anlaß geben kann. So kommt es, daß man die

Ursachen einer ausgebildeten Verhaltensstörung nicht nur bei der Katze und den besonderen örtlichen Umweltgegebenheiten einer Kleinwohnung (verstellte Möbel, zu wenig Bewegungsmöglichkeit, verschlossene Türen, ungünstige Plazierung von Freß- und Ausscheidungsörtlichkeiten), sondern auch beim Verhalten des Tierhalters selbst suchen muß.

Grundsätzlich wird das Zusammenleben von Mensch und Katze von mehreren Brennpunkten beherrscht: der Fütterung und allem, was damit zu tun hat, dem wechselseitigen Zuneigungsausdruck und der Aggressionshemmung, dem Wohnen und Schlafen im gemeinsamen Heim, das sauber zu halten ist, sowie – ich betone es nochmals – dem Spiel. Verhält sich eine Katze in diesen Bereichen abnorm, dann stört das den Tierbesitzer begreiflicherweise weit mehr als in Verhaltensbereichen, die ihn nicht oder nur wenig tangieren: Jagdverhalten, Sexualfunktionskreis, Mutterverhalten.

Nicht nur um Verständnisschwierigkeiten zu überbrücken, sondern auch aus unbewußtem menschlichen „Brutpflegebedürfnis" heraus bedient sich der Mensch instinktiv einer im Tierreich als Zuneigungsausdruck durchaus nicht unbekannten Verhaltensweise: Er füttert, lockt und ködert das Tier mit Leckerbissen, um sein Vertrauen zu gewinnen. Nicht umsonst sagen Binsenweisheiten, daß Liebe durch den Magen geht und daß Angst und Futteraufnahme einander verdrängen. (Eine Tatsache, die so manchen unverständigen Zeitgenossen gelegentlich zu einer Einschätzung veranlaßt, deren Stupidität nur noch von ihrer Überheblichkeit übertroffen wird: Mit Hochmut und gönnerhafter Verachtung spricht er vom „primitiven Tier", das sich „ködern" läßt. Und vergißt dabei völlig, daß er selber vielleicht vor zwei Tagen ins nächste Bonbongeschäft gelaufen ist, weil er die Kinder des Chefs mit einer Tafel Schokolade oder die noch immer unwillige Braut mit einer Bonbonniere ködern wollte!) Doch ist das alles keine menschliche Erfindung: Das Darbieten von Futter – einem anderen, vertrauten Artgenossen gegenüber – ist eine bei vielen Tierarten beobachtbare Form von Zuneigungs- (oft auch Unterwerfungs-)haltung, die nicht nur im besonderen Rahmen des Mutterverhaltens, sondern auch im Rahmen der sexuellen Werbung natürlicherweise vorkommt.

Nach kürzlich fertiggestellten wissenschaftlichen Untersuchungen von Geering (1986) kann der Akt des Fütterns den Aufbau einer Beziehung zwischen Mensch und Katze beträchtlich fördern, er allein genügt aber nicht, um sie aufrechtzuerhalten. Andere Interaktionen, wie Streicheln, Spielen, Sprechen usw., sind nötig, um die entstandene Beziehung zu festigen.

Die besonderen Freuden der Stubenkatze: reichlich gedeckter Tisch mit allerlei leckeren Häppchen.

Es freut uns und schmeichelt unserem Selbstbewußtsein ungemein, wenn wir beobachten können, wie schmackhaft unser vierbeiniger Pflegling das dargebotene Futter findet und wie gierig er darauf wartet! Da die Langeweile im reizarmen Wohnungsmilieu recht häufig zu einer Hyperfunktion des Freßtriebes führt, nehmen die meisten Stubenkatzen weit mehr Futter auf, als ihnen gesundheitlich gut tut: Fast alle Stubenkatzen neigen zu Adipositas. (Nicht weiter verwunderlich, wenn man an den geringen wirklichen Energiebedarf denkt, der in einem künstlich klimatisierten und nur wenig Bewegungsmöglichkeiten und -anreize bietenden Milieu gegeben ist.)

Viele Katzenhalter sind völlig desperat, wenn ihre Katze dargebotenes Futter einmal ablehnt, wenn sie nicht schmeicheln kommt oder sich nicht streicheln läßt (dann, wenn der Besitzer − nicht die Katze − dazu Lust hat). Allzu schnell glauben sie dann gleich, daß die Katze krank oder ihnen nicht mehr freundlich gesinnt sei!

Woran können wir erkennen, daß uns unser Kätzchen mag? Daß die Katze uns zugeht und sich an unseren Beinen reibt, daß sie uns mit aufgerichtetem Schwänzchen begrüßt, daß sie uns anblinzelt, anstatt fixierend anzustarren, daß sie schnurrt, wenn wir sie streicheln, anstatt uns aus dem Weg zu gehen oder gar heftig fauchend die Tatze zur Abwehr zu heben − das alles deuten wir (ganz richtig) als Zuneigungsausdruck unseres Pfleglings. Auch im Freileben zeigen Katzen durch solche Verhaltensweisen entspannte und freundliche Stimmung einem gut bekannten Artgenossen gegenüber an. Rätselhafter wird uns die Sache allerdings, wenn wir beobachten, daß unser Kätzchen gelegentlich auch an leblosen Gegenständen Kopf und Wangen reibt und schmeichelnd Flanken und Schwänzchen anschmiegt: Z. B. kann durch solches Verhalten eine Katze anzeigen, welche Geschmacksrichtung von mehreren ihr dargebotenen (noch geschlossenen!) Katzenfutterdosen ihr augenblicklich am erwünschtesten ist. Und leicht verärgert über die anscheinende „Falschheit" und „berechnende Einstellung" seines Kätzchens ist mancher Katzenhalter, wenn er beobachtet, daß sein ansonsten mit Schmeicheleien sparsames Tier (solche Individuen gibt es) ihn plötzlich heftigst umwirbt, wenn es offensichtlich nichts anderes wünscht, als daß ihm die Türe in den Garten geöffnet wird, oder wenn der Hunger schon sehr groß ist und die Zubereitung der Mahlzeit länger als gewöhnlich auf sich warten läßt!

Leute mit wenig Selbstbewußtsein haben manchmal Schwierigkeiten, sich mit einer Katze anzufreunden, die Anzeichen von Scheu und Zaghaftigkeit zeigt. Ein solcher Mensch findet viel leichter Zugang zu einer zutraulichen Katze, die selbst häufig die Initiative zu Interaktionen mit der Person ergreift. So sollte man schon bei der Auswahl eines Kätzchens auf die Wohnungsverhältnisse und Erwartungen der darin lebenden menschlichen Personen Bedacht nehmen. Wer besonders gerne eine Schoßkatze möchte, sollte sich eher eine relativ passive Katze wählen und darauf achten, daß das Tierchen frühzeitig und besonders intensiv an Menschen sozialisiert wurde. (Extrem lebhafte und gar beutetriebstarke Individuen sind selten ausdauernde Schmusetiere und für ältere und besonders nachgiebige Personen weniger geeignet.) Es gibt unter Katzen sowohl Einzelgänger als auch solche, die in der frühen Jugend in einer „Katzengroßfamilie" aufgewachsen und demnach sozial stark kontaktbedürftig sind. Im letzteren Falle sollte sich ein zukünftiger Katzenbesitzer, vor allem wenn er wenig zu Hause ist, überlegen, ob er sich nicht gleichzeitig zwei junge Katzen anschaffen will (wozu sich Wurfgeschwister am besten eignen). Auf rassentypische Verhaltenseigentümlichkeiten − die zur Auswahl stehen − wurde bereits im vorhergehenden Kapitel hingewiesen. Es wäre zweckmäßig, dieses − sowie das Kapitel 1 − vor der beabsichtigten Anschaffung eines Kätzchens zu studieren.

Einen umfassenden Überblick über den derzeitigen Stand der wissenschaftlichen Untersuchungen zum Thema Mensch-Katze- und Katze-Mensch-Beziehungen findet man in dem von Karsh und Turner verfaßten Kapitel 12 und dem von Mertens und Schär verfaßten Kapitel 13 des Buches von Turner und Bateson (1988).

Außer dem schon genannten weitgehenden Verzicht auf regelmäßige Betätigung ernstbezogener Handlungsketten der Reviererkundung und des Beuteinstinktes zählt zur besonderen Lebenssituation der meisten Stubenkatzen auch eine oft lebenslange Frustration artgemäßen Sexual- und Mutterverhaltens. Nicht nur aus menschlichem Egoismus − um die störende und gelegentlich lautstarke Aktivität rolliger Kätzinnen und die intensive Geruchsentwicklung und Tendenz zum Entweichen erwachsener Kater zu verhindern −, sondern auch um den Tieren selbst das Verlangen nach etwas zu nehmen, was ihnen nicht geboten werden kann, werden bekanntlich Stubenkatzen üblicherweise kastriert. Diese „Verstümmelung" hat für sie nicht die Bedeutung, die sie etwa für einen Menschen hätte, weshalb die gelegentliche Abneigung mancher Tierfreunde gegen derartige Notwendigkeiten wohl fehl am Platze ist und unzulässiger Vermenschlichung entspricht. Problemlos und spielfreudig wie ein Jungtier und befreit von unnützer, periodisch wiederkehrender Triebfrustration zeigt sich das Stubentier, dem man mit dieser Maßnahme die Anpassung an seine ihm aufgezwungenen Umwelt- und Lebensbedingungen erleichtert. (Katzen beiderlei Geschlechts zu kastrieren, mit denen man nicht zu züchten beabsichtigt, ist also ein Gebot des Tierschutzes und wird deshalb zu Recht von vielen Tierschutzorganisationen für minderbemittelte Tierhalter subventioniert.)

Sind Katzen unter all den in diesem Kapitel betrachteten Lebensbedingungen überhaupt glücklich? Langjährige tierärztliche Erfahrungen und Einblick in Tausende Haushalte bestätigen immer wieder denselben Eindruck: Die meisten Tiere erfreuen sich ganz offensichtlich großen Wohlbefindens und eines besonders hohen Lebensalters. Neurotiker sind unter ihnen prozentual seltener anzutreffen als unter ihren Besitzern. Auf geschütztem Plätzchen warm und ungestört zu schlafen, zu spielen, anstatt zu jagen, intensivierter, aggressionsfreier sozialer Kontakt angenehmer, ja geschätzter Art (Streicheleinheiten, gemeinsames Spiel)

Die Stubenkatze beim „Fernsehen": interessiert wird durch die Fensterscheibe das Treiben da draußen − in einer unerreichbaren Welt − mit den Blicken verfolgt.

und vor allem ausgiebiges, regelmäßiges Nahrungsaufnahmeverhalten an schmackhaftem Futter verbleiben als hauptsächlichste Lustquellen und Betätigungsmöglichkeiten in der im Vergleich zur natürlichen stark reduzierten Umwelt der Wohnung mit einigen Fenstern nach „draußen", gleich Fernsehbildscheiben als Ausblick in eine durch bewegte Objekte, wie vorbeifliegende Vögel, zwar oft lockende, jedoch unwirkliche und unbekannte Welt; einer Welt, deren wirkliches Betreten oft genug mit Angst erfüllt oder mit Unheil endet. Erinnert das nicht stark an unser eigenes Dasein unter zivilisierten, ja überzivilisierten Lebensbedingungen? Der Umstand, daß auch die freilebende Katze am Bauernhof die Annehmlichkeit der menschlichen Wohnungsstube freiwillig sucht und oft nur aus Jagdlust Beute macht, während sie das schmackhaftere Futter vorzieht, das ihr der Mensch anbietet, und über zwei Drittel ihrer Lebenszeit mit Ruhe und Körperpflege vertrödelt, zeigt uns eigentlich, wie sehr der Verhaltensforscher Leyhausen recht hat, wenn er feststellt: „Außer dem Menschen gibt es wenigstens noch ein Tier, das als wesentlich selbstdomestiziert angesehen werden muß: die Hauskatze. Wenn also der Mensch auf den Hund kam, so kam die Katze – nein, nein, nicht auf den Menschen, sondern auf den Geschmack häuslichen Komforts!"

7 Die „neurotische" Katze

Um bestimmte, beim Menschen als krankhaft angesehene Verhaltensneigungen, wie z. B. Trunksucht, Angstneurosen, anormale Aggressionsneigungen, am „Tiermodell" hinsichtlich Entstehungsbedingungen und medikamentöser Beeinflußbarkeit experimentell genauer zu studieren, hat man verschiedene Versuchsbedingungen ersonnen, unter denen die solchen Prozeduren zwangsweise ausgesetzten Versuchstiere Verhaltensänderungen zeigen, die man als „e x p e r i m e n t e l l e N e u r o s e" bezeichnet. Viele dieser Versuchsanordnungen für Mäuse, Ratten, Katzen, Hunde, Schafe, Schweine entsprechen einer mehr oder weniger großen Abwandlung der in der lernpsychologischen Forschung gebräuchlichen, sogenannten Skinner-Box. Doch werden diese Tiere dann, sobald sie eine bestimmte Handlungsweise oder eine charakteristische Reizaufeinanderfolge zu erwarten erlernt haben, durch „außerplanmäßige", in unregelmäßigen Abständen erfolgende, unerwartete unangenehme Reize systematisch frustriert oder in Konflikte versetzt, also verunsichert.

Eine der bekanntesten Versuchsanordnungen, über die auch ein Film existiert, ist die von Massermann. Ich möchte hier eine Beschreibung von Hotovy wiedergeben:

„Der Versuchskäfig war nach den Angaben von Massermann gebaut. Die Tiere (Katzen) wurden so dressiert, daß sie nach Drücken auf eine Taste, die sich auf der einen Käfigseite befand, durch Öffnen eines Deckels aus dem Futterkasten (auf der anderen Seite des Käfigs) beim Aufleuchten einer grünen Lampe und Ertönen eines Schnarrgeräusches von 5 Sekunden Dauer sich den Leckerbissen holten. Durch ein unerwartetes, sehr starkes Anblasen mit Stickstoff (1 bis 3 Atmosphären) beim Öffnen des Futterkastens und vorherigem Aufleuchten einer roten Lampe konnte eine Konfliktsituation ausgelöst werden.

Diese äußerte sich einerseits in einem größeren Zeitintervall bis zur nächsten Bedienung der Taste zum Zwecke des Futterholens (in Würfel geschnittene, geräucherte Pferdefleischwurst), andererseits in einem wiederholten Niederdrükken der Taste. Außerdem wurde das Verhalten der Tiere verändert.

Die dressierten Katzen verhielten sich vor dem Erschrecken durch Anblasen gesellig und zufrieden. Je nach Veranlagung der Katzen bedienten diese die Tasten entweder mit der Pfote oder mit dem Kopf. Die Ausführung der gestellten

Aufgabe − Niederdrücken der Taste, Abwarten des Niederfallens des Futterwürfels bei Beendigung des akustischen Signales und Verlöschen der grünen Lampe, Öffnen des Futterbehälters und Entnahme des Futters, Aufsuchen der gegenüberliegenden Käfigseite und Wiederbedienen der Taste − erfolgte bei den Katzen − im Gegensatz zu den Hunden − ruhig und ohne Hast (im Mittel in 20 bis 30 Sekunden). Nur die Futterentnahme aus dem Kasten wurde meist durch einen raschen Pfotenschlag ausgeführt. Die Katzen verfolgten während der Tastenbedienung ab und zu mit den Augen die Bewegungen des Versuchsleiters, kamen an die Käfigseite, an der dieser sich befand, und rieben sich dort in typischer Art und Weise an der Käfigwand, miauten, schnurrten, putzten sich und gingen dann mit erhobenem Schwanz von der Taste zum Futterkasten. Bei Ingangsetzung der Anblasevorrichtung sprangen die Tiere zurück, liefen unruhig im Bogen um den Kasten, miauten langgezogen und kläglich, die Schwanzhaare wurden gesträubt, und der Schwanz ringelte sich schnell hin und her. Dies sind alles Zeichen einer Erregung (Furcht), nach Norton und De Beer. Sie beachteten den Versuchsleiter nicht mehr, und es konnte zu der von Norton und De Beer beschriebenen, feindseligen Verhaltensweise mit Knurren, Fauchen und Zittern kommen. Nach einiger Zeit (30 bis 270 Sekunden) drückten die Katzen einmal, bzw. je nach Schreckwirkung mehrmals die Taste nieder und näherten sich langsam und vorsichtig dem Futterkasten. Sie probierten vorsichtig öfters, den Deckel des Kastens zu heben, wobei sie bei dieser Tätigkeit noch mehrmals zurücksprangen. Die Anzahl der Tastendrucke und das Öffnen des Kastens, bzw. die Zeitabstände zwischen Tastendruck und Deckelöffnen und den einzelnen Tastendrucken wurden mit Hilfe von Druckzählwerken bzw. Zeitwerken registriert. Die verschiedenen Arbeitsvorgänge waren so gestaltet, daß nach einmaligem Niederdrücken der Taste ein akustisches Signal ertönte. Dieses konnte erst bei Erfüllung des Programmes (Hochheben des Deckels) wieder ausgelöst werden. Die eingeschaltete rote Warnlampe erlosch nach Ablauf von 20 Sekunden, wobei anschließend beim Hochheben des Kastendeckels die Anblasevorrichtung blockiert war. Durch geeignete Abstimmung der Arbeitsvorgänge durch verschiedene Relaisschaltungen konnte eine genaue Einhaltung der Versuchsbedingungen erzielt werden.

Das von den Katzen bzw. Hunden erzielte Arbeitspensum wies eine bemerkenswerte Regelmäßigkeit auf ...“

Der Konflikt besteht in dieser Anordnung also zwischen Nahrungsaufnahmeverhalten und Flucht vor Schreckreiz, verschärft wird die Situation dadurch, daß die Versuchstiere durch die Käfigwände daran gehindert werden, sich der belastenden Situation durch Flucht zu entziehen, was wohl eine zusätzliche Frustration darstellt. (Der Umstand, sich unerträglichen Reizgegebenheiten nicht entziehen zu können, spielt auch bei Wohnungskatzen manchmal eine Rolle bei der Entstehung neurotischen Verhaltens.)

Nach einer weiteren, ähnlichen Versuchsanordnung müssen Katzen lernen, ihr Futter nur während (10 Sekunden) des Aufleuchtens (oder spätestens bis 6 Sekunden danach) einer Lampe einem Versuchskasten zu entnehmen, anderenfalls erhalten sie einen elektrischen Schlag (der Käfigboden besteht aus einem elektrisch aufladbaren Gitter). Von vielen Katzen lernten nur einzelne, diese Aufgabe zu meistern, für andere stellte sie ein unlösbares Problem und damit eine unentrinnbare Konfliktsituation dar. Sie begannen nach kurzer Zeit schon beim Einsetzen des Signalreizes (dem Ertönen einer Glocke, die sie — zufolge früherer Lernmöglichkeit — zum Futterkasten locken sollte), sich zu verkriechen, kläglich zu heulen und, da die Käfigwände einen Fluchtweg versperrten, in die Gitterstäbe zu beißen.

Auch Menschen zeigen, wenn man sie vor unlösbare Aufgaben in einer ausweglosen Situation stellt, die verschiedensten Konfliktentlastungsreaktionen, wie Weinkrämpfe, Wutanfälle und andere situationsunangepaßte Verhaltensweisen (bis zum unwillkürlichen Kotabsatz in die Hose).

Das eigentlich Pathologische eines neurotischen Zustandsbildes ist jedoch, nach Schmidt, erst durch chronische, also längere Zeit hindurch (auch nach Wegfall der auslösenden Situation) anhaltende Überängstlichkeit, verstärkte Neigung zu Schreckreaktionen mit erhöhter Fluchtneigung, Rückschritte auf kindliche Verhaltensweisen, oder aber (bei anderen Charaktertypen) durch anhaltende (erworbene) Neigung zu extrem leicht auslösbaren Aggressionshandlungen, selbst gegen die gewohnten, vertrauten Sozialpartner und manchmal sogar auch gegen Ranghöhere, kurz in einer Dauerhaltung der Unangepaßtheit an jegliche Umweltanforderung gegeben.

Auf die zahlreichen weiteren Methoden, mit denen man ebenfalls experimentelle Neurosen erzeugen kann, sei hier nicht weiter eingegangen, da derartig verschärfte Nervenüberreizungen im natürlichen Leben eines Tieres niemals auftreten, sodaß uns diese Kunstprodukte seelischer Vivisektion hier nur am Rande interessieren.

Gewiß kommen — Gott sei Dank — unter üblichen Stubenhaltungsbedingungen, selbst unter unzukömmlichsten Umständen, dermaßen extreme seelische Belastungen nicht vor. In der eingeengten Welt einer Stadtwohnung führen trotzdem manchmal scheinbar geringfügige Veränderungen der gewohnten Umgebung bereits zu Konfliktbedingungen, deren Dauereinwirkung sich das Tier nicht entziehen kann, so z. B. Verstellung von Möbeln, Neueinstellung eines weiteren Haustieres oder Geburt eines Kindes, Ankunft eines Besuchers, der den gewohnten Tagesablauf stört, Abreise oder Tod eines Familienangehörigen oder mitwohnenden Tieres, ja sogar Berufswechsel des Besitzers, wenn dadurch die Zeiteinteilung bei betreuenden Verrichtungen verändert wird, und sogar ungewohnte Geräusche aus der Nachbarwohnung. Gelingt es, die Konfliktursachen zu entdekken und zu beseitigen, so verschwindet meist schlagartig die „Verhaltensabnormität". Sind die Konfliktsituationen aber von längerer Dauer, dann kann es zu den verschiedensten Entlastungsphänomenen kommen. Unter den Ausweichmöglichkeiten, die einem Tier zur Verfügung stehen, wenn es in einem unter natürlichen Bedingungen sich ergebenden Triebkonflikt steht, sind ambivalente Bewegungen, wie z. B. der bekannte Katzenbuckel, Übersprungbewegungen, wie etwa das Kratzen hinter dem Ohr ohne Grund, Reaktionen auf suboptimale Reize (sogenannte Leerlaufhandlungen) und objektübertragene Bewegungen (z. B. Stauungsspiel mit Spielzeugmaus) sowie umorientiertes Verhalten (z. B. Aggression auf Tierbesitzer im Zimmer, wenn ein feindlicher Hund vor dem Fenster einer ebenerdig gelegenen Wohnung vorbeiläuft) uns ja schon bekannt. Alle diese Bewegungen verfolgen den Zweck, das Verhaltensgleichgewicht durch Konfliktlösung bzw. Energieabfuhr wiederherzustellen, um das Nervensystem vor Schäden zu bewahren. Nun gibt es aber auch Katzen, die konstitutionell oder aufgrund besonderer Haltungsbedingungen oder einschneidender Jugenderlebnisse nicht in der Lage sind, solche Entlastungsreaktionen durchzuführen. Diese neurosedisponierten Katzen reagieren anders; so z. B. durch Hemmungssymptome: Steifheit, stumpfsinnige Reaktionslosigkeit, Futterverweigerung, körperliche Erschlaffung, Schlaf oder auch Schlafstörungen, Unterlassung von Körperpflegehandlungen, Störungen im Raum-Zeit-System, Rangverzicht, Impotenz. Auch Erregungssymptome können auftreten: motorische Unruhe, Bewegungsstereotypien, Bösartigkeit gegenüber Menschen und Artgenossen, klagende oder wütende Lautäußerungen, ja Schmerzlaute, unermüdliches sinnloses Rennen gegen eine Wand, Hochspringen, Zerstörung von Gegenständen. Letzteres bezeichnet man als Aggression auf unbelebte Objekte. (Besonders beliebt ist diese Vorgangsweise beim Schwein, beim Affen und beim Menschen.)

Vegetative Störungen sind häufige Begleiterscheinungen zu starker oder blokkierter Erregungsvorgänge: Herzklopfen, Blutdrucksteigerung, Zittern, Atemnot, verstärkter oder verminderter Speichelfluß, Verlust der Stubenreinheit, Verschmutzung des eigenen Körpers mit Exkrementen, Erbrechen u. a. m.

Zu neurodystrophischen oder psychosomatischen Symptomen können sogar Ekzeme, Furunkulose, bösartige Tumore (wie Sarkome), Gastritis, Dünndarmgeschwüre, Unfruchtbarkeit, Versiegen der Milchsekretion, Dickdarmentzündung u. a. zählen.

Zu den besonders häufigen Anzeichen bestehender Konfliktsituationen bei Tieren zählen Schwitzen an den Sohlenballen, auffällig intensives Sich-Kratzen, vermehrtes Gähnen in unpassenden Situationen, lang anhaltendes Zittern, bei Katzen besonders heftiger Speichelfluß, sinnloses Hin- und Herlaufen, Scharren auf dem Boden oder an Wänden, aggressive Lautäußerungen, Harn- und Kotabsatz, Erbrechen. Eine Konfliktsituation kann beispielsweise auch dazu führen, daß eine Mutterkatze ihre eigenen Jungen auffrißt. (Es wird Gegenstand der folgenden Kapitel sein, anhand praktischer Fälle im Detail aufzuzeigen, wie verschiedenartig verhaltensgestörte Katzen auf ungünstige Umwelteinflüsse reagieren können und was man dagegen tun kann.)

Welche Verhaltenscharakteristika berechtigen uns, vom Bestehen einer Neurose zu sprechen?

Schon vor vielen Jahren stellte der amerikanische Forscher Hebb, einem Bericht von Fox zufolge, folgende gleichzeitig erhebbare Befunde als charakteristisch für das Bestehen einer neurotischen Verhaltensstörung heraus:

1. Emotionale Verwirrung, also Triebkonflikt (man beachte die oft einander widersprechenden Ausdrucksintentionen).
2. Unzweckmäßigkeit (Unangepaßtheit, Situationsunangemessenheit) des Verhaltens.
3. Der Zustand des veränderten Verhaltens ist längere Zeit anhaltend (chronisch).
4. Er ist bei einer Minderheit aller Artgenossen vorhanden.
5. Er ist auffallend unterschiedlich gegenüber der ursprünglichen, grundlegenden (als normal zu betrachtenden) Verhaltensweise.
6. Der Zustand ist nicht durch eine bedeutende Läsion (organische Schädigung) neurologischer Art begründbar.

Nach Hassenstein gilt das Verhalten eines Tieres dann als gestört oder krankhaft, wenn es das Individuum selbst, seinen Sozialverband oder seine Art schädigt, oder aber wenn es aufgrund von äußeren Schädigungen oder nachteiligen Einflüssen auftritt, ohne den Organismus gegen sie zu schützen.

226

Ob eine seltsam anmutende Verhaltensbereitschaft noch innerhalb des normalen, arttypischen Bereiches liegt oder bereits außerhalb, ist nicht immer sicher und oft gar nicht leicht zu beantworten. Selbst die Untersuchung der Frage, wie sich ein anderes Tier derselben Rasse in derselben Situation vergleichsweise wohl verhalten würde, bringt nicht immer Klarheit. Schließlich kann abweichendes oder ungewohntes Verhalten sowohl abnorm, also krankhaft, als auch ein mehr oder minder gelungener Anpassungsversuch an eine extreme Situation sein; wobei die Situation vom Standpunkt des Tieres aus betrachtet werden muß.

Es gibt Fälle, in denen dem Tierbesitzer ungewohnte oder höchst unerwünschte Verhaltensweisen seines Pfleglings auffallen, die nicht immer alle vorgenannten Merkmale tragen. Trotzdem kann eine Neurose vorliegen. Andererseits aber gibt es auch Verhaltensweisen, die ebenso plötzlich auftreten und genauso unerwünscht sind, ohne daß es sich um abnormes Verhalten handelt. Die Katze kann durchaus artgemäß, situationsangepaßt und natürlich reagieren, der Umstand, daß ihr Verhalten dem Tierbesitzer ungewohnt ist oder nicht gefällt, ist noch kein Beweis für das Vorliegen einer Verhaltensstörung. Es gibt Verhaltensweisen, die als nichts anderes als eine schlechte − oder unerwünschte − Anpassung des Tieres auf eine bestimmte Situation aufzufassen sind; viele Fälle plötzlichen Verlustes der Stubenreinheit sind beispielsweise hier einzuordnen. Landläufig sind Neurosen kein fest umrissener medizinischer Begriff, sondern eher eine zweckdienliche Umschreibung von angenommenen Verhaltensstörungen, die aufgrund gewisser Auslösereize auftreten.

Die Tendenz, auf normale Umstände abnorm zu reagieren, kann auch ererbt sein. Es wäre daher in vielen Fällen zweckmäßig, das vermeintliche Fehlverhalten der eigenen Katze mit dem ihrer Wurfgeschwister und Eltern zu vergleichen. In einigen Zuchtlinien kommen nervöse und unmotiviert aggressive Katzen sowie Katzen mit Neigung zu stubenunreinem Verhalten gehäuft vor, man müßte dann eher von Erbdefekten als vom Vorliegen einer echten Neurose sprechen, denn dieser Begriff ist, wenn enger gefaßt, eigentlich erworbenen Verhaltensstörungen vorbehalten. In vielen Fällen spielen jedoch angeborene Veranlagungen und ungünstige Umwelteinflüsse in wechselndem Ausmaß zusammen, um ein als abnorm oder gestört zu bezeichnendes Verhalten zu bedingen.

Daß die Art gewisser psychischer Einflüsse während der Verhaltensentwicklung in der frühen Jugend (insbesondere während der Prägungsperiode, aber auch nachher noch) besonders nachhaltige Wirkung auf die Art bestimmter Verhaltensbereitschaften eines später erwachsenen Tieres ausübt, darauf wurde in verschiedenen Zusammenhängen schon mehrmals hingewiesen; so z. B. darauf, daß kleine Kätzchen, wenn sie, statt mit ihresgleichen, gemeinsam mit Hundewelpen aufgezogen werden, diese als ihre Geschwister einzustufen lernen, mit ihnen spielen, anstatt sie abzuwehren, usw. In einem gewissen Alter empfinden Jungtiere langes Alleinsein als beängstigend und werden in entsprechenden (Test-)Situationen unruhig. Gesellt man die Mutter oder ein Geschwisterchen bei, dann beruhigen sie sich wieder. Die ausschließlich auf Hunde geprägten Katzenwelpen beruhigen sich aber nicht, wenn man ein kleines Kätzchen statt eines Hundewelpen beigesellt. Wenn Wurfgeschwister eines Zweier-Wurfes zusammen in einen ihnen fremden Raum verbracht werden, dann zeigen sie wenig Anzeichen von Furcht und Nervosität (gemessen z. B. an der Anzahl Miau-Rufe); auch Einzelkinder (ohne Geschwister aufgewachsen) erscheinen in derselben Situation relativ ruhig, sofern ihre Mutter bei ihnen ist. Werden die Tiere in derselben Situation aber jeweils einzeln getestet, so miauen die Kätzchen aus den Zweier-Würfen bedeutend mehr als die Einzelkinder.

Ältere und neuere Untersuchungen an Kätzchen, die unter Kaspar-Hauser-Bedingungen aufgewachsen waren (von der Geburt oder vom Alter von 2 Wochen an bis zum Alter von 6 bis 9 Monaten von Mutter und Geschwistern getrennt in Einzelkäfigen aufgezogen), zeigten übereinstimmend immer wieder, daß solche Tiere später anderen Tieren gegenüber vornehmlich feindlich und angriffslustig eingestellt sind, daß sie zu übermäßiger und unkontrollierter Aktivität neigen und daß sie aus Furcht in neuen Situationen vorwiegend gehemmt reagieren und in zahlreichen Anpassungsreaktionen behindert zu sein scheinen; so erwiesen sich solche Tiere z. B. auch unfähig, sich mit einer verspäteten Fütterung abzufinden.

Die Belastung durch zu frühe Trennung von Mutter und Wurfgeschwistern kann außer Hyperaktivität auch Neigung zum Wolle-Kauen und übermäßigen Lutschen an Gegenständen nach sich ziehen (aus diesem Grund sollte man unbedingt Jungkatzen mindestens bis zum Alter von 8 Wochen bei Mutter und Geschwistern belassen).

Daß Katzen, die während der sensiblen Phase der Sozialisierung ohne menschlichen Kontakt aufgewachsen sind, später nur schwer an den Menschen zu gewöhnen sind, ist eine auch außerhalb von experimentellen Situationen häufig zur Beobachtung gekommene Tatsache (auf die wir in späteren Kapiteln anhand zahlreicher praktischer Fälle von Verhaltensstörungen ausführlicher zurückkommen werden). Katzen, die − etwa weil Mutter und Geschwister frühzeitig verstarben − ohne Kontakt mit anderen Katzen aufgezogen werden mußten und also nicht mit Argenossen sozialisiert wurden, bleiben zeitlebens Einzelgänger und sind kaum mehr an spätere soziale Kontakte mit Artgenossen (zu Zuchtzwecken oder auch nur als Wohngefährten) zu gewöhnen. Auch Störungen und Verhaltensausfälle im Bereich des Beuteverhaltens und im Bereich des Mutterverhaltens können durch isolierte Aufzucht bedingt sein. Je älter eine Katze ist, desto schlechter stehen die Chancen, ihre durch versäumte Prägungsvorgänge fehlenden und gestörten Beziehungen zu Menschen oder anderen Tieren mit Lernprozessen verändern zu können.

Daß aber, wie neuere Untersuchungsergebnisse gezeigt haben, nicht nur psychische Einflüsse während der Verhaltensentwicklung in der frühen Jugend sich ungünstig auf das Normalverhalten des später erwachsenen Tieres auswirken können, sondern auch beispielsweise Ernährungsfaktoren, das überrascht einigermaßen. So konnten Gallo, Werboff und Knox (1984) herausfinden, daß Kätzchen von Müttern, die während der letzten Zeit der Schwangerschaft und während der Stillzeit eiweißarme Ernährung erhalten hatten, eine ganze Reihe von Verhaltensabnormitäten zeigen, wie etwa verminderte Lernfähigkeit, asoziales Verhalten gegenüber anderen Katzen und ein abnormes Maß von Ängstlichkeit und Aggressivität (obwohl diese Tiere ihr anfängliches Untergewicht im Laufe ihrer Entwicklung unter normalen Ernährungsbedingungen wieder wettmachen konnten). Verschiedene Entwicklungsverspätungen traten bei solchen Tieren nicht nur in der frühen Verhaltensentwicklung ein, sondern die nachhaltigsten Auswirkungen wurden interessanterweise erst in der späteren Entwicklung beobachtet, traten also erst eine ganze Weile nach der Entwöhnungsperiode in Erscheinung.

Ich habe diese Beobachtungen hier erwähnt, da sich der Themenkreis dieses Buches im weiteren Sinne auf alle Erscheinungsbilder gestörter Verhaltensweisen und nicht nur auf hieb- und stichfeste Neurosen erstreckt. Denn wer nicht eine „unverstandene Katze" haben will, muß sich auch mit den Extremformen individueller Variationen arttypischen Verhaltens, mit Verhaltensänderungen infolge von Mangelzuständen, Hormonstörungen, Vergiftungen, organischen Gehirnerkrankungen und dergleichen orientierend befassen; so auch mit „Verhaltensabnormitäten", die eine natürliche Reaktion auf frühere Erlebnisse oder Jugenderfahrungen darstellen und dann nur deshalb als „unverständliches" Gebaren erscheinen, weil man von dieser traumatischen Fixierung nichts weiß. Leider kommt derartiges in der Praxis gar nicht so selten vor. Zu einer „traumatischen Fixierung" genügt manchmal schon ein einziges, schweres Schockerlebnis; dies vor allem dann, wenn es sich um ein von der Veranlagung her besonders labiles oder um ein besonders junges Tier handelt. Das Geräusch eines vorbeifahrenden Lastwagens als Schreckreiz in der Phase des Aufwachens aus dem Schlaf kann bei entsprechend disponierten Tieren und unter besonderen Begleitumständen (wie z. B. völligem Alleinsein) schon genügen, um zu seelischer Überempfindlichkeit gegenüber gleichen oder ähnlichen Geräuschen zu führen. Auch normale und durchaus vernünftige Lernakte können durch zufällige Fehlverknüpfungen manchmal recht hartnäckige und unerwünschte Verhaltensbereitschaften oder Ablehnungshaltungen bedingen. (Es sei in diesem Zusammenhang auch auf die schon in Kapitel 4 kurz erwähnten Bedingungen für das Zustandekommen sogenannter Streßprägung hingewiesen.)

Ein Beispiel aus der Praxis, stellvertretend für viele: Eine Katze floh jedesmal ängstlich in ein Versteck, wenn sie den Transportkorb besteigen sollte; ein Verhalten, das seit jenem Tag auftrat, an dem sie in diesem Korb zu unangenehmer ärztlicher Behandlung gebracht worden war. (Dem Tierarzt war nämlich die Katze ausgekommen, was eine Verfolgungsjagd und anschließende Zwangsbändigung notwendig gemacht hatte. Ein solches einziges Erlebnis genügte bei dieser Katze − die unter besonders isolierten Entwicklungsbedingungen (wie sie eine Wohnung im 5. Stock darstellt) groß geworden war −, um eine traumatische Fixierung hervorzurufen: Phobie vor dem Katzenkorb!

Auch bei Tierdressuren wird streng darauf geachtet, daß nicht eine Überforderung des Tieres eintritt, denn diese kann zu Fehlverknüpfungen und Aversionshaltungen führen.

Die Übergänge von Verhaltensabnormitäten zu besonderen, individuell erworbenen Charaktereigentümlichkeiten sind recht fließend. Auch erscheint manches abnorm, ohne krankhaft im Sinne gestörten arttypischen Verhaltens zu sein.

Es gibt Verhaltenseigentümlichkeiten, die für die Wildform normal sind; kann man sie aber beim Haustier ebenfalls auslösen, gelten sie als Abnormität. Ein typisches Beispiel dafür ist die Scheuheit. Eine solche muß nicht aufgrund angeborener Veranlagung vorliegen, sie kann auch auftreten, wenn ein Kätzchen die gesamte Jugendzeit ohne Kontakt mit Menschen zugebracht hat, wodurch Prägungsvorgänge versäumt wurden. Wird ein solches Tier dann aufgegriffen und in ein Tierheim verbracht, dann behält es trotz guter Behandlung zeitlebens Kontaktschwierigkeiten mit dem Menschen.

Verhaltensbehinderungen hingegen gelten nicht als Verhaltensstörungen: Eine blinde oder taube Katze ist keineswegs abnorm, obwohl sie sich in vielen Situationen ungewöhnlich verhalten wird.

Mitunter ergeben sich recht große diagnostische Schwierigkeiten: Erbrechen kann auf eine entzündete Magenschleimhaut zurückzuführen sein, kann Symptom einer Vergiftung oder einer Katzenseuche sein, kann aber auch das Zeichen eines allzu starken seelischen Konfliktzustandes sein, es kann weiters die Folge eines Reizes auf das Brechzentrum im Verlängerten Mark (Gehirn) darstellen, aber auch durch fortgesetzte Überreizung des Gleichgewichtsorganes hervorgerufen werden, wie bei der Seekrankheit.

Vielfach hängt es von der Art der Begleitumstände ab, ob eine Verhaltensweise als normal oder als abnorm aufzufassen ist. So können gelegentlich sogar erblich abnorm veranlagte Tiere mitunter einen recht normalen Eindruck machen, solange sie nicht seelisch belastet werden.

Ähnliches kennen wir auch beim Menschen. Wer hat nicht schon, etwa auf einem Marktplatz, unfreiwillig eine heftige Diskussion unter primitiv veranlagten Menschen oder solchen mit alkoholgeschädigtem Gehirn miterleben müssen: Anfänglich wird nur engagiert diskutiert. Die Argumente des einen erweisen sich als stichhaltiger, logischer und begründeter. Der andere fühlt sich geistig unterlegen, kann die Argumente nicht mehr entkräften und widerlegen, statt dessen beginnt er zu schreien, zu drohen, zu schimpfen, ja vielleicht gar handgreiflich zu werden. Ein typischer Fall eines Rückschrittes bzw. Rückgriffes („Regression" – heißt der Fachausdruck) auf die Ebene einer primitiven Verhaltensorganisation: statt die Argumente zu zerpflücken oder zuzugeben, daß man im Unrecht ist, kommt es zu Wutausbrüchen und zum Versuch, den anderen einzuschüchtern. Bei Affen und menschlichen Kleinkindern im Trotzalter ist die Neigung, auf Frustrationen mit Affektausbrüchen dieser Art zu reagieren, durchaus normal.

Es gibt auch noch einen anderen Reaktionstyp, angesichts ungelöster Aufgaben oder eines übermächtigen Gegners zu reagieren: sich kindlich hilflos, unterwürfig und naiv zu geben. (In vielen Fällen wirkt dies ja tatsächlich aggressionshemmend und ist, so gesehen, eine recht „angepaßte Verhaltensstrategie", um eine bestimmte Situation zu bewältigen.)

Zeitweilige Rückkehr (Regression) zu einzelnen oder mehreren kindlichen Verhaltensformen, wie Futter-Betteln und Sich-füttern-Lassen u. a., kennen wir auch im Rahmen sexueller Werbung. Darüber hinaus kann Regression auf Jungtierverhalten bei einem erwachsenen Tier eine höchst zweckmäßige, ja geradezu lebenserhaltende Vorgangsweise sein als Anpassungsmechanismus an eine Lage der Hilflosigkeit: Verletzte Vögel, die sich nicht mehr selbst ernähren können, betteln Artgenossen um Nahrung an. Spricht das hilflose Tier die latent anscheinend bei erwachsenen Tieren genauso wie beim Menschen immer vorhandenen Pflegeinstinkte seiner Gefährten genügend an, dann wird es tatsächlich gefüttert! Auch am Mitlaufen gehinderte, verletzte Wölfe betteln und sollen tatsächlich von den Rudelgenossen ernährt und wieder gesund gepflegt werden.

Aus diesen wenigen Beispielen ist bereits zu ersehen, wie vorsichtig man beim Beurteilen eines abnorm anmutenden Verhaltens sein sollte. Nicht alles Ungewohnte muß gleich krankhaft sein.

Außer kurzzeitigen Regressionen in einzelnen oder mehreren Instinktbereichen kennen wir allerdings infolge längere Zeit einwirkender Konfliktsituation (oder anderer unbiologischer Umweltbedingungen) auch anhaltende Rückfälle in infantile Reaktionsformen, die dann nicht immer biologisch zweckmäßig und somit als neurotisch zu beurteilen sind. Dies ist jedoch bei Katzen viel seltener und weniger deutlich ausgeprägt als beispielsweise bei Hunden.

Das Persistieren infantiler Verhaltensformen − also das Verbleiben auf einer kindlichen Stufe der Verhaltensentwicklung von Kindheit an bis weit ins Erwachsenenalter hinein − können wir hingegen auch bei Katzen häufiger beobachten, worauf in Kapitel 4 schon hingewiesen wurde. Zu Anfang jenes Kapitels wurden auch einige typische altersbedingte Verhaltensänderungen erwähnt, die jedoch nicht als psychoreaktiv, sondern als Anzeichen altersbedingter organischer Hirnzellveränderungen aufzufassen sind; treten solche Veränderungen vorzeitig auf, dann müßte man sie als krankhaft betrachten.

Wenn man die bisher bekannten wissenschaftlichen Untersuchungsergebnisse über die Entstehungsbedingungen von Verhaltensstörungen bei Hunden und Katzen − unter den üblichen Haltungsbedingungen, nicht unter besonderen Laborbedingungen − kurz zusammenfaßt, so ergibt sich etwa folgendes:

An oberflächlich ähnlich oder gar gleich erscheinenden Verhaltensstörungen können bei näherer Analyse und Berücksichtigung der Begleitumstände insofern manchmal wesentliche Unterschiede entdeckt werden, als an ihnen Fehlreaktionen oder Fehlentwicklungen (oder angeborene Fehlveranlagungen) einzelner oder mehrerer, oft ganz verschiedener Instinktverhaltensbereiche beteiligt sind. Gleichartige traumatisierende Umwelteinflüsse müssen − von bestimmten Situationen abgesehen − nicht in jedem Falle zu gleichen, ja ähnlichen, ja überhaupt zu Verhaltensstörungen führen. Oft kommt es nur durch das Zusammentreffen mehrerer Faktoren zur Ausbildung einer chronischen Verhaltensabnormität.

Die am häufigsten vorkommenden Ursachen von nicht organpathologisch bedingten Verhaltensstörungen bei Hunden und Katzen scheinen teils angeborene

Instinkthypertrophien, -atrophien, -verschiebungen und -ausfälle infolge mangelnder Zuchtwahl einerseits und teils Fehlprägungen und versäumte Prägungsvorgänge infolge unbiologischer oder reizarmer (zu isolierter) Aufzucht andererseits zu sein. Ferner kommen noch in Betracht: Fixierung unangepaßter Verhaltensweisen durch ein- oder mehrmalige schockierende bzw. traumatisierende Erlebnisse und Dauerfrustrationen (also durch soziale, territoriale oder sonstige Umweltumstände bedingte Aufrechterhaltung eines Konfliktzustandes oder einer Situation, in der ein Trieb andauernd an seiner Befriedigung gehindert wird). Andererseits muß andauerndes Fehlen von natürlichen Auslösereizen für verschiedene Instinkthandlungen nicht immer zu Leerlauf- und Ersatzhandlungen führen, manchmal kommt es unter solchen Umständen — insbesondere wenn sie von frühester Jugend an für das Tier bestehen — zu individuell verschieden weitgehenden Verkümmerungen einzelner Instinktanteile (ähnlich etwa einer Inaktivitätsatrophie, das heißt Unterentwicklung eines nie benützten Muskels). Viele dieser ungünstigen Umstände entstehen unnützer- und überflüssigerweise durch unrichtige Haltung und unverständige Behandlung des Tieres seitens seines Besitzers.

Die Rolle sogenannter konstitutioneller Faktoren, das heißt besonderer Veranlagung zu nervlicher Überreizbarkeit, zu Übersprunginsuffizienz und dergleichen, also angeborener Vorbedingungen für die Ausbildung von Verhaltensabnormitäten und neurotischen Fehlhaltungen (sowie psychosomatischen Schäden) unter belastenden Umweltbedingungen ist zweifellos groß, doch wird besonders auf diesem Gebiet noch viel Forschungsarbeit geleistet werden müssen, ehe über die Art und Weise dieser „Prädestinationsbedingungen" (sowie deren eventueller Erblichkeit oder deren Entstehungsmöglichkeiten im Verlaufe der individuellen Entwicklung oder als Spätfolge von hirnschädigenden Erkrankungen) ein klares und wissenschaftlich gesichertes Bild entsteht.

Akut oder chronisch verlaufende Verhaltensabnormitäten, die im Verlauf oder als Folgezustand verschiedener körperlicher Erkrankungen auftreten, können gar nicht so selten gewissen reaktiven Verhaltensstörungen im äußerlichen Erscheinungsbild gleich oder sehr ähnlich sein, weshalb in jedem Falle sehr eingehende tierärztliche Untersuchungen notwendig sind, um die Natur eines konkreten Falles sicher abklären zu können.

Die Chance, eine Verhaltensabnormität zu beseitigen, bzw. eine unerwünschte, schlecht situationsangepaßte Verhaltensweise verändern zu können, scheint um so größer zu sein, je weniger angeborene oder durch Früherlebnisse bedingte Faktoren oder irreparable Organschädigungen an ihr ursächlich beteiligt sind.

Es ist also zur Entwicklung einer im jeweiligen konkreten Fall wirksamen Behandlungsstrategie von enormer praktischer Bedeutung, die richtige Diagnose hinsichtlich Entstehung und Aufrechterhaltung einer Verhaltensabnormität vorerst möglichst genau zu ergründen! Um zu einem Urteil zu kommen, ob eine Verhaltensstörung vorliegt, wie sie einzustufen ist und welche verschiedenen Umweltbeziehungsbereiche des Tieres davon ursächlich oder in weiterer Folge betroffen sind, wodurch sie bedingt und wie sie entstanden sein könnte, erweist es sich oft als notwendig, über eine ganze Reihe besonderer Fragen Klarheit zu gewinnen; dies teils durch Nachforschung über das Vorleben des Tieres, teils durch genaue Beobachtung, auch durch einfache Tests und genaueste medizinische und insbesondere neurologische Untersuchung des Patienten.

So beginnt eine verhaltensdiagnostische Untersuchung zunächst damit, daß der Tierhalter möglichst genau — und frei von vorschnellen Interpretationen — beobachten und dem Behandler mitteilen sollte, was alles für Verhaltensweisen er an seinem Tier als abnorm oder unerwünscht betrachtet, in welchen Situationen diese Verhaltensweisen gehäuft auftreten, ob auch andere abnorm anmutende, aber nicht weiter störende Verhaltensänderungen zu beobachten sind, welche Anzeichen von Stimmung (Ohren- und Schwanzstellung, Augenausdruck, Mundstellung, Lippenhaltung, Lautäußerungen) das Tier vor, während und nach dem vermeintlichen Fehlverhalten erkennen läßt und unter welchen Reizkombinationen (bzw. in welcher Situation) die als abnorm betrachtete Verhaltensweise ausgelöst zu werden scheint. Wodurch ist sie zu steigern? Wodurch eventuell zu verhindern?

Der Behandler muß sich dann den Kopf darüber zerbrechen, ob die geschilderten Erscheinungen als ein abnorm gesteigertes, abnorm vermindertes oder atypisch auftretendes Triebverhalten (und welchen Instinktfunktionskreisen zugehörig) einzustufen sind; ferner ob dies als extremer Anpassungsversuch, oder aber als umweltreaktive Verhaltensstörung oder als Anzeichen einer körperlichen Erkrankung oder vielleicht gar als Anzeichen eines angeborenen Erbdefektes aufzufassen ist. Viele Fragen sind zu klären, beträchtlich mehr als bei der Diagnose so mancher körperlichen Erkrankung eines Tieres. (So ist es — insbesondere bei vielen Verhaltensstörungen von Wohnungskatzen — auch notwendig, die vorhandene Raumquantität und Raumqualität zu besichtigen und zu beurteilen.) Eine genaue Auflistung aller Punkte, auf die bei der Abklärung einer echten oder vermeintlichen Verhaltensabnormität geachtet werden muß, findet derjenige, der professionell mit derlei Fragen konfrontiert wird, in meinem schon mehrmals erwähnten Buch „Der unverstandene Hund". (Ich möchte sie hier nicht wiederholen.)

Es hat nicht an Versuchen gefehlt, die vielen verschiedenen Verhaltensstörungen, die bei Tieren beobachtet werden können, systematisch einzuteilen. So lassen sich z. B. Instinktstörungen zunächst in zwei große Hauptgruppen unterteilen: in sogenannte Ethopathien oder angeborene Instinktveränderungen und in die sogenannten umweltreaktiven Störungen. Weiter kann man die Verhaltensabnormitäten nach dem vorwiegend betroffenen Verhaltensbereich oder Umweltbeziehungsbereich (Instinktfunktionskreis) ordnen; und dann zu beurteilen versuchen, ob ein Zuviel oder ein Zuwenig an charakteristischen Verhaltensanteilen der einzelnen Triebbereiche gegenüber dem Artgenossendurchschnitt festgestellt werden kann oder vielleicht gar eine Dysfunktion, Verschiebung, Maskierung. Eine solche Klassifizierung deckt sich im wesentlichen mit einer Unterteilung der Instinkt- oder Trieb- bzw. Affektivitätsstörungen, wie sie Inhelder zur Ordnung der bei Zootieren beobachtbaren Abnormitäten versuchte und als Grundschema einer biologisch orientierten „vergleichenden Psychiatrie" aller Säugetiere (einschließlich des Menschen!) vor Jahren vorgeschlagen hat. Es zeigte sich aber, daß bei Haustieren und beim Menschen infolge der domestikativen Veränderungen Verhältnisse vorliegen, die mit einer so einfachen, einheitlichen Betrachtung nicht voll zu erfassen sind. Wenn man zwischen reinen Störungen der Nahrungsaufnahme, der Körperausscheidung, der Körperpflege und des Komfortverhaltens, des Ruhe- und Schlafverhaltens (und der Aktivitätsperioden), des Beuteverhaltens, des Flucht- und Meideverhaltens, des Erkundungs- und Neugierverhaltens, des Sexualverhaltens, des Mutterverhaltens (epimeletischen Verhaltens), des fürsorgeheischenden Kinderverhaltens (et-epimeletischen Verhaltens) sowie den verschiedenen sozialen Anteilen aller dieser Triebkreise unterscheiden will, kann man einige Störungen wohl eindeutig abgrenzen, viele andere Abnormitäten aber nicht. So hat sich Inhelders Einteilungsvorschlag bisher nicht allgemein durchsetzen können. Eine andere Einteilung der Verhaltensstörungen bei Tieren schlägt Hassenstein vor: Er unterscheidet zwischen nachteiligen Einflüssen auf das Antriebsgeschehen, nachteiligen Auswirkungen von Lernprozessen, beeinträchtigter Verhaltensentwicklung, gestörten Verhaltensbeziehungen zwischen Artgenossen – mit jeweils zahlreichen weiteren Untergruppierungen (die in meinem schon erwähnten Hundebuch genauer dargestellt wurden).

Mit dem heutigen Wissen kann jeder Einteilungsversuch tierlicher Verhaltens-abnormitäten zunächst nur vorläufigen Charakter tragen. Dies gilt auch für die folgende Gliederung, die einen Ordnungsversuch der Verhaltensstörungen nach ihren Ursachen darstellt. Sie ist für praktische Belange − im Hinblick auf Aus-wahl der jeweils geeigneten Behandlungsverfahren − besonders geeignet und nimmt auch diejenigen Erscheinungen in ihr Schema auf, die eher als indirekte Verhaltensbehinderungen im weitesten Sinne anzusehen sind, bei der Diagnose-stellung mit echten Verhaltensstörungen aber verwechselt werden könnten. Die-ser Einteilungsversuch, den ich vor 20 Jahren schon vorgeschlagen habe, hat na-hezu unverändert mittlerweile auch Eingang in die offizielle tierärztliche Lehr-buchliteratur gefunden (vergl. z. B. Brummer, in Kraft und Dürr, 1985):

A) *Symptomatische Verhaltensstörungen*

Ihnen liegt eine Ursache organischer Art zugrunde, die jedoch nicht in einer Schädigung oder Beeinträchtigung von Hirnfunktionen besteht: z. B. Erbre-chen bei Gastritis, widernatürlicher Appetit (wie z. B. die Tendenz, rauhe, unverdauliche Gegenstände aufzunehmen) bei chronischer Rachenentzün-dung, Stubenunreinheit infolge Darmerkrankung, Anrennen an Gegen-stände infolge Erblindung, Bewegungsbehinderung infolge Gelenks-, Mus-kel-, Knochen-, Sehnenerkrankungen, alle Erkrankungen des Rückenmarks und peripherer Nerven.

B) *Angeborene organpathologisch bedingte Verhaltensstörungen*

Z. B. durch toxische oder infektionsbedingte Schädigungen während der Em-bryonalentwicklung oder durch Hirnmißbildungen. (So kennt man bei Kat-zen Ataxien, also besondere Bewegungsanomalien, infolge angeborener Kleinhirnschäden, die nicht nur genetisch bedingt, sondern auch infolge in-trauteriner Virusinfektion zustande kommen können.) Auch angeborene Wasserköpfe, Netzhautdegeneration und angeborene Taubheit gehören hier-her.

C) *Erworbene organpathologisch bedingte Verhaltensstörungen*

1. Verhaltensstörungen infolge entzündlicher und degenerativer Schädigung oder Funktionsstörung des Gehirns oder einzelner Hirnteile durch verschie-dene Noxen (wie z. B. diverse Viruserkrankungen, Hirntumor, Altersinvolu-tion, Urämie, Eklampsie, Leberkoller).

2. Verhaltensabnormitäten infolge endokriner Störungen (z. B. Schilddrüsen-überfunktion, Dauerrolligkeit infolge Eierstockzysten, endokrine Pankreas-insuffizienz [die zu Zuckerkrankheit führt, wodurch abnorm gesteigerte Flüs-

sigkeitsaufnahme und andere Abweichungen vom Normalverhalten ausgelöst werden]).

D) *Verhaltensabnormitäten aufgrund angeborener funktioneller Störungen der Tätigkeit von Hirnzellen*

1. Allgemeine oder auf einen bestimmten Sinnesbereich oder zentralen vegetativen Regulationsbereich beschränkte „funktionelle Schwäche" des Nervensystems (z. B. „Wesensschwäche", angeborene allgemeine Überängstlichkeit, „Neurasthenie"). Auch angeborener Intelligenzmangel (bis zur „Verblödung") ist hier einzuordnen.

2. Veranlagung zu bestimmten, vegetativen und hormonalen Dysregulationen, die in weiterer Folge zu abnorm schwacher oder starker Stimulierung der spezifischen Erregungsproduktion für bestimmte Instinkthandlungen und damit zur Änderung des Schwellenwertes für auslösende Reize führen. (Z. B. Veranlagung mancher Katzen zu einer Hormondysregulation, die periodisch immer wieder zur sogenannten Scheinträchtigkeit führt.)

3. „Ethopathie" in einem bestimmten Instinktfunktionskreis. Z. B. Instinktverluste, denen zufolge eine Mutterkatze die Neugeborenen nicht mehr richtig abzunabeln weiß oder nicht sofort aufspringt, wenn ein Kleines schreit, auf das sie sich versehentlich legte, oder das Kleine nicht ins Nest einträgt, wenn dieses außerhalb des Nestes schreit. Auch Rückschläge zur Wildform, denen zufolge Katzen und Hunde sich wieder berührungsscheu und aggressiv gegen Menschen verhalten, sind hier einzuordnen (soferne diese Eigenschaft auf erblicher Grundlage und nicht auf versäumter Prägung oder Fehlprägung beruht). Alle diese, den menschlichen „Psychopathien" vergleichbaren Instinktalterationen sind erblich. (Über die Art des Erbganges bei Katzen liegen zur Zeit jedoch noch nicht genügend systematische Untersuchungen vor.)

4. Erbliche Epilepsie. (Außer dieser gibt es auch noch symptomatische Epilepsie, die häufiger vorkommt.) Narkolepsie (eine Neigung zu Schlafsucht, die in jeder Situation ohne Voranzeichen plötzlich einsetzen kann und deren Ursache bei Katzen wegen der Seltenheit ihres Vorkommens bis jetzt noch nicht genau bekannt ist) wird möglicherweise auch hier einzuordnen sein.

5. Den menschlichen, sogenannten „Endogenen Geisteskrankheiten" (des manisch-depressiven Formenkreises und der Schizophrenie) analoge Störungen. Solche Verhaltensabnormitäten wurden bei einzelnen Hunderassen, so z. B. bei einfarbigen Cockerspaniels bekannt. Ob auch das sogenannte „Weiße-Mäuse-Sehen" mancher Katzen (ein bizarres Verhalten, das angeblich so aus-

sieht, als würde eine Katze wahnhaft irgendein Objekt verfolgen) wirklich hier einzuordnen wäre oder lediglich als Leerlaufverhalten im Beutefunktionskreis zu deuten ist, kann mangels eingehender Untersuchung zur Zeit noch nicht entschieden werden.

E) *Nicht primär organpathologisch bedingte, erworbene Verhaltensabnormitäten*

1. Alimentäre, toxische, klimatisch bedingte Abnormitäten. Z. B. widernatürlicher Appetit bei gewissen Mangelerscheinungen, Süchte, Vitamin-B$_1$-Mangel-Syndrom. (Bei ihm kommt es bei Katzen zu merkwürdigem Kopfnicken im Sitzen, zu auffälligem Umherschauen und Kopfdrehen, von dem man annimmt, daß es gelegentlich vielleicht mit Halluzinationen verbunden ist, und zum Schütteln der Vorderpfoten, so, als ob diese naß wären. Beim Hund kommt es statt dessen zu Angstzuständen und Fluchtreaktionen.)

   Ob auch Verhaltensabnormitäten und -ausfälle, die als Spätfolge von Entwicklungsstörungen durch Unterernährung (z. B. Eiweißmangel u. a.) in der frühen Kindheit auftreten, hier einzuordnen sind, oder aber als eigene Kategorie unter C, kann gegenwärtig noch nicht entschieden werden.

2. Umweltreaktiv bedingte Abnormitäten:

a) Früh erworbene reaktive Verhaltensstörungen. Z. B. verursacht durch Fehlprägungen oder versäumte Prägungsvorgänge durch reizarme Aufzucht. Auch Instinktatrophie infolge fehlender Auslösereize in der Jugend, Folgen traumatisierender Kindheitserlebnisse, persistierendes Saugverhalten gehören hierher.

b) Aktualreaktive Verhaltensstörungen. Z. B. durch konfliktauslösende oder triebfrustrierende Umweltgegebenheiten (gekennzeichnet durch Auftreten von Entlastungsphänomenen); durch regelwidrige soziale Rangpositionen bedingte Störungen. Auch sind hier einzuordnen auffällige Verhaltensweisen, die zusätzlich von verschiedenen vegetativen Störungen begleitet sind, wie z. B. übermäßige Freßsucht oder Appetitlosigkeit, Erbrechen, Durchfall, Speicheln, maßlos übertriebenes Körperpflegeverhalten, das zu örtlichen Hautdefekten führt, Schwanz-Beißen. Viele Formen von Verlust der Stubenreinheit, Überängstlichkeit, Überaggressivität, manche Bewegungsstereotypien, viele Fälle von An- und Auffressen von Jungtieren gehören ebenfalls hierher.

c) Residualreaktive Verhaltensstörungen. Von ihnen spricht man, wenn auch nach dem Wegfall der Ursachen für aktualreaktive Verhaltensstörungen die inadäquate Reaktionsweise beibehalten bleibt; sie wird sozusagen „fixiert"

238

oder „eingefroren". Hierher gehört z. B. manche Bewegungsstereotypie; aber auch auftretende Angstreaktionen in an sich belanglosen Situationen (in denen vielleicht Begleitreize vorkommen, die jenen ähnlich sind, die früher einmal ein traumatisierendes Erlebnis begleitet haben). Ein Teil der sogenannten „experimentellen Neurosen" wäre ebenfalls hier einzuordnen.

Einige in der Literatur gelegentlich genannte Verhaltensstörungen bei Katzen konnte ich mangels eigener Beobachtung und infolge Fehlens ausführlicher Beschreibung der Begleitumstände bisher noch nicht eindeutig zuordnen. Dies trifft für manche (keineswegs alle) Formen der als „Vandalismus" bezeichneten Verhaltensweisen einiger Katzen zu, die Zimmerpflanzen zerbeißen und Vorhänge scheinbar „mutwillig" herabreißen oder Möbel anfressen, und auch für einige Fälle von extremem Wolle-Beknabbern und Kot-Fressen. (Besonders bei Siamkatzen soll es manchmal vorkommen, daß sie Socken und andere Wollsachen anfressen, meist wohl nur vorübergehend, bei einzelnen soll das jedoch zu einer hartnäckigen Gewohnheit führen.)

Nach gelungener Bemühung, eine vorgefundene Verhaltensstörung in eine der vorgenannten Kategorien diagnostisch einzuordnen, wird der oft mißbrauchte und nicht immer einheitlich definierte Ausdruck „Neurose" oder „neurotische Verhaltensstörung" eigentlich entbehrlich. Man sollte ihn in der Tierheilkunde besser überhaupt vermeiden!

In den USA stellen, neueren Publikationen zufolge, 30 % der Problemfälle, die bei Verhaltensspezialisten vorgestellt werden, Haltungsschwierigkeiten mit Katzen dar. Die häufigsten Klagen betreffen das Ausscheidungsverhalten, also Urinieren oder Kot-Absetzen an verschiedenen Stellen in der Wohnung, außerhalb des dazu bestimmten Kloschüsselchens. Das zweithäufigste Problem betrifft Aggressivität gegenüber anderen Katzen. Dann erst rangieren aggressives Verhalten gegenüber Menschen und verschiedene Störungen, denen abnorme Furcht zugrunde liegt. Dies deckt sich im wesentlichen mit meinen eigenen, langjährigen Erfahrungen, ausgenommen der Häufigkeitseinschätzung der Aggressivität gegen Artgenossen. Diese tritt bei der Wiener Katzenpopulation vielleicht deswegen seltener auf, da infolge des Raummangels in Stadtwohnungen kaum unkastrierte Kater und Katzen gehalten werden und kastrierte Tiere ja bekanntlich mit ihresgleichen verträglicher sind. Außerdem würde ich die Anzahl der Fälle aller aggressiven Verhaltensweisen zahlenmäßig den Störungen, denen situationsunangepaßtes Meide-, Flucht- und Abwehrverhalten (also Angst) zugrunde liegt, nachordnen; obgleich gewiß Fälle von Aggressivität den Hausfrieden mehr stören und deshalb begreiflicherweise deren Behandlung oft besonders vordringlich gewünscht wird.

Es ist bemerkenswert, ja bewundernswert, welche Unbilden viele Katzenhalter bereit sind, lange Zeit zu ertragen, ehe sie die Abschaffung eines extrem aggressiven oder hoffnungslos die Wohnung verunreinigenden Tieres in Erwägung ziehen. Es gibt da kaum Unterschiede zwischen Männern und Frauen und Mitteleuropäern und Nordamerikanern: Mehrere im Verlauf dieses Jahrzehntes durchgeführte, groß angelegte Umfragen (anhand von Fragebögen) haben übereinstimmend ergeben, daß fast alle Halter von Wohnungskatzen die Einstellung zu ihrem Tier etwa mit folgenden Ausdrücken treffend charakterisieren: „Ich weiß, daß es nur ein Tier ist, aber ich fühle, als ob es mein Kind wäre." − „Es handelt sich um unser vierbeiniges Familienmitglied" (zu dem, wie zu einer Person, gewöhnlich wie zu einem Kind gesprochen wird). − „Ich liebe meine Katze, auch mein Kind und meine Frau hängen an dem Tier." − „Niemand sonst würde dieses Tier nehmen." − „Ich meine, daß man eine Verantwortung für das Tier hat." − „Ich habe das Leben dieses Tieres schon einmal gerettet." − „Das Tier abzuschaffen, weil es krank oder stubenunrein geworden ist, kommt nicht in Frage." − „Die positiven Eigenschaften überwiegen das negative Verhalten bei weitem."

34 % der Befragten bezeichneten ihre Katze als „Person" (und betrachteten sie offenbar als voll integriertes Familienmitglied, auf dessen Eigenarten und Freiheiten Bedacht genommen wurde und Rücksicht zu nehmen war).

Die meisten Besitzer bezogen ihre als „kindliches Familienmitglied" betrachtete Katze in tägliche Routineaktivitäten und auch spezielle Ereignisse mit ein: So teilten 49 % die Nahrung während und nach den Mahlzeiten mit dem Tier, 43 % gaben Leckerbissen, 32 % gaben an, daß ein Teil der Nahrung speziell für die Katze zubereitet werde oder von ihren Lebensmitteln stamme. Viele Katzenhalter feierten regelmäßig den Geburtstag ihrer Katze (34 %), oft indem sie ihr ein neues Spielzeug oder besonders begehrtes Lieblingsfutter reichten, einige sogar, indem sie für die Katze sangen. 25 % besaßen Zeichnungen oder Bilder von ihrer Katze, 91 % hatten Fotografien (von denen wenigstens einige ständig in der Brieftasche mitgeführt wurden, wie dies auch mit Fotos von den eigenen Kindern üblich ist). 96 % der Katzenhalter meinten, daß sie die Stimmungen ihrer Tiere für einige oder die meiste Zeit kennen; 92 % meinten, daß ihre Katze auch ihre (des Besitzers) Stimmungen kenne.

Eine weitere Auswertung ergab, daß Menschen, die keine Kinder im Haus hatten, dazu tendierten, die Katze als kindliches Familienmitglied anzusehen, wäh-

240

Neugierde kennt keine Grenzen.

oben: Zwei Freunde.
unten: Orientalisch Kurzhaarkatzen.

oben: Kartäuser in typischer Stellung.
unten: Die Bedrohung kommt von oben.

oben: Hauskatze, getigert auf Weiß.
unten: Russisch Blau-Katze.

244

Britisch Kurzhaar, blau.

oben: Abessinierkatze, wildfarben.
unten: Abessinierkatze (10 Wochen alt).

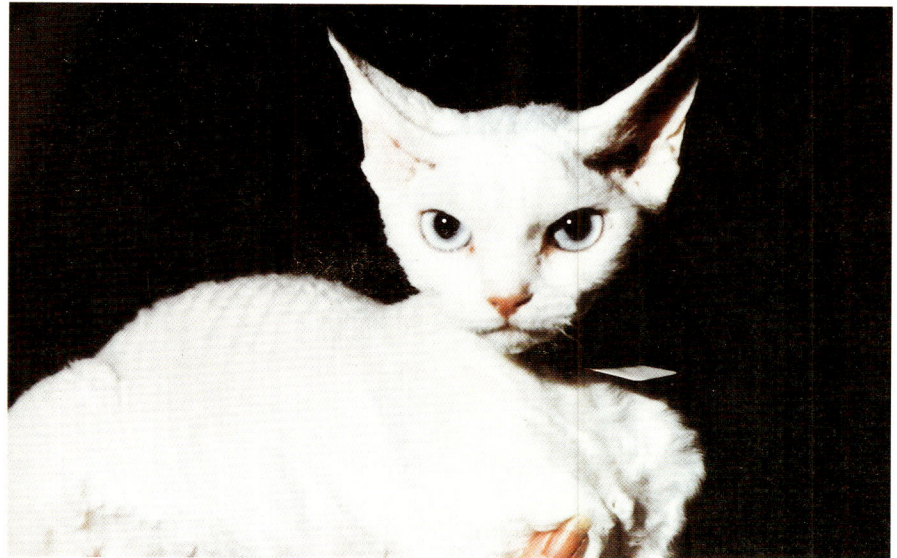

oben: Abessinierkatze.
unten Devon-Rex-Katze.

oben: Burma-Katze, braun.
unten: Tonkanese.

248

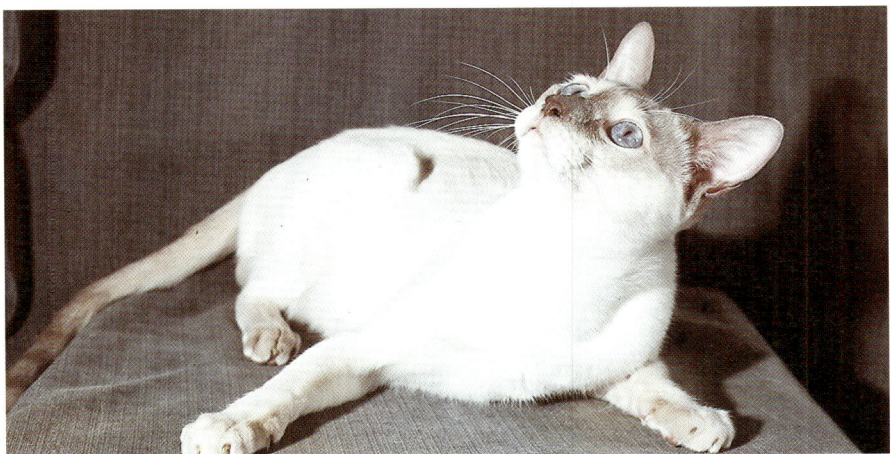

oben: Siamkatzen, seal-point und blue-point (Katze und Kater).
unten: Siamkatze, lilac-point.

Türkisch Van-Katze.

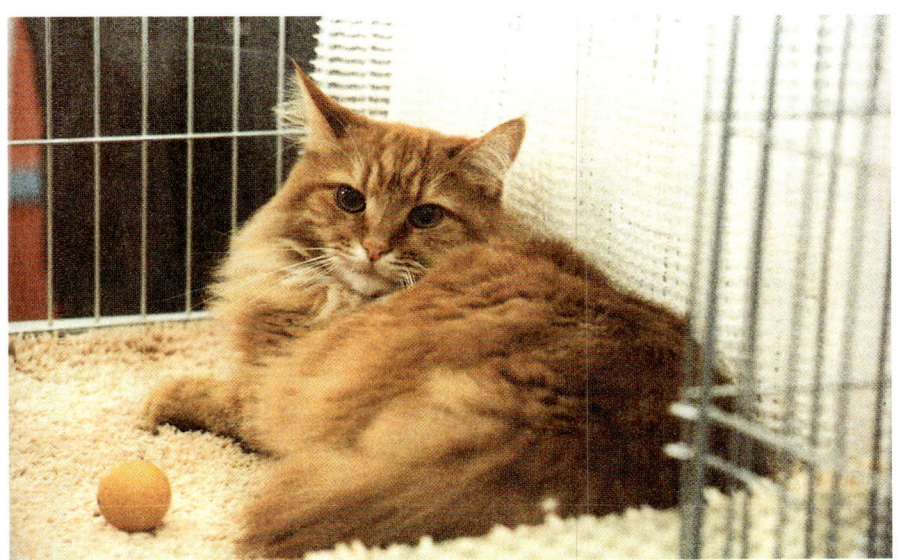

oben: Maine-Coon.
unten: „Heilige" Birma (ca. 4 Monate alt).

oben: Birmakatze.
unten: Colour-Point-Katze, seal-point.

oben: Colour-Point-Katze, blue-point.
unten: Perserkatze, cameo.

oben: Perserkatze, schildpatt-smoke.
unten: Perserkatze, schildpatt auf Weiß.

oben: Perserkatze, rot-gestromt.
unten: Perserkatze, rot-tabby.

oben: Perserkatzen, blau.
unten: Perserkatze, weiß.

renc Familien mit Kindern im Haushalt dazu neigten, die Katze als „vierbeiniges Familienmitglied" zu bezeichnen, für das sie durchaus bereit waren, beträchtliche Einschränkungen ihrer Bequemlichkeit – auch Verzicht auf Urlaub – auf sich zu nehmen, wenn die Katze nicht gerne Auto fahren wollte. Einem Bericht des Amerikaners Voith zufolge, der das Verhalten von Personen darstellt, die unauffällig während der Wartezeit in der Tierklinik der Universität von Pennsylvania beobachtet wurden, ergaben sich keine Unterschiede in der Art, wie Männer und Frauen ihre Tiere berührten (auch küßten und zärtlich tätschelten) oder wieviel Zeit sie in physischem Kontakt mit ihrer Katze verbrachten.

Dies alles beweist nur allzu deutlich, wie sehr ich mit meiner schon vor über 30 Jahren verschiedenenorts geäußerten Einstellung recht habe – die damals in Kollegenkreisen Belächelung, ja Anfeindung hervorrief –, daß es Pflicht der Veterinärmedizin sei, sich – zumindest auf dem Kleintiersektor – nicht nur um das körperliche Wohl der Patienten zu bemühen, sondern sich auch für deren seelisches Wohlergehen als kompetent zu betrachten, weshalb fachliche Ausbildung und laufende Weiterbildung von Tierärzten auch in angewandter Verhaltenslehre und klinischer Verhaltenspathologie notwendig und keinesfalls zu vernachlässigen sei. Um solchen Erfordernissen Rechnung zu tragen, wurde erfreulicherweise vor einigen Jahren in mehreren Ländern der deutschen Bundesrepublik als neuer Spezialisierungszweig der „Fachtierarzt für Verhaltenskunde" geschaffen und ein entsprechender Ausbildungsweg hierfür festgelegt.

Mehr als zur Behandlung körperlicher Gesundheitsstörungen ist zur diagnostisch richtigen Einordnung und erfolgreichen Behandlung von Verhaltensstörungen eines Tieres die verständige Mitarbeit seines täglichen Betreuers, also des Tierhalters selbst unbedingt notwendig – die dazu unerläßliche Aufklärung über verhaltensbiologische Zusammenhänge möge dieses Buch vermitteln!

8 Formen reaktiver Depression, psychosomatische Störungen und Erkrankungen

Wenn ein Säugetier wie die Katze mit seiner Umwelt in Kontakt und Interaktion tritt, dann geschieht dies ja natürlich nicht automatenhaft und völlig unbewußt, sondern das Tier erlebt dabei subjektiv etwas – psychisches Geschehen läuft ab. Es leuchtet jedermann ein, daß fortgesetzte unangenehme Erlebnisse zu einer kürzeren oder längeren Störung des normalen Umweltbezuges, zu einer von der gewohnten Verhaltensnorm abweichenden Verhaltensbereitschaft führen. Wohl aber mag es auf den ersten Blick vielleicht verwunderlich erscheinen, daß erlebnisbedingte Einflüsse auch körperliche Gesundheitsstörungen, wie z. B. Brechreiz, Durchfall, Änderungen der normalen Körpertemperatur, des Blutdruckes, der Herzfrequenz, Störungen des Sexualzyklus und des Geburtseintrittes, ja sogar regelrechte organische Erkrankungen, wie z. B. Dermatitis (Hautentzündung), Alopezie (Haarlosigkeit) und dergleichen, verursachen können. Wenn man aber bedenkt, daß bei der Verarbeitung erlebnisbedingten Geschehens Erregungs- und Hemmungsprozesse im Gehirn ablaufen und in Teilen des Gehirns sich auch übergeordnete Zentren für das vegetative Nervensystem befinden, von denen (zum Teil auch über das Hormonsystem) Durchblutung und Stoffwechsel vieler Organe geregelt werden, dann wird es schon einleuchtender, daß bei so sensiblen Tieren wie Katzen umweltreaktiv bedingte, also „psychoreaktive" Störungen auch viele körperliche Begleiterscheinungen haben können und daß es bei entsprechend lang anhaltenden psychischen Belastungen nicht nur zu vorübergehenden funktionellen Organstörungen, sondern auch zu regelrechten Organkrankheiten kommen kann; letzteres insbesondere dann, wenn entsprechende konstitutionelle Faktoren dafür vorhanden sind. (Unter Konstitution versteht man die Summe aller angeborenen Dispositionen, das heißt Veranlagungen.)

Ähnlich wie beim Menschen und beim Hund hängt es auch bei Katzen weitgehend von der persönlichen Veranlagung des jeweiligen Individuums ab, mit welcher Störung auf die verschiedenartigsten Situationen psychischer Belastung reagiert wird. So kann z. B. auf ein und dieselbe Frustration die eine Katze mit gesteigerter Aggressivität, die andere mit Verlust der Stubenreinheit, wieder eine andere mit Anzeichen gesteigerter Ängstlichkeit und eine vierte schließlich mit Verlust der Spielfreude, traurigem Herumsitzen und Appetitlosigkeit, also De-

Auffällig vermehrtes oder besonders heftig ausgeführtes Fell-Putzen kann Anzeichen für „psychogenen Streß" sein.

pressionssymptomen reagieren, während eine weitere beispielsweise mit gesteigertem, „hochgradig nervösem" Putzverhalten (bis zur Leckstereotypie!) und noch eine andere mit psychosomatischen Störungen des Hautstoffwechsels (bis zu Ekzembildung und Haarausfall) reagiert. Es gibt aber auch Individuen mit großer Frustrationstoleranz und guter Anpassungsfähigkeit, die denselben Streß ohne jegliche Störung verkraften.

Erst bei extremer Steigerung eines anhaltenden Konfliktzustandes − und wenn sich ein Tier diesem nicht entziehen kann (wie z. B. bei den künstlichen Versuchsanordnungen zur Erzeugung experimenteller Neurosen) − verschwinden die individuellen Verhaltensbevorzugungen zugunsten der schon zu Anfang des vorigen Kapitels beschriebenen, von der Belastungsintensität allein abhängigen, typischen Störungsformen (die zumeist viele Verhaltensbereiche gleichzeitig betreffen). Trotzdem gibt es aber außerdem auch bestimmte Umwelteinflüsse, auf die relativ unabhängig von der persönlichen Veranlagung von vielen Individuen mit gleichartigen Störungsformen reagiert wird. Ein typisches Beispiel dafür ist das kurzzeitige Trauern um den plötzlichen Verlust eines vertrauten Wohnkumpans, sei dies nun ein Artgenosse oder ein geliebtes menschliches Familienmitglied.

Ohne Zweifel ist T r a u e r eine der gewaltigsten seelischen Belastungen, die es gibt. Nicht nur der Mensch ist zu dieser Gefühlsreaktion fähig, auch alle höheren Tierarten, und zwar in einem Ausmaß, das man nicht unterschätzen sollte!

Daß Katzen unter dem Verlust eines geliebten Partners leiden können, daß sie ehrlich und intensiv trauern, ist allgemein bekannt.

Daß ein trauernder Hund wirklich so lange am Grab seines Herrn sitzt, bis er auch stirbt, ist absolut möglich – wenn auch selten – und entspringt nicht der Phantasie sensationslustiger Zeitungsredakteure. Bei mehreren Untersuchungen wurde sogar beobachtet – und ist in der Fachliteratur dokumentiert –, daß Rinder weinen können; ein Stier z. B. dann, wenn er mehrere vergebliche Sprungversuche unternommen hat, und eine Kuh manchmal, wenn man ihr das Kalb wegnimmt oder sie an einem nicht gewohnten neuen Standplatz im Stall festbindet. Weinen nicht nur in dem Sinn, daß ein paar Tränen fließen, nein, in seltenen Fällen wurde dieses Weinen länger als 1 Stunde beobachtet (Krawarik, 1960).

Das Fehlen lieb gewordener Gewohnheiten löst bei Katzen allgemein Trauerverhalten aus. Dauer und Grad hängen von dispositionellen Faktoren ab, also gewissermaßen auch vom Temperament. Die äußerlichen Anzeichen einer solchen „R e a k t i v e n D e p r e s s i o n" kann man zumeist 1 bis 3 Tage lang deutlich beobachten. Man weiß aber auch von Katzen, deren Trauerverhalten sich über einen wesentlich längeren Zeitraum erstreckte.

Viele Tierhalter machen einen gravierenden Fehler. Sind Umstände so zwingend, daß man eine Katze in einer Tierpension oder in einem Tierspital einstellen muß, dann sollte man sie dort n i c h t besuchen. Jedes Weggehen bereitet dem Tier neuerlich Schmerz. Manchmal führt das zu erheblichen Komplikationen. Inhaber von Tierpensionen und Tierkliniken wissen ein Lied davon zu singen! Da solche Tiere gewöhnlich auch jegliches Futter hartnäckig verweigern, ist vorzeitige Rückholung aus dem Urlaubsaufenthalt gelegentlich unumgänglich.

Das Bild der reaktiven Depression hat viele Erscheinungsformen: Bewegungseinschränkung, Verkriechen, Schlaflosigkeit, Appetitlosigkeit, Futterverweigerung, gesteigerte Fluchtbereitschaft, Verlust der Spielfreude, sexuelles Desinteresse, in seltenen Fällen Apathie bis zur völligen Reaktionslosigkeit (selbst dann, wenn dem Tier Schmerz zugefügt wird), Pupillenerweiterung, Verzögerung der Lichtreflexe bei Lichteinfall, Erbrechen, Durchfall oder aber Stuhlverstopfung. In vielen Fällen läßt sich außerdem Verminderung der Herzfrequenz und/oder starkes Absinken der Körpertemperatur feststellen. Oft beobachtet man auch den Verlust der Stubenreinheit, das Verschwinden jeglichen Körperpflegeverhaltens. Nicht-Verteidigen des eigenen Territoriums und kampflose Aufgabe der eigenen sozialen Vorrangstellung. Je nach Intensität der Trauer macht eine solche Katze manchmal einen echt entwurzelten Eindruck, und mit genaueren Methoden würde man wahrscheinlich zahlreiche weitere Störungen der inneren Organe feststellen können.

Sogar die Maßnahmen, die notwendig sind, um weitere Organbefunde zu erheben – Blutabnahme ist u. a. dazu nötig –, können selber schon wieder Veränderungen setzen! (Um festzustellen, ob psychische Belastungen bei Katzen zu Veränderungen der Blutparameter führen, wurde versuchsweise Blut bei Katzen mit und ohne Zwangsmaßnahmen entnommen und untersucht. Kleinsorgen und Brandenburg konnten feststellen, daß die Anwendung von Zwangsmaßnahmen bei der Blutentnahme zu einer signifikanten Erhöhung der Zahl der roten Blutkörperchen, des Blutfarbstoffgehaltes, der Zahl der weißen Blutkörperchen, zu einem Anstieg des Haematokritwertes, zu einer Lymphozytose und zu einem Abfall der eosinophilen Granulozyten führt.)

Der gestörte Stoffhaushalt als körperliche Begleiterscheinung des Trauerverhaltens bringt es auch mit sich, daß selbst banale Krankheiten gelegentlich einen ungünstigen Verlauf nehmen. (Zwangsfütterung und Kortisongaben vermögen in solchen Fällen manchmal, Fehlregulationen abzukürzen und Komplikationen zu verhüten.)

Schreckerlebnisse und plötzliche, außergewöhnliche seelische Belastungen, die vorübergehend zu einem Schockzustand geführt haben, sind mitunter von länger dauernden Zuständen gefolgt, die denen der reaktiven Depression ähnlich sind. Viele Umstände, die bei der einen Katze zu einer reaktiven Depression – also zu einem Überwiegen von Hemmungserscheinungen – und zu psychosomatischen Störungen führen, können aber bei einer anderen sogenannte „R e a k t i v e M a n i e" auslösen. Darunter versteht man einen Zustand der Unruhe und

Übererregtheit, verbunden mit „Ungehorsam" und erheblicher Aggressivität (die selbst vor dem vertrauten Besitzer gelegentlich nicht halt macht). Ein solcher Zustand kann längere Zeit andauern. Es können auch Entlastungshandlungen in Form von Zerstörungssucht (Vandalismus), Verlust der Stubenreinheit, Freß- und Trinkzwang oder dergleichen auftreten. Nicht selten werden gesteigertes Mißtrauen, Schreckhaftigkeit und erhöhte Fluchtbereitschaft beobachtet.

Solcherart „maskiertes Trauerverhalten" kann in Ausnahmefällen zu einem völlig untragbaren Zustand führen: Ein Kater veränderte nach dem Tode seines Besitzers, von dessen Bett er anfänglich nicht weichen wollte, sein Wesen zunächst in Richtung allgemeiner Verhaltenshemmung, nach einigen Tagen wurde er aber so mürrisch und gefährlich aggressiv gegen alle Familienmitglieder, daß man den Raum, in dem er sich befand, nicht zu betreten wagte. Er mußte euthanasiert werden, da der Zustand wochenlang unverändert anhielt und das Tier kaum noch Futter zu sich nahm. Da man sich dem Tier nicht nähern konnte, war es auch unmöglich, ihm regelmäßig Medikamente einzugeben. Außer starker Abmagerung lieferte der Sektionsbefund keinerlei Anhaltspunkte für eine etwaige organische Erkrankung.

Glücklicherweise fügen sich jedoch die meisten Katzen komplikationslos in veränderte Umweltbedingungen ein. Der Mehrheit genügt eine kurze Umstellungszeit.

„Alles, was im positiven wie im negativen Sinne die Seele beeinflußt, beeinflußt letztlich auch den Organismus" – könnte man als die Kurzformel festhalten, auf die man psychosomatische Störungen und Organneurosen bringen kann.

Wie schon eingangs erwähnt, steuern das sogenannte unwillkürliche Nervensystem (Vegetativum) und die Hormonausschüttung gewisser Drüsen mit innerer Sekretion eine ganze Reihe von Organfunktionen: Blutverteilung, Atmung, Herzfrequenz, Schweißdrüsenfunktion, Tätigkeit der Verdauungsorgane und vieles andere. Diese Organfunktionen werden ursprünglich mit dem biologisch sinnvollen Ziel verändert, dem Organismus mehr Abwehrbereitschaft oder mehr Fluchtbereitschaft in Extremsituationen von Bedrängnis zu ermöglichen. Im Normalfall handelt es sich dabei also um Situationsanpassungsvorgänge des Gesamtindividuums: Ein wohlausgewogener Regelmechanismus nimmt seine Tätigkeit auf (Streß und Adaptation).

Wenn nun durch starke oder zu häufige Erregungen (aber auch durch besonders überempfindliche Organe) dieser Regelmechanismus überfordert wird, treten sogenannte „Vegetative Dystonien" und „Psychosomatische Störungen" oder Organneurosen auf. Die Übersteuerung einer Organfunktion bringt die Mindererregung einer anderen mit sich, sodaß die biologische Anpassung an eine Notfallsituation nicht nur nicht erreicht, sondern sogar arg gefährdet wird. Im Zuge von psychischen Entlastungsreaktionen lassen sich deshalb immer wieder auch Organfunktionsstörungen wechselnden Ausmaßes beobachten. Erstreckt sich die Organstörung auf den Verdauungsapparat, dann kommt es zu stundenlangem Speichelfluß oder auch zu Appetitlosigkeit, Erbrechen, Gastritis, Darmentzündung, Durchfall, Verstopfung, Speiseröhrenkrämpfen, Magenkrämpfen; ja sogar zur Geschwürbildung kann es kommen. Bei Störungen des Kreislaufes treten Herzbeschleunigung, Herzfrequenzsenkung, Herzkrämpfe, Herzinfarkt, Hochdruck, Unterdruck und Durchblutungsstörungen einzelner Organe auf. Verstärkte Nasensekretion, Hecheln, Bronchitis und asthmaähnliche Symptome kennen wir bei Störungen des Atmungsapparates. Aber auch der Harn- und Geschlechtsapparat kann beeinflußt werden: Störungen der Nierendurchblutung, Nierenentzündung, vermehrter Harnabsatz; Zyklusstörungen, Ausbleiben der Brunst, Unfruchtbarkeit, Geburtsstörungen (durch Wehenschwäche oder ungenügende Eröffnung der Geburtswege). Bei männlichen Tieren zeigen sich in diesen Fällen mangelnde Geschlechtslust, Deckunfähigkeit (Impotenz) oder aber Hypersexualität. Darüber hinaus werden in der tiermedizinischen Fachliteratur auch Fälle psychoreaktiv bedingter Störung der Blutbildung sowie zahlreiche Fälle von Haarausfall und anderen dermatologischen Erkrankungen bei Katzen beschrieben. Häufige Begleiterscheinungen leib-seelischer Belastungen sind ferner: Pupillenerweiterung, Überempfindlichkeit von Hautbezirken, Muskeln und Gelenken, Bewegungseinschränkung (mit gesteigerter Muskelspannung oder aber Müdigkeit und Muskelspannungsverlust) sowie Unempfindlichkeit für Schmerzreize.

Für das Auftreten von Organneurosen ist die Dauer der psychischen Belastung (neben dispositionellen Faktoren) von besonderer Bedeutung: Kürzere Belastungen führen nur zu vorübergehenden Funktionsstörungen, längere können hingegen zu chronischen Erkrankungen mit anatomisch feststellbaren Organschäden führen.

Nicht bei jedem Neurotiker — egal ob Mensch oder Tier — treten bei gleichen äußeren Ursachen die gleichen Organstörungen auf. Selbst bei ein und demselben Neurotiker, der in langen Intervallen an Neurosen leidet, müssen sich nicht immer dieselben Organstörungen bemerkbar machen. Man konnte feststellen, daß jenes Organ am ehesten mit einer Funktionsstörung reagiert, das knapp vor dem Auftreten einer psychischen Belastung aus irgendeinem Grunde erkrankt war: Hatte die Katze mehrmals eine durch Vergiftung oder Infektion hervorgerufene Gastritis, so ist mit hoher Wahrscheinlichkeit damit zu rechnen, daß im Falle einer darauffolgenden seelischen Belastung der Magen in Mitleidenschaft gezogen wird.

Auf angeborene und in vielen Fällen erbliche Dispositionen zu individuellen, besonderen „Organminderwertigkeiten" wurde schon hingewiesen. Man kennt sie bei Katzen ebenso wie bei Hunden und vielen anderen Tieren sowie beim Menschen.

Beim Menschen kennt man darüber hinaus noch eine sogenannte „symbolische Organwahl" für den Sitz von Funktionsstörungen. Bekannte Beispiele für eine solche Umwandlung eines seelischen Konfliktes in eine Organfunktionsstörung mit Ausdruckscharakter sind die klassische Hysterie − die in ihrem Krampfanfall einen Orgasmus darstellt und solcherart unterdrückte sexuelle Triebtendenzen unbewußt offenbart, wie wir seit Sigmund Freud wissen − und die hysterische Erblindung: Sie ist häufig eine Form unbewußter Selbstbestrafung (nichts sehen zu dürfen) oder der fleischgewordene Wunsch, etwas nicht wahrhaben zu wollen.

Auch zufällige, ungewollte Lernvorgänge (nach dem Mechanismus der bedingten Reaktionen) können bei der Organmanifestation eine Rolle spielen: Gibt man, experimentell, einer möglichst isoliert gehaltenen Katze gleichzeitig mit einem bestimmten Geräusch oftmals und in kurzen Abständen immer wieder ein herzfrequenzsteigerndes Mittel, dann wird schließlich auch dann die Herzfrequenz steigen, wenn nur mehr das Geräusch allein wahrgenommen wird. (Es kam zur Bahnung eines bedingten Reflexes ähnlich dem Speichelflußreflex der bekannten Versuchshunde Pawlows.) Ähnliches kann einem ganz leicht selber unabsichtlich passieren: Trinkt man längere Zeit gewohnheitsmäßig einen besonders starken Kaffee, nach dessen Genuß Herzklopfen eintritt, dann wird dieses Herzklopfen medizinisch einwandfrei auch dann festzustellen sein, wenn man schon tagelang ein Konzentrat gleichen Geschmacks trinkt, das koffeinfrei ist (besonders wenn einem dieser Umstand unbekannt geblieben ist). Einsicht und Wissen um vorher unbewußte Zusammenhänge erleichtern beim Menschen manchmal das Löschen einer bedingten Reaktion. Bei der Katze steht uns diese Möglichkeit leider nicht oder nur auf Umwegen zur Verfügung.

Warum manche Katze aber bei einer seelischen Belastung nur Verhaltensstörungen, eine andere Verhaltensstörungen und Organneurosen und wieder eine andere nur Organneurosen zeigt, das ist noch ungenügend erforscht. Als sicher gilt bisher lediglich die Tatsache, daß nur Tiere mit besonderer neuroendokriner Konstitution organische Schäden nach seelischen Belastungen davontragen.

Nach Untersuchungen sowjetischer Forscher dauern psychogene Organstörungen bei Tieren in der Regel 2 bis 12 Monate an, es wurden aber in seltenen Fällen auch solche bekannt, die sich über mehrere Jahre erstreckten.

Psychische Belastungen beeinflussen das organische Geschehen mehr, als man annehmen möchte. Nur zu leicht ist man als Tierarzt versucht, die bereits geschilderten Organstörungen ausschließlich auf materielle Schadeinflüsse zurückzuführen, die ja selten mit Sicherheit auszuschließen sind und ohne Zweifel die überwiegende Mehrzahl aller Erkrankungsfälle bei Tieren verursachen. Eine Operationswunde z. B., die nach einem Kaiserschnitt bei einer Katze nicht recht heilen will, ist nämlich manchmal gar nicht physikalisch, chemisch oder bakteriell geschädigt, auch die Naht sitzt nicht zu fest (um etwa die Durchblutung zu stören), man hat dem Tier n u r die Jungen weggenommen: eine psychische Belastung, auf die sein Organismus mit schlechter Wundheilung reagiert! Andererseits sind Fälle bekannt, in denen trotz erhöhter Infektionsgefahr und trotz mechanischer Irritation durch die Saugwelpen die Bauchwunde in Rekordzeit heilte und die Milch trotz Operationsstreß keineswegs versiegte, wenn man die Jungtiere der Mutter beließ. Derartige Beobachtungen konnte man nicht nur bei Katzenmüttern, sondern auch bei Löwinnen in zoologischen Gärten machen.

Seelische Störungen können sogar – durch Schwächung der natürlichen Abwehrkräfte – den Ausbruch von Infektionskrankheiten beträchtlich begünstigen: Der Prozentsatz jener Urlaubsgäste in Katzenheimen, die trotz Schutzimpfungen Probleme mit Infektionskrankheiten haben, ist beträchtlich größer bei Tieren, die von ihren Besitzern besonders verhätschelt gehalten werden, als bei solchen, die nicht so intensiv menschengebunden, also natürlicher leben; für letztere scheint der Umstellungsstreß geringer zu sein; auch sieht man bei solchen kaum depressive Erscheinungen: Schon am 1. oder 2. Tag passen sie sich der neuen Situation an, fressen brav und lassen sich vom Wärter streicheln. (Übertriebene Verhätschelung und Verwöhnung scheint offenbar nicht nur bei menschlichen Kindern zu Überempfindlichkeit gegen Umstellungsstreß zu führen.)

Jeder Kleintierpraktiker weiß, daß Katzen und Hunde, wenn sie im Wartezimmer sich lange fürchten müssen oder durch Anhören von Schmerzenslauten anderer Patienten sich mehr als gewöhnlich ängstigen, erhöhte Blutzuckerwerte aufweisen und daß die Körpertemperatur um einige Zehntel Grade, ja manchmal bis weit ins Fieberhafte gesteigert sein kann (gegenüber einer Kontrolle in vertrauter Umgebung und seitens vertrauter Personen). Hier bestimmen Angstzustände das veränderte Verhalten des Organismus. Aus demselben Grunde mißt man in der Ordination höhere Herzfrequenzwerte, und das Ergebnis einer Blutdruckmessung bei einem nicht auf die dazu notwendigen Manipulationen trainierten Tier ist diagnostisch nicht verwertbar. Viele Katzen speicheln stark und lang nach einer mit Zwangsmaßnahmen verbundenen ärztlichen Behandlung (wie man sie beispielsweise beim Zahnsteinentfernen, Krallenschneiden oder einer länger dauernden Röntgenuntersuchung vornehmen muß). Kommen weitere ungünstige Belastungen — etwa schwüles Sommerwetter — dazu, dann kann eine entsprechend disponierte Patientin sogar nach relativ harmlosen, kurzen Behandlungen (wie beispielsweise der Verabreichung einer Injektion) kollabieren. (Das ist dann besonders häufig der Fall, wenn die Injektion im eigenen Territorium der Katze, also in der Wohnung und nicht in der Ordination vorgenommen wird.)

Aus all diesen Gründen ist es besonders wichtig, daß der Tierarzt sein Augenmerk auf alle Komponenten legt, die eine Gesundheitsstörung verursachen oder verschlimmern können oder den Ausbruch einer Krankheit begünstigen. Der Tierbesitzer kann dem Arzt seine Aufgabe wesentlich erleichtern, wenn er ihm im Vorbericht — noch ehe er die Katze aus dem Korb nimmt — sorgfältig über alle Ereignisse berichtet, die in letzter Zeit auf die Katze eingewirkt haben könnten. Gewissenhafte Beobachtung (ohne vorschnelle Erklärungsversuche, die den Blick trüben könnten!) ist dazu notwendig; schriftliche Notizen können hilfreich sein.

Dieses Kapitel wäre unvollständig, wollten wir unser Augenmerk nicht auch auf Behandlungsmöglichkeiten richten!

Bei Katzen, die zu Hypersalivation (also starkem, stundenlangem Speichelfluß) nach tierärztlicher Behandlung neigen — eine der häufigsten psychosomatischen Störungen —, bewährt sich die Gabe von Atropin und diverser Tranquilizer, gegebenenfalls auch Neuroleptika. (Das sind verschiedene Arten von Beruhigungsmitteln.)

Katzen, die am Futternapf häufig von Kindern geneckt werden, oder solche, die für ihr Benehmen einmal gelobt und ein andermal bestraft werden — wenn z. B. die Betreuer stimmungslabil oder oft betrunken sind, oder manchmal auch, wenn verschiedene Familienmitglieder unterschiedliche Meinungen vertreten, wo Katzen fressen, ruhen und schlafen dürfen —, können, bei entsprechender Disposition, außer mit Verhaltensstörungen auch mit psychosomatischen Störungen verschiedener Art reagieren. In solchen Fällen werden Behandlungsversuche mit Arzneimitteln (etwa Sedativagaben mit dem Futter) gewiß kaum von Dauererfolg sein. Als einzig sinnvolle Behandlung kommt nur aetiologische Therapie in Betracht, nämlich die Abstellung der wiederkehrenden Streßursache, also Aufklärung des Besitzers über diese Zusammenhänge, damit er dafür sorgt, daß das Tier nicht mehr verunsichert wird.

In manchen Fällen ist die Art der psychogenen Ursache aber nicht oder nicht sofort zu ergründen oder bedauerlicherweise nicht abstellbar. Man wird dann auf mehr oder weniger symptomatische Behandlungsversuche angewiesen sein. So z. B. gelten psychogen bedingter Haarverlust und diverse Hautkrankheiten als besonders therapieresistent, viel schwerer erfolgreich zu behandeln als Hautkrankheiten verursacht durch Hautpilze, Räudemilben, chemische oder physikalische Reize und innere, etwa hormonelle Ursachen. Solche Hautveränderungen findet man häufig mehr oder weniger ausgedehnt in der Mitte des Rückens bis hin gegen die Lendengegend und den Schwanzansatz, aber gelegentlich auch in der Gegend zwischen After und Genitalregion, an der Innenseite oder Hinterseite der Oberschenkel oder am Unterbauch und könnten bei diesen Lokalisationen mit hormonell bedingten Veränderungen verwechselt werden. Im Gegensatz zu hormonal bedingtem Haarverlust sitzen die abgebrochenen Haare jedoch fest in den Haarbälgen. Burmesen und Siamesen scheinen besonders dafür disponiert zu sein, angeblich auch Himalaya- und Abessinierkatzen. Die Tiere scheinen Juckreiz zu empfinden, denn diese Körperstellen werden vermehrt beleckt, ja gelegentlich sogar mit den Zähnen beknabbert. (Ob vielleicht die auf dem Rücken und unmittelbar vor der Schwanzwurzel gelegenen Hautdrüsen, die Duftstoffe absondern, infolge psychisch bedingt gesteigerten Aktivitätsgrades dabei mit eine Rolle spielen?)

Die üblichen Kortisongaben versagen in solchen Fällen, bzw. ihre Wirkung — und auch die von Gestagengaben — ist nur für kurze Zeit erfolgreich. Wird als Art der ungünstigen psychischen Einflüsse Eifersucht (Familienzuwachs), Verunsicherung durch neues Territorium (Wohnungswechsel) oder das Auftreten einer anderen Katze im eigenen Heimbereich vermutet, dann sind neben Gestagen- in erster Linie Diazepamgaben (über längere Zeit), manchmal auch Amitriptylin- sowie Strontium-bromatumgaben (letzteres im Futter, statt Kochsalz) wirksam. In hartnäckigen Fällen wird man wohl auch zu Phenobarbital greifen müssen.

Man kennt außerdem noch andere, zumeist erhebliche, jedoch auf kleinere Stellen beschränkte Hautveränderungen — durch Haarlosigkeit, Rötung, Gewebsverdickung, entzündliche Exudation, ja sogar Geschwürbildung gekennzeichnet −, von denen man den Eindruck hat, daß sie erst sekundär, durch die intensive Hautirritation mit der Zunge (manchmal außerdem auch mit den Krallen) entstehen. Ihnen liegen häufig Leckstereotypien zugrunde. Die Versorgung der Katze mit einem Halskragen, um die ständig neuerliche Hautirritation zu verhindern, ist dann manchmal das einzige, wenn auch gewiß nicht idealste Mittel. Auf Leckstereotypien werde ich in einem späteren Kapitel noch zurückkommen. Sie entstehen wahrscheinlich aus Übersprungreaktionen auf Körperpflegeverhalten als Entlastungshandlung auf ständig anhaltende Übererregung durch soziale Konflikte. Manche Untersucher neigen daher zu der Deutung, diese Fälle von Hyperfunktion des Körperpflegeverhaltens als „autoaggressives Verhalten" aufzufassen. Außer Leck-, Kratz- und Putzstereotypien kommt auch Schwanz-Beißen in solchen Fällen nicht selten zur Beobachtung. Hohe Dosen von Vitamin-B_1-B_6-B_{12}-Gaben sind neben Corticosteroiden und Gestagenen sowie insbesondere Hydroxycinbeigaben zum Futter (über längere Zeit) als medikamentöse Behandlung zu empfehlen. Von besonderer Wichtigkeit wäre natürlich die Abstellung der Erregungsursachen.

Wird Trennungsangst und Langeweile (infolge stundenlangen Alleingelassenseins in der Wohnung oder nach Verlust eines geliebten Genossen) als Ursache einer psychosomatischen Erkrankung vermutet, dann ist einem Behandlungsversuch mit Amitriptylin (neben Gestagenen) der Vorzug zu geben; dies auch bei Destruktionstendenzen, also Herunterwerfen, Zerkratzen, Zerbeißen von Gegenständen, Vorhängen usw. während des Alleinseins.

Es gibt Katzen, die hartnäckig ihre Schwanzspitze zu bejagen und zu erhaschen suchen. Unter knurrenden Lauten wird in diese sogar wiederholt hineingebissen. (Dadurch kann es zu schweren eitrigen Infektionen und in Ausnahmefällen sogar zum Absterben der Schwanzspitze kommen.) Ich bezweifle, daß es sich dabei um ein wahnhaftes Geschehen oder um fehlgeleitetes Beutejagdverhalten handelt. In manchen Fällen scheint mir die Ursache viel eher in Schmerzzuständen, Neuralgien, Nervenentzündungen als Folge von Wirbelsäulenerkrankungen zu liegen, da die Gabe von schmerzstillenden und entzündungswidrigen Mitteln häufig zu promptem Behandlungserfolg führt. Einen Fall konnte ich auch durch Neuraltherapie und lumbosakrale Grenzstranganästhesie (mehrmals wiederholt mit Präparaten besonders langer Wirkungsdauer) heilen, einen weiteren durch Akupunktur einer mit der Schwanzspitze korrespondierenden Zone an der Innenfläche der Ohrmuscheln. In zwei weiteren Fällen konnten die armen Tiere nur durch Amputation des (bereits erheblich entzündeten, eitrig infizierten) Schwanzes von ihrem qualvollen, zwanghaft anmutenden Verhalten befreit werden.

Wesentlich häufiger begegnet man Katzen mit übertrieben berührungsempfindlicher Rückenhaut (wahrscheinlich verursacht durch verschiedene Wirbelsäulenerkrankungen infolge unrichtiger, insbesondere zu calciumarmer Ernährung) und solchen mit Hautmuskelzuckungen im Rückenbereich. Die Katzen benehmen sich etwa so, als hätte man sie in die Rückenhaut gezwickt. Gleichzeitig peitschen sie mit dem Schwanz hin und her und stoßen kreischende oder klagende Laute aus oder fauchen und springen angstvoll zur Seite. Die charakteristische Ohrmuschelstellung verrät angstvolle Abwehr. Auch in diesen Fällen dürfte es sich nur ausnahmsweise um psychosomatische Erscheinungen handeln, viel häufiger liegen diesen offensichtlich plötzlichen Schmerzattacken Darmparasitenbefall, in einigen wenigen Fällen möglicherweise auch Toxoplasmoseerkrankung zugrunde. Es gibt aber auch seltene Epilepsieformen, die dieses Erscheinungsbild bei Katzen verursachen. (Wir werden in Kapitel 15 nochmals auf diese Erscheinungen zurückkommen.) Da Zucken der Rückenhaut neben Schwanz-Peitschen und Knurren aber auch zum Ausdruck von ärgerlicher Stimmung gehört — man beachte in diesem Zusammenhang auch die Stellung der Ohrmuscheln —, könnten doch gelegentlich auch psychische Verstimmungszustände, möglicherweise umweltreaktiv bedingt, dahinter stecken.

Es gibt Katzen, die auf die Einstellung eines anderen Tieres im Haushalt, statt mit Aggressivität oder Angst oder Verlust der Stubenreinheit, mit Hyperphagie (das ist Freßsucht, gesteigerter Appetit) reagieren. Beim Hund würde man in solchen Fällen wohl von Futterneid sprechen. Die beim Menschen als Appetitzügler bewährten Präparate sind bei Hunden und Katzen infolge erheblicher Nebenwirkungen und geringen therapeutischen Effektes bedauerlicherweise nicht brauchbar, Verdünnung des Energiegehaltes der Futtermittel durch reichlichen Zusatz von Kleie, gerissenen Karotten oder von Kraut (süß oder sauer, roh oder gekocht) sind in solchen Fällen die einzige Möglichkeit, unerwünschten Fettansatz zu verhindern. Die einfache Reduzierung der Futtermenge — anstatt der Streckung mit Ballaststoffen — führt oft nur dazu, daß so eine Katze den Besitzer erheblich belästigt, da sie ständig bettelt oder mit erheblicher Unruhe stört, ja manchmal gar aggressiv wird. (Das pflanzliche Beifutter wird natürlich nur dann angenommen, wenn man das begehrtere Fleisch in der Menge drastisch reduziert.)

Entsprechend disponierte Katzen reagieren auf sozial bedingten Streß, auf von außen in die Wohnung eindringende störende Reize (Handwerker oder bellender

Hund in der Nachbarwohnung) und andere Aufregungsursachen statt mit gesteigertem Appetit mit dem Gegenteil, nämlich mit psychogener Inappetenz (Anorexie); eine Erscheinung, die sehr häufig auch im Bilde des Trauerverhaltens (als Folge von Trennung vom Besitzer) beobachtet wird. Außer der manchmal nur schwierig durchführbaren intravenösen Injektion von Traubenzucker oder sehr vorsichtig dosierter Insulin-Injektion können auch Gestagengaben appetitsteigernd wirken; ferner kommen in Frage Cyproheptadin und die bei depressiven Zuständen besonders bewährten sedativ und gleichzeitig antidepressiv wirkenden Substanzen Amitriptylin und eine Kombination aus diesem mit Chlordiazepoxid – Stoffe, die jedoch nicht immer frei von unerwünschten Nebenwirkungen sind und deshalb in der Dosierung individuell angepaßt und überwacht werden müssen. Auf ungefährlicherer Basis appetitsteigernd wirken auch hochdosierte Vitamin-B-Komplex-Gaben, Anabolica und Kortisone sowie interessanterweise Diazepam in so geringer Dosierung, daß von einer Beruhigungswirkung noch keinesfalls die Rede sein kann.

Bei psychosomatisch bedingtem Durchfall, wie auch bei Verstopfung aus den gleichen Ursachen, sind in fast allen Fällen – zumindest kurzzeitig – Loperamid, zusätzlich zu gering dosierten Phenothiazinpräparaten oder Tranquilizern, wirksam; von letzteren besonders Oxazepam, insbesondere in der Kombination mit Finalin, wodurch außer sedativer auch eine vegetativ dämpfende Wirkung erzielt wird. Gegen psychogenes sowie anders verursachtes Erbrechen kann besonders Metoclopramid, auch Meclozin empfohlen werden.

Es wurden hier die internationalen Kurzbezeichnungen, nicht die Präparatenamen genannt. Alle zugehörigen Dosierungsrichtlinien sind, insbesondere soweit es sich um neue oder von der klinischen Lehrbuchliteratur abweichende handelt, in Kapitel 16 zu finden. Es ist selbstverständlich, daß diese Angaben a u s - s c h l i e ß l i c h   f ü r   d e n   T i e r a r z t bestimmt sind und nicht etwa zu Selbstbehandlungsversuchen verleiten sollen; dies um so mehr, als alle diese Medikamente rezeptpflichtig sind und in unrichtiger Dosierung oder bei fehlerhafter Indikationsstellung nicht nur unerwünschte Nebenwirkungen haben, sondern sogar schaden können.

Der Wichtigkeit wegen sei nochmals betont: Wird eine – zumindest überwiegend – psychogene Ursache einer Gesundheitsstörung vermutet, so sollte dies trotzdem keinesfalls zur Vernachlässigung diverser weiterer Untersuchungen verleiten. Auch sind außer den angegebenen speziellen Therapieempfehlungen in vielen Fällen auch die üblichen symptomatischen (und, sofern möglich, auch ae-

270

tiologisch wirksame) Behandlungsmaßnahmen durchzuführen; jedenfalls nicht außer acht zu lassen.

In einigen Fällen psychosomatischer Erkrankungen der Haut, des Genitaltraktes, des Magen-Darm-Traktes, bei Anorexie und bei der Scheinmutterschaft (Lactatio sin. grav.) zeigte auch Akupunkturbehandlung überraschenden Erfolg. (Näheres siehe in meinem Lehrbuch „Akupunktur für Tierärzte — Akupunktur der Kleintiere".)

Um häufig vorkommende Rückfälle zu vermeiden, sollte außer der Vornahme einer medikamentösen Behandlung stets danach getrachtet werden, die zugrundeliegenden psychischen Einflüsse herauszufinden und, wenn möglich, abzustellen. An weiteren „psychotherapeutischen" Möglichkeiten, außer „Milieusanierung", kann manchmal auch vorübergehender Milieuwechsel hilfreich sein, vor allem aber sollte man für reichliche Beschäftigung des Tierpatienten sorgen (z. B. „Spieltherapie").

So sollte es nach dem Wunsch des Katzenhalters sein.

Sorgfältig wird die Grube zugescharrt.

Leider wird von manchen Katzen hartnäckig das Bett ihres Besitzers als Ausscheidungsort mißbraucht.

9 Schwierigkeiten mit der Stubenreinheit und deren plötzlicher Verlust

Als „Stubenreinheit" bezeichnet man jenes Verhalten einer Katze, bei dem sie Harn und Kot im Freien oder – wenn ihr diese Möglichkeit durch ausschließliche Zimmerhaltung genommen wurde – nur auf einem eigens dafür vorgesehenen Schüsselchen deponiert und verscharrt. Alles, was nicht so funktioniert, bezeichnet man demnach als S t u b e n u n r e i n h e i t. Ich möchte auch in der Wohnung unerwünschtes Markieren und „Duftstoff-Deponieren" aus den Analbeuteln hierzu rechnen.

Der Verlust der Stubenreinheit geistert so ziemlich durch alle Kapitel dieses Buches, und nicht nur dieses Buches, auch immer wieder durch Tierzeitschriften; in letzter Zeit auch durch die tierärztliche Fachliteratur.

Der Tierliebhaber, der sich mit einer Katze ein sprichwörtlich reines Tier ins Haus geholt hat, steht meist fassungslos vor den auf falschen Plätzen abgesetzten Pfützchen oder Häufchen und läßt sich nur allzuoft zu einer dem Tier unverständlichen und das Übel zumeist nur verschlimmernden „Erziehungsmaßnahme" hinreißen: Er verprügelt die Katze oder taucht ihr das Näschen in die Pfütze. Im Falle einer 19 Monate alten Katze hat diese allzu menschliche Spontanreaktion ausnahmsweise sogar einmal geholfen: Die Katze Muschi hatte sich nicht ins Katzenschüsserl, sondern ins Bett der Besitzerin zum Urinabsatz gesetzt, und dies, während die Besitzerin im Bett lag und las. Die Besitzerin hatte natürlich keine Ahnung, warum die Katze dies tat – wieder ein typisches Beispiel für „die unverstandene Katze"! In begreiflicher Wut wurde dem Tier in flagranti eine gewaltige Tracht Prügel verabreicht, denn dieses „Fehlverhalten" war schon mehrmals passiert, und Schelte hätten gar nichts geholfen. In Zukunft vermied das Kätzchen „Körperausscheidungsverhalten am unerwünschten Plätzchen" tatsächlich zeitlebens.

Dies ist wirklich einer der ganz seltenen Fälle, wo mit harter Bestrafung, wahrscheinlich weil man sie u n v e r z ü g l i c h a p p l i z i e r t e, Stubenunreinheit unter Hemmung gesetzt werden konnte. Da dies aber im allgemeinen „technisch" nicht möglich ist und später erfolgende Strafreize nichts nützen, müssen wir uns mit der Thematik des Verlustes der Stubenreinheit und mangelnder Stubenreinheit ausführlicher beschäftigen.

Durchaus nicht immer handelt es sich bei stubenunreinem Verhalten um eine psychisch bedingte Verhaltensstörung. (Trotzdem wird der Tierhalter natürlich wünschen, die unerwünschte Verhaltensweise abzustellen.) In manchen Fällen ist Harn- und/oder Kotabgang außerhalb des dazu bestimmten Örtchens Anzeichen einer körperlichen Erkrankung. In hohem Alter können die Exkremente mitunter ganz einfach nicht gehalten werden, oder dünner Kot wird am Weg zum Schüsselchen verloren, weil Durchfall besteht. Harnträufeln bei Schließmuskellähmung oder Blasenentzündung und Verstopfung der Harnröhre mit Harngries sowie andere Ursachen körperlicher Erkrankung sind der entsprechenden tierärztlichen Behandlung zugänglich. Wenn man diese Fälle zu Verhaltensstörungen zählen möchte, dann müßte man sie in die Gruppe der symptomatischen Störungen einreihen. Von diesen soll hier aber nicht die Rede sein.

Dann gibt es eine weitere Gruppe von Fällen, in denen durch Vorbericht zu erheben ist, daß so ein Kätzchen überhaupt nie jemals stubenrein war. Hierbei kann es sich um angeborene Sinnesdefekte oder um krassen „Intelligenzmangel" (man sieht dann auch andere Zeichen von „Verblödung") handeln, oder aber – in den meisten Fällen – um echten Instinktverlust. Solche Ursachen können durch starke Inzucht (z. B. wegen einseitiger Zuchtwahl nur auf Schönheitsmerkmale) besonders begünstigt werden und treten daher bei Edelrassekatzen häufiger auf als bei gewöhnlichen Hauskatzen.

Normalerweise zeigen selbst Kaspar-Hauser-aufgezogene Katzenwelpen bereits im Alter von 4 bis 5 Wochen die Tendenz, auf lockerem Material, wie Erde, Torf, mineralischer Einstreu, Sägemehl und dergleichen, Harn und Kot zu deponieren, wobei mit den Vorderpfoten vorher und nachher gescharrt wird. Es handelt sich also um echtes, angeborenes Verhalten, dessen Schlüsselreiz wahrscheinlich lockeres Material darstellt. Lernen tritt nur insoferne hinzu, als sich schon die Kleinen den Ort merken, wo das Schüsselchen mit dem geeigneten Material aufgestellt ist. Eventuelle individuell besonders späte Instinktreifung eingerechnet, kann man die Behauptung aufstellen, daß eine Katze, die nicht spätestens im Alter von 3 Monaten rein ist, dies wahrscheinlich nie mehr wird.

Als Beispiel eine meiner zahlreichen „Krankengeschichten": Eine prachtvolle, mehrmals preisgekrönte Perserkatze, die niemals verläßlich stubenrein war, war Elsie. Wenn sie sich an einem dargebotenen Leckerbissen in ihrer Futterschüssel delektierte, setzte sie gelegentlich 1/2 Minute aus, um etwa 10 bis 20 Zentimeter neben der Futterschüssel auf dem blanken Fußboden Kot abzusetzen und dann weiter zu essen. Dieser Kot war nicht etwa dünnbreiig, sondern ganz normal geformt. Döste Elsie auf der Samtcouch, ließ sie den Harn einfach laufen. Ein anderes Mal benützte sie den Raum zwischen Küchenherd und Wand als Kotplatz; eine akrobatische Meisterleistung, die sich bis heute niemand erklären kann. Gelegentlich benützte sie, gewissermaßen zufällig zwischendurch, auch einmal ihre ständig mit frischer Torfeinlage gefüllte Katzenkloschüssel, dann, wenn sie nicht gerade darin schlief! Elsie brachte es auch fertig, 1 Stunde lang wie eine Statue auf dem Kasten zu sitzen, was einen Handwerker beinahe das Leben gekostet hätte: Als sich die Statue nämlich plötzlich bewegte, wäre er vor Schreck fast von der Leiter gefallen. Manchmal hielt sich Elsie aber auch 24 Stunden oder länger versteckt. Jedwedes Rufen oder Locken ignorierte sie völlig, auch das bekannte Geräusch des Futter-Schneidens konnte die ansonsten mehr als gefräßige Katze nicht aus ihrem Versteck locken (das sie nicht etwa aus Furcht aufgesucht hatte). Glücklicherweise gab es im gleichen Haushalt einen Vorstehhund. Hätte er auf Befehl Elsie nicht aufgestöbert und so ihr jeweiliges Versteck verraten, wäre sie vielleicht dort sogar verhungert.

Dieses Beispiel möge genügen zur Illustration der − an sich seltenen − Fälle dieser Art. Es gibt aber sehr viel mehr Katzen, die lange Zeit verläßlich stubenrein sind und plötzlich diese „guten Manieren" aus zunächst unbekannten Gründen gelegentlich oder dauernd mißachten. Nicht selten hat das seinen Grund in vorübergehend aktuell gewordener Sexualappetenz: Nicht nur rollige Katzen reagieren so, sondern bekanntlich besonders häufig unkastrierte Kater, speziell dann, wenn sie in ihrer Umgebung eine mögliche Braut wittern. Die Verschmutzungen findet man dann bevorzugt in der Nähe von Fenstern und Türen. In diesen Fällen handelt es sich in erster Linie um sexuell und sozial induziertes Territorialverhalten in Form des sogenannten Harn-Spritzens. Während Harn- und Kotabsatz als Körperausscheidungsverhalten in typischer Hockstellung vorgenommen werden − bei waagrecht nach hinten gestrecktem Schwanz, mit vorher und nachher erfolgendem Scharren mit den Vorderpfoten −, wird der Harnabsatz zu Markierungszwecken in stehender Position, zumeist mit gestreckten Hinterpfoten und dadurch hochgerecktem Hinterteil und steil nach oben gerichtetem Schwanz (der dabei zittern kann) spritzenderweise vorgenommen (mit einem bevorzugt auf senkrechte Flächen gezielten Strahl oder auch durch breitflächiges Versprühen des Urins).

Während beim Körperausscheidungsverhalten zumeist die Blase ganz entleert wird, wird beim Spritzen jeweils nur eine dosierte Portion freigegeben. Der Strahl kann bis über 1 Meter weit reichen. Zumeist wird er schräg aufwärts gegen eine

Wand, vorspringende Ecke, Pfosten, Steine, Strauch, Vorhänge oder eine abgestellte, gefüllte Einkaufstasche gerichtet. Am Boden sieht man eine strichförmige Urinspur statt einer kompakten Lache. Diese Verhaltensweise kann bei Katzen beiderlei Geschlechts ab dem Eintritt der sexuellen Reife beobachtet werden, Kater können – nach Angabe Leyhausens – diesem Strahl auch Sekret aus den Analbeuteln beimischen. Diese Fähigkeit wird jedoch von vielen anderen Autoren bestritten, die der Meinung sind, daß Analbeutelsekret lediglich auf Gegenstände abgeschmiert oder aufgedrückt werden kann. Dem ist allerdings entgegenzuhalten, daß, nach Erfahrungen in der tierärztlichen Ordination, Katzen in Schrecksituationen ähnlich wie Hunde ihr Analbeutelsekret nicht nur träufelnd, sondern tatsächlich 10 bis 15 Zentimeter weit spritzend (zumeist dem Behandler auf die Arbeitskleidung!) entleeren können. Der Geruch dieses Sekretes ist für menschliche Nasen penetrant und anders als der des Katerurins.

Katzen und Kater können im Freien auch mit dem Kot markieren, der dann nicht vergraben, sondern an markanten Stellen nahe den Reviergrenzen in meist erhöhter Position deponiert wird, so auf Felsblöcken, Baumklötzen und sonstigen auffälligen Geländestellen. Wenn in der Wohnung mit Kot markiert wird, dann findet man gezielt abgesetzte, kleinere Kothäufchen an bestimmten, markanten Stellen, so etwa vor Türen, Fenstern, Sitzmöbeln, bei trotzdem zwischendurch beibehaltener weiterer Benützung auch des Katzenkloschüsselchens. Besonders wenn fremde Personen oder Tiere oder Artgenossen in die Familiengemeinschaft neu eintreten, können manche Katzen solches Verhalten zeigen. Einige Untersucher vermuten denn auch, daß dieser Markierungsart aggressive Impulse zugrunde liegen: So soll z. B. Kotabsatz vor der Türe eines von einem Gast zeitweilig bewohnten Fremdenzimmers bedeuten, daß dieser unerwünscht ist und verschwinden soll. (In der Tat bewähren sich zur Behandlung dieser besonderen Fälle Medikamente wie Chlorpromazin, Dikaliumchlorazepat u.a., die auch aggressive Stimmungen zu dämpfen vermögen, besser als gewöhnliche Sedativa, die nur angstdämpfend wirken.) Meiner Meinung nach ist darin aber eher eine Parallele zu dem im Freileben vorkommenden Verhalten des unvergrabenen Kot- und Harnabsatzes auf gemeinsam von mehreren benachbarten Katzen benützten Wegen ins Revier zu erblicken: Diese „rote Verkehrsampel" soll dem anderen Wegbenützer anzeigen, daß der Weg zum begehrten Jagdgebiet vorübergehend besetzt ist und der andere daher jetzt eine andere Wegrichtung einschlagen soll. (Sorgfältige Untersuchungen Leyhausens haben aber ergeben, daß Duftmarken nicht abschreckend wirken, sondern möglicherweise den Zweck haben, lediglich unerwartete Begegnungen zu vermeiden und dem anderen mitzuteilen, wer da sonst noch auf diesem Pfad unterwegs ist.) Im Freileben setzen Katzen außer mit Harn und Kot (und Kater mit Analsekret) Duftstoffe auch an Gegenständen der Umgebung aus Drüsen ab, die sich an den Wangen, am Rücken und an der Schwanzwurzel befinden, deren Geruch für uns aber nicht wahrnehmbar ist. Welche Rolle die einzelnen Absonderungen der verschiedenen Drüsen spielen, ist nach wie vor ungeklärt. Mit diesen Duftstoffen scheinen sich Katzen auch gegenseitig zu parfümieren, bzw. diese durch bestimmte Körperbewegungen dem anderen ganz nah zu präsentieren.

So soll auch das bekannte „Köpfchen-Geben" – eine Verhaltensweise, mit der Katzen eng vertraute Artgenossen und den Pfleger begrüßen – der Übermittlung derartiger, wahrscheinlich individualtypischer Duftstoffe dienen.

Die charakteristische Stellung beim Harn-Spritzen – ein auffälliges Verhalten – dient bekanntlich auch als optisches Signal: So bespritzt der Sieger nach einer Rauferei verschiedene Gegenstände in der Umgebung so, daß er dabei im Blickfeld des Unterlegenen steht. Eine Weile später spritzt auch jener (allerdings erst, nachdem er sich durch ängstliche Blickwendungen vergewissern konnte, daß der Sieger ihn dabei nicht beobachtet). Er schüttelt sich dann meist und scheint solcherart sein angeschlagenes Selbstbewußtsein wieder aufgerichtet zu haben – schreibt Leyhausen.

Spritzen vor den Augen des Gegners demonstriert also Selbstbewußtsein (ebenso wie Krallen-Schärfen in Gegenwart eines Zuschauers)! Katzen, die also vor den Augen ihres Besitzers spritzharnen, scheinen dies aus „Protest" zu tun (etwa nach einer Bestrafung) oder weil sie diesen als Rivalen oder Konkurrenten betrachten. In diesen Fällen kann man also sicherlich zu Recht von aggressivem Hintergrund sprechen, und es ist nicht verwunderlich, daß gerade in solchen Fällen Gestagene vom Typ des Delmadinonacetat (und Antiandrogene wie z. B. Cyproteronacetat) sich als besonders wirksame Behandlungsmittel erweisen.

Obwohl Urinieren und Kotabsatz in Hockstellung außerhalb der Kiste normalerweise keine Formen des Markierungsverhaltens darstellen, scheint auch, aus nicht näher geklärten Gründen, in solcher Weise deponiertem Harn oder Kot manchmal Markierungsmotivation zugrunde zu liegen – in territorialen, sexuellen, agonistischen Verhaltensbereichen. Kann man die Katzen in solchen Fällen heimlich beobachten, dann fällt auf, daß das charakteristische Scharren mit den Vorderpfoten als Appetenzhandlung fehlt und daß außerdem zwischendurch auch die vorgesehene Kloschüssel weiterhin benützt wird. Auffällig sind in solchen Fällen auch die Stellen, an denen solche Marken gesetzt werden, z. B. vor Sitzmöbeln oder vor oder in Betten, vor Türen; oft nur an aus der Sicht der das Wohnungsrevier besitzenden Katze als markant erkennbaren Örtlichkeiten.

Zur Territoriumsmarkierung, außerhalb oder in der Wohnung, spritzen nicht nur geschlechtsreife Kater und — zumeist etwas ältere — Katzen, sondern auch Kastraten beiderlei Geschlechts können dies gelegentlich tun, wenn auch sehr viel seltener.

Zahlreiche Untersucher bestätigen den Eindruck, daß es vorwiegend rang-hohe, selbstsichere Individuen sind, die zum häufigen Markieren neigen. Zum Unterschied von europäischen Erfahrungen sind amerikanische Autoren der Meinung (vielleicht irrigerweise), daß nur das Harn-Spritzen allein als Markie-rungshandlung zu betrachten sei.

Nach langjährigen vergleichenden Untersuchungen des Verhaltensforschers Leyhausen ist das Harn-Spritzen als echte Instinkthandlung mit eigenem endoge-nen Antrieb zu betrachten, der jedoch bei den Hauskatzen gegenüber ihren wil-den Verwandten und anderen Kleinkatzenarten (möglicherweise durch die Do-mestikation?) wesentlich verringert ist. Wie bei jeder Instinkthandlung sind an de-ren Ingangkommen außer dem Angebot passender Schlüsselreize (von außen) und dem endogenen Antrieb (von innen) noch weitere Innenfaktoren beteiligt, die letzteren steigern oder vermindern können. Steigernd wirken Sexualhor-mone, insbesondere Androgene (männliche Sexualhormone), vermindernd wir-ken Gestagene und Antiandrogene (das sind gewissen weiblichen Sexualhormo-nen ähnliche Substanzen, die die Sensibilität bestimmter Hirnareale und periphe-rer Erfolgsorgane für männliches Hormon herabsetzen). Eine weitere endogene Reizsteigerung für Markierungsverhalten stellt der Dehnungsreiz einer stark ge-füllten Harnblase dar. Nach Beobachtungen Leyhausens wird bei wenig Wasser-angebot oft nur eine Handlungsintention zum Markieren gesetzt und nicht wirk-lich Harn gespritzt. (Die Befolgung der Empfehlung „frisches Trinkwasser soll immer bereit stehen", ein Ratschlag, den man in vielen laienhaften Katzenhal-tungsanleitungen lesen kann, begünstigt daher sehr wahrscheinlich die Neigung zum Harn-Spritzen. Frisches Trinkwasser muß ausschließlich dann bereit stehen, wenn eine Katze überwiegend mit Trockenfuttermitteln ernährt wird, damit durch reichliche Flüssigkeitsaufnahme eine zu starke Konzentration von Salzen im Harn verhindert wird, da letztere bei entsprechend disponierten Individuen eine Harngries- und Blasensteinbildung begünstigen würde. Aus verhaltensphys-siologischen Gründen wäre es daher sinnvoller, diese für Katzen unnatürlichen,

278

unbiologischen Futtermittel nicht zu verwenden, denn dann braucht man auch nicht dafür zu sorgen, daß vermehrt Wasser aufgenommen wird.)

Nicht nur bei Katzen unterliegt das Sexualgeschehen – und die damit verbundenen Hormonspiegelhöhen – einem zyklischen Ablauf mit langen Ruheperioden dazwischen, sondern auch bei Katern existiert eine gewisse endogene Sexualperiodik (möglicherweise abhängig von Zu- und Abnahme der Dauer des Tageslichtangebotes), wenn auch diese Tiere mehr oder weniger i m m e r deckbereit sind, sobald eine Möglichkeit sich dafür ergibt. Wenn die endogene Sexualperiodik ihre Spitzenwerte erreicht, dann markieren sie auch auf Gegenstände, auf denen sie dies sonst nicht tun (soferne keine rolligen Weibchen in der Nähe sind). Da nun also die Sexualhormone, die die Sexualaktivität steigern, gleichzeitig auch die innere Bereitschaft zum Spritzharnen fördern, ist es verständlich, daß bei deren Ausfall nach Kastration diese in der Wohnung so unerwünschte Verhaltensweise – die jedoch eine natürliche Verhaltenstendenz darstellt – bekanntlich fast immer gänzlich unterlassen wird. Tritt sie dennoch bei manchen Individuen oder in bestimmten Situationen auf, dann kann man das berechtigterweise für eine Hauskatze als abnorm betrachten. Ohne Zweifel ist durch vernünftige Zuchtauswahl der innere Antrieb zum Spritzmarkieren in der Wohnung weiter zu senken, da Erfahrungen zeigen, daß diese Handlungsweise von Vertretern gewisser Edelrassekatzen – so insbesondere von manchen Persern – häufig selbst dann in der Stube unterlassen wird, wenn es sich um einen unkastrierten Zuchtkater handelt.

Außenreize, die die Tendenz zum Spritzen – und manchmal auch zu anderen Markierungshandlungen – steigern, können verschiedene visuelle Reize, Lautreize und Gerüche sein: So z. B. kann es genügen, daß eine Stubenkatze durch ein Fenster fremde Artgenossen im Freien sieht, deren Sexuallaute wahrnimmt oder mit ihren Markierungsgerüchen konfrontiert wird. Ein amerikanischer Kollege berichtete von Fällen, in denen Stubenkatzen das hereingetragene Kaminholz markierten, weil sie darauf Geruchsstoffe von fremden Katzen wahrnehmen konnten, die jene dort deponiert hatten, als das Holz noch im Freien lag.

Harn-Markieren bei Stubenkatzen tritt auch dann gehäuft auf, wenn viele Katzen auf engem Raum gehalten werden.

Es gibt aber auch Reize aus der Umwelt, die hemmend auf die Tendenz zum Spritzen wirken können: Wenn man einen Kater oder eine Katze – oder, wenn dies notwendig sein sollte, einen Kastraten – beim Spritzmarkieren in der Stube erwischt, dann erweist es sich oft als sehr wirksam, so ein Tier auf frischer Tat mit plötzlichen Hemmreizen zu konfrontieren, und zwar möglichst in dem Augenblick, in dem sich das Tier eben hinstellt, um die unerwünschte Handlungsweise auszuführen, nicht nachher! Eine solche Handlungshemmung gelingt z. B., indem man das Tier mit einer Wasserpistole anspritzt oder ein Wurfkettchen nach ihm wirft; bei manchen „Missetätern" genügt auch bloßes Anschreien als Hemmreiz. (Niemals sollte man dabei jedoch den Namen des Tieres aussprechen.) Wenn man solche zeitgerechte Verhaltenshemmung mehrmals in kurzen Abständen aufeinanderfolgend immer wieder einwirken läßt, so lernt die Katze, diese Handlungstendenz zu unterdrücken – zumindest an jener Stelle nicht auszuführen, die der Mensch als unerwünscht signalisiert.

Versucht eine Katze hartnäckig immer wieder, an einer bestimmten Stelle in der Wohnung zu markieren, dann hat es sich in manchen Fällen auch als erfolgreich erwiesen, die Bedeutung jener Stellen für das Tier zu ändern, indem man etwa das Futter dort serviert (auch die leere Futterschüssel dort ständig stehenläßt) oder Spielgegenstände dort befestigt, oder aber die Stelle mit raschelnden und flimmernden Aluminiumfolienstreifen verblendet, oder auch indem man das Schlafkistchen dort aufstellt. (An Freßplätzen, Spielplätzen und Schlafplätzen wird nämlich normalerweise von keiner Katze markiert.) Ehe man zu solchen Maßnahmen schreitet, ist säuberliche Entfernung der Geruchsspuren der unerwünschten Tätigkeit notwendig, z. B. durch Verwendung von enzymhaltigen Waschmitteln und allenfalls Übersprühen mit geruchszerstörenden Präparaten. (Wir kommen später noch genauer darauf zurück.) In manchen Fällen kann man auch versuchen, eine Drosselung der von außen eindringenden Reize vorzunehmen, etwa indem man die Sicht nach außen verhindert (Milchglasscheibe) oder die Katze in einem Raum hält, in den Geräusche von außen nicht so laut eindringen (oder von Musik übertönt werden) und indem man sorgfältig darauf achtet, daß von draußen in die Wohnung verbrachte Gegenstände frei von Geruchsspuren anderer Katzen sind.

In ganz hartnäckigen Fällen des trotz Kastration beibehaltenen Markierens in der Wohnung (besonders bei Spätkastraten kann dies passieren) und besonders in Fällen, in denen alle versuchten Einflußnahmen sich als erfolglos erwiesen hatten, hat man – in den USA – auch operative Maßnahmen hirnchirurgischer Art versucht, die jedoch wegen der Schwere der Eingriffe und der Entstehung unerwünschter schwerwiegender Nebenwirkungen sich nicht als Routinemethode durchsetzen konnten. Neuerdings wird eine von Bali und Hörmeyer in Deutschland entwickelte, 1986 veröffentlichte Operationsmethode als ultima ratio Maß-

280

nahme empfohlen, bei der die den Penis versorgenden Muskeln, die zum Harn-Spritzen notwendig sind, teilweise entfernt werden. Nach Angabe der Autoren soll mit dieser Operation das Spritzverhalten bei kastrierten Katern mit einer Sicherheit von 100 % unterbunden werden. Bei den selten vorkommenden Individuen, bei denen auch unerwünschte Analbeutelentleerung in der Wohnung zur Geruchsbelästigung führt, können diese ohne besondere Schwierigkeiten ebenfalls operativ entfernt werden.

In den meisten Fällen wird man jedoch mit kurmäßig verabreichten Gestagengaben das Auslangen finden, wobei allerdings zu berücksichtigen ist, daß die einzelnen Stoffe dieser Präparatgruppe hinsichtlich der Verläßlichkeit ihrer Wirkung und der Freiheit von unerwünschten Nebenwirkungen keineswegs einander gleichzusetzen sind. (Dosierungsangaben werden in Kapitel 16 gemacht.)

Viel größere Schwierigkeiten als die vorgenannten bereiten gelegentlich jedoch diejenigen Fälle von stubenunreinem Verhalten, in denen es sich nicht um Markierungsmotivation oder um agonistisches (Rivalisierungs-)Verhalten in Form maskierter Aggressionen handelt, sondern um psychoreaktive Störung des echten Ausscheidungsverhaltens. Häufig wird nur Harn, selten Harn und Kot, noch seltener nur Kot allein in der dafür arttypischen Hockstellung außerhalb des dafür vorgesehenen Katzenklos an bestimmten anderen Stellen (manchmal auch wahllos) in der Wohnung abgesetzt.

So gibt es Katzen, die aus nicht immer ergründbaren Ursachen plötzlich anscheinend eine Vorliebe für anderes Einstreumaterial entwickeln oder eine Vorliebe für andere Stellen zum Ausscheidungsgeschäft oder andere Geruchsreize als anziehender oder diejenigen des Kloschüsselchens als abstoßend empfinden.

In manchen Fällen läßt sich herausfinden, daß ein unzweckmäßiger Lernakt stattgefunden hat, sodaß die Katze eine Aversion gegen das Aufsuchen ihres gewohnten Kloschüsselchens erworben hat: Sie wurde während des Ausscheidungsgeschäftes im Katzenklo von Kindern geneckt oder von Staubsaugergeräusch erschreckt, oder es ist passiert, daß eine Seite des Schüsselchens durch Hebelwirkung schräg in die Höhe kippte und geräuschvoll zurückfiel, als die Katze mit ihrem Körpergewicht vorerst nur den Rand belastete. Manchmal passiert es − in Haushalten, in denen mehrere Katzen gehalten werden−, daß die eine eine andere, besonders rangtiefe Katze vom gemeinsamen Ausscheidungsort mehrmals vertreibt oder daß ein Katzenhalter unmittelbar nach einer Bestrafung eine Katze knapp vor dem Katzenklo oder in demselben absetzt. In solchen Fällen kann eine bedingte Aversion gegen das Örtchen entstehen. Manche besonders scheue Kätzchen, die in einem Haushalt n e u eingestellt werden, in dem sich schon andere Katzen befinden, flüchten sich in ein Versteck und wagen nicht, ihren Schlupfwinkel zu verlassen und das Zimmer zu durchqueren, um das Kloschüsselchen aufzusuchen. Harn und Kot setzen sie dann in ihrem Schlupfwinkel ab, der sich in einigen mir bekannt gewordenen Fällen hoch oben auf einem Kasten befand. (Sedativagaben zur Angstdämpfung oder vorübergehendes Entfernen der anderen Katzen aus jenem Zimmer erweisen sich dann manchmal als hilfreich.)

In anderen Fällen konnte ermittelt werden, daß ein Kloschüsselchen mit einem bestimmten Desinfektionsmittel gereinigt wurde, dessen Geruch der Katze unangenehm war, sodaß eine Aversion nicht nur gegen den Aufstellungsort und das Aussehen des Katzenklos entwickelt wurde, sondern auch gegen die Art der Einstreu entstand. Um in solchen Fällen wirksame Gegenmaßnahmen zu ergreifen, sollte man danach trachten, die Attraktivität des erwünschten Ortes wieder zu steigern, die der unerwünschten Ausscheidungsstelle dagegen zu senken. So kann man etwa das Kloschüsselchen durch ein anderes ersetzen, das ganz anders aussieht, und als Einstreu ein anderes Material versuchen. Wird die erwünschte Stelle trotzdem gemieden, dann wird man, wenn die Katze eine bestimmte andere Stelle konstant bevorzugt, ihr vorerst nachgeben und das neue Kloschüsselchen an jenem Ort aufstellen. Später kann man dann das so angenommene Katzenklo schrittweise (täglich nicht mehr als 10 bis 15 Zentimeter) allmählich immer weiter verschieben, bis man entweder den ursprünglichen Aufstellungsort oder einen anderen, im Zimmer akzeptableren erreicht hat.

Wenn eine Katze Harn und Kot an verschiedenen Orten außerhalb ihres Kloschüsselchens absetzt und dabei sichtlich eine Vorliebe zeigt, auf bestimmten Materialien zu scharren, dann sollte man versuchen, den Kontakt mit diesen Materialien zu verhindern; etwa indem man bei einer Katze, die z. B. vielleicht Teppiche bevorzugt, vorübergehend sämtliche Teppiche entfernt oder mit Plastikfolie abdeckt. Auch Aluminiumfolie, über jene Stellen des menschlichen Bettes gebreitet, die eine Katze als Ausscheidungsort mißbraucht, bewährt sich manchmal überraschend gut. Obwohl eine Katze Zugang zu diesen Stellen hat und auf dem Abdeckmaterial laufen kann, mag sie meistens nicht auf solchen Flächen scharren und zieht in solchen Fällen wieder die Benutzung ihres Schüsselchens vor. Hat sie dieses wieder für einige Monate zuverlässig benutzt, dann kann man das Abdeckmaterial schrittweise wieder zu entfernen versuchen. Wenn eine Katze anscheinend gern auf glatten Oberflächen kratzt (wie etwa Badewannen, Linoleum, Fliesen), so kann man versuchsweise solche Oberflächen mit Zeitungspapier oder losen Teppichen oder Decken bedecken und gleichzeitig das Katzenkloschüsselchen einstreulos lassen.

Viele Katzen zeigen eine kombinierte Vorliebe für Ort und Scharrmaterial. Dies muß man bei der Entwicklung einer Umerziehungsstrategie berücksichtigen. Wenn z. B. eine Katze an mehreren Stellen am Rand eines mit Teppich ausgelegten Raumes Harn oder Kot absetzt, so sollte der gesamte Rand mit einem nicht bevorzugten Scharrmaterial abgedeckt werden. In vielen Fällen benützt die Katze dann wieder die vorgesehene Schüssel. Es kann aber auch vorkommen, daß statt dessen manche Katze auf die Mitte des Raumes ausweicht. In einem solchen Fall muß man den gesamten Raum mit Plastik abdecken und das Schüsselchen mit Teppichmaterial auslegen, um die Katze zu motivieren, darin zu scharren und sie wieder zu benutzen. Setzt die Katze auf dem Plastikmaterial Harn und/oder Kot ab, so sollte man versuchen, das Schüsselchen an jene Stelle hin zu verbringen.

Wie man sieht, ist scharfe Beobachtung und genaue Analyse der Situation in den meisten Fällen unerläßlich. Ein amerikanischer Kollege formulierte diese Verhältnisse einmal treffend mit den folgenden Worten: „Die Behandlung von Ausscheidungsproblemen bei Katzen gleicht einem Schachspiel mit der Katze. Erst macht der Mensch einen Zug, dann die Katze, dann wieder der Mensch und wieder die Katze, bis einer das Spiel gewinnt." Durch wohlüberlegte Regie und Mitarbeit eines experimentierfreudigen, gut beobachtenden Katzenbetreuers (und zusätzlichen Einsatz aller möglichen flankierenden Maßnahmen – auch medikamentöser Art) ist man jedoch heute in viel mehr Fällen als früher in der Lage, eine solche Verhaltensstörung erfolgreich zu beeinflussen.

In vielen Fällen ist der Plazierungsort der Ausscheidungen keineswegs zufällig: so z. B. vor oder im Bett, wenn dessen Benützung verwehrt wird, vor Tür oder Fenster, weil die Katze dort hinaus will und nicht kann, weil geschlossen ist; oder vor der Wohn- oder Schlafraumtür einer bestimmten Person, womit die Katze ausdrücken will, daß diese verschwinden soll. Bei konstanter Bevorzugung solcher Stellen bewährt sich manchmal deren Präparation mit Substanzen, die der Katze unangenehm riechen (z. B. Zitronellöl, Essig, Methylnonylketon [letzteres Bestandteil von sogenannten Indoor-Repellents gegen Hunde und Katzen] oder, wenn möglich, mit dem stechend riechenden Formalin). Ammoniak ist wegen der Geruchsähnlichkeit mit Harnzersetzungsprodukten jedoch nicht geeignet. (Auf die Notwendigkeit, vor der Geruchspräparation die Reste der Geruchsspuren von Harn und Kot gründlich zu entfernen und chemisch zu neutralisieren, wurde schon hingewiesen. Für letzteren Zweck ist das Präparat R. D. 78 der Firma Vemie in Kempen besonders geeignet.)

Die Möglichkeit einer sogenannten Gegenkonditionierung wurde schon erwähnt: z. B. die Aufstellung des Futternapfes auf der unerwünschten Ausssscheidungsstelle. Die Umkonditionierung kann beschleunigt werden, wenn man die Katze vorher 24 Stunden hungern läßt und in der Futterschüssel am neuen Aufstellungsort bevorzugtes Lieblingsfutter anbietet. Mit dieser Vorgangsweise wird man unter Umständen viele Tage, ja wochenlang fortfahren müssen, und es ist von Wichtigkeit, in dieser Zeit nirgends anders in der Wohnung Futter anzubieten – und außerdem die Futtermenge so knapp zu halten, daß die Katze ständig in einem gewissen Hungerzustand erhalten wird, damit sie das Futter wirklich ernstlich begehrt: Starke Motivation steigert den Lernerfolg! Auch wenn man den unerwünschten Ausscheidungsort statt in den Fütterungsort in einen Spielort für die Katze umzuwandeln versucht, muß darauf geachtet werden, jegliche Art der Spielanregung an anderen Stellen in der Wohnung strikt zu unterlassen.

Wenn die Ursache der Stubenunreinheit im Kloschüsselchen selbst zu suchen ist, dann kann man oft beobachten, daß Harn oder Kot (oder beides) knapp vor dem Schüsselchen deponiert wird oder, bei unerwünschter Einstreuart, daß die Katze vor oder nach dem Scharren die Pfoten ausschüttelt oder daß sie versucht, am Rand des Schüsselchens zu balancieren, anstatt dieses zu betreten. Auch in diesen Fällen hilft vorerst anzustellende genaue Beobachtung, die dem unerwünschten Verhalten zugrundeliegende Ursache aufzuklären und gezielt die adäquate Maßnahme auszuwählen, die der Katze ermöglicht, wieder ihr Ausscheidungsgeschäft in der erwünschten Weise bzw. am richtigen Ort verrichten zu können. Die Einstreu muß zusagen, die Form des Schüsselchens unter Umständen geändert werden (geschlossenes statt offenes oder umgekehrt), der Aufstellungsort soll vor Störungen geschützt sein, und die Katze darf dort nicht beunruhigt werden. Es sollen keine stark riechenden Reinigungsmittel für das Katzenklo verwendet werden. Und es sollten pro Katze mindestens zwei Kloschüsselchen – an verschiedenen Stellen plaziert – in einem Haushalt ständig zur Verfügung stehen, da viele Katzen Harn und Kot nicht am selben Ort ausscheiden möchten (im Falle der Haltung mehrerer Katzen also zahlreiche Schüsselchen). Nach Möglichkeit sollte ein einmal gewählter und akzeptierter Aufstellungsort peinlichst genau beibehalten werden.

Manche Fälle von stubenunreinem Verhalten stellen geradezu Musterbeispiele für aktualreaktive Verhaltensstörungen dar, so insbesondere wenn es um den Verlust einer geliebten Bezugsperson geht oder um die Anwesenheit neuer (zweibeiniger oder vierbeiniger) Familienmitglieder im Haushalt, um Probleme von Rangverschiebung oder um der Katze unerträgliche Umgebungsänderungen durch Möbelumstellung, Wohnungswechsel, Störungen durch Handwerker, Maschinenlärm oder um Frustrationen lieb gewordener Tätigkeiten durch eine verschlossene Tür, durch Versagung eines Sitzmöbels, durch Wiederverbringung in die Stadtwohnung nach einem Urlaubsaufenthalt und anderes mehr. Auch Berufswechsel des Besitzers, der zu einer Änderung der Zeiteinteilung im Tagesablauf der Katze — und damit z. B. zu geänderten Fütterungszeiten und/oder Spielzeiten — führt, kann für manches Tier eine erhebliche Frustration bedeuten.

In manchen Fällen kann der ursprüngliche Grund einer Katze, ihr Kloschüsselchen nicht zu benutzen, später durch einen anderen abgelöst werden, in wieder anderen wird die unerwünschte Verhaltensweise auch dann beibehalten, obwohl die ursprünglich auslösenden Bedingungen schon längere Zeit weggefallen sind. (Man kann dann von einer echten residualreaktiven Verhaltensstörung sprechen.)

Die Verhältnisse können manchmal besonders kompliziert sein, wenn mehrere Ursachen zusammenspielen: So kann etwa ein dem Tier unerklärlicher Schmerzzustand seine Verunsicherung hervorrufen, wie dies bei einem 5jährigen Kastraten namens Cicero der Fall war, der mir in Behandlung gegeben wurde, weil er seit 10 Tagen seinen Kot einmal vorzugsweise vor dem Bett der Besitzerin und ein anderes Mal vor dem Kühlschrank abzusetzen pflegte. Beobachtungen an Ort und Stelle ergaben, daß die Katze gewohnt war, sowohl auf den Eiskasten, als auch auf das Bett zu springen, was seit Beginn der Verhaltensstörung viel seltener beobachtet wurde als früher. Die klinische Untersuchung zeigte, abgesehen von der Überempfindlichkeit einiger Rückenhautabschnitte, keinerlei krankhafte Veränderungen. Eine Wurzelneuritis also, durch eine etwa nicht beobachtete traumatische Einwirkung, könnte dazu geführt haben, daß der Kater seine gewohnten Sprünge nicht mehr durchführen wollte — oder nur unter jeweiliger Inkaufnahme eines plötzlichen stechenden Schmerzes. Dieses Schmerzerlebnis, immer in der gleichen Situation, immer an den Absprungpunkten zu lieb gewordenen Örtlichkeiten, bildete die Frustration, die zum Verlust der Stubenreinheit führte. Eine entsprechende Behandlung mit schmerzhemmenden und entzündungswidrigen Injektionen hatte bereits nach dem dritten Behandlungstag den gewünschten Erfolg: Gleichzeitig mit dem Verschwinden der Schmerzen im Rükken sprang das Tier wieder „ungestört" auf seine gewohnten Plätze und war wieder stubenrein. In anderen Fällen konnte als Schmerzursache nicht eine Wirbelsäulenerkrankung, sondern das Vorliegen rachitischer und entzündlich veränderter Gelenke erhoben werden.

Noch ein paar weitere typische Beispiele von Fällen, die mir in langjähriger Praxis in abgewandelter Form immer wieder begegnet sind:

Plötzlicher Verlust der Stubenreinheit kann manchmal mehrfache, einander ablösende Gründe haben, die erst durch die Art der erfolgbringenden Behandlungsstrategie bewiesen, anfangs nur vermutet werden können. Da ging es einmal um eine ältere Perserkatze und um einen etwas jüngeren, kastrierten Kater derselben Rasse. Jahrelang wohnten sie friedlich miteinander und nebeneinander in einer Villa, ohne auch nur den geringsten Anlaß zur Klage zu geben. Mit dem Frieden war es jedoch in dem Augenblick vorbei, als ein Neuling, ein junger Siamkater, angeschafft wurde, der aus zunächst nicht erfindlichen Gründen nicht zimmerrein war. Nicht nur für die Katzengemeinschaft war damit das harmonische Zusammenleben beendet, auch für die Besitzerin: Die anderen beiden Katzen waren nun plötzlich ebenfalls stubenunrein. Daraufhin hielt die Besitzerin die Katzen in getrennten Zimmern, da sie glaubte, daß das schlechte Beispiel die guten Sitten verdorben habe und das fürderhin vermieden werden müsse; was selbstverständlich überhaupt nichts nützte, denn bei genauer Nachfrage stellte sich ein völlig anderer Sachverhalt heraus: Die Besitzerin nahm den Neuen nämlich mit in ihr Schlafzimmer, war er doch der Jüngste und am meisten schutzbedürftig; was die beiden anderen prompt frustrierte, denn bislang waren sie es, die mit ins Schlafzimmer durften (wobei der junge Perserkater das Zimmer nur tagsüber benützte, während die ältere Katze dort auch die Nacht zu verbringen pflegte). Versetzt man sich in die Lage der beiden alteingesessenen Katzen, dann ist ihre Reaktion durchaus verständlich! Die alteingesessene Katze fühlte sich sowohl in ihren Territoriumsansprüchen als auch in ihren Rechten auf Liebe zurückgesetzt, weil sie sowohl Zimmer als auch geliebten Menschen mit dem neu ins Haus gekommenen Rabauken – der sich da erfrechte, Harnmarken zu setzen – teilen mußte. Es störte sie ganz erheblich, daß sich die menschliche Freundin plötzlich – inmitten des katzeneigenen Territoriums (denn als das betrachtete sie diese Wohnung selbstverständlich) – mit einem anderen, „dahergelaufenen" Jungtier beschäftigte. Die unvermeidliche Folge war also bei ihr „Verlust der Stubenreinheit"; an sich gar nicht so abwegig, wenn man bedenkt, daß nicht-verscharrter Kot bei Katzen „Rotlicht" bedeuten kann! Außerdem muß man wissen, daß Erregung über den Liebesentzug bei gehemmter Aggression zu Übersprunghandlung auf Körperausscheidungsverhalten führen kann (ähnlich wie es bei Kindern nach Frustrationen wieder „ins Höschen geht", obwohl sie schon längst sauber waren). Von dieser Warte aus gesehen handelte es sich also um eine den Tierhalter zwar störende, aber an sich keineswegs als abnorm zu betrachtende Entlastungsreaktion. Als dann noch neben Liebesentzug und deutlicher Bevorzugung des neuen Tieres die alteingesessene Katze aus dem bisher gewohnten Zimmer in ein anderes verbannt wurde, war dies für sie wohl der Gipfelpunkt „seelischer Grausamkeit". Weniger klar ersichtlich war die Ursache der plötzlichen Stubenunreinheit des zweiten Tieres. Es dürfte aber auch bei diesem – etwas scheuen, kastrierten Perserkater – vornehmlich die Änderung seiner Lebensgewohnheiten gewesen sein, die ihn verunsicherte. (Auch Angst steigert nämlich die Neigung zu häufigem und dann oft wahllosem Kotabsatz: So kann man z. B. in Labyrinth-Lernversuchen mit Mäusen und Ratten ebenfalls beobachten, daß an Wahlstellen, an denen die Tiere in einen Entscheidungskonflikt geraten, der mit Verunsicherung verbunden ist, vermehrt Kot abgesetzt wird.) Das sonstige Verhalten des Kastraten legte eine Deutung solcher Art jedenfalls nahe. Beseitigt wurde der gesamte Spuk schlagartig durch eine Umgruppierung bzw. Wiederherstellung der altgewohnten Lebensweisen auf meinen Ratschlag hin: Die alte Perserkatze durfte wieder das Schlafzimmer der Besitzerin bewohnen, und zwar völlig allein; der inzwischen erwachsen gewordene und ebenfalls kastrierte Neue benützte mit dem Perserkastraten gemeinsam die übrigen Räume der Villa. Von dieser Stunde an waren alle Tiere verläßlich stubenrein. Es gab nicht einen einzigen Rückfall.

In einem anderen Fall reagierte eine Katze mit Verlust der Stubenreinheit auf die plötzliche Einstellung eines Hundes. Eine daraufhin mehrere Wochen dauernde Einstellung dieser Katze in einem Tierheim brachte sie dazu, nach ihrer Rückkunft ihre früheren Alleinherrschaftsansprüche aufzugeben und ihr Territorium mit dem Hund widerspruchslos zu teilen. Auch bei Entlastungsreaktionen wegen der Ankunft eines Babys konnte mit dieser Methode einige Male erfolgreich vorgegangen werden.

Fälle, in denen Katzen als Reaktion auf den Verlust eines lieb gewordenen Menschen oder Tierkameraden plötzlich ihre Stubenreinheit verlieren, sind naturgemäß schwieriger zu beheben, weil ja die Konfliktsituation nicht aus der Welt geschafft, bzw. der alte Zustand wiederhergestellt werden kann. Beruhigungsmittel besonderer Art, insbesondere solche mit Zusätzen, die auch das vegetative Nervensystem dämpfen, haben sich da schon oft bewährt.

Tritt Stubenunreinheit auf, weil der gewohnte menschliche Lebenskamerad verreist und damit für Mieze verschwunden ist, dann gibt sich die unerwünschte Verhaltensweise meist mit der Rückkehr wieder von selber, wenngleich solche Katzen ihren „ungetreuen Freund" manchmal 2 Tage lang wie einen Fremden behandeln.

Die Gründe, die zu einer für eine Katze schweren Konfliktsituation führen können, sind oft − vom menschlichen Standpunkt aus − lächerlich. So etwa im Fall einer Katze, die deshalb ihre Stubenreinheit verlor, weil die Möbel in jenem Zimmer umgestellt worden waren, das das Tier bevorzugt bewohnte. Die Katze fühlte sich frustriert, weil sie den gewohnten Weg vom Fensterbrett auf die Kommode und von da auf den Kasten und schließlich auf das Sofa nicht weiter beibehalten konnte. Solcherart reagierenden Katzen Beruhigungsmittel mit dem Ziel zu verabreichen, daß sie sich unter geringerer Erregung an die neuentstandene, ungewohnte Situation besser anpassen können, nützt mitunter nur deswegen nicht, weil der Besitzer nicht imstande ist, solche Sedativa regelmäßig mehrmals täglich mit dem Futter für eine Zeitspanne von 2 bis 3 Wochen in voller Dosis zu verabreichen: Futter mit Beigeschmack wird von vielen Katzen abgelehnt, insbesondere von besonders verwöhnten, überfütterten Tieren. Und Frauchen − nicht die Katze − hält es einfach nicht aus, die Katze so viele Tage hungern zu lassen, bis sie weniger wählerisch wird! Daß Strafmaßnahmen in solchen Fällen absolut wirkungslos, ja kontraindiziert sind, ist logisch: steigern sie doch die bereits bestehende Unlust-betonte Erregung noch weiter, was nur wiederum Gründe für neue Entlastungsreaktionen liefert.

Katzen können mit neurotischen Handlungen aber nicht nur auf regelmäßig sich wiederholende oder auf längere Zeit hindurch einwirkende a k t u e l l e, sondern auch auf längst z u r ü c k l i e g e n d e Konflikte und Frustrationen reagieren: So schien es z. B. in einigen Fällen zunächst ganz unmöglich, plausible Motive für stubenunreines Verhalten zu ergründen. Sie ergaben sich nämlich nicht aus der aktuellen Lebenssituation der Katze, sondern waren in deren Vergangenheit zu suchen. Manche Katzenschüsselchen sind so ungünstig geformt, daß sie beim Betreten aufkippen, was Lärm macht und Schreckerlebnisse bedingen kann; verständlich, daß ein braves Miezchen zwar seine Ausscheidungen nahe daneben, aber nach einem abschreckenden Erlebnis nicht in dem Schüsselchen absetzt. Die entstandene Aversion kann sich entweder auf die bestimmte Zimmerecke, in der jenes Schüsselchen steht, oder aber sich nicht nur auf ein bestimmtes Schüsselchen mit einer bestimmten Einstreu beziehen, sondern in seltenen Fällen auf

288

alle Katzenschüsselchen, egal welcher Form. Wenn nun der Katzenhalter ein solches Tier wegen stubenunreinen Verhaltens in ein Tierschutzheim zur Weitervermittlung an einen neuen Besitzer abgibt und den Verhaltensfehler und dessen Entstehung verschweigt, so entsteht beim neuen Besitzer der Eindruck, es handle sich um ein mit Instinktverlusten behaftetes, also erbgeschädigtes Tier und jede Hoffnung, es jemals stubenrein zu bekommen, sei voraussichtlich vergebens.

Was sollte trotzdem versucht werden? Man beobachte genau, wie die Stellen beschaffen sind, auf denen solche Katzen ihre Notdurft verrichten. Dann plaziere man dort vorerst eine Unterlage ohne Rand, später eine mit unauffälligem flachen Rand. Das Einstreumaterial sollte in der Struktur der von der Katze gewählten Ausscheidungsstelle anfänglich möglichst ähnlich sein. (Mit dieser Vorgangsweise ist es wiederholt gelungen, auch in solchen Fällen eine Katze schrittweise an ein neues Katzenklo zu gewöhnen.)

In manchen Fällen treten nicht-situationsgerechte Handlungsweisen nur einmalig auf: als Reaktion auf plötzliche, ungewohnte, unerwartete und einmalige Ereignisse; was nicht nur für Hauskatzen, sondern, einer Beobachtung Leyhausens zufolge, offenbar auch für Vertreter wilder Katzenarten gilt. Da ist z. B. eine Geschichte bekannt, die bei Bengalkatzen mehrmals beobachtet werden konnte: Geraten zwei Tiere aneinander, dann zieht sich ein Tier als unterlegenes zurück. Ob es dabei zu einem Schlagabtausch gekommen ist oder nicht, spielt offenbar keine Rolle. Das unterlegene Tier wendet sich ab, verläßt meist das Gesichtsfeld des anderen und verspritzt auf einer bevorzugten Sprühstelle seinen Harn. Mag sein, daß es zu menschlich betrachtet ist, dieses Harnverspritzen als das berühmte „Ätsch, das hast du davon" hinzustellen. Man kann sich aber des Eindruckes nicht erwehren, schreibt Leyhausen, daß dies tatsächlich beabsichtigt ist. Man wird kaum fehlgehen, diese „maskierte Aggression" als T r o t z g e s t e zu deuten. (In verhaltensphysiologischer Sicht handelt es sich wohl um eine Übersprungreaktion.) Daß eine in einem Rivalenkampf siegreiche Katze nach heftigem Kampf ihren Siegeslauf unterbricht, um an jeder Ecke ebenfalls Harn zu verspritzen, steht zur Trotzgeste in keinem Widerspruch. Es ist, wie wir schon wissen, Markierungsverhalten, das in diesem Fall übertrieben intensiv, nämlich demonstrativ auftritt.

Daß auch ein in Unordnung geratener Zeitsinn für Stubenkatzen Konflikte bringen kann, wurde schon erwähnt. Weniger klar daran ist die Ortswahl für das dadurch hervorgerufene Ausscheidungsverhalten: So sind Fälle bekannt, in denen Katzen immer nur dann Harn im Bett der Besitzerin absetzen, wenn diese sich „erfrecht", die Katze ein wenig früher als gewohnt zu füttern, um dann für ein paar Stunden das Haus zu verlassen. Andere Katzen urinierten wiederum ins Bett, wenn sich die Besitzerin „anmaßte", das Futter später als sonst üblich anzubieten.

Ein kastrierter Perserkater sonnte sich mit Vorliebe auf dem Balkon. Wenn seine menschlichen Familienmitglieder die Wohnung verlassen hatten, ohne die Balkontüre wenigstens einen Spalt breit offen zu lassen, dann fanden sie bei der Rückkunft regelmäßig ein Häufchen vor der Tür (wobei das in einer Ecke stehende Katzenklosett manchmal ebenfalls benützt, meistens aber unbenützt war). Ansonsten war der Perserkater aber verläßlich stubenrein. In diesem wie in anderen, ähnlichen Fällen gelang es relativ leicht, das Körperausscheidungsverhalten umzukonditionieren (auf Nahrungsaufnahmeverhalten): Man ließ den Kater vorerst einmal 24 Stunden lang hungern, um anschließend mehrere mit Futter gefüllte Schüsselchen vor die Balkontüre zu stellen. Nie mehr wurde dort ein Häufchen vorgefunden. Was war geschehen? Als Entlastungshandlung in der Frustration wegen der verschlossenen Türe trat Nahrungsaufnahmeverhalten statt Körperausscheidungsverhalten auf. (Nicht immer aber gelingt eine Umkonditionierung so auf Anhieb.)

Katzen, die im Sommer mit ihren Besitzern in einem Häuschen mit Garten wohnen, sind nach der Rückkunft ins Winterquartier manchmal so deprimiert, daß sie sich wochenlang stubenunrein verhalten. (Die seelische Belastung kann sich auch in gesteigerter Aggressionsneigung ausdrücken.) Auffällig ist, daß sich Kot und/oder Harn dieser heimgekehrten Urlaubskatzen just vor der Wohnungseingangstür befinden. Wahrscheinlich möchten sie fortlaufen, um wieder in den Garten zu kommen. Das unüberwindbare Bollwerk der verschlossenen Türe hindert sie aber daran, und das ist eine Frustration. So ist auch ohne weiteres einleuchtend, daß Verkauf oder Übersiedlung einer älteren Katze in einen neuen Haushalt ähnliche Erscheinungen auslösen kann.

Gelegentlich sind mir ganz pingelige Katzen bekannt geworden: Steht das Katzenschüsserl nicht zentimetergenau in seiner bestimmten Zimmerecke, werden sie stubenunrein und deponieren Kot und Harn in allen nur möglichen, sehr häufig auch unmöglichen Ecken und Winkeln der Wohnung.

In wieder anderen Fällen benutzen Katzen bevorzugt das Bett eines n e u e n Besitzers als Ausscheidungsort: wenn dieser ihnen nicht gestattet, im Bett zu schlafen, und sie dies vom Vorbesitzer her gewohnt waren. Ähnliches kann auch vorkommen, wenn der Besitzer bzw. die Besitzerin frisch vermählt wurden und die Katze nun nicht mehr wie gewohnt im Bett schlafen darf oder sogar trotzdem sie im Bett weiter schlafen darf, offenbar aber gegen die Anwesenheit des neuen menschlichen „Bettmitbenützers" etwas einzuwenden hat.

Das menschliche Bett als Ausscheidungsort der Wahl ist relativ häufig zu finden. Außer in den genannten Fällen kann man diese Tatsache nicht immer einleuchtend begründen. Dasselbe trifft für die Vorliebe mancher Katzen zu, in herumstehende Schuhe ihrer Familienmitglieder Kot und Harn zu entleeren. Spielen Geruchsreize, wie menschlicher Schweißgeruch, als Stimulator zum Markieren vielleicht eine Rolle? (Im Falle der Schuhe hat diese kätzische Verhaltensweise jedenfalls auch einen Vorteil: Sie erzieht alle Familienmitglieder zur Ordnungsliebe, also die Schuhe im Schrank zu verwahren und nicht für die Katze frei zugänglich irgendwo herumstehen zu lassen.)

Oft läßt sich nur durch Umweg über ein Hilfsmittel verhindern, daß eine Katze ständig das Bett ihres Besitzers zum Katzenklo umfunktioniert. Ich habe es schon erwähnt: Eine glatte Plastikfolie ist so ein vorübergehendes Hilfsmittel, denn glatte Unterlagen bieten viel geringere Auslösereize für die Instinkthandlung der Körperausscheidung. Auch das Auflegen einer Aluminiumfolie wurde schon als wirksame Maßnahme für solche Fälle genannt. Um zu vermeiden, daß die Katze die Plastikdecke beschädigt oder darunterkriecht, kann man die Ränder der Decke mit Terpentinöl oder Zitronellöl oder anderen stark riechenden ätherischen Ölen einsprühen. Durch Vorversuche sollte man herausfinden, welche Geruchsrichtung die jeweilige Katze als besonders ekelig und abschreckend empfindet. Manchmal bewähren sich Rüdenabschreckungsmittel in Spraydosen, wie sie im Hundeartikelhandel erhältlich sind. (Für menschliche Nasen erträglich sind nur sogenannte Indoor-Repellents auf der Basis von Methylnonylketon.) Ein amerikanisches Ehepaar verwendete eine ganz drastische Methode, um die Katze vom Bett fernzuhalten: Man ließ eine Decke mit Drähten präparieren und schloß deren Enden an ein elektrisches Weidezaungerät an. Derartige Methoden sind jedoch aus Tierschutzgründen abzulehnen! Eine sogenannte „Tierscheuche" auf Ultraschallbasis in Verbindung mit einer Lichtschranke könnte statt dessen angewendet werden, um Katzen von bestimmten Zimmerstellen oder Möbelstücken fernzuhalten, während man nicht zu Hause ist. (Näheres siehe im Zusammenhang mit Methoden zur Erzeugung einer Aversion in Kapitel 16.)

Die Fälle, in denen Katzen ihre bislang verläßlich besessene Stubenreinheit aus Gründen seelischer Störung verlieren, sind zahlreich und können sehr verschiedenartig sein, wie wir gesehen haben. Verhaltensstörungen dieser Art beobachtet man besonders häufig dann, wenn aus irgendwelchen Gründen eine Katze in einen seelischen Zwiespalt geraten ist oder längere Zeit in einem Konfliktzustand leben muß. Sie sind als „Reaktion auf Vorgänge in der Umwelt" aufzufassen: Gewisse Umstände verhindern die Befriedigung eines Triebes, ein Bedürfnis kann nicht gestillt werden, ein Wunsch nicht erfüllt oder eine gewohnte Tätigkeit nicht ausgeführt werden. Das alles stört das seelische Gleichgewicht. Solcherart verursachte Fälle von plötzlichem Verlust der Stubenreinheit kann man also auch als Entlastungsreaktion auffassen. Einige psychoanalytisch eingestellte Beobachter vergleichen derartige Fälle mit konfliktbedingter Regression auf Kleinkindverhalten beim Menschen, andere deuten sie als unbewußte Protesthandlung, also maskierte Aggression. Wenn letzteres auch manchmal zutreffen mag, so halte ich die erstere Deutung für doch wohl zu weit hergeholt. Dies gilt auch für solche Fälle, in denen ein einziges Schockerlebnis genügte, um langdauernden Verlust der Stubenreinheit nach sich zu ziehen. (Wir werden im nächsten Kapitel die Geschichte des Katers Murli kennenlernen, die dafür ein Beispiel ist.)

Grundsätzlich gibt es Katzen, die auf jedwede Störung ihres psychischen Wohlbefindens mit Verlust der Stubenreinheit reagieren, während andere eher auf reaktive Depression oder in Richtung gesteigerter Aggressivität ausweichen. Es scheint, wie schon bei der Besprechung der psychosomatischen Störungen betont, eine gewisse individuelle Veranlagung die entscheidende Rolle zu spielen. Da der Akt des stubenunreinen Verhaltens selten in unmittelbarer Gegenwart eines Menschen, sondern viel häufiger dann ausgeführt wird, wenn sich das Tier unbeobachtet fühlt oder allein in der Wohnung ist, kann in einigen unaufklärbaren Fällen auch Langeweile eine Rolle spielen. Frustrationen und Konflikte empfindet man ja bekanntlich dann als besonders belastend, wenn ablenkende Betätigungsmöglichkeiten fehlen. Ablenkungsmöglichkeiten, wie z.B. kleine Spielgegenstände als Beuteattrappen, allerlei Schachteln (worin sich Katzen gern verkriechen) und dergleichen mehr, sowie Geräuschkulissen (wie etwa Rundfunk- oder Tonbandmusik) können daher als Zusatzmaßnahmen empfohlen werden. Sooft es geht, sollte man mit seinem Kätzchen auch spielen und auf seine Betätigungswünsche eingehen, damit möglichst wenig unbefriedigte Resterregung für die Zeit des Alleinseins gestaut bleibt (obwohl zu vermuten ist, daß im Falle längeren Alleinseins viele Katzen nicht so sehr leiden wie normalerweise ein Hund).

In vielen Fällen ist mangelnde Stubenreinheit einer Katze eher doch durch nichts anderes verursacht als durch grobe Versäumnisse des Katzenhalters: Viele

Katzen benützen bekanntlich ihre Kloschüssel nur ein einziges Mal. Wird sie nicht zeitgerecht gereinigt und die aus feuchtem Torf, Sand, Ziegelschrot, Sägespänen, Hobelspänen oder Zeitungspapierschnitzeln bestehende Einstreu gewechselt, setzt sich Muschi nicht in, sondern neben die Schüssel. Wird eine Katze also für längere Zeit in der Wohnung allein gelassen, so ist die Aufstellung mehrerer Schüsseln unumgänglich. (Außerdem sind die neueren Einstreuarten, die aus geschrotetem Tonerdematerial bestehen, wegen ihrer gut saugenden und geruchsbindenden Eigenschaften für solche Fälle besonders empfehlenswert.) Oft auch stehen Eßschüssel und Katzenklo zu nahe beieinander, was für eine Katze ausgesprochen widernatürlich ist. Eine freilaufende Katze würde niemals in der Nähe ihres Freß- oder ihres Ruheplatzes Kot und Urin absetzen. Dieser wird vielmehr möglichst weit weg davon - im Heimbereich erster Ordnung vergraben oder außerhalb desselben unverscharrt an verschiedenen Orten - deponiert.

Ich möchte dieses Kapitel mit einer Zusammenstellung mehrerer Vorbeugungsratschläge abschließen:

Junge Kätzchen werden sicherer stubenrein, wenn dies auch die Mutter mit hohem Verläßlichkeitsgrad ist. Eine Veranlagung zu Instinktverlust im Bereich des Ausscheidungsverhaltens oder zu extrem starken Markierungstendenzen ist dann weniger wahrscheinlich. Ob es tatsächlich auch auf das Vorführen des stubenreinen Verhaltens seitens der Mutter ankommt, wie manche Autoren glauben, ist nicht bewiesen. Erkundigungen über das Verhalten der Mutterkatze (und wenn möglich auch des Vatertieres) bei der Auswahl eines neuen Hausgenossen sollte man jedenfalls nicht unterlassen.

Eine neu ins Haus gekommene, junge Katze sollte man in der ersten Zeit besonders aufmerksam im Auge behalten, damit man rechtzeitig bemerkt, wenn sie sich auf dem Teppich oder dem Sofa „bemerkbar" machen möchte. Man trage sie in solchen Situationen ohne Kommentar sofort, aber sanft, zu ihrem Toilettschüsselchen.

Man biete der Katze eine rauhe und krümelige Einstreu im Schüsselchen, denn diese wird für die Ausscheidungsgeschäfte meist lieber angenommen als eine völlig blanke Plastikwanne oder nur Zeitungspapierschnitzel.

Man sollte von einer Katze nicht verlangen, ein und dieselbe Toilette ohne zwischenzeitliche Säuberung mehrmals zu benützen. Man soll aber die Reinigung der Katzentoilette nicht unmittelbar nach deren Benützung in Gegenwart der Katze vornehmen und keinesfalls geruchsintensive Desinfektionsmittel zum Ausspülen verwenden.

Ein Katzenklo soll so standfest sein, daß es nicht beim Hineinsteigen aufkippen und so die Katze erschrecken kann. Manche Katzen bevorzugen offene, andere eher geschlossene Kloschüsselchen; dem sollte man Rechnung tragen.

Man sollte eine Katzentoilette so aufstellen, daß sich das Tier vor Zuschauern oder dem turbulenten Familienleben ungestört dorthin zurückziehen kann. Während ihres Ausscheidungsgeschäftchens sollte man sie in Ruhe lassen und nicht anstarrend beobachten. (Anstarren führt bei Katzen zu Verhaltenshemmung.)

Eine Bestrafung n a c h vollzogenem Fehlverhalten führt zu falschem, nicht zum erwünschten Lernerfolg. (Es ist besser, der Katze v o r h e r zu zeigen, was sie soll, bzw. wo sie nicht soll.)

Man gönne mehreren Tieren − oder auch einer, insbesondere wenn lang allein zu Hause gelassenen Katze − mehrere, voneinander entfernt aufgestellte Toilett-schüsselchen. Diese sollten weit weg von Freß-, Ruhe- und bevorzugten Spiel-plätzen aufgestellt und immer zugänglich sein.

Bei einem Katzenneuzugang sollte man die alteingesessene Katze nicht ver-nachlässigen. Man sollte auch darauf achten, daß die eingesessene ihre bisherigen Gewohnheiten ungestört weiter beibehalten kann.

Man halte Tiere, die saisonbedingt aus der Wohnung ins Freie gehen dürfen, auch in dieser Zeit gelegentlich im Haus und veranlasse sie so, ihre Toiletten hin und wieder zu beachten.

Man sorge für ein ruhiges, ausgeglichenes „Klima" in der Familie! (Laute Ge-räusche, heftige Bewegungen, Turbulenz sind einer Katze ein Greuel.)

Man beobachte seine Katze bei Darm- oder Blasenleiden, nach Operationen oder Hormonbehandlungen besonders genau und trage sie während dieser Zeit notfalls zur Toilette hin.

Der Aufenthalt von Katzen auf kalten Fußböden − besonders bei mangelnder Bewegung − sollte verhindert werden.

In frischen Fällen von Stubenunreinheit versuche man zunächst, die Katzentoi-lette dort hinzustellen, wo das Tier öfters sein Geschäft außerhalb verrichtet hat. Man rücke das Toilettschüsselchen erst dann allmählich stufenweise wieder wei-ter weg, wenn es erneut verläßlich angenommen wurde.

Werden bestimmte Stellen der Wohnung immer wieder bevorzugt „benützt", so ist es zweckmäßig, diese Stellen − nach deren Präparation auf Geruchsfreiheit und eventueller Verkleidung mit Aluminiumfolienstreifen − zu Spiel- oder Fütte-rungsorten umzufunktionieren. Man sollte sich auch darüber den Kopf zerbre-chen, warum die Katze gerade jene Stellen zu Harn- oder Kotabsatz ausgewählt haben könnte. (Die Zuziehung eines erfahrenen Spezialisten ist in Fällen von Stubenunreinheit möglichst f r ü h z e i t i g anzuraten, da eine solche Verhaltensweise manchmal um so schwerer zu beseitigen ist, je länger sie schon besteht.)

Einer Katze, die sich vor der Gewöhnung ans Stubendasein längere Zeit im Freien aufgehalten hat, sollte man in ihre Toilette zunächst etwas Erde geben und eine Umstellung auf die gewünschte Katzenstreu erst allmählich vornehmen.

Jungtiere sollte man nach jeder Fütterung auf den Toilettplatz bringen. Für alte oder gehbehinderte Katzen sollte man auf dem Weg vom Lager zur Toilette einen griffigen Kokosläufer auslegen, auf dem die Tiere nicht so leicht ausrutschen können.

Mutterlose Flaschenkinder sollte man nach jeder Mahlzeit im Anogenitalbereich massieren – und zwar am besten gleich über dem späteren Kloschüsselchen.

Gleich nachdem eine Katze vom Ausscheidungsgeschäftchen (auf dem gewünschten Ort) zurückkommt, sollte man ihr ein paar Streicheleinheiten zuteil werden lassen. (Soferne es sich um eine Katze handelt, die daran interessiert ist; es gibt auch andere.)

Niemals sollte man sofort nach einer Bestrafung eine Katze direkt vor dem Katzenklo absetzen.

Wenn man durch die Art der Körperstellung beim unerwünschten Ausscheidungsverhalten eindeutig erkennen kann, daß es sich um Markieren handelt, dann haben Hemmreize durch Spritzen aus einer Wasserpistole, Siphonflasche, Blumenspritze oder das Nach-der-Katze-Werfen mit einem Stück Aluminiumkette nur dann Aussicht auf Erfolg, wenn solche Hemmreize in der Appetenzphase, also knapp v o r der unerwünschten Handlung erfolgen. Auch sollte man trachten, daß die Katze nicht sehen kann, wer der Verursacher des Reizes ist, damit von der Katze nicht durchschaut werden kann, daß diese „Strafreize" nur dann erfolgen können, wenn eine menschliche Person in der Nähe ist.

10 Situationsunangepaßtes Meide-, Flucht- und Abwehrverhalten

Angst kann so qualvoll sein wie Schmerz! Obgleich auch diejenigen reaktiven Störungen, die mit Verhaltensweisen aggressiver Art, psychosomatischen Erkrankungen oder Verlust der Stubenreinheit einhergehen, soweit sie auf Frustrationen oder inneren Konflikten beruhen, für den Betroffenen mit dem Erleben von Unlust begleitet sind, kann angenommen werden, daß Erscheinungsbilder, in deren Vordergrund die verschiedenartigen Manifestationen von unangemessener, zu starker oder abnorm lang anhaltender Angst stehen, für den betroffenen Patienten subjektiv wohl die unangenehmsten sind.

Angst- und Aggressionszustände spielen nicht nur beim Menschen, sondern auch im Leben der Tiere eine große Rolle. Während der Mensch diese Zustände beherrschen kann und verdrängt, weil gesellschaftliche Konventionen ein unverhülltes Zur-Schau-Tragen von Affekten verbieten, treten sie beim Tier ehrlich und offen wie bei einem Kind zutage.

Angst, dieses vitalste Urerlebnis, ist so ein Affekt. Auf der subjektiven (erlebnishaften) Seite wird intensive Unlust empfunden, verbunden mit Vorstellungen über deren Verursachung und Handlungsmöglichkeiten, sich dieser zu entziehen. Je nach Bewußtseinsgrad der Begleitvorstellungen resultiert eine aktionsaktivierende, oder aber eine handlungshemmende, lähmende Wirkung. Die Aktionsaktivierung kann je nach weiteren besonderen Umständen durch Verteidigungsaggression oder durch Flucht und – bei Fehlen von Fluchtmöglichkeit (oder konflikthafter Sperrung) – durch Handlungszusammenbruch mit Auftreten sinnloser, ungerichteter Intentionsbewegungen verschiedener Instinkthandlungen gekennzeichnet sein. Bei der Aktionshemmung – begleitet von raschem Anstieg von Angst höchster Intensität – spricht man auch vom sogenannten Totstellreflex. Bei deutlich bewußt erlebten Begleitvorstellungen über die, wenn auch nur vermeintlichen (!) Unlustursachen oder „Gründe" sprach die ältere Psychologie von F u r c h t   v o r etwas und unterschied somit zwischen einer mehr vorstellungslos erlebten Angst einerseits und der Furcht andererseits. Diese subtile Begriffsunterscheidung wird von vielen Fachleuten heute aber wieder verlassen. Für die Stärke der Unlust – also die erlebte Intensität der Angst – ist es nämlich völlig belanglos, ob dieser Affekt mit Vorstellungen von Tod und Vernichtung, sozialem

Rangverlust (respektive Unterlegenheit in Rivalenkämpfen), echter oder vermeintlicher Schuld oder sonstigem assoziiert erlebt wird. Dies gilt, wie die vergleichende Verhaltensforschung heute mit guten Gründen vermutet, für Menschen und höhere Säugetiere gleichermaßen. (Hediger, Meyer-Holzapfel, Seiferle, Dawkins sind einige der vielen Forscher, die sich mit diesen Problemen eingehender befaßt haben.)

Es ist erbstrukturmäßig festgelegt, welche Umweltreize (und in welcher Situation) bei den verschiedenen Tierarten Fluchtverhalten auslösen und wie weit diese angeborenen Auslösemechanismen durch erlebnishafte Umwelteinflüsse, also durch Lernakte ergänzt oder gehemmt werden können.

Den Höhepunkt der Unlust scheint ein Individuum in einer Situation der Ausweglosigkeit zu erleben. In solchen Situationen, besonders wenn sie wiederholt auftreten, kann das Nervensystem ernstlichen Schaden erleiden. Damit sind wir beim zweiten, dem physischen, also körperlichen Aspekt der Angst: Das physiologische Bild der Angst manifestiert sich außer in gesteigerter Tätigkeit bestimmter Hirnteile auch in der Ausschüttung gewisser Hormone und dadurch Veränderungen des Verteilungsmusters der Durchblutung, Blutdrucksteigerung, Herzfrequenzänderung, Spannungsänderungen der Muskulatur und Tonusänderung des sogenannten unwillkürlichen Nervensystems und dessen Erfolgsorganen, was z.B. zu Veränderung der Pupillenweite ebenso wie zu Kotabsatz, Urinieren und Übelkeit (manchmal sogar bis zu Brechreiz) führen kann. Aus den körperlichen Begleiterscheinungen der Angst sind objektive Maßstäbe zur Messung der Stärke des Angstaffektes zu gewinnen.

Das Leben des Tieres in freier Wildbahn verläuft keinesfalls so frei und glücklich, wie man vielleicht bei oberflächlicher Betrachtung anzunehmen geneigt wäre; das Wildtier lebt ständig unter der Rahmeneinstellung der Angst, immer bereit zur Flucht vor Feinden und anderen Bedrohungen. Der Hirsch, der mit dem anderen einen Kommentkampf ausficht, ist dabei ebensowenig frei von Angst wie zwei einander duellierende Offiziere oder schlagende Studenten, es ist nur der durch die Rangstellung verpflichtende Prestigeanspruch stärker aktiviert als die Angst. Diese Ambivalenz zeigt sich z.B. in Kampfpausen, wo Flucht- und Aggressionsbereitschaft — einander gleich stark — einen Konflikt ergeben, der inadäquat in Form von sogenannten Übersprungreaktionen — z.B. Scheinäsen im Falle der Hirsche — abreagiert wird.

Als wichtig betont in diesem Zusammenhang Hediger die Tatsache, daß man zwischen Pseudoaggressivität, die reinen Notwehrcharakter trägt und dem Rahmen des Flucht- bzw. des Feindmeideverhaltens angehört, und grundsätzlich verschiedener sozialer Aggressivität und der davon weiterhin grundsätzlich verschiedenen Beuteaggression zu unterscheiden habe. Weder territorial noch zeitlich ist das Tier frei, es ist — nach Hediger — ebenso eingespannt in ein unerbittliches Raum-Zeit-System wie wir und bangt oft genug, ebenso wie wir, um persönliche Sicherheit, sein Heim, seinen „Besitz" sowie um das Wohlergehen der mit ihm wohnenden Kumpane, sei es nun im Instinktkreis des Sexualverhaltens oder der Jungenaufzucht oder sonstiger integrierter Gemeinschaft. Aus der Tatsache, daß eine Tiermutter auch gegen übermächtige Gegner ihre Jungen zu verteidigen bereit ist, darf nicht geschlossen werden, daß sie diesen Kampf angstfrei auf sich nähme oder daß sie, im Falle der Flucht, sich nicht mehr um ihre Kinder sorgte! Selbstverständlich bestehen tierartliche Unterschiede, und man darf nicht erwarten, daß das einfach gebaute Vogelgehirn hier ähnliche Leistungen vollbringt wie das wesentlich höher integrierte Säugergehirn.

Nach dieser Abschweifung wieder zurück zu unserem eigentlichen Thema:

Es ist sicher kein Zufall, daß die häufigsten Verhaltensstörungen bei Katzen, die bisher festgestellt werden konnten, situationsunangepaßtes Angstverhalten betrafen. Die Ursachen dafür sind aber verschiedene.

Bei Stubenkatzen, die durch widriges Schicksal ähnlich den Bedingungen eines Kaspar-Hauser-Versuches ohne Kontakt zu Mutter, Geschwistern oder anderen Lebewesen in Großstadtwohnungen vom Menschen künstlich aufgezogen wurden, konnte man besonders häufig A n g s t v o r a n d e r e n T i e r e n beobachten. Eine solche Katze fürchtet sich vor fremden Artgenossen genauso wie vor weißen Mäusen. Solange sich die Mäuse oder andere Lebewesen nicht bewegen, werden sie von einer solchen Katze neugierig beschnuppert. Laufen die Mäuse aber auf die Katze zu, dann flieht sie und setzt sich mit einem defensiven Tatzenhieb bei angelegten Ohren ängstlich zur Wehr. Bewegen sich die Mäuslein daraufhin von der Katze weg, so werden sie in vielen Fällen — und das ist das Abnorme — weder verfolgt, noch belauert. Manche Katzen verdrücken sich in solch einem Fall ängstlich in die nächste Ecke oder unter das Sofa.

Die Katze, die aus Furcht vor einer Maus sich auf einen Sessel flüchtet: ist das nicht der klassische Fall der „neurotischen Katze"? Es gibt sogar Bilder davon! Und doch handelt es sich nur in einem kleinen Teil solcher Fälle tatsächlich um eine psychoreaktive Störung, also um neurotisches Verhalten im engeren Sinn.

Leider wurde die Frage, ob sich eine solche Reaktionsbereitschaft durch h ä u f i g e r e n Kontakt mit biologischen Beutetieren geändert hätte, nicht systematisch untersucht. Von einigen Fällen wissen wir aber, daß so eine Katze ihre anfängliche Angst nach geraumer Zeit ablegte. Sie begann ein Beutehasch-Spiel, das aber so ungeschickt durchgeführt wurde, daß die Maus wohl beschädigt, nie aber zielgerichtet und kunstgerecht getötet wurde.

Ein weiteres Beispiel für abnorme Angstreaktionen lieferte ein kastrierter Siamkater, der mit drei Katzendamen verschiedenen Alters gemeinsam in dem Haushalt lebte, in dem sie auch geboren wurden. Sobald fremde Personen die Wohnung betraten, flohen die vier wie die wilde Jagd in ihre Lieblingsverstecke. Blieb der Besucher etwa 30 Minuten lang möglichst regungslos sitzen, wagte sich eine der Katzen vorsichtig heraus. Aus einem − der Fluchtdistanz eines wildaufgewachsenen Raubtieres entsprechenden − Respektabstand von mehreren Metern betrachtete sie den ungewohnten Eindringling, und ihre Ambivalenz zeigte sich durch ungleiche Stellung der Ohren an. Diese Tiere aus der Wohnung, ihrem Heim erster Ordnung, fortzubringen, artete jedesmal in eine kleine Katastrophe aus: Sie speichelten vor Erregung stundenlang, verloren Haare, und selbst nach dem Zurückbringen in die gewohnte Umgebung konnten sie sich lange nicht beruhigen; stundenlang gebärdeten sie sich verändert, verkrochen sich und verweigerten die Annahme von Futter. Selbständig würden solche Tiere die Wohnung nie verlassen. Wollte man sie zum Tierarzt bringen, mußte man sie unter den Einfluß von Beruhigungsmitteln setzen, um die Störungen des Gemütsgleichgewichtes mit ihren psychosomatischen Folgeerscheinungen zu verhindern. Eine Umerziehung, die durchaus möglich gewesen wäre, wurde bei diesen Tieren leider nie konsequent und lange genug versucht. Eine Langzeitkur mit Beruhigungsmitteln scheiterte am Widerstand der Katzen, die sich solche Substanzen nicht einmal dann regelmäßig verabreichen ließen, wenn man sie sorgsam in ihr Lieblingsfutter einmischte.

Solche Tiere − Opfer ihrer allzu isolierten Aufzucht − erinnern deutlich an das Verhalten von Raubkatzen, die im Käfig geboren und aufgezogen wurden. Öffnet man die Käfigtür, muß man das Raubtier mit Gewalt herausziehen. Läßt man es laufen, flüchtet es sofort wieder in den Käfig zurück. Es ist der einzige Ort, an dem sich das Tier sicher fühlt, weil es außer seinem Miniaturlebensraum nichts anderes kennenlernen konnte.

Abnorme Angstreaktionen zeigten auch mehrere einjährige, wild geborene und in Häuserruinen ohne menschlichen Kontakt aufgewachsene Katzen, die gemeinsam mit einem angeblich ebenso als Streuner groß gewordenen, gleichaltrigen Vorstehhundbastard gefangen und in ein Tierasyl verbracht worden waren.

Die beiden Katzen verkrochen sich in Gehegeecken und Schlupfwinkeln und verweigerten die ersten beiden Tage hindurch jegliche Nahrungsaufnahme. Obgleich sie in dem Gehege allein und ohne ihnen unbekannte Tiere gehalten wurden, wagten sie sich nicht aus ihren Schlupfwinkeln und Verstecken hervor. Der Hund fraß wohl gierig das ihm dargebotene Futter, sobald sich der Pfleger entfernt hatte, berühren ließ er sich aber nicht. Betrat man seine Quarantänestation, um sie zu reinigen, flüchtete er sich in die äußerste Ecke. Näherte man sich dem verängstigten Tier, setzte es vor Angst Harn und Kot ab und fletschte die Zähne wie ein wildes Tier, dessen kritische Distanz unterschritten wurde. Nach etwa 4 Monaten ließ sich der Hund gelegentlich wohl von seinem Pfleger berühren, aber die Berührungsscheue gegenüber Fremden blieb erhalten. Die beiden Katzen änderten nach einigen Tagen ihr Verhalten insoweit, als sie zu fressen begannen, wenn sich der Pfleger entfernte und die Tiere sich unbeobachtet fühlten. Nach 1/2 Jahr ließen sie sich jedoch immer noch nicht berühren oder gar in die Hand nehmen. Es bestand eine Fluchtdistanz von etwa 2 Metern. Später wurde dann die Fluchtdistanz durch das Gehegegitter wesentlich verringert. Schließlich vermittelte man die beiden Katzen an Privatpersonen, die Erfahrung im Umgang mit Wildkatzen hatten. Nach weiteren 2 Monaten, also insgesamt nach 8 Monaten, war es dann soweit: Die Katzen ließen sich von den ihnen bekannten Personen berühren und zeigten sich halbwegs zutraulich. Die 6 Wochen lang erfolgende Dauerverabreichung von Beruhigungsmitteln und Gestagenen und die von mir verordnete stets passive Haltung des neuen Besitzers (den Katzen gegenüber) trugen wesentlich zu dem „Zähmungserfolg" an diesen in der Prägungsphase (2. bis 7. oder 8. Lebenswoche) nicht an Menschen sozialisierten Tieren bei. (Dieses Beispiel steht für eine sehr große Anzahl ähnlicher Fälle.)

Ein weiteres Beispiel stellt der Kater Murli: Er war schon von Geburt an stets ein scheues Tier (wohl infolge erblicher Veranlagung). Im Alter von etwa 1 Jahr passierte ihm das, was wohl fast allen in der Wohnung gehaltenen Katern passieren muß: Er wurde kastriert. Dabei muß aber irgend etwas schiefgegangen sein. Vielleicht war die Betäubung nicht stark genug, vielleicht lief der scheue Murli davon und mußte eingefangen werden. Was immer auch die Ursache war, vom Tage der Kastration an war er wie ausgewechselt. Die Umstände, unter denen er operiert worden war, mußten ein Schockerlebnis für ihn gewesen sein, was normalerweise die Vornahme einer Kastration keineswegs zu sein pflegt, wenn sie fachgerecht durchgeführt wird. Murli verkroch sich 3 Tage lang hinter dem Kasten und unter dem Bett. Nicht einmal die Besitzerin konnte ihn hervorlocken. Griff sie nach ihm, reagierte der Kater auf seine Weise: Er biß, kratzte, urinierte und verlor dünnbreiigen Kot. Zeitweise zitterte er und speichelte stark. Murli saß starr und mit geweiteten Pupillen reglos in seinem Versteck. Die Nahrungsaufnahme verweigerte er. Er nahm auch dann kein Futter an, wenn es ihm hingeworfen wurde und sich die Besitzerin entfernte. Allmählich begann er, wenigstens Getränke anzunehmen, jedoch nur, wenn die Betreuerin den Raum verließ.

Eine solche Schreckneurose, so weiß man heute, kann man durch unmittelbar darauffolgende, 1- bis 2tägige medikamentöse Dauerschlafkur beseitigen. Es verschwinden nicht nur die akuten psychosomatischen Störungen, sondern auch die im unbehandelten Falle sich anschließenden, oft monatelang andauernden chronischen Folgeerscheinungen. Bei Murli war man damals aber noch nicht soweit. Er zeigte lang andauernde Verhaltensstörungen. Erst nach vielen Wochen ließ er sich streicheln; hochheben durfte man ihn aber immer noch nicht. Als seine Besitzerin nach etwa 6 Monaten eine zweite Katze anschaffte, erlitt Murli einen Rückfall: Wieder verkroch er sich, obwohl er ja der Revierinhaber war. Außerdem verlor er die Stubenreinheit. Daraufhin hielt man die Tiere in getrennten Räumen. Alle Versuche, sie behutsam aneinander zu gewöhnen, scheiterten, obwohl das zweite Tier jünger und eine sehr kontaktfreudige Katzendame war. Mag sein, daß sie in ihrer Kontaktfreudigkeit Murli als zu draufgängerisch erschien. Er wurde erst wieder stubenrein nach 1 Jahr, einige Tage nachdem sich die Besitzerin von der Katzendame getrennt hatte und Murli wieder „Einzelkind" war.

Aber auch andere seelisch erschütternde Vorgänge können bei Katzen zu schockähnlichen Zuständen führen, auf die längere Zeit hindurch verändertes Verhalten oder vegetative Regulationsstörungen folgen können (ähnlich solchen, wie wir sie bei Betrachtung der experimentellen Neurosen schon kennengelernt haben).

Unter den zahlreichen global als abnorm ängstlich und schreckhaft zu bezeichnenden Katzen lassen sich vorerst einmal drei verschiedene Verhaltenstypen unterscheiden: solche, die die Fluchtreaktion bevorzugen, solche, die das Meideverhalten bevorzugen und sich verkriechen, und jene, die sich aus beiden Arten zu reagieren etwas „wählen". Bei einem Teil der Patienten werden die beiden erstgenannten Reaktionsweisen nur durch stets gleichbleibende. bestimmte, eng begrenzte — also differenzierte — Reizgegebenheiten ausgelöst. Katzen, die so reagieren, sind zumeist keine besonders übertrieben ängstlichen Charaktertypen.

In manchen derartigen Fällen zeigt sich jedoch die Tendenz zur Erweiterung der Auslösemöglichkeiten: Gibt Mieze anfangs nur Fersengeld, wenn ein bestimmtes Auto vorbeifährt, so werden später alle Autos mit laufendem Motor und schließlich überhaupt alle Autos gefürchtet. Glücklicherweise sprechen alle diese Fälle auf gezielte Umkonditionierung unter unterstützendem Einsatz bestimmter Beruhigungsmittelarten besonders rasch und mit Dauererfolg an. (Was unter Umkonditionierung zu verstehen ist, wird in Kapitel 16 ausführlich erläutert. Es handelt sich dabei um einen Dressurakt besonderer Art, um ein „Verlernen" fälschlicherweise auftretender Angstreaktionen.)

Bei einem anderen Teil der Patienten werden die vorerwähnten Reaktionsweisen nicht durch bestimmte, situativ begrenzte Reize ausgelöst, sondern durch fast alle starken, ungewohnten und plötzlich auftretenden Einflüsse. Hier liegt die Ursache entweder in isolierten Aufzuchtverhältnissen oder in besonderer, erblicher Veranlagung: sogenannter „Wesensschwäche". Im ersteren Falle sind Langzeitkuren mit Tranquilizern meist sehr hilfreich. Liegt aber der Grund in erblicher Veranlagung zu besonderer Ängstlichkeit, dann ist von keiner bisher bekannt gewordenen Behandlungsmethode Erfolg zu erwarten.

Außer durch angeborene Veranlagung bedingt, kann allgemein gesteigerte Ängstlichkeit aber auch gelegentlich im Gefolge bestimmter Vitaminmangelerscheinungen, durch Vergiftungen, Hormonstörungen (wie beispielsweise durch Schilddrüsenüberfunktion) und durch organische Gehirnerkrankungen oder als deren Spätfolge auftreten; vielleicht auch infolge Unter- bzw. Eiweißmangelernährung der Mutter solcher Tiere während der Laktation (dann oft auch gleichzeitig gesteigerte Aggressivität). Auch eine erst seit kurzem überstandene schwere Infektionskrankheit – zumeist handelt es sich um verschiedene Virusinfektionen – kann für längere Zeit reizbare Schwäche und somit verstärkte Neigung zu Flucht- oder Meideverhalten bedingen. Die gefürchtete Tollwut, eine Virusinfektion, die durch Biß tollwütiger Tiere übertragen wird und nach kurzer Erkrankung zum Tode führt, beginnt beispielsweise ebenfalls mit derartigen Wesensveränderungen. Bei Katzen können auch Darmparasiten oder seltene Epilepsieformen plötzliches Fluchtverhalten, Hautzuckungen, defensive Ohrmuschelstellung und abwehrendes Fauchen (als ob ein Feind anwesend wäre) auslösen. Tiere mit inneren Schmerzzuständen benehmen sich ebenfalls auffällig ängstlich, scheuer als gewöhnlich, oder zeigen die Tendenz, sich zu verkriechen. Tierärztliche Untersuchung und fachgerechte Behandlung ist in solchen Fällen notwendig.

Eine relativ große Gruppe von Fällen stellen jene herumgestoßenen, armen Teufel, die ihre Ängstlichkeit und ihr „gestörtes Verhalten" menschlicher Rohheit und Dummheit zu verdanken haben. Solche Tiere findet man öfters in Tierasylen. Ihr Verhalten ist eine natürliche Folge der Erfahrungen und Erlebnisse, die ihnen die „Krone der Schöpfung" vermittelt hat, also eine natürliche und höchst zweckmäßige Anpassungserscheinung an ihre Umwelt, ehe sie ins Tierheim kamen, und somit nicht als krankhaft zu betrachten. Glücklicherweise kann aber ein ehemals durch rohe Behandlung sozial entmutigtes, „rangtiefes" Tier durch verständnisvolle Betreuung in der Hand eines neuen Besitzers relativ rasch seine Einstellung ändern lernen und ein vollkommen normal zutraulich reagierender Hausgenosse werden. Es sei denn, es hätte die gesamte Sozialisierungsphase und auch noch die daran anschließende frühe Jugendzeit unter extrem ungünstigen Entwicklungsbedingungen verbracht; was allerdings bedauerlicherweise manchmal bei Katzen der Fall ist, die in völliger Freiheit und ohne jeglichen Kontakt zum Menschen aufwachsen. (Besonders viele Tiere dieser Art gab es in Wien zur Nachkriegszeit.) Obgleich sich manche dieser Individuen bis zu einem gewissen Grad persönlicher Distanz später dann doch noch an einen einzelnen menschlichen Betreuer anschließen können, wenn er sich geschickt verhält, bleiben sie anderen Personen gegenüber — auch Familienmitglieder können dazu zählen — so reserviert wie ein in Freiheit groß gewordenes Wildtier, das es in Gefangenschaft nur bis zur Futterzahmheit gebracht hat: Berührungsscheue, Fluchtdistanz, Wehrdistanz, Angstaggressivität bleiben zeitlebens erhalten. Individuell unterschiedliche angeborene Faktoren, die Variationsbreite der Scheuheit betreffend, und unterschiedlich starke Neugierde bedingen jedoch verschieden starke Ausprägung dieser Verhaltensbesonderheiten.

Furchtinduziertes aggressives Verhalten von Katzen untereinander beginnt manchmal ganz plötzlich. Nicht selten kamen solche Tiere im gemeinsamen Haushalt jahrelang gut miteinander aus. Zumeist kann der Besitzer das auslösende Ereignis, das zur Einstellungsänderung zweier Katzen aufeinander führte, nicht ermitteln. So kann es vorkommen, daß plötzliche laute Schreckreize — etwa das Umfallen eines Bücherregales, ein Erdbeben, der von außen eindringende Knall einer Autokollision — eine oder beide Katzen zu defensiv aggressivem Ausdruck veranlassen. Die andere Katze bezieht eine solche Abwehrdrohung auf sich und reagiert folglich mit ähnlichen sozialen Auslösern. Vielleicht kommt es sogar zur Rauferei. Eine solche Situation entspannt sich auch nach Stunden oder Tagen nicht: Jedesmal, wenn die Katzen einander sehen, reagieren sie plötzlich aggressiv aufeinander. (Möglicherweise spielen dabei sogar sogenannte „negative Streßprägungsvorgänge" eine Rolle, ähnlich wie wahrscheinlich auch beim Erwerb einer Aversion oder Phobie nach einmaligem, stark schockierenden Ereignis — dies insbesondere bei jenen Fällen, die sich als hartnäckig therapieresistent erweisen.) Im Gegensatz zu echt einander feindlich gesinnten Tieren suchen sie einander nicht auf, um zu kämpfen, sondern werden lediglich aggressiv, wenn sie zufällig aufeinandertreffen. Ist die Entfernung größer, dann kann es vorkommen, daß die eine die Begegnung der anderen meidet und sich zurückzieht. Oft ist das infolge der Enge einer Kleinwohnung aber nicht möglich. Kommt es zu Kämpfen, dann zeigen diese die Merkmale defensiver Abwehr.

Manchmal führt auch die Rückkehr einer Katze, die vorübergehend abwesend war, zu einer defensiv aggressiven Haltung gegen die daheimgebliebene, oder aber letztere verteidigt nun die Wohnung als ihr alleiniges Territorium gegen die andere, als wäre jene ein neues, völlig fremdes Tier. Es gibt auch Fälle, in denen eine Katze aggressiv wird, weil sie eine andere außerhalb der Wohnung sieht und diese Aggression auf die vorhandene Zimmergenossin umleitet, die sich dann ihrerseits gezwungen sieht, sich zu verteidigen. Das Vertrauensverhältnis der beiden untereinander kann dadurch für die Zukunft zerstört sein. Einige amerikanische Kollegen haben sich mit solchen Fällen besonders eingehend befaßt. Voith führt dazu folgendes aus: „Da dieser Aggressionstyp primär furchtinduziert oder defensiv ist, spricht er auf Abschreckungs-, Desensibilisierungs- oder gegenkonditionierende Techniken an. Wiederholtes Gegenüberstellen in Situationen, die keine Aggression zulassen, ähnlich jener, die sich auch für territoriales aggressives Verhalten bewähren, ermöglicht es in vielen Fällen, daß die Katzen wieder miteinander auskommen. Eine systematische Therapie würde Desensibilisierung und Gegenkonditionierung mit einbeziehen. Unkonditionierte Reize, wie Füttern, Spielen oder Pflegen, können für gegenkonditionierende Prozesse verwendet werden. Beispielsweise werden die Katzen immer näher zusammengebracht, wenn sie gefüttert werden. Manchmal können die Katzen ermuntert werden, unter der Tür oder durch einen Türspalt miteinander zu spielen. Schrittweise können dann weitere Begegnungen erlaubt werden. Eigenartigerweise wurde entdeckt, daß eigenes oder gegenseitiges Putzen furchtinduzierte Aggression unterdrücken kann: Eine Besitzerin, die keinen Erfolg beim wieder Zusammenführen ihrer Katzen mit Freß- oder Spielverhalten hatte, badete zufällig beide Katzen und setzte sie anschließend in denselben Raum. Sie waren so beschäftigt, sich selbst und dann einander zu putzen, daß sie nicht kämpften. Die Katzen erlebten einander wieder in einem nicht-aggressiven Zustand, und folglich war ihre frühere freundschaftliche Beziehung wiederhergestellt. Die Behandlung jeden Furchtverhaltens wird vervollständigt, wenn man es dem erschreckten Individuum ermöglicht, den furchterregenden Reiz (in diesem Fall die andere Katze) zu erfahren, ohne Angst zu haben oder erschreckt zu werden. Techniken, um dies zu erreichen, sind verschiedene Methoden der Begegnung (Gewöhnung, Desensibilisierung) und/oder Gegenkonditionierung."

Die hier genannten Heildressurverfahren (Behaviortherapietechniken) werden in Kapitel 16 genauer beschrieben. Auf weitere Fälle von aggressivem Verhalten wird im nächsten Kapitel eingegangen werden. Nach eigenen Erfahrungen wird der Erfolg der vorgenannten „psychotherapeutischen" Methoden in vielen Fällen sehr wesentlich durch gleichzeitige Sedativagaben (und manchmal auch durch Gestagene) an beide Katzen unterstützt bzw. beschleunigt. Ein zwangsweises Verbringen der beiden Kontrahenten in nebeneinandergelegene Käfige für mehrere Tage − mit oder ohne laufender Sedativamedikation über das Futter − kann versucht werden.

Die Behandlungsmöglichkeiten von Tendenzen zu abnormen Furchtreaktionen bei Katzen lassen sich wie folgt zusammenfassen: Soweit es sich nicht um angeborene oder früh erworbene Verhaltensabnormitäten handelt, sondern um solche psychoreaktiver Art oder durch reizarme Aufzuchtverhältnisse bedingte, sind Tranquilizergaben (z. B. Diazepam in Depotform, Hydroxycin u. v. a.) − über mehrere Wochen − als alleinige Maßnahme oft erfolgreich. Zur psychischen Desensibilisierung im Zuge umkonditionierender und gegenkonditionierender Maßnahmen kann Diazepam auch gezielt vor der zu erwartenden Reaktion hilfreich eingesetzt werden. In den seltenen Fällen von Trennungsangst bei Katzen (z. B. durch Alleinbleibenmüssen in der Wohnung) sollten auch Lorazepam und Amitriptylin versucht werden.

An unspezifischen, weiteren Maßnahmen bewährte sich oft die Gabe von Vitamin B_1 + Vitamin B_6 + Vitamin B_{12} (hoch dosiert, zweimal wöchentlich als Injektion). Auch Gestagene erwiesen sich manchmal als hilfreich, insbesondere in Fällen, in denen störende Reize von außen eine Rolle zu spielen schienen.

11 Abnorme Aggressivität und Scheinaggressivität

Die Erscheinungsbilder abnorm aggressiven Verhaltens bei Katzen sind vielfältig. Fast auf jeden Fall muß besonders eingegangen werden, dies gilt nicht nur in diagnostischer Hinsicht. Auch die Therapiestrategie muß auf die Möglichkeiten und Umstände des konkreten Haushaltes Bedacht nehmen. Es ist auch sorgsam zu erwägen, ob ein Behandlungsversuch überhaupt gewagt werden soll.

Wie ein nicht domestiziertes Tier flüchten wild aufgewachsene Katzen, die während ihrer Jugend keine Sozialisierungsmöglichkeiten mit Menschen hatten, bei Annäherung über die Grenze der Fluchtdistanz und setzen sich bei Unterschreiten der Wehrdistanz mit dem Mut der Verzweiflung zur Wehr.

Viele in menschlicher Obhut aufgewachsene Katzen haben nach einem psychisch stark traumatisierenden Erlebnis oder nach kurz dauernder Überforderung durch Konfliktsituationen die Tendenz, je nach Nerventyp entweder in Depressionen oder länger dauernde Angstzustände zu verfallen, oder aber ihr Wesen in Richtung chronisch erhöhter Aggressionsbereitschaft zu verändern.

Aggressives Verhalten gegen die betreuenden menschlichen Hausgenossen kann also Folge versäumter Prägungsvorgänge oder Ausdruck neurotisch gestörten Sozialverhaltens sein. Leider gilt auch hier, was schon bei der Besprechung der Entwicklungsphasen festgestellt werden mußte: Über die Katze existiert bedeutend weniger wissenschaftlich gesichertes Material als beispielsweise über den Hund. Generell gilt, daß jedwede Veränderung des sozialen Milieus bei entsprechenden Charaktertypen zu vorübergehender oder länger anhaltender Aggressivität führen kann. So sind mir Fälle bekannt geworden, in denen die Wesensveränderung durch den Tod des Besitzers ausgelöst wurde, eines Besitzers, mit dem seine Katze besonders eng verbunden war.

Scheinbar unmotivierte Angriffe auf die gewohnten menschlichen Hausgenossen können aus einer bislang sanften Katze einen kleinen Teufel machen. Ein solcher Zustand gesteigerter Aggressivität kann wochenlang anhalten. Was immer auch versucht wird, es scheint manchmal eine derartige Aggressivität völlig unbeeinflußbar zu sein. (Solche Katzen werden aber vielleicht allzu früh auf Wunsch des Besitzers euthanasiert.) Fast immer ergibt die Untersuchung keinerlei Anhaltspunkte für etwaiges Vorliegen einer organischen Gehirnschädigung, wie etwa durch einen Tumor oder Nervenzelldegenerationen, welche Veränderungen je nach Lokalisation sich auch einmal in gesteigerter Angriffslust manifestieren können.

In anderen Fällen meines Erfahrungsgutes handelt es sich um asoziales Verhalten gegenüber Artgenossen beiderlei Geschlechts. Obwohl Aggressionen zwischen männlichen Tieren meistens aufhören, wenn man sie kastriert oder mit Gestagenen behandelt, ist dies bei weiblichen Katzen sehr viel seltener der Fall. Ein Beispiel für viele: Eine Katze wurde aufgegriffen und in das Katzenheim Freudenau (ein Wiener Tierasyl) gebracht. Während Neuankömmlinge normalerweise in einem Gehege, das schon von vier oder fünf Katzen bewohnt wird, eher unauffällig agieren und sich zu verbergen trachten, um nicht als Fremde den Aggressionen der Revierinhaber ausgesetzt zu sein, sucht manche Katze förmlich den Kampf. Jede Artgenossin wird verfolgt, mit Ohrfeigen verprügelt, auch mit Ansprüngen und Bissen belästigt, so lange, bis die Alteingesessenen Fersengeld geben und aus Schlupfwinkeln nicht mehr hervorzubringen sind; ein Verhalten, das sich auch dann nicht ändert, wenn man so eine Furie in ein anderes Gehege verbringt, das mit Katern und Kastraten besetzt ist. Als man so ein Tier durch Einzelhaltung in unmittelbarer Nähe eines Gruppengeheges an den Anblick von Artgenossen in Nachbarkäfigen gewöhnt hatte, versuchte man einige Wochen später neuerlich die Verbringung ins Gruppengehege. Leider zeigte die Erfahrung, daß sich bei einigen dieser weiblichen Berserker gar nichts verändert hatte. Dabei können solche Katzen gegenüber Menschen ein freundliches, anschmiegsames Wesen zeigen, ja selbst angesichts fremder Hunde müssen sie weder hinsichtlich Fluchtstimmung noch Abwehr oder spontaner Angriffslust von durchschnittlichem Katzenverhalten abweichen! Erfreulicherweise war es daher oft möglich, solche Tiere guten Gewissens an einen Privathaushalt weiterzuvermitteln, soferne dort keine zweite Katze gehalten wurde. Leider verlor ich sie dadurch aus den Augen. Interessant an einigen dieser (weiblichen) Katzen war, daß sie bei ihren ungestümen Kämpfen alle Anzeichen und Ausdrucksformen des Rivalenkampfes zeigten, wie er sonst nur bei Katern vorkommt. Sogar das arttypische Imponiergehabe war zu beobachten. Eine Untersuchung der Geschlechtsorgane ließ jedoch – zumindest äußerlich – keinerlei Anomalien erkennen. (Sie hatten das Aussehen der Ruhephase.)

Nicht jede sonderbare Verhaltensweise muß zwangsläufig eine Verhaltensstörung sein. Individuelle Charakterunterschiede, die es bekanntlich bei Katzen in besonderem Ausmaß gibt, spielen eine große Rolle. Beispiel dafür ist ein Rabauke von einem Siamkater in vollster Blüte seiner Männlichkeit, der alle Käfiggenossen wütend attackierte, mit Ausnahme der mit ihm aufgewachsenen und gleichzeitig ins Tierheim eingelieferten Siamdame. Obwohl es selten ist, daß ein neu eingestelltes Tier das ihm fremde und von anderen Katzen bewohnte Territorium des Käfigs vom ersten Tag an für sich und seine Genossin zu erobern beginnt, kann man in diesem Fall natürlich nicht von einer Verhaltensstörung sprechen, wenn auch in der überwiegenden Mehrzahl der Fälle die Fremdheit eines Gebietes die Angriffslust eines Neulings hemmt und viel eher die Fluchtbereitschaft steigert. Man mußte dieses Pärchen anschließend einzeln halten, um die anderen vor Beschädigung zu bewahren. Als man später dem Siamkater die Gattin entführte, reagierte er durchaus verständlich: Voller Unruhe begann er, stundenlang gleichförmig im Kreis zu laufen, und zwar in einer um 45 Grad geneigten Bahn, in die er das Dach seiner Wohnhütte und das Sitzbrett miteinbezog. Eine echte Käfigstereotypie! Es ist sicher kein Zufall, daß derartiges gerade bei einem Siam beobachtet wurde; gelten Siamkatzen doch als besonders bewegungsfreudig und temperamentvoll. (Wir kommen in Kapitel 14 auf diesen Fall zurück.)

Immer wieder gibt es Katzen, die nur gegenüber einer bestimmten, einzelnen Tierart, wie z.B. Hunden oder auch gegenüber Kindern in einem bestimmten Alter, sich außergewöhnlich aggressiv oder außergewöhnlich scheu verhalten. Den Schlüssel zu diesen Verhaltensweisen findet man meist in der Kenntnis vorausgegangener Erlebnisse, oft eines einzigen, ganz frühen Jugenderlebnisses. Vorausgesetzt, man nimmt sich die nötige Zeit und Geduld, um individuelle Versuchsanordnungen auszudenken und konsequent zu wiederholen, sind Umkonditionierungsmaßnahmen hier so gut wie immer sehr erfolgreich. Worauf es dabei ankommt, wird in Kapitel 16 behandelt.

Die Motivation zu aggressiven Verhaltensformen kann bei Katzen ungemein verschiedenartig sein. Es sind sogar Fälle bekannt, in denen sich Katzen gegen allzu aufdringliche Liebkosungshandlungen seitens ihrer Besitzer mit Aggression zur Wehr setzen. Klassisches Beispiel für eine solche Aversion gegen aufgezwungene Liebkosungen lieferte wieder einmal ein Tier im Katzenheim Freudenau: Dort wurde eines Tages aus einem Privathaushalt eine Katze übernommen, die wegen besonderer „Bösartigkeit" im Haushalt ganz einfach nicht mehr zu dulden war. Die Besitzerin der Katze kam aber das ihr trotzdem ans Herz gewachsene „böse" Katzentier häufig besuchen. Dann kroch die Frau auf allen Vieren vor ihrem Liebling herum und versuchte, ihn zu liebkosen, was absolut nicht die gewünschte Wirkung hatte: Je heftiger die Liebkosungen wurden, desto aggressiver wurde die Katze. Zuerst suchte diese ihr Heil in der Flucht vor den „Belästigungen", als dies mißlang, wurde sie defensiv-aggressiv und schlug abwehrend mit den Tatzen auf die Besitzerin ein. Diese schlug mit der Einstellung „Du undankbares Kind" zurück, um gleich darauf wieder ihre Annäherungsversuche zu wiederholen, worauf die Katze wieder fauchte. Ein Teufelskreis, der keinen Ausweg bot, solange die Besitzerin ihre egoistischen und exzentrischen Liebkosungswünsche nicht beherrschte. Wurde die gleiche Katze von anderen Personen normal behandelt, war sie das freundlichste Tier: Sie nahm Futter aus der Hand des Pflegers ebenso wie aus der von fremden Besuchern und suchte sogar — wenn sie dazu in Stimmung war — schmeichelnd Kontakt!

Auch Schmerzzustände der verschiedensten Art, Darmparasitenbefall, gehirnschädigende Prozesse und vieles andere mehr lösen gelegentlich gesteigerte Aggressivität bei Katzen aus, die sich von wütendem Schwanz-Peitschen, aggressiven Lautäußerungen und abwehrenden Tatzenhieben bei Berührung bis zu wütenden Ansprüngen auf den menschlichen Pfleger und dessen Verfolgung erstrekken kann. In der tierärztlichen Ordination werden mir oft Katzen vorgestellt, von denen berichtet wird, daß sie sich nicht streicheln lassen wollen. Bei einem Teil dieser Fälle läßt sich durch Untersuchung feststellen, daß mehr oder weniger große Hautzonen des Rückens überempfindlich sind. Es handelt sich meistens um Nervenwurzelreizerscheinungen, hervorgerufen durch Wirbelsäulenerkrankungen und Deformitäten (letztere meist als Folge zu calciumarmer Jugendernährung). In anderen Fällen aber handelt es sich einfach um Charaktertypen, die allzu häufigen Schmeicheleien nicht sonderlich zugänglich sind und es dann als Belästigung empfinden, wenn der menschliche Pfleger seine Liebe aufzwingen will. In wieder anderen Fällen hat so eine Katze lediglich im Umgang mit Kindern schlechte Erfahrungen gemacht, sodaß es durchaus verständlich ist, daß ein solches Tier mißtrauisch wird, wenn man es hochnimmt, da es befürchten muß, auf den Boden fallen gelassen zu werden. Katzen mit akuten Schmerzzuständen, oder aber auch solche mit Erinnerungen an schmerzhafte Erlebnisse, in denen eine bestimmte andere Katze oder ein anderes Tier rein zufällig — an dem Geschehen durchaus unbeteiligt — anwesend war, können auf Artgenossen (oder Vertreter der entsprechenden anderen Tierart) immer wieder hartnäckig losgehen, bzw. sind davon nur gewaltsam abzuhalten. Dann gibt es noch andere Fälle, in denen mehrere Katzen friedlich beisammen wohnen, und erst allmählich wird eine bestimmte Katze von den anderen immer häufiger verfolgt und angefallen, ohne daß sich erlebnisbedingte Ursachen in Erfahrung bringen lassen. Man hat den Eindruck, als handle es sich um eine Art „Ausstoßungsreaktion", wie dies von Hundemeuten her bekannt ist. In einigen derartigen Fällen war es möglich, bei dem verfolgten Tier chronische innerliche Erkrankungszustände festzustellen. Es war nicht eindeutig aufzuklären, ob die damit verbundene Veränderung des Körpergeruchs, oder aber der krankheitsbedingte Aktivitätsverlust, der vielleicht zur Aufgabe der Rangstellung führte, für die Angriffe der Artgenossen verantwortlich zu machen war.

Eifersucht und Revierverteidigung sind häufige Motive für auftretende Aggressionen in Fällen, in denen zu einer bereits vorhandenen Katze eine zweite in den Haushalt aufgenommen wird. Die Wut der alteingesessenen Katze muß aber nicht nur gegen die neue, sie kann auch gegen alle im Haushalt lebenden Personen und/oder Tiere (manchmal auch nur gegen einige) gerichtet sein. Zur Vermeidung dieser Schwierigkeiten sind keine allgemeingültigen Rezepte zu liefern. Scharfe Beobachtung und Einfühlungsvermögen sind unerläßlich, ergänzt durch tierärztliche Maßnahmen, wie z.B. die Verabreichung von Beruhigungsmitteln besonderer Art, versuchsweise auch von Gestagenen (obwohl letztere in revierverteidigungsmotivierten Aggressionen selten von Nutzen sind). Aus genauer Beobachtung und einigem Einfühlungsvermögen läßt sich manchmal eine kluge Regie bei der Einführung des neuen Hausgenossen führen und die jeweils angemessene Entscheidung finden in Fragen wie: gleichzeitige oder getrennte Fütterung, gemeinsamer oder separater Schlafplatz, Art der Unterbringung während der Abwesenheit des menschlichen Betreuers, soziale Einflußnahmen in Form von Ermunterung, Streicheln, Spiel, Verteilung der Spielgegenstände usw. Es hängt viel vom Charakter und vom Geschick des menschlichen Pflegers ab, also seinem Fingerspitzengefühl im Umgang mit den einzelnen Individuen. Es gibt aber auch einige Grundregeln, deren Befolgung für die Mehrzahl solcher Fälle empfohlen werden kann, so etwa bevorzugte Behandlung des alteingesessenen Tieres oder Vermeidung bzw. rasches Abbrechen von Situationen, die Konflikte auf die Spitze treiben. Es liegt aber leider in der Natur der Sache, daß es auch von diesen Grundregeln Abweichungen und Ausnahmen gibt.

Schon oft hat es sich bewährt, bereits Wochen vor dem Neuzuwachs die alteingesessene Katze nicht zu sehr zu verwöhnen. Ist dann die neue da, sollte man diese nach Tunlichkeit auf einen erhöhten Platz in der Wohnung setzen. Dort fühlt sie sich nicht so bedroht. Den ersten Kontakt zur eingesessenen Katze führt man zweckmäßigerweise erst dann herbei, wenn beide Tiere üppig gespeist haben und daher vollgefressen sind. Außerdem ist es besser, den ersten Kontakt nicht in Schlafplatznähe oder im bevorzugten Aufenthaltsraum zu provozieren. Beim Betreten des Heimes erster Ordnung macht der Inhaber begreiflicherweise keine freundlichen Nasenlöcher. Während des Essens der menschlichen Familienmitglieder sollte anfangs keines der beiden Tiere im Raum sein. Ist das doch der Fall, dann kommt es häufig zu starken Affektausbrüchen, wobei sich die Aggressivität der Katze auch gegen den menschlichen Sozialpartner richten kann, wenn dieser den aufwallenden Affekt zu besänftigen sucht. Letzteres trifft besonders für solche Tiere zu, die daran gewöhnt sind, bei Tisch gefüttert zu werden. Auch Spielsachen sollte man in der Eingewöhnungszeit einer Neuen besser wegräumen. (Auf weitere, besondere Möglichkeiten, wie man zwei einander hartnäckig feindlich gesinnte Katzen aneinander gewöhnen kann, wurde im vorigen Kapitel bei der Besprechung von furchtinduziertem aggressiven Verhalten schon hingewiesen.)

Probleme kann es aber nicht nur dann geben, wenn ein neues Tier ins Haus kommt. Die Aufnahme eines menschlichen Babys oder eines anderen neuen Familienmitgliedes in den bisherigen Sozialverband ist besonders für recht verhätschelte und sensible Tiere eine arge Belastung. Möglichst wenig aktive Zuwendung ist besser als aufdringlicher „Tröstungsversuch" in der gespannten Atmosphäre. Manchmal ist es notwendig, das Tier für ein paar Wochen außer Haus zu geben, damit es aufhört, auf seine Alleinherrschaftsansprüche zu pochen.

Die individuellen Unterschiede in der Ausprägung arttypischen Verhaltens sind teils das Ergebnis des Zusammenwirkens mehrerer bis zahlreicher Erbfaktoren, teils sind sie aber auch, wie wir schon wissen, von der Art der sozialen Umwelt während der Aufzucht abhängig. So gibt es wehrhafte, angriffslustige und aggressive, es gibt mürrische und griesgrämige, es gibt aber auch zärtliche und sanftmütige Individuen. Unabhängig von diesen Eigenschaften gibt es aber auch Katzen mit schwachem oder extrem starkem Beuteansprunginstinkt. Bei triebstarken Individuen, die nicht Gelegenheit haben, die diesem Instinktfunktionskreis zugehörigen Instinkthandlungen auf natürliche Weise zu betätigen, kommt es bei Stubenhaltung zu Reizschwellensenkung infolge Fehlens echter Schlüsselreize für Beuteaggression. Deren Folgen für den Katzenbesitzer sind verletzte Beine, oft auch verletzte Hände. Beine und Füße werden als Beuteersatz behandelt, wann immer sie sich vorbeibewegen; zufällig, nach Verabreichung der Nahrung, oder um in ein anderes Zimmer zu gelangen. Diese Verhaltensweise tritt manchmal auch gegenüber fremden Personen oder im gleichen Haushalt lebenden Hunden auf. Die Verletzungen aus dieser − selten vor dem 1. Lebensjahr auftretenden − „S c h e i n a g g r e s s i v i t ä t" können erheblich sein: Die Kratzer sind blutig, die Bißverletzungen tief und infektionsgefährdet.

Wie wir aus Kapitel 3 wissen, ist das Beuteschema der Katze weit: Jedes nicht zu große Objekt, egal welcher Form, kann angesprungen werden, wichtig ist nur, daß es sich schnell an der Katze vorbei- bzw. von ihr wegbewegt.

Eine solche, an sich keineswegs als krankhaft einzustufende Scheinaggressivität wird auch bei Katzen beobachtet, die ansonsten die harmlosesten Wesen sind und keinerlei absonderlichen Eindruck erwecken. Meist aber sind es doch recht übermütige, vitale Tiere, insbesonders in Haushalten mit recht nachgiebigen, eher schreckhaften menschlichen Familienmitgliedern. Mit echter, also sozialer Aggressivität hat diese Verhaltensweise nichts zu tun. Aus der begleitenden Mimik der Katzen ist eindeutig ersichtlich, daß es sich ausschließlich um Endhandlungen des Beuteinstinktes handelt. Im Verlaufe des Kapitels 2 wurde die Existenz solcher Erscheinungen als „Reaktion auf suboptimale Reize", der Leerlaufhandlung verwandt, schon genannt. Manchmal kommt es dabei zu geradezu kuriosen Szenen: Dieselbe Katze, die in die Beine ihres Frauerls beißt, kann unter Umständen dann eine Angriffshemmung zeigen, wenn man ihr eine echte Maus hinsetzt und diese, wenn ebenfalls erfahrungslos, nicht flüchtet, sondern vielleicht gar auf die Katze zuläuft. (Das läßt sich besonders bei unfreiwilligen Kaspar-Hauser-Katzen beobachten, die erst im Alter von 2 bis 3 Jahren in der bisher nie verlassenen Wohnung eine wirkliche Maus zu sehen bekommen.) Aber auch eine normal aufgewachsene Katze kann durchaus vor einer Maus fliehen, die a u f s i e z u läuft. Ich habe sogar beobachten können, wie eine frisch operierte Mutterkatze (Kaiserschnitt) eine in ihr Lager verbrachte weiße Maus zu belecken und zu bemuttern versuchte, als wäre das ihr Säugling.

Den Katzenhalter interessiert begreiflicherweise jedoch in erster Linie die Frage, wie man die plötzlichen „Raubtieransprüche" einer solchen Katze abgewöhnen kann. Wer nicht den Mut und die Geistesgegenwart besitzt, die Katze im Augenblick des Ansprunges mit dem Strahl aus einer Siphonflasche abzuschrekken, der wird etwas Zeit aufwenden müssen: Häufiges Spiel mit unbeweglichen Attrappen (die an einer Schnur vor Miezes Nase vorbeigezogen werden) genügt in manchen Fällen, um der Katze eine ersatzweise Befriedigung zu verschaffen. Damit kann zumeist wenigstens die Häufigkeit der Ansprungversuche auf menschliche Körperteile reduziert werden. Das Aussehen einer solchen Attrappe muß nicht unbedingt originalgetreu sein. Ein Flaschenkork, in dem eine Feder als Schwanz steckt, genügt zumeist. Im Fachhandel gibt es Spielzeugmäuse aus Fell. Noch bessere Ergebnisse erzielt man mit beweglichen Spielzeugmäusen, vorausgesetzt, ihr Federwerk arbeitet nicht zu laut und man läßt eine solche Kunstmaus

Auch eine Spielzeugmaus — wenn an einem Nylonfaden schnell und von der Katze wegbewegt — führt zu erfolgreichem Jagderlebnis und senkt erhöhten Beutetriebstau (wenn diese Spielmöglichkeit täglich mehrmals geboten wird).

nicht direkt in Richtung auf die Katze zu laufen. Optimale Erfolge allerdings werden nur erzielt, wenn man solchen Salontigern in wöchentlichen Abständen tatsächlich lebende, graue oder weiße Mäuse als echte Beutetiere offeriert. Es geht eben doch nichts über natürliche Triebbefriedigung! Freilich ist es nicht jedermanns Sache zuzusehen, wie eine lebende Maus im Laufe des mit ihr getriebenen sogenannten „Stauungsspieles" in die Luft geworfen, wieder aufgefangen, ein Stück laufengelassen und immer wieder angesprungen wird, bis sie schließlich von einer erfahrungslosen Katze nach mehr oder weniger langer Zeit zu Tode gespielt wird. Ich kann einen solchen Anblick auch nicht ertragen!

Die verschiedenen Formen gesteigerten und/oder abnorm gerichteten Aggressionsverhaltens können also Ursachen haben wie: abnorme erbliche Veranlagung, Aufzuchtbedingungen unter mangelnder Sozialisierungsmöglichkeit mit menschlichen Personen, ungünstige Erfahrungen in der Jugend, Störungen des gewohnten sozialen Milieus, aufgezwungene übertriebene Liebkosungen, frustrierter Beuteinstinkt, Territoriumsverteidigung gegen Neue oder Territoriumseroberungstendenzen seitens Neuer, Eifersucht, Schmerzzustände verschiedener Ursache und gehirnschädigende Erkrankungen verschiedenster Art. (Diese Aufzählung ist keineswegs vollständig.) Je nach Ursache sind auch die Behandlungsmöglichkeiten und Erfolgsaussichten verschieden:

Hinsichtlich der psychoreaktiv bedingten Formen abnormer Aggressivität ist es zur Auswahl der voraussichtlich erfolgreichsten Behandlungsmöglichkeit zweckmäßig, den jeweils vorliegenden Fall in eine der nachfolgend genannten provisorischen Kategorien einzuordnen (was allerdings nicht immer gelingt):

A) *Aggressionen auf Menschen*

1. Zu wildes Spiel, weil der Besitzer versäumt hatte, in der Jugend des Tieres dem allzu wilden Ausarten eines Angriffsspieles durch Hemmreize Grenzen zu setzen. In solchen Fällen sollte man trachten, die Angriffe auf ein Spielzeug umzulenken, damit das Tier seinen Übermut an leblosen Gegenständen abreagieren kann; jeglicher trotzdem erfolgende Versuch, menschliche Körperteile durch Überraschungsangriffe zu attackieren, soll schon im Stadium der Appetenz, also gleich zu Anfang, jedesmal prompt mit Wasserstrahl oder Schlag mit zusammengerollter Zeitung abgewehrt werden; in manchen Fällen genügt bloßes Anschreien und entschlossenes Auftreten.

2. Sogenannte „Beuteaggression". (Was dagegen zu machen ist, wurde schon beschrieben.)

3. Umorientiertes aggressives Verhalten, das ursprünglich einer anderen Katze gegolten hätte. Dies kann passieren, wenn ein Tierhalter in die Streiterei zweier Katzen eingreift, etwa um sie zu trennen. Wenn zwei Katzen einander androhen, ist es nicht ratsam, eine der beiden zu ergreifen. Wenn man schon meint, eingreifen zu müssen, dann nur mit Störreizen aus der Entfernung, wie etwa Anschießen mit einer Wasserpistole. Auch nach einer Reiberei zwischen zwei Artgenossen, oder nach dem Androhen eines Hundes seitens einer Katze, sollte man vorsichtshalber eine Weile warten, bis die aggressive Stimmung der Katze völlig abgeklungen ist, ehe man sich ihr nähert und sie ergreift. Wenn man eine Katze gestreichelt hat, die der erbitterte Feind einer anderen ist, dann ist es ratsam, sich vorher gründlich Hände und Arme zu waschen, ehe man sich der Feindin nähert, um sie zu ergreifen, damit man nicht nach der Feindin riecht. Überhaupt sollte man in Gegenwart zweier verfeindeter Katzen vermeiden, eine der beiden zu streicheln oder hochzunehmen.

314

4. Furcht vor einem bestimmten (meistens fremden) Menschen. Ist beabsichtigt, einen neuen Menschen in den Haushalt einzuführen, den die Katze aus Furcht ablehnt – daran erkenntlich, daß sie, wenn es ihr möglich ist, vor ihm flieht und nur angreift, wenn die menschliche Person sich der Katze nähert –, dann sollte man der Person empfehlen, in den ersten Tagen die Katze völlig zu ignorieren. Viele Katzen nähern sich, durch Neugierde getrieben, später (nach Stunden oder Tagen) einer sich passiv verhaltenden Person von selbst. Es ist auch zweckmäßig, der Katze mehrere Tage hindurch ausschließlich von jener Person, die sie fürchtet, das Futter servieren zu lassen. Eine weitere Möglichkeit, die Ängstlichkeit der Katze zu dämpfen, bestünde darin, ihr mehrere Tage lang Beruhigungsmittel ins Futter zu mischen.

5. Territoriale Aggression gegen eine fremde Person; erkenntlich daran, daß die Katze den Fremden anfaucht und regelrecht verfolgt, auch dann, wenn dieser sich zurückzieht. Eine solche Situation kann gefährlich werden, sodaß es ratsam ist, die Katze wegzusperren, wenn etwa ein Handwerker in der Wohnung zu tun hat. Handelt es sich aber um Aggression auf ein neu in den Haushalt einzuführendes Familienmitglied, dann sollte man die ersten Begegnungen in einem für die Katze fremden Raum stattfinden lassen: Ein Territorium, das nicht das eigene ist, fühlt sich keine Katze motiviert, gegen einen Fremden zu verteidigen. In solchen Fällen können auch Gestagengaben, insbesondere Chlormadinonacetat, versucht werden (sind jedoch nicht immer erfolgreich). An Beruhigungsmitteln kommen Dikaliumchlorazepat oder Acepromazin in Frage, nicht jedoch Diazepam, Chlordiazepoxid, Lorazepam, Oxazepam oder Meprobamat, die in diesen Fällen eher noch weiter enthemmend wirken würden. (Sie sind hingegen hilfreich bei furchtinduziertem aggressiven Verhalten, insbesondere als Hilfsmittel zur Desensibilisierung und Gegenkonditionierung.) In Zweifelsfällen sind wegen der gleichzeitig angst- wie auch aggressionsdämpfenden Wirkung in erster Linie auch bei anscheinend furchtmotivierten Aggressionen wenigstens kurzzeitig eher Substanzen wie Dikaliumchlorazepat, Acepromazin und Chlorpromazin vorzuziehen (die letzteren beiden Substanzen deswegen nur kurzzeitig, da nicht frei von unerwünschten vegetativen Nebenwirkungen).

Viel Geduld ist nötig, und mit nur zögernd eintretendem und nie voll befriedigendem Erfolg ist bei solchen angstaggressiven Katzen zu rechnen, die mit fehlender Menschenprägung (da wild aufgewachsen) erst im Erwachsenenalter aufgegriffen und über Tierheime an Privatpersonen vermittelt werden.

Viele von ihnen bleiben zeitlebens Menschen gegenüber extrem scheu und abwehraggressiv. Völlig aussichtslos ist die Behandlung jener Individuen, deren Überaggressivität auf angeborener abwegiger Veranlagung beruht. Schon in der frühen Kindheit reagieren sie auf Reize, auf die andere Katzen mit Neugierdeverhalten ansprechen, mit intensiver Abwehr.

B) *Aggressionen auf Artgenossen*

1. Aggressives Verhalten zwischen männlichen Tieren. Es ist sexuell motiviert, rangordnungsbedingt, an dem dem Kampf vorausgehenden, typischen Imponierdrohen erkennbar und findet unabhängig vom Territorialverhalten und anderen Formen aggressiver Verteidigung statt. Durch Kastration oder/und Gestagengaben ist es fast immer zu beseitigen oder jedenfalls wesentlich zu vermindern.

2. Offensives Verhalten im Rahmen der Territorialität. Man kann beobachten, daß eine Katze eine andere schnell laufend verfolgt und dann mit den Pfoten nach ihr schlägt; dies nicht nur bei zufälliger Begegnung, sondern gewöhnlich sucht das eine Tier das andere spontan auf, um es durch Attacken zu vertreiben. Solches Verhalten ist nicht geschlechtsgebunden. Man beobachtet es meistens entweder: a) *wenn eine neue Katze ins Haus kommt oder eine abwesend gewesene wiederkommt* (z. B. nach Spitalsaufenthalt). Gestagene sind hier nur in Ausnahmefällen von gewisser Wirkung. An Beruhigungsmitteln kommen Dikaliumchlorazepat, Chlorpromazin oder Acepromazin in Frage, jedoch auch sie sind in solchen Fällen oft von unbefriedigendem Effekt. An Behaviortherapiemaßnahmen kann Reizüberflutung versucht werden (z. B. gemeinsames Einsperren in einen engen Käfig mit Trenngitter oder unter Aufsicht; eventuell auch gemeinsames Bad). Die erste Begegnung sollte in für beide Tiere unbekanntem Raum stattfinden; man kann auch die Räume, in denen solche Katzen zusammen gehalten werden, mehrmals wechseln, sodaß keine einen Grund hat, den Raum als ihr persönliches Territorium zu verteidigen. Je fremder der Raum für die Katzen, desto besser, da sie dann in erster Linie mit Erkundungsverhalten beschäftigt sind. Man kann auch versuchen, solche Katzen stufenweise an Leinen einander sich nähern zu lassen oder sie nebeneinander zum Spiel aufzufordern oder zu füttern (in getrennten Schüsselchen – vorerst in größerer Entfernung voneinander aufgestellt – später in zunehmend verringertem Abstand; beide Tiere die ersten Tage sorgsam an Leinen verwahrt). Oder b) *bei gemeinsam aufgewachsenen Katzen im Alter von 2 bis 3 Jahren*, wenn – was selten ist – jene katzentypischen Verhaltensmuster

gereift sind, die im Freileben und insbesondere bei Wildkatzenarten diese Tiere durch Gründung persönlicher Territorien zu Einzelgängern werden lassen: Solche Unverträglichkeitserscheinungen entwickeln sich allmählich, treten anfänglich nur periodisch auf und werden später immer häufiger und heftiger. Behandlungsversuche erweisen sich in solchen Fällen oft als erfolglos, meist muß eine der beiden Katzen weggegeben werden.

3. Angstmotiviertes aggressives Verhalten. In solchen Fällen suchen die Katzen nicht einander auf, um sich zum Kampf herauszufordern, sondern es kommt nur zu defensiven Kampfhandlungen bei zufälligen oder unvermeidlichen Begegnungen (etwa am Katzenklo, an der Futterschüssel oder auf einem besonders begehrten Ruheplatz). In solchen Fällen sind geschickt vorgenommene Desensibilisierungs- und gegenkonditionierende Maßnahmen mit oder ohne Sedativaunterstützung fast immer erfolgreich. Umkonditionierung kann über Füttern, Spielen, Nebeneinander-Kämmen und -Bürsten und − wie schon im vorigen Kapitel beschrieben − durch gemeinsames Naßmachen und Nebeneinander-Setzen während des Sich-trocken-Leckens unschwer bewerkstelligt werden. Man achte auf das Prinzip der Desensibilisierung jeden Furchtverhaltens: Es soll den jeweiligen Individuen möglichst oft und in kurzen Zeitintervallen allmählich zunehmende Gewöhnung ermöglicht werden, die vorher furchtauslösenden Reize neu erleben zu können, ohne daß Angst aufwallt, da diese entweder durch Sedativa gedämpft oder aber durch starke ablenkende Reize angenehmer Art unterdrückt wird.

Ähnliche Behandlungsgrundsätze wie für gegen Katzen gerichtete Aggressivität gelten auch für allfällige Aggressionen einer Katze gegen einen mitwohnenden Hund oder ein anderes Tier. In jedem Falle sollte man trachten, den Motivationszustand und die äußeren Reize für das überaggressive Verhalten möglichst eindeutig und möglichst bald zu identifizieren, da jedwede Behandlungsstrategie um so mehr Aussicht auf Erfolg hat, je früher sie begonnen wird, das heißt je weniger lang die Feindschaft schon bestanden hat.

Auf Fälle von aggressivem Verhalten unter Katzen infolge Haltung zu vieler Individuen auf zu engem Raum wird unter dem Titel „Lagerkoller" in Kapitel 14 eingegangen. (Ich kenne Haushalte mit einer Wohnfläche von 60 oder weniger Quadratmetern, bestehend aus Vorzimmer, Küche und Zimmer, in denen bis zu zweiunddreißig Katzen gehalten werden!)

Auf „maskierte Aggression" − demonstratives Markierungsverhalten, wie Harn-Spritzen und Krallen-Schärfen vor zusehenden Artgenossen oder Personen, oder sogenannte Protestmiktion nach Bestrafung oder nach Frustrationen verschiedener Art — wurde in Kapitel 9 schon hingewiesen.

Auch destruktives Verhalten, also Zerreißen, Zerbeißen, Herunterwerfen von Gegenständen — oft während des Alleinseins in der Wohnung — , kann häufig als maskierte Aggression aufgefaßt werden. Amitriptylin ist in solchen Fällen das Dämpfungsmittel der ersten Wahl. Auch Gestagene können versucht werden. Ähnliches gilt für sogenanntes „autoaggressives Verhalten", das schon in Kapitel 8 unter „Hyperfunktion des Körperpflegeverhaltens" erwähnt wurde. Als zusätzliche Verhaltenstherapie sorge man für mehr Beschäftigungsmöglichkeiten des Tieres (z.B. indem man an Gummischnüren ein Korkstück mit Feder und ein Plastiktier hängend montiert und auch andere Spielgegenstände herumliegen läßt). Selbstverständlich sollte auch ein Kratzbrett, noch besser ein Kratzbaum mit erhöhten Sitzflächen für eine lebhafte, mehrere Stunden allein gelassene Katze immer verfügbar sein.

12 Abnormes und gestörtes Sexualverhalten

Störungen des Sexualverhaltens gibt es wohl bei jeder Haussäugetierart. Die Katze macht hier keine Ausnahme. Wobei man den Begriff „Störungen des Sexualverhaltens" nicht leichtfertig verwenden und so etwas auch nicht vorschnell diagnostizieren sollte! Ich kenne ein paar junge Kollegen, die sich mit der Diagnose „Ihr Tier hat eine Sexualneurose" bei ihrer Klientel interessant machen wollten. Zu mannigfaltig – und nur allzu verständlich (von jeder abnormen Verhaltensweise weit entfernt) – sind hier die Erscheinungsformen. Der Kater, der vor einer rolligen Katze flieht, muß nicht sexualgestört sein; er würde die Geliebte nur viel lieber nicht ausgerechnet in deren engstem Heimbereich, in dem sie gegen einen fremden Artgenossen extrem abwehrbereit ist, hofieren. Die Katzendame, die sich trotz Rolligkeit absolut nicht beglücken läßt, muß auch nicht sexualgestört sein: Vielleicht stört sie nur die Anwesenheit einer gefürchteten Person, z.B. der Tierarzt in seinem weißen Mantel, an den sie sich vom lästigen Ohren-Ausputzen vor 3 Monaten nur zu gut noch erinnern kann. Das gleiche gilt für wiederholt beobachtete onanierende Kater. Ihre Verhaltensweise ist nicht Perversion, sondern das, was es bei vielen menschlichen Jugendlichen auch ist: der einzige Ausweg aus sexueller Not. Das gilt sogar für homosexuelle Tätigkeiten bei Katzen und Hunden, obwohl sehr selten auch echte Homosexualität in Form von Ablehnung paarungsbereiter Katzen bei ausschließlichem sexuellen Interesse an gleichgeschlechtlichen Artgenossen beobachtet wurde.

Viele spätere Sexualstörungen entstehen durch unbiologische Aufzuchtbedingungen. Kater, die von Geburt an künstlich vom Menschen ohne jeglichen Artgenossenkontakt aufgezogen wurden, behalten meist zeitlebens Unsicherheit und Angst vor Artgenossen beiderlei Geschlechts bei. Ihre späteren Aufreitversuche und ihre sexuelle Werbung richten sie dann bisweilen auf menschliche Personen oder auf Gegenstände, in Extremfällen sogar auf die Futterschüssel. Wenn sie dabei nicht nur aufreiten, sondern auch zur Instinktendhandlung gelangen, spricht man von echter T r i e b o b j e k t p e r v e r s i o n, das heißt von Sexualhandlung, die aufs falsche Objekt gerichtet ist (ähnlich wie beim Fetischismus des Menschen). Zu verschiedenen Sexualabnormitäten des Menschen sind noch weitere Ähnlichkeiten bekannt: so z.B. ein Kater, der eine Hündin zu begatten versuchte. (Beim

Menschen würde man so etwas bekanntlich als Sodomie bezeichnen; beim Tier möglicherweise nicht sexuell motiviert, sondern als Rangdemonstration zu deuten.) Es gibt aber auch den „Schürzenjäger", der allem nachjagt, was nur einen Kittel trägt, die frigide Schönheit, die sich nicht für die natürlichste Sache der Welt erwärmen kann, die Nymphomanin mit dem nicht zu sättigenden Verlangen und den leider inaktiven Ehemann − all das kennen wir in abgewandelter und übertragener Form auch im Reich der Katzen!

Überstarker Geschlechtstrieb tritt bei Tieren − und nicht nur bei Tieren − oft gemeinsam mit Rauflust und Drang zum Entweichen in Erscheinung. Außer in diesen mehr oder weniger normalen Formen von Sexualappetenz kann unbefriedigter Geschlechtstrieb aber nicht nur am Rande des diesem Funktionskreis zugehörigen Instinktes zutage treten und das Verhaltensgleichgewicht empfindlich stören, sondern auch in maskierter Form als Überaggressivität, Zerstörungslust und gesteigerte Reizbarkeit (auch zu Fluchtverhalten). Fehlt dabei das Bedürfnis nach normaler sexueller Befriedigung, obwohl die Möglichkeit dazu bestünde, dann spricht man von T r i e b h a n d l u n g s p e r v e r s i o n (bei Tieren eine sehr seltene Erscheinung). Sadismus, Masochismus und Kleptomanie und auch der Lustmord wären Beispiele für analoge Verhältnisse beim Menschen.

Das Gegenteil überstarken Geschlechtstriebes ist die Unlust, einen Geschlechtsakt auszuführen. Die Gründe dafür können sowohl im organischen als auch im psychischen Bereich gefunden werden. Angeborene Anomalien und unterentwickelte Hoden, dadurch verringerte Sexualhormonproduktion und dadurch bedingte Triebschwäche bis zu völligem Desinteresse an allem Sexuellen ist nur eine Art der möglichen Beispiele. Gewisse Hirnanomalien und Hirnstörungen können ein weiterer Grund sein. Manchmal liegt die Störung schon lange zurück oder hat nur kurzzeitig während der embryonalen Entwicklung stattgefunden. An umweltreaktiven Ursachen für gehemmtes Sexualverhalten oder sogar psychische und physische Reifungshemmung im Sexualfunktionskreis (die zu völliger Unterdrückung jeder sexuellen Appetenz führen kann) kennen wir bei Katzen sowie bei anderen Säugetieren die Tatsache tiefer sozialer Rangstellung. Es wurde schon in Kapitel 4 die Geschichte eines Katers erwähnt (die keinen Einzelfall darstellt), der völlig sexuell inaktiv blieb, solange sein ihm an Entschlossenheit des Auftretens weit überlegener Vater, neben mehreren weiblichen Katzen, im selben Haushalt mitwohnte. Auch dann, wenn sein Vater nicht zugegen war oder wenn der rangtiefe Kater zu einer rolligen Katze außer Haus gebracht wurde, erwies er sich als „Sexmuffel" und völlig desinteressiert, obwohl mit 4 Jahren längst im besten Mannesalter. Erst einige Monate nach dem Tode seines Vaters rückte der Sohn in seiner sozialen Stellung vor und wurde dann auch allmählich sexuell aktiv. Nun deckte er erfolgreich eine der mitwohnenden sowie fremde Katzen.

Daß es sich in solchen Fällen nicht nur um k u r z z e i t i g e angstbedingte Hemmung durch Gegenwart eines überlegenen Rivalen handeln muß (worum es sich in ähnlichen anderen Fällen auch handeln kann), beweist die Tatsache, daß es in einzelnen Fällen zu einer deutlich meßbaren Hodenverkleinerung kommen kann: Ein Kater gab seine sexuelle Aktivität in dem Augenblick auf, als in dem gemeinsamen, aus Katzendamen und einem Kastraten bestehenden Haushalt ein neuer Kater eingestellt wurde, an den er seine Spitzenposition nach mehreren erbitterten Kämpfen abtreten mußte. Mehrere Wochen später waren seine Hoden verkleinert.

Im letztgenannten Fall handelt es sich nicht um sogenannte R e t a r d a t i o n , das heißt umweltreaktiv verzögerte Reifung, wie beim zuvor geschilderten, sondern um reaktive R e g r e s s i o n , das heißt Rückfall in kindliche Inaktivität durch sozialen Rangverlust (verbunden sogar mit psychosomatisch bedingter Atrophie des Hodengewebes).

In diesen Fällen zeigt sich außerdem wieder einmal deutlich die krankmachende Wirkung von Frustrationssituationen unter Stubenhaltungsbedingungen: In „freier Wildbahn" nämlich würde der besiegte Kater keine Sexualstörungen zeigen, sondern auf ein anderes Revier ausweichen (wenn auch vielleicht für längere Zeit an sexueller Betätigungsmöglichkeit infolge Fehlens geeigneter Partnerinnen gehindert). In der Wohnung dagegen fehlt diese Ausweichmöglichkeit, wodurch künstlich ein unerträglicher Zustand aufrechterhalten wird, der schließlich sogar − glücklicherweise nicht in jedem Falle − zur psychosomatischen Erkrankung führen kann. Im geschilderten Falle konnte eine Beseitigung der Sexualstörung dadurch erreicht werden, daß man den neuen Kater vom alteingesessenen trennte und in anderen Räumen der Wohnung hielt. Nach 2 Monaten stellte sich die sexuelle Aktivität des Katers wieder ein und auch seine frühere Hodengröße. Beide Kater, wertvolle Rassetiere, kamen dann ihren männlichen Pflichten noch jahrelang anstandslos nach.

Stubenhaltungsbedingungen können aber auch zum Gegenteil des Vorerwähnten führen, nämlich zur Reifungsbeschleunigung. In der Fachsprache heißt das reaktive A k z e l e r a t i o n im Sexualfunktionskreis. Wie bekannt, begünstigen Müßiggang, allzu reichliche Ernährung und gemeinsame Haltung beiderlei Geschlechter (bei Fehlen von „Autorität" durch zu geringe soziale Rangunterschiede) die sexuelle Frühreife!

Daß auch Trauerverhalten zu kürzerer oder längerer sexueller Inappetenz bei Tieren führen kann, zeigt, daß sie sensibler sind, als manche Menschen glauben. Freilich wird das relativ selten beobachtet, denn wer hält schon einen unkastrierten Kater in der Wohnung?

Ältere Kater, die vor der Kastration das Deckgeschäft schon gewöhnt waren, können Lust und Fähigkeit zum Bespringen rolliger Weibchen beibehalten, wenn auch stark eingeschränkt und ohne Befruchtungserfolg. (Wird erst nach dem vollendeten 1. Lebensjahr kastriert, dann behalten manchmal solche Tiere auch die bereits gereifte und gewohnte Neigung zum Markieren bei.) In der „Bruderschaft der Kater" verlieren Kastraten ihre unter Umständen schon erkämpfte Rangstellung. Daß Kater aber durch Kastration dumm und träge werden und das Interesse am Mäusefang verlieren, das ist ein Ammenmärchen; sie verteidigen auch weiter ihr Territorium (erfolgreicher sogar als weibliche Katzen).

Seitdem aus Feldstudien an freilebenden Katzen bekannt geworden ist, daß es bei Katern verschiedene Paarungsstrategien gibt und Dauer sowie Art des Werbungsverhaltens von verschiedenen Faktoren, so auch von der Populationsdichte abhängen können, sollte man mit der Einstufung eines beobachteten Sexualverhaltens oder dessen Defizites als abnorm besonders vorsichtig sein. (Die unnatürlichen Zwangsverhältnisse in der menschlichen Wohnung aber sind sicherlich besonders geeignet, anlagemäßig bedingte individuelle Verhaltensvariationen ins Pathologische zu übersteigern.)

Bei Katzendamen sind Störungen des Sexualverhaltens seltener als beim Kater. Unter den üblichen Stubenhaltungsbedingungen spielen eigentlich nur zwei Störungen zahlenmäßig wirklich eine Rolle, die einander diametral entgegengesetzt sind: Da ist einmal die mangelnde Deckbereitschaft trotz Rolligkeit (Brunst), was die Zuchtverwendung erschwert, und auf der anderen Seite die sogenannte Nymphomanie, unter der man bei Katzen extrem häufig wiederkehrende und übersteigerte Rolligkeitsäußerungen versteht. Während man hypersexuelles Verhalten beim Kater mit sogenannten Antiandrogenen, auch mit Gestagenen vorübergehend dämpfen kann (wenn aus Zuchtgründen ihre Kastration unerwünscht ist), führt Gestagenapplikation an nymphomane Katzendamen bedauerlicherweise in gar nicht so seltenen Fällen zu schweren Gebärmuttererkrankungen, sodaß operative Kastration, soferne es sich nicht um Zuchttiere handelt, die empfehlenswertere Maßnahme darstellt (um so mehr, als Nymphomanie bei

Katzen nicht selten mit Eierstockzysten verbunden ist). Bei beiden Geschlechtern soll die Verabreichung von zweimal täglich einer Messerspitze des homöopathischen Medikamentes „Platinum D_3" – über Futter oder Trinkwasser über längere Zeit – eine Dämpfung überstarken Sexualverhaltens auf ungefährlicher Basis ermöglichen.

Verlängerte Rolligkeit stellt ein häufiges Problem bei Stubenkatzen dar, insbesondere bei den temperamentvollen Siamkatzen. Es ist schon vorgekommen, daß Leuten die Polizei ins Haus kam, weil Nachbarn die Anzeige erstattet hatten, ein Kind werde ständig mißhandelt. Das durchdringende Rolligkeitsgeschrei mancher Siamkatzen hört sich denn auch tatsächlich täuschend ähnlich an! Solche Katzen werden mitunter nicht nur zwei- bis viermal für einige Tage im Jahr rollig, sondern, wenn keine Befruchtung erfolgt, alle 8 bis 14 Tage neuerlich, oder der Zustand mündet in das klinische Bild einer Dauerraunze, in der die sehr unruhigen Katzen infolge mangelnder Freßlust abmagern und glanzloses, struppiges Haarkleid bekommen können. Da rollige Katzen nicht nur sehr unruhig und laut, sondern manchmal auch kratzbürstig und stubenunrein werden und außerdem einen ausgeprägten Drang zum Streunen entwickeln, ist dieser Zustand für den menschlichen Pfleger nicht allzulang tolerierbar. Weil bei rolligen Katzen die Ovulation, das heißt der Eibläschensprung, nicht von selbst stattfindet, sondern erst auf mechanische Reize hin – wie sie normalerweise beim Deckakt geboten werden –, und da erst nach stattgefundener Ovulation die physiologische Ausschüttung des Gelbkörperhormons stattfindet, die das Rolligkeitsgeschehen beendet, hat ein amerikanischer Kollege einmal empfohlen, eine künstliche Reizung der Scheide einer rolligen Katze durch vorsichtige Einführung eines Federkieles vorzunehmen, um solcherart die Ovulation auszulösen und die Rolligkeit damit zu beenden. Obgleich diese „Behandlung" (wenn sorgfältig durchgeführt) gewiß ungefährlicher als Hormongaben und frei von unerwünschten Nachwirkungen ist, hat ihm diese Empfehlung eine ungünstige Rezension seines Buches in der deutschen Presse eingetragen: „Sollen wir uns nun auch noch zum Sexualpartner unserer Katzen machen" – schrieb da eine prominente Kritikerin! Nicht genug gewarnt werden kann vor Selbstversuchen mit menschlichen Antibabypillen bei Katzen, da diese Mittel bei Katzen schweren Schaden stiften können. Es ist daher kein Zufall, daß Hormonpräparate rezeptpflichtig sind. Ich will auf solche Behandlungsmöglichkeiten hier auch gar nicht konkreter eingehen, man wende sich bei Bedarf an seinen Haustierarzt, der im Falle der Anwendung für Katzen geeigneter Hormonpräparate zur Rolligkeitsunterdrückung einen solchen Patienten in regelmäßigen Abständen Kontrolluntersuchungen unterziehen wird. Bei ausbleibender Rolligkeit einer Zuchtkatze ist ebenfalls tierärztliche Untersuchung vonnöten.

Mangelnde Deckbereitschaft trotz Rolligkeit kann ihre Ursache in Verteidigung des eigenen Territoriums einer Katze gegen den Kater als fremden Eindringling haben — man bringe daher die Katze zum Kater und nicht umgekehrt —, oder aber auch in allzu isolierter Aufzucht von frühester Jugend an (etwa infolge Verlustes von Mutter und Geschwistern). Trotzdem es sich in solchen Fällen um Sexualprägung auf Menschen handelt, kann gemeinsame Haltung mit einem deckerfahrenen Kater (über längere Zeit hinweg) einen solchen Zustand in vielen Fällen anscheinend doch beheben. Die Tiere müssen nur lange genug miteinander gehalten werden, und es ist anfänglich nicht immer ganz leicht, sie aneinander zu gewöhnen.

Von Zeit zu Zeit werde ich immer wieder einmal von einem Katzenhalter gefragt, ob denn die operative Kastration einer weiblichen Katze nicht doch durch andere Möglichkeiten mit gleicher Erfolgschance für dauerhafte Ruhigstellung des Sexualgeschehens ersetzbar sei. Auf die eventuellen Gefahren und Nebenwirkungen der „Pille für die Katz" wurde schon hingewiesen. Versuche mit Röntgenstrahlen haben bei Katzen enttäuscht. Auch Untersuchungen mit dem Ziel, die Entwicklung und Reifung des Eierstockgewebes durch bestimmte Hormongaben an noch unentwickelte Jungtiere von vorneherein zu unterdrücken, zeigten bisher noch keine praxisreifen Ergebnisse. Einen antiöstrogenen, also brunstverhindernden Effekt kann man angeblich auch mit Elektroschockbehandlungen und neuerdings durch chinesische Akupunkturbehandlung erzielen, was aber unsicher, umständlich und zeitraubend ist. Im Gegensatz zum Menschen treten bei operativ kastrierten weiblichen Katzen viel seltener unerwünschte Nebenerscheinungen in Form verschiedener körperlicher Störungen auf, da ja ein langer Zustand ruhender Sexualdrüsentätigkeit bei diesen Tieren normalerweise vorkommt und durch die Operation nur sozusagen auf Lebenszeit verlängert wird. Auch fehlt ja den Tieren die Einsicht in ihre entstandene Geschlechtslosigkeit, sodaß etwaige autosuggestive Wirkungen durch Minderwertigkeitskomplexe wie beim Menschen unterbleiben. Die Meinung, daß kastrierte Katzen verdummen oder temperamentlos werden, ist absolut unrichtig. Sie bleiben spielfreudig wie eh und je. Auch das Mausen lassen sie nicht.

13 Gestörte Mutter-Kind-Beziehung

Vorsorgendes Mutterverhalten beginnt eigentlich schon vor der Geburt beim Auskundschaften eines geeigneten Wurflagers (und der Kinderstube für die ersten Tage der Kleinen) sowie mit der Vorbereitung desselben, was allerdings nur in Scharrbewegungen besteht (irgendwelches Unterlagenmaterial wird nicht dorthin getragen). In der menschlichen Behausung gewinnt eine hochträchtige Katze besonderes Interesse an versteckten Orten, wie Kästen, Schubladen und − nicht selten − am Bett des Besitzers. Ein günstiges Wurflager wäre eine flache Kiste, nicht zu weich gepolstert und mit leicht auswechselbaren Tüchern belegt. Derartiges sollte an einem möglichst geschützten, ungestörten, nicht allzu hellen Platz aufgestellt werden. Katzen haben aber oft ihre eigenen Vorstellungen und benützen vorbereitete Kinderstuben dann doch nicht, obwohl sie sie vorher ausgiebig begutachtet, vielleicht auch schon darin geschlafen haben.

Zum Mutterverhalten zählt natürlich auch die Geburt selbst, das richtige Durchbeißen der Nabelschnur, das Trockenlecken der noch blinden und tauben Neugeborenen, das Lecken der Afterregion als Reiz zur Kotabgabe, das Freimachen und Präsentieren des Gesäuges usw. Es soll hier nicht genau auf die mit der Geburt zusammenhängenden und sich unmittelbar daran anschließenden Vorgänge näher eingegangen werden, da dies in nahezu jedem anderen Katzenbuch ausführlich genug behandelt wird und derjenige, der Katzen züchtet, sich ohnehin weitere Literatur verschaffen wird. Wohl aber ist hier auf einige Abnormitäten einzugehen.

Angeborene Störungen des Mutterverhaltens, dieses für das Fortkommen der Art so wichtigen Hauptinstinktes, die im Freileben der Zensur der Naturauslese verfallen, treten nur bei Haustieren auf. Bei „gewöhnlichen" Hauskatzen sind sie aber recht selten zu beobachten; wahrscheinlich deshalb, weil früher bei Katzen − mit Ausnahme der sogenannten Edelrassen − kaum jemals Geburtshilfe betrieben wurde. Die Katzenkinder kamen also unter naturausleseähnlichen Verhältnissen zur Welt. Hat ein Kätzchen schlechtes Mutterverhalten geerbt, dann gelangt es kaum selbst zur Weitervermehrung: Zumeist stirbt sein ganzer Wurf in den ersten Lebenstagen, weil ja die adäquate Fürsorge der Mutter, die für die Kleinen existenzwichtig ist, fehlt. Schon in früheren Zusammenhängen war es notwendig, mehrmals auf die Tatsache hinzuweisen, daß besonders bei Katzen verschiedener Edelrassen mehrere bis gehäufte Instinkthandlungsausfälle im Bereich des Geburtsverhaltens und des epimeletischen (das heißt Brutfürsorge-)Verhaltens auftreten können und daß es auch zu Abschwächungen und Steigerungen der Antriebsstärke und Periodik in anderen Instinktbereichen – so z.B. in der Sexualappetenz, im Beutefunktionskreis, in Belangen der sozialen Verträglichkeit u.a.m. – kommen kann. Erinnert sei in diesem Zusammenhang beispielsweise an die schon in Kapitel 3 erwähnten vergleichenden Beobachtungen E. Zimmermanns an einigen Würfen von Wildkatzen, Hauskatzen, Perserkatzen und Siamkatzen: Außer der vegetativ gesteuerten Wehentätigkeit gehören zum Geburtsverhalten auch Handlungen, wie Belecken der Vulva, Einnahme der richtigen Geburtsstellung, unterstützendes Bauchpressen, Kreisdrehen, Belecken der Neugeborenen, Öffnen und Auffressen der Eihäute, Herausziehen und Fressen der Nachgeburt, kunstgerechtes Abnabeln mit den Zähnen, Auflecken des Fruchtwassers und Trockenlecken der Jungen. Alle zuletzt genannten Handlungen fehlten, im Gegensatz zu den beobachteten Wildkatzen- und Hauskatzenmüttern, bei den Siamkatzen seines Beobachtungsgutes teilweise, das heißt nur bei der ersten Geburt, bei den beobachteten Perserkatzenmüttern auch bei drei aufeinanderfolgenden Würfen gänzlich. Ihre Jungen würden daher ohne menschliche Hilfe zugrunde gehen. Außerdem wurde beobachtet, daß Abessinier, Siamkatzen und Perser bei jeder Geburt starke Unruhe zeigten, was bei normalen Hauskatzen, wenn überhaupt, nur bei Erstgebärenden zu beobachten ist. Einige Siam- und die meisten Persermütter kümmerten sich gar nicht um ihre Jungen, sondern verließen einfach das Nest! (Letzteres taten insbesondere Erstgebärende.) Vielleicht sind die Verhaltensweisen der Brutfürsorge bei Erstgebärenden nicht immer bereits gereift. Ich bin überzeugt, daß es wohl auch Siam und Perser geben wird, die keine oder geringere Verhaltensausfälle zeigen, die dargestellten Angaben beziehen sich lediglich auf das kleine Beobachtungsgut E. Zimmermanns, aber auch auf solches in meiner eigenen tierärztlichen Praxis. Nun wird ein Tierarzt aber nur dann gerufen, wenn es verschiedene Schwierigkeiten gibt, einen klaglosen Geburtsverlauf ohne Störungen bekommt er in Ausübung tierärztlicher Tätigkeit normalerweise nicht zu Gesicht.

Wie aus den Ausführungen in Kapitel 3 erinnerlich, konnten weitere Verhaltensausfälle bei Siamkatzen (und noch häufiger bei Perserkatzen) beobachtet werden: Die Mütter legten sich unvorsichtig auf die Jungen einfach drauf und schreckten nicht hoch, wenn eines der Kleinen schrie, sodaß dieses ohne menschliches Eingreifen erstickt wäre. Wenn eines der Kleinen außerhalb des Nestes schrie, gingen einige solcher Mütter zwar hin, wußten dann aber nichts anzufangen. Es kam nicht zum Erfassen mit den Zähnen am Nackenfell und zum Zurücktragen ins Lager. Manche Mütter reagierten auf das schreiende Junge außerhalb des Nestes überhaupt nicht. Manche Persermütter leckten in einer solchen Situation die im Nest verbliebenen Jungen vermehrt, holten das außerhalb des Nestes schreiende Junge aber nicht zurück. Wenn jenes lauter schrie, knurrten sie manchmal und wurden unruhig, verließen das Nest aber nicht. Auch das spätere Verschleppen des Wurfes wurde unterlassen, sodaß anzunehmen ist, daß die Verhaltensweise „Jungentransport" bei vielen Perserkatzen völlig fehlt. Auch hinsichtlich des Nestverteidigens (sowie übrigens auch des Futterverteidigens) gegenüber Artgenossen und Menschen — bei Wildkatzen eine regelmäßig zu beobachtende Verhaltensweise — bestehen Unterschiede. Bei Perserkatzenmüttern und Siamkatzenmüttern und solchen einiger anderer Edelrassekatzen kommt Nestverteidigen fast nie zur Beobachtung, höchstens gegenüber Hunden, dann aber selbst gegen bekannte Hunde (als Hausgenossen) mitunter sehr heftig. Hauskatzenmütter verteidigen ihre Jungen normalerweise zwar verbissen gegen fremde Artgenossen, gegen bekannte aber schon seltener, gegenüber dem vertrauten Menschen nur ausnahmsweise.

Nach Untersuchungen von Lawrence (1981) zeigen jedoch viele (als normal eingestufte) Hauskatzenmütter im Freileben bei zahlreichen Verhaltensmustern der Mutter-Kind-Beziehung allerlei individuelle Unterschiede, und zwar in allen Phasen der Beziehung; so z.B. auch im Gebrauch der Körperstellungen, wenn sie die Jungen zum ersten Mal säugen, oder in ihrer Reaktion auf das Stoßen mit dem Schnäuzchen u.a.m. Daß auch mehrere laktierende Katzenmütter ihre Jungen sogar gemeinsam aufziehen können, darauf wurde schon hingewiesen.

Zum Mutterverhalten gehört eine ganze Reihe von Pflegehandlungen, die eine Katze den Jungtieren angedeihen läßt. Bei entsprechender Triebstärke sind die Auslösemechanismen für Pflegehandlungen gelegentlich recht weit und unspezifisch. So erzählt K.M. Schneider, ehemaliger Direktor des Leipziger Zoos, von einer Katze, die mit ihrem Katzenkind nicht genug zu haben schien: Sie sichtete hinüber in Nachbars Garten, stahl dort ein Kücken und zog es gemeinsam mit dem eigenen Kind auf!

Schneider stellt in seinem reich illustrierten Büchlein „Mutterliebe bei Tieren" als Überschrift je eines Kapitels die interessanten Fragen „Wann fängt die Mutterliebe an?" und „Wann hört die Mutterliebe auf?" und belegt die nicht einheitlich für jede Tierart gleich ausfallenden Antworten mit zahlreichen interessanten Beispielen aus Beobachtungen an seinen Zooinsassen. Auch M. Meyer-Holzapfel, ehemalige Direktorin des Berner Zoos, und das Hundeforscherehepaar Menzel befaßten sich eingehend mit den Störungen und Abnormitäten des Mutterverhaltens (letztere mit denen der Hündin). Der Interessent sei diesbezüglich auf die Darstellungen in meinem Buch „Der unverstandene Hund" verwiesen.

Das Mutterverhalten wird normalerweise auch stark durch Reize gesteuert, die vom Jungtier ausgehen. (Je nach Stärke des jeweiligen sozialen Auslösers zeigt sich mehr oder weniger intensives Mutterverhalten.) Nimmt man einer Katze während der vorgeschrittenen Säugezeit, zu der ihre Fürsorge nur mehr auf wenige und kurze Zeiten pro Tag beschränkt ist, die Katzenkinder weg und gibt ihr statt dessen hilflose Neugeborene, so intensiviert sie ihr Mutterverhalten, indem sie wieder mit allen intensiven Pflegehandlungen und all jenen zeitaufwendigen Gesäugedarbietungen beginnt, die Neubegorene eben brauchen. Gehen vom Jungtier keine starken Reize aus, zeigt auch die Mutter kein Pflegeverhalten. Ein Jungtier, das nicht schreit, sich nicht bewegt, nicht saugt, mißgebildet ist oder fremdartig riecht, wird meist nicht gepflegt. Mehr noch: solche Tiere werden aus dem Wurflager gestoßen oder bisweilen sogar gefressen. Dieser Instinktteil scheint vielen Katzenmüttern aber ebenfalls verlorengegangen zu sein.

Störungen des Mutterverhaltens können aber nicht nur aufgrund angeborener Verhaltensausfälle zustande kommen, sondern auch durch Umwelteinflüsse entstehen. So nehmen manche Forscher an, daß Katzen, die eine schlechte oder abnorme Kindheit (z.B. durch mutterlose Aufzucht) hatten, auch selbst schlechte Mütter werden. Es ist bezeichnend, daß solche Berichte aus dem angloamerikanischen Raum stammen, in dem viele Behavioristen zu Hause sind: Bekanntlich überbewerten diese Forscher das Lernen im Verhalten der Tiere und unterschätzen die angeborenen Steuerungseinflüsse. (Ich selbst habe Beobachtungen, die jene Ansicht eindeutig unterstützen könnten, noch nie machen können, obwohl ich öfters mit Katzenmüttern zu tun habe, die „künstlich" aufgezogen wurden.)

Teile des Mutterverhaltens können aber nicht nur durch Hemmungen blockiert werden, die zu diesem speziellen Funktionskreis selbst gehören; auch andere Triebe können Störungen bedingen, ja eine totale Blockade bewirken, oder Teile des Mutterverhaltens sogar in einen entgegengesetzten Effekt verkehren; dies vor allem dann, wenn solche, dem Funktionskreis des Mutterverhaltens an sich fremde Triebe zu stark entwickelt oder anlagebedingt hypertrophiert sind und wenn ungünstige gegenwärtige Umwelteinflüsse dominieren.

328

Ein Chaos in der „Rangordnung der Triebe", also eine Veränderung im Instinktgleichgewicht, führt aber nicht nur bei Katzen zu biologischen Anpassungsschwierigkeiten. So sind außer bei diesen auch bei Schweinen, Hunden, Kaninchen und Mäusen Fälle bekannt, in denen die mütterliche Schutzaggression statt gegen Feinde auf die eigenen Kinder umorientiert wurde: Die Jungen werden totgebissen und manchmal sogar aufgefressen.

Verschiedene Forscher haben dafür anderslautende Erklärungen. Es dürfte aber mehrere Ursachen geben, die zu ähnlichem Effekt führen, sodaß die verschiedenen Erklärungen miteinander nicht in Widerspruch stehen müssen. Folgender Sachverhalt scheint sehr häufig zuzutreffen:

Während der Mutterschaft ist bei vielen Katzen und Hündinnen das Bewachungs- und Verteidigungsverhalten besonders stark aktiviert. Aggressionen gegen fremde Menschen und Tiere (in Ausnahmefällen sogar gegen den eigenen Besitzer) sowie gegen kleine artfremde Lebewesen, die sich dem Versteck der hilflosen Kleinen nähern, sind dann als durchaus artgemäße Erscheinungen anzusehen, die während der Mutterschaft nur durch die von den eigenen Jungen ausgesandten Schlüsselreize so weit unter Hemmung gesetzt werden, daß sie nicht auch gegen sie gerichtet werden können. Viele Tiermütter von „Nesthockern" (dazu gehören auch Katzen und Hunde) bewachen das Nest deutlich mehr als einzelne Junge. Bei aggressionserregenden Störungen in der Umgebung des Wurflagers kann es, insbesondere bei entsprechend aggressiv oder „labil" veranlagten Katzen mit extrem schwachen Hemmungen, nun dazu kommen, daß die Hemmschwelle für Aggressionen gegen die eigenen Jungen überschritten wird − und dann nach Art umorientierten Verhaltens diese wie Feinde oder Eindringlinge den aggressiven Handlungen zum Opfer fallen. Man sollte daher das Wurflager einer Katze oder eines Hundes − wie auch eine Abferkelbox für ein Mutterschwein − so aufstellen, daß das Muttertier von Reizen aus der Umgebung und von anderen Artgenossen möglichst wenig gestört wird. Bei gut ausgewogen veranlagten Muttertieren kommen aber selbst unter ungünstigsten Verhältnissen keine Entgleisungen vor. Sogar die entfernt ähnlichen Reize, wie sie von kleinen Menschenkindern und Jungen anderer Tierarten ausgehen, bewirken bei Katzen Aggressionshemmungen (in schwächerer Form sogar auch außerhalb der Mutterschaft und selbst beim männlichen Geschlecht). Dies ist vielleicht der Grund, warum viele Katzen sich von Kindern viel mehr ohne Gegenwehr gefallen lassen als jemals von Artgenossen (soferne nicht extrem schlechte Erlebnisse diese Verhaltensbereitschaft verändert haben).

Außer den vorgenannten gibt es auch noch andere Entstehungsursachen für das Auffressen der eigenen Jungen. Die hormonellen Steuerungsvorgänge für den Muttertrieb einerseits und den Milchfluß andererseits (sowie die Geburtsauslösung) sind sehr kompliziert und dementsprechend vielseitig störungsanfällig – und auch sie können ursächlich an solchen Verhaltensentgleisungen beteiligt sein.

Bei Mäusen, Ratten, Kaninchen und anderen Tierarten soll Auffressen einzelner Jungtiere gar nicht so selten vorkommen, doch scheinen die Ursachen dafür gänzlich verschiedener Art zu sein.

Das Auffressen toter oder lebensschwacher Jungtiere durch die Mutterkatze wird von Brummer als gar nicht ungewöhnlich bezeichnet. „K r o n i s m u s" an gesunden Jungen hingegen wird wohl nur bei Käfigaufzucht beobachtet, wenn der Trieb, die Jungen zu verlagern, frustriert ist. Brummer betont, daß übersteigertes Belecken der Neugeborenen ein Anzeichen von bevorstehendem Kronismus sein kann. Er war lange Jahre an der geburtshilflichen Klinik der Veterinärfakultät der Universität Gießen tätig und konnte auch beobachten, daß manchmal nach Schnittentbindungen bei Katzen sogenannte I n f a n t o p h o b i e, das heißt Angst vor den eigenen Jungen auftritt, die zu Abwehrverhalten und nach der Tötung der Jungen ebenfalls zu Kronismus, also Auffressen der Jungen führen kann. (Er vermutet, daß Narkosen mit dem Präparat Ketamin möglicherweise Halluzinationen hervorrufen, welche später dann die Erscheinung der Infantophobie begünstigen könnten.)

K a n n i b a l i s m u s bei Katzen wird besonders in Gemeinschaftszwingeranlagen beobachtet, in denen tote Katzen von Artgenossen angefressen werden. Ein Beispiel dafür ist Susi, eine ganz gewöhnliche Hauskatze: Sie kam hochträchtig ins Katzenheim Freudenau und wurde vorerst wie jeder Neuzugang in einem Quarantänegehege gehalten. Susi mußte aus Platzmangel ihr Gehege mit drei anderen, ebenfalls neu eingelieferten Katzen teilen. In diesem Gehege kamen Susis Kinder zur Welt. Die Neugeborenen hatten den Mutterleib noch nicht einmal ganz verlassen, als sich die drei mit Susi im Gehege befindlichen Katzen auf die Jungen stürzten und diese auffraßen; dies trotzdem die Tiere selbstverständlich ausreichend versorgt waren, da Fleisch und Wasser in reichlichem Maße zur Verfügung standen. Susi reagierte auf diesen Angriff überhaupt nicht. Sie zeigte keinerlei Abwehrreaktionen und schaute nur teilnahmslos zu. Trotzdem ist die Frage, ob man in diesem Fall von einer echten Störung des Mutterverhaltens sprechen kann, eher zu bezweifeln: verteidigen doch die meisten Katzenmütter ihre Jungen erst dann, nachdem sie das erste Mal an ihrem Gesäuge getrunken haben!

Nach Literaturangaben sollen gelegentlich Kater Katzenwelpen anfressen, die von ihnen bei Deckversuchen mangels geeigneten Sexualpartners „irrtümlich" während des Nackenbisses getötet wurden.

Die sogenannte S c h e i n m u t t e r s c h a f t (fälschlich oft als Scheinträchtigkeit bezeichnet), deren Ursache in Entgleisungen im Zusammenwirken mehrerer Hormondrüsen zu suchen ist, ist eine bei Hündinnen sehr häufige, bei Katzen nur ausnahmsweise beobachtete Erscheinung ohne praktische Bedeutung, weshalb hier nur kurz darauf eingegangen sei. Es kann vorkommen, daß solche Katzen für eine Zeitspanne von ca. 4 bis 6 Wochen (die rund 2 Monate nach der Rolligkeit beginnt) andere Tiere – ja sogar kleine Vögel, die sonst als Beutetiere behandelt werden – oder leblose Gegenstände in ein Versteck tragen und symbolisch umsorgen, belecken, bewachen. Es handelt sich um leerlaufendes Mutterverhalten bzw. Reaktion auf suboptimale Reize infolge des während des Hormonstatus der Scheinmutterschaft stark erhöhten Muttertriebes. Wenn man das Gesäuge untersucht, kann man manchmal sogar Milch aus den Zitzen drücken. Eine Behandlung wird, ähnlich wie bei der analogen Erscheinung bei der Hündin, heute statt mit Hormonpräparaten mit alkaloidähnlichen Substanzen vorgenommen (Bromocriptin, Lisurid, Cabergoline), die als sogenannte Dopamin-Agonisten durch Einwirkung auf die Tätigkeit bestimmter Hirnareale eine Senkung der Produktion des für die Milchbildung und das Mutterverhalten verantwortlichen Hormons Prolactin bewirken. Ähnliche Effekte können auf reflektorischem Wege auch mit Akupunkturbehandlung erzielt werden.

Die Neigung mancher Katzen, dem Besitzer zeitweilig tote Mäuse zuzutragen, ja sogar ins Bett zu legen, könnte nach Meinung mancher Untersucher möglicherweise eine abgeschwächte Variante des sich an die Säugezeit anschließenden Mutterverhaltens darstellen, vielleicht ist es aber auch nur eine Variante des Beute- und/oder Futter-Vertragens, eine Instinktbereitschaft, die, bei manchen Katzen stärker, bei anderen schwächer, latent immer vorhanden ist.

Hinsichtlich der Behandlung von Störungen des Mutterverhaltens bei Katzen ist nicht viel zu sagen, da angeborene Verhaltensausfälle unbeeinflußbar sind. Sorgfältige Überwachung einer Katzenmutter während und nach der Geburt (aus genügend großer Entfernung, um das Muttertier nicht zu stören – aber doch bereit, um bei Störungen hilfreich eingreifen zu können) sowie Fernhaltung aller beunruhigenden Einflüsse durch Kinder, andere Haustiere, fremde Menschen und von außen eindringenden Lärm sind einige der wenigen vorbeugenden Maßnahmen, die ergriffen werden können. Die erste Deckung sollte bei Edelrassekat-

zen eher erst nach der dritten Rolligkeit vorgenommen werden, damit zur Erstge-
burt die nötigen Verhaltensmuster möglichst alle bereits gereift sind. Für stark er-
regte Muttertiere und solche, die zu Aggressionshandlungen – unter Umständen
auch gegen die eigenen Jungen – sowie zu Furcht vor letzteren neigen, sind vorsichtig dosierte Tranquilizergaben empfehlenswert. Oft ist auch – mehr oder weniger zwangsweises – Anlegen der Saugwelpen an das Gesäuge geeignet, das
Einsetzen der zuvor fehlenden mütterlichen Instinkthandlungen in Gang zu bringen. Das Einreiben eines Saugwelpen mit der Milch der Mutter oder mit dem
Wöchnerinnensekret derselben soll über Geruchsreize ebenfalls geeignet sein,
Mutterverhalten zu stimulieren. Medikamentös läßt sich mit Chlorpromazin und
einigen anderen Psychopharmaka über die Steigerung der Prolactinsekretion
Mutterverhalten intensivieren sowie Unruhe und Abwehrverhalten dämpfen.

14 Bewegungsstereotypien, „Lagerkoller", „Vagabundieren"

Die in diesem Kapitel zur Beschreibung kommenden Phänomene konnte ich bisher fast ausschließlich nur bei Katzen beobachten, die Tierheiminsassen waren; die ersten beiden Arten in Fällen zu enger Käfighaltung bei gleichzeitig zu extremer sozialer Umweltbelastung (bzw. zwar ausreichender Größe des Geheges, aber allzu dichtem Besatz desselben), die letztere vorwiegend bei jenen entwurzelten, „heimatlosen" Tieren, die aus jener Zwangsgefangenschaft − jener zusammengewürfelten Massengesellschaft − entwichen oder infolge schlechter Haltung mehrmals neuerlich an verschiedene Tierhalter vermittelt werden mußten. (Es ist früher − besonders in den ersten 20 Nachkriegsjahren − vorgekommen, daß Katzenasyle infolge Geldmangels nicht immer so geführt werden konnten, wie man das heute von einem Tierheim erwartet.)

Seelische Konflikte drücken sich oft in den unwahrscheinlichsten Formen aus, so z. B. in verschiedenartigen Bewegungsstereotypien, die wohl jedem Tiergartenbesucher schon aufgefallen sind. Wer kennt nicht das typische Weben der Eisbären, das Kreislaufen von Wölfen und Füchsen und dergleichen Gefangenschaftserscheinungen von Besuchen schlecht geführter Tierschauen und zoologischer Gärten. Auch menschliche Kleinkinder, wenn lang allein gelassen und auf dem engen Raum ihres Gitterbettchens „zwangsweise eingesperrt", entwickeln bekanntlich Stereotypien (wie Kopf-Pendeln oder Kopf-Nicken). Bei Tierarten, die ein starkes Aktivitätsbedürfnis haben, wie Bären, Marder, Hyänen, genügt oft die Raumbeschränkung eines zu kleinen Käfigs allein, um einen in seiner Form stereotypen Spaziergang − z. B. von links nach rechts und zurück oder immerzu im Kreise − entstehen zu lassen, mit dem das Bewegungsbedürfnis abreagiert wird. Dies kann so sehr zur eingefahrenen Gewohnheit werden, daß es manchmal ohne Notwendigkeit auch dann fortgesetzt wird, wenn sich das Tier längst in einem größeren Gehege befindet. Bei den bekanntlich wenig aktiven Löwen beobachten wir im Zirkuswagen dagegen stereotypes Hin- und Hergehen hinter dem Vordergitter nur kurz vor der Fütterung. Die Tiere, denen ein guter Zeitsinn zu eigen ist, trachten danach, dem zunächst noch nirgends sichtbaren, futterspendenden Wärter entgegenzueilen. Das Käfiggitter vereitelt aber die Ausführung dieses Wunsches: Frustration! Wenn sie dann das Fleisch vor dem Käfig sehen und riechen, geht das Hin- und Hertraben in ein Hin- und Herjagen in höchster Aufregung über, ja die Tiere springen sogar am Gitter hoch, und der Bewegungssturm erreicht einen Höhepunkt an Geschwindigkeit – schreibt Meyer-Holzapfel.

Eine Bewegungsstereotypie ist also durchaus nicht immer Ausdruck eines spontanen Bewegungsbedürfnisses. Sie kann sogar dann auftreten, wenn das Tier eigentlich Ruhe sucht und seinen Schlafplatz nicht aufsuchen kann, weil etwa vergessen wurde, die Tür zum Schlafgehege zur gewohnten Stunde zu öffnen.

Nicht nur bei den verschiedenen Säugetierarten in zoologischen Gärten, auch bei Haustieren, ja sogar beim Geflügel können in der geeigneten Situation Bewegungsstereotypien auftreten. So ergab es sich einmal, daß ein Geflügelzüchter einen Truthahn von seinem gewohnten Gehege und den Genossen, mit denen er aufgewachsen war, wegen allzu großer Kampflust entfernen und in eine 3 Meter daneben und 1 1/2 Meter höher gelegene Umfriedung sperren mußte. Daraufhin entwickelte sich eine täglich stundenlang andauernde Stereotypie: Das Tier bewegte sich, mit Blickrichtung auf sein altes Territorium, vor der Ausgangstür 2 Meter nach links und 2 Meter nach rechts hin und her und stieß Klagelaute aus. Der Zustand dauerte einige Monate lang, bis das Tier der Verwertung in der Küche zugeführt wurde.

Das aufgeregte Hin- und Hergehen frischgebackener Väter auf den Gängen von Geburtskliniken, fünf Schritte vor der Tür nach links und fünf Schritte vor der Tür nach rechts, weil sie die Türe (zu ihrer Frau und dem Neugeborenen) noch nicht durchschreiten dürfen, ist ohne Zweifel eine echte Parallelerscheinung zu tierlichen Bewegungsstereotypien. Andere junge Väter rauchen eine Zigarette nach der anderen, wieder andere fühlen sich abgeschlagen und krank („Die Mutter bekam das Baby, der Vater liegt im Wochenbett"), andere gähnen unausgesetzt, wieder andere suchen jede halbe Stunde das WC auf, denn sie verspüren plötzlich Stuhldrang oder immer wieder Harndrang; alles Entlastungshandlungen, sogenannte Übersprungreaktionen, die wir auch bei Katzen und Hunden und anderen Tieren in Frustrationssituationen und außergewöhnlichen oder verwirrenden Situationen emotionellen Erregungsstaues kennen und von denen viele in diesem Buch schon geschildert wurden. Bewegungsbehinderungen spielen sicherlich bei der Auswahl einer Stereotypie von anderen, dem Tier ebenfalls prinzipiell möglichen Entlastungshandlungen eine wichtige Rolle.

Das Anhalten einer Bewegungsstereotypie über die Zeit der aktuellen erregenden Situation hinaus, gewissermaßen als „konservierte Konfliktdarstellung" –

bei manchen Säugetierarten eine sehr schwer zu beeinflussende Abnormität (z. B. das Weben, Zungen-Schlagen, Koppen) −, ist bei Hunden und Katzen der seltenere Fall, sicherlich wohl auch deshalb, weil Welpen und kleine Kätzchen niemand für längere Zeit in winzigen Käfigen hält oder an eine Kette legt. Man kann in solchen residualreaktiven Verhaltensstörungen, um deren Aufklärung sich besonders Meyer-Holzapfel als eine der ersten verdient gemacht hat, vielleicht sogar echte Analoga zu manchen menschlichen zwangsneurotischen Handlungen erblicken.

Im Katzenheim Freudenau bei Wien konnte die interessante Entstehung, der Verlauf und das Wieder-Verschwinden einer B e w e g u n g s s t e r e o t y p i e bei einem Siamkater gewissermaßen in statu nascendi beobachtet werden. In anderem Zusammenhang wurde seine Geschichte in diesem Buch schon kurz erwähnt. Er erwies sich für die Unterbringung in einem Sammelgehege als ungeeignet, da er ausnahmslos alle Katzen (männlichen wie weiblichen Geschlechts) aufs heftigste attackierte, mit Ausnahme seiner Gattin. Da seine Gattin früher in Privathand vermittelt werden konnte als er, verblieb er längere Zeit in seinem kleinen Sondergehege allein. Dies hatte zur Folge, daß er alsbald eine Verhaltensweise entwickelte, die an die Käfigstereotypien von Raubtieren in zoologischen Gärten erinnerte: Er lief, manchmal stundenlang ohne Unterbrechung, annähernd kreisförmig die Käfigwände entlang, und zwar unter Einbeziehung eines Liegebrettes und eines Holzgestelles, sodaß der Laufkreis in einer etwa 45 Grad zum Fußboden des Käfigs geneigten Ebene lag. Besonders wenn Besucher oder vor dem Käfig freilaufende Katzen dem Tier sichtbar wurden, begann es sofort und beschleunigt mit seiner Laufstereotypie. Die Stereotypie blieb etwa 6 Monate lang bestehen. Bereits 4 Tage nachdem der Kater kastriert worden war, waren die Erregbarkeit der Verhaltensstörung deutlich gemildert sowie Dauer und Geschwindigkeit der Kreisläufe auf etwa ein Viertel gegenüber früher verringert. Da männliche Tiere nach der Kastration viel von ihrer Aggressivität verlieren, wagte man neuerlich die Unterbringung in einem Sammelgehege, worauf jegliche Stereotypie verschwand. Hätte es damals schon antiandrogen oder gestagen wirksame Präparate gegeben, hätte man diese Verhaltensstörung wahrscheinlich auch damit (zumindest vorübergehend) erfolgreich behandeln können, wie mir dies in späteren ähnlichen Fällen stets gelang.

Es gibt aber nicht nur Laufstereotypien bei Katzen. Durch andauernde konflikthafte Erregungen, sei es im Sozialbereich, sei es durch Ängstigung infolge stundenlangen Alleinseins u.v.a., kommt es nicht selten zu völlig einförmig ablaufen-

Kratzen und Fell-Putzen, dem Funktionskreis der Körperpflege zugehörig, können auch als Übersprunghandlungen auftreten, um Aufregung und „Nervosität" abzureagieren.

den Leck- bzw. Putzstereotypien, auch Kratzstereotypien – immer auf die gleichen Körperstellen gerichtet –, die auch dann beibehalten werden, wenn die Haut durch die ständige Irritation schon haarlos, ja bis zur blutigen Wunde beschädigt ist, was wohl Schmerzempfindungen hervorrufen muß! (Behandlungsmöglichkeiten wurden bei der Erwähnung sogenannten „autoaggressiven Verhaltens" bzw. „Hyperfunktion des Körperpflegeverhaltens" in früheren Kapiteln schon genannt: Gestagene, Amitriptylin oder noch besser ein Kombinationspräparat aus Amitriptylin und Chlordiazepoxid. Auch Hydroxycin in Verbindung mit Cortison hat sich manchmal bewährt.) Soferne die Verhaltensstörung noch aktualreaktiv ist, genügt häufig einfach die Abstellung der Erregungsursache.

Nach Immelmann bezeichnet man als S t e r e o t y p i e jede ständige, gleichförmige Wiederholung von Verhaltensweisen oder Lautäußerungen. (Unter natürlichen Verhältnissen entstehen Stereotypien vornehmlich im Verlauf der Ritualisierung von Verhaltensweisen.) Man kennt Ausdrucks-, Haltungs-, Bewegungs-, Handlungs- und Lautstereotypien. So kann z.B. Erbrechen bei bestimmten Anlässen als Stereotypie einer vegetativen Ausdruckserscheinung aufgefaßt werden. Beispiele für Haltungsstereotypien bieten manche Futterbettelgesten von Zootieren (z.B. Aufheben einer Vordergliedmaße und ungewöhnliche Sitzhaltungen bei Bären). An Bewegungsstereotypien kennt man das schon genannte Hin- und Herlaufen, Kreislaufen, Ellipsenlaufen, Achterschleifenlaufen sowie alle möglichen wiegenden und rüttelnden Bewegungen des Vorderkörpers, einschließlich nickender, pendelnder, webender oder drehender Bewegungen von Hals und Kopf. An Handlungsstereotypien kennt man Gähn-, Saug-, Leck-, Pick-, Scharr- und Putzstereotypien sowie die komplexeren Verhaltensweisen des Koppens, des Zungen-Schlagens, des Luft- und Speichel-Kauens und -Schluckens, des Lippen-Blasens und Lippen-Schlagens. Viele dieser Erscheinungen sind als Übersprunghandlungsstereotypien aufzufassen. An Lautstereotypien kennen wir ständig und gleichförmig wiederholte Lautäußerungen, wie das Gurren eines Taubers, das permanente Brüllen einer Kuh oder das lästige, andauernde Bellen manchen allein gelassenen Hundes. Bewegungsstereotypien können manchmal ein mehr oder weniger normales, an eine extreme Situation angepaßtes Verhalten darstellen, sie können aber auch aufgrund von Erkrankungen des zentralen Nervensystems entstehen, meist aber treten sie als psychoreaktive Störungen, also als neurotisches Verhalten auf. Sie können, einer Darstellung Brummers zufolge, das Wohlbefinden eines Tieres steigern, oder aber beeinträchtigen, sie können auch für das Wohlbefinden völlig ohne Belang sein. Brummer schreibt zu diesem Thema: „Während bei residualreaktiven Bewegungsstereotypien mit einer Beeinträchtigung des Wohlbefindens nur dann zu rechnen ist, wenn sich die Tiere bei deren Ausübung selbst verletzen, ist bei einer aktualreaktiven Bewegungsstereotypie immer der Verdacht auf die Entstehung von Schäden, Schmerzen oder Leiden gegeben." (Bei der Entscheidung, ob eine Bewegungsstereotypie als aktual- oder als residualreaktiv aufzufassen ist, hilft neben der Beachtung des Vorberichtes die genaue Beobachtung der Ausdruckserscheinungen, des Verhaltens und die Feststellung eventuell gleichzeitig vorliegender psychosomatischer Störungen durch genaue medizinische Untersuchung.) Für die Feststellung einer Tierschutzrelevanz solcher Bewegungsstereotypien − bei gutachterlicher Tätigkeit notwendig − ist daher Untersuchung sowohl nach klinischen wie auch nach ethologischen Gesichtspunkten erforderlich.

Der Lagerkoller oder die sogenannte „Stacheldrahtneurose" ist aus den Gefangenschaftslagern des Krieges unrühmlich bekannt. Auch in Gefängnissen und modernen „Arbeitslagern" mancher Staaten tritt dieses Phänomen immer wieder da und dort einmal auf. Analoge Massenreaktionen können auch in Katzenheimen auftreten; glücklicherweise in letzter Zeit äußerst selten, weil es heute kaum mehr Großzwinger und Tierasyle ohne entsprechende Raumunterteilungsmöglichkeiten gibt.

In Tierheimen kann man den Ausbruch von Massenraufereien dadurch verhindern, daß man erstens einmal weibliche Tiere, Kater und Kastraten voneinander trennt; die Schaffung möglichst vieler, gleich guter Ruheplätze in verschiedenen Raumhöhen und die Verabreichung des Futters nicht in einer großen, sondern in vielen kleinen Schüsseln sind weitere Maßnahmen guter Prophylaxe. Außer kleinen Reibereien den ganzen Tag über kommt es dann nie zu großen, ernstlichen Massenraufereien, obwohl durch das Ansehen und das Anhören eines fauchenden, drohenden und abwehrbereit Pfoten-schlagenden Artgenossen sich jede nicht zu entfernt sitzende Katze sofort persönlich betroffen fühlt, wodurch sie ebenfalls sogleich in Angriffs- oder Verteidigungsstimmung versetzt wird und nahe daran ist, sich an der „Wirtshausrauferei" zu beteiligen. Das geht so lange gut, so lange ein Gehege nicht beträchtlich überbelegt ist (was nicht nur vom Ausmaß, sondern auch der Beschaffenheit des Raumes abzuhängen scheint). Im Katzenheim Freudenau wurden früher aus vorübergehender Raumnot hundert Katzen in einem Gemeinschaftsgehege gehalten, und es mußten − nach vorsichtiger Vorgewöhnung in kleinen Nachbargehegen − für kurze Zeit dann noch weitere zehn bis zwanzig Zöglinge in dem Gemeinschaftsgehege zusätzlich untergebracht werden. Das Gehege war wenig untergliedert, da man alle Gegenstände und Schlupfwinkel infolge des Platzmangels daraus entfernt hatte. Damit schien die Toleranzgrenze überschritten: Plötzlich machten alle Katzen den Eindruck, als wären sie permanent vom „bösen Geist" besessen, eine schien der anderen auf die Nerven zu gehen. Viele versuchten, das Gitter hochzuklettern, um der Schlangengrube zu entfliehen. Nicht einmal permanente Gaben von Beruhigungsmitteln konnten auf Dauer wesentliche Erleichterung verschaffen; eine rasch auftretende Seuche verminderte dann auf natürliche Weise die Population und damit ihre Schwierigkeiten. Es ist sicherlich kein Zufall, daß die Seuche – es handelte sich durchwegs um schutzgeimpfte Tiere – in dieser Situation ausbrach! Auf ungünstige psychosomatische Begleiteffekte des sogenannten „Crowdings" wurde in Kapitel 8 ja schon hingewiesen. Sie betreffen auch die Infektionsabwehrmechanismen.

Tiergärtnern, Geflügelfarmern, Rinderhaltern und Versuchstier-Großhändlern ist aus ihrer Praxis gut bekannt, was beispielsweise im Wiener Institut für vergleichende Verhaltensforschung auf dem Wilhelminenberg an Reihern experimenteller wissenschaftlicher Forschung unterzogen wurde: die Haltung von zu vielen Artgenossen auf zu engem Raum. Wir wissen heute bereits eine ganze Menge um die schweren Schäden, die dadurch entstehen können: Aggressivitätssteigerung, sexuelle Frühreife, tiefgreifende Brutpflegestörungen, Hemmung des Mutterverhaltens zugunsten permanenter sexueller Stimulierung und weitgehende Zerstörung aller normalen sozialen Verhaltensordnungen. Tatsachen, die ihr Pendant auch beim Menschen haben: man denke nur an Slums, übervölkerte Städte, Flüchtlingslager, Jugendverwahrlosung. Der bekannte Verhaltensforscher Leyhausen prägte einmal scherzhaft einen sehr denkwürdigen Satz über unsere Zukunftsaussichten: Im Jahre 2000 wird man die menschliche Bevölkerung in zwei Hälften einteilen können, in Neurotiker, die den Streß der Übervölkerung nicht ertragen, und in Psychiater, die letztere dagegen zu behandeln versuchen.

Tierschutzhäuser sind voll mit Katzen, die sozusagen gewaltsam aus ihrem früheren Zuhause herausgerissen wurden. Es sind unfreiwillige Emigranten. Es sind aber auch Vagabunden unter ihnen, die irgendwo streunend aufgegriffen wurden.

Selbstverständlich gibt es für eine Katze mehrere Motive, ihr gewohntes Territorium unter Überwindung von Hindernissen und Widerständen zu verlassen. Solche Motive müssen ungemein stark sein, um die hartnäckige Tendenz einer Katze, ein vertrautes Heim beizubehalten, zu überwinden und nicht mehr zu ihm zurückzukehren.

In diese Gruppe von Antrieben gehört z. B. die Sexualappetenz. Der Geschlechtstrieb verleitet wohl nur zeitweilig zum Fortlaufen, aber so mancher Kater verläuft sich an den Rändern der Großstadt oder verunglückt und findet dann nicht mehr nach Hause zurück. Die Katzenterritorien, in denen er sich bewegt, sind nicht seine eigenen, überall wird er vertrieben. Entwurzelt führt er das Dasein eines Vagabunden, der – im günstigsten Falle – aufgegriffen und in ein Tierheim eingeliefert wird.

Ein starkes Motiv, vom Besitzer fortzulaufen, ist auch das Heimweh. Nach Übersiedelungen in eine neue Wohnung oder vom Urlaubsort trachten Katzen, zurück in ihr gewohntes Heim zu finden, ihr Weg gleicht dann oft einer wahren Odyssee; denn ganz so sicher, wie in Kapitel 3 dargestellt, funktioniert das Heimfindevermögen nicht immer.

Als weitere Ursachen für Entweichen und scheinbares oder echtes Va g a b u n d i e r e n gibt es Motivationen, die für den Menschen auf den ersten Blick nicht ganz so offenkundig sind wie die vorgenannten: Eine Katze entzieht sich durch Flucht z.B. einer ihr unerträglich erscheinenden andauernden Frustrations- oder Konfliktatmosphäre. Daß die Haltung in manchem Massenquartier eines Tierheimes für viele Katzen eine solche darstellt, finde ich aber eigentlich recht gut einfühlbar!

Wachsen Katzen herrenlos und ständig verjagt von frühester Jugend an in Häuserruinen wild auf, wie so etwas z.B. in Kriegswirren oder nach Erdbebenkatastrophen der Fall sein kann, dann kommt es zu mangelnder Bindung an ein bestimmtes Revier. Es wird solchen Katzen keine Verwurzelung an ein festes Heim gegönnt, und da diese Tiere den Menschen zu fürchten gelernt haben, fliehen sie ihn scheu wie ein wildes Tier. Nur der Zufall bietet einen Ausweg aus einer solchen unfreiwilligen „Verwahrlosung", nämlich die Gefangennahme und zwangsweise Nachsozialisierung; was aber, wie schon in früheren Kapiteln erwähnt wurde, leider in vielen Fällen nur in sehr bescheidenem Ausmaß gelingt.

Für mangelnde Bindung an Heim und Genossen können auch Erbschäden verantwortlich sein: Vorwiegend bei Inzuchtkatzen manifestiert sich ja gelegentlich auch krasser Intelligenzmangel. Ein solcher kann sich aber auch erworbenermaßen, als Folgeerscheinung schwerer Erkrankungen mit Hirnzellschädigungen einstellen. Auch die gefürchtete Tollwut ist hier zu erwähnen: Die Tendenz zum Entweichen, sich zu verkriechen, oder zum ziellosen Drangwandern ist eines ihrer Anfangssymptome, die nur einige wenige Tage anhalten, um dann von schwereren Bewußtseins- und Nervenstörungen und dem alsbaldigen Tod abgelöst zu werden. Auch bei anderen akuten Gehirnerkrankungen, die mit Bewußtseinsstörungen einhergehen, kennen wir das Entweichen als eines der Symptome. Selbstverständlich müssen solche rein medizinischen Belange bei der Beurteilung einer Verhaltensstörung, bei welcher ausgeprägter Hang zum Streunen auffällig ist, in Betracht gezogen werden.

Die psychoreaktiv bedingten Fälle von Vagabundieren sind je nach der Art ihrer Entstehung nach Vermittlung eines solchen Tieres an einen neuen Heimplatz

340

mehr oder weniger heilbar, wenn man mindestens 8 bis 12 Wochen ein solches Tier am Ausgehen hindert und sein neues Heim frei von Störungen ist und seine neuen Bezugspersonen sich liebevoll, aber nicht aufdringlich um das Tier kümmern. Fälle von Streunen infolge sexueller Motivation — die ich eigentlich nicht als echtes Vagabundieren im Sinne der in diesem Kapitel beschriebenen Fälle auffassen möchte — sind mit Gestagentherapie bzw. mit Kastration erfolgreich zu behandeln.

15 Plötzlich auftretende, tiefgreifende Verhaltensstörungen und deren Ursachen

Die in diesem Kapitel beschriebenen Zustände haben sachlich gesehen miteinander kaum Zusammenhänge. Ihre einzige Gemeinsamkeit ist die, daß die Verhaltensstörung besonders tiefgreifend ist und daß sie plötzlich oder anfallsweise auftritt; auch kann man nur einen kleinen Teil der hier eingeordneten Verhaltensstörungen als psychogen verursacht betrachten. Ihrer Häufigkeit wegen kommt ihnen jedoch praktische Bedeutung zu. Überwiegend handelt es sich um Gesundheitsstörungen, bei denen abnormes Verhalten nur einen Teil der Symptome darstellt.

Da ist einmal der sogenannte neurogene Schockzustand, beim Menschen früher auch als Ohnmachtsanfall oder als akuter Nervenzusammenbruch bezeichnet.

Ein immer wieder einmal vorkommendes Beispiel: Eine Katze, die gewohnt war, täglich in Nachbars Garten ihrer eigenen Wege zu gehen, wobei auch Straßen überquert wurden, kommt eines Tages verspätet heim, speichelt, hat die Schwanzpartien mit übelriechendem Analbeutelinhalt verschmiert (wie dies bei Schreckerlebnissen oder plötzlichem Schmerzempfinden passiert), zeigt keine Lust zu fressen und verkriecht sich. Bei der tierärztlichen Untersuchung läßt sich das Tier widerstandslos alles gefallen. Man kann extrem blasse Schleimhäute und schwachen, viel zu schnellen Puls feststellen. (Manche derartige Patienten zeigen statt dessen einen extrem verlangsamten Puls.) Äußere Anzeichen einer Verletzung sind nicht zu finden. Die Katze muß irgend etwas für sie Entsetzliches erlebt haben und befindet sich nun in einem a k u t e n S c h o c k z u s t a n d . In manchen Fällen kann ein solcher Zustand, in dem nicht nur vegetative Regulationen gestört sind, sondern auch das Ingangkommen jeder gewohnten Tagesablaufbeschäftigung (wie Sich-Durchstrecken, Sich-Putzen und die Futterappetenz) blockiert ist, tagelang anhalten; meist erstreckt er sich aber nur auf wenige Stunden. Als auslösende Erlebnisse für derartige Störungen konnte man bisher Autounfall (wobei das Tier oft nur aus dem Wagen geschleudert wurde, aber unverletzt blieb), Nachstellung seitens Tierfänger, Schreckreize durch Hauseinsturz, Kesselexplosion und dergleichen feststellen; auch eine Niederlage bei Raufereien im eigenen Territorium kann ein solches Erlebnis darstellen. Es gibt sogar einen sogenannten psychogenen Tod bei Tieren! So wurden Todesfälle beim Fang und Transport von Wildtieren beschrieben; auch bei Übervölkerung konnten zahlreiche Todesfälle ohne eindeutige Todesursachen festgestellt werden. Die Situation solcher Tiere war oft durch äußere Streßbedingungen oder durch psychosoziale Zwangslagen gekennzeichnet. (Auf die psychosomatischen Abläufe, die dabei eine Rolle spielen, wurde in Kapitel 8 ja schon hingewiesen.) Während auf der körperlichen Ebene Blutzuckersenkung, Schilddrüsenhormonausschwemmung bis zur völligen Erschöpfung des Schilddrüsenkolloids, Nebennierenrindeninsuffizienz, Nierenversagen, parasympathische Überreizung (bis zu plötzlichem Herzstillstand) dabei in erster Linie eine Rolle spielen, sind es auf der Bewußtseinsebene die Einschätzung einer Lebenssituation als ausweglos und das Gefühl einer Hilflosigkeit im Sinne eines psychosozialen Stresses. Manche Fachleute nehmen sogar an, daß auch unter natürlichen Umständen psychosoziale Faktoren vorkommen, die durch die übergroße Populationsdichte selbst ausgelöst werden und dann – durchaus biologisch sinnvoll – geeignet sind, bei zunehmender Populationsdichte als Selbstregulation wirksam zu werden. (Man denke nur etwa an die Lemminge.) Unbeabsichtigt entstehen manchmal in zoologischen Gärten Verluste, die in die Kategorie der psychogenen Todesfälle bei Tieren einzuordnen sind: So kann es z.B. vorkommen, daß sich ein Tier in einer völlig ausweglosen Bedrängnis befindet, etwa weil es einem dominanten Tier nicht ausweichen kann.

Manchmal, wenn auch sehr selten und nur bei besonders disponierten Katzen, kann auch eine tierärztliche Behandlung, wenn sie mit langdauernder Zwangsfixierung oder erheblichen Schmerzen verbunden ist, einen schweren Schock auslösen. Wenn auch solche Schockzustände im allgemeinen ungefährlicher sind, als sie aussehen, können sie doch in ganz seltenen Fällen – besonders bei einem schon vorgeschädigten Tier – zu einem plötzlichen Herzstillstand führen: in einem Fall durch Kreislaufkollaps, in anderen Fällen durch starke Überreizung des herzhemmenden Nervus vagus. Manche labile Typen oder besonders adipöse Individuen zeigen während einer Zwangsfixierung im Brustkorbbereich alsbald Blaufärbung der Zunge und Atemnot, obwohl man sie lediglich einer durchaus harmlosen und schmerzfreien Behandlung unterzieht und ihre Atemtätigkeit keinesfalls etwa durch zu feste Fixierung behindert. Gewisse Begleitumstände können eine solche Situation wesentlich verschärfen: so bekanntlich schwüles Wetter, lange Erwartungsangst und das Anhören von Abwehrschreien eines Artgenossen (wie derartiges bei der Besprechung der psychosomatischen Störungen ja schon beschrieben wurde). Es gibt Katzen, die nach einer tierärztlichen Behandlung stundenlang vor Aufregung speicheln, besonders wenn das „psychische Trauma" in der Wohnung des Tieres, also in seinem eigenen Territorium stattfindet und mit langandauernder Jagd verbunden ist, um des Tieres habhaft zu werden. Solche Patienten verkriechen sich dann stundenlang, lassen sich auch vom vertrauten Pfleger nicht anfassen, erbrechen eventuell vor der Behandlung aufgenommenes Futter und sind gehunfähig. (Vermeidung von Hausbesuchen zugunsten vorangemeldeter Behandlung in der Ordination und ausgiebiger Gebrauch von Beruhigungsmitteln sind daher besonders in der Katzenpraxis jedem Tierarzt zu empfehlen; ebenso wie Geduld, behutsame Vorgangsweise und Vermeidung hastiger Bewegungen).

Ob die als Schreckstarre bezeichnete Totstellreaktion, die bei vielen kleineren Säugetieren (und auch Insekten) zum arttypischen Verhaltensinventar gehört, auf derselben Grundlage entsteht wie die vorgenannten Fälle — was eher zu bezweifeln ist —, müßten künftige Untersuchungen erst klarstellen.

Auch Blutleere im Gehirn, infolge starker Blutverluste oder eines anfallsweisen Herzversagens, sowie Kreislaufkollaps, Volumenmangelkollaps durch Flüssigkeits- und Elektrolytverlust und anderes mehr führen zu äußerlich ähnlichen Verhaltensstörungen. Plötzlicher Blutzuckerabfall bei Kleinhunden (als Folge von Transportstreß in Tierhandlungen besonders häufig zu beobachten) kann vorübergehend zu ähnlichen Erscheinungen führen.

Nach angloamerikanischen Fachautoren wird eine begriffliche Unterscheidung zwischen Schock und Kollaps nicht mehr gemacht. Jede Abnahme der zirkulierenden Blutmenge, die zu Störungen der Kapillardurchblutung und damit verminderter Sauerstoffversorgung der Körpergewebe (besonders in lebenswichtigen Organen wie dem Gehirn) führt, gilt heute als Schock. Man unterscheidet aber verschiedene Schockarten und -stadien, die unterschiedlicher therapeutischer Behandlung bedürfen.

Von den beschriebenen Erscheinungen sind diejenigen — manchmal äußerlich ähnlichen — Verhaltensstörungen abzugrenzen, die sich als Begleiterscheinung von Gehirnerschütterung, Hitzschlag, Sonnenstich und bei manchen Vergiftungen ergeben. Damit kommen wir in den Bereich der B e w u ß t s e i n s s t ö r u n g e n und Sinnestäuschungen als Grundlage eines plötzlich veränderten Verhaltens oder einer völligen Reaktionslosigkeit; sie treten auch im Gefolge akuter Gehirnentzündungen und anderer Schädigungen des nervösen Zentralorganes auf, anstatt oder im Wechsel mit verschiedenen Krampfanfällen. Nach Meinung mehrerer älterer Autoren sollte man bei Tieren nicht von Bewußtsein sprechen, sondern von Sensorium. Statt von Bewußtseinstrübung, Bewußtseinseinengung usw. müßte man demnach von getrübtem und eingeengtem Sensorium sprechen. Man muß diesen Streit einiger Fachgelehrter aber nicht unbedingt ernst nehmen, denn im Grunde läuft das Ganze auf nichts anderes als ein Spiel mit Worten hinaus: Daß Tiere, jedenfalls zumindest Säugetiere, ein Bewußtsein haben, wird niemand bezweifeln, daß dieses aber nicht identisch ist mit dem des Menschen, ist als ebenso selbstverständlich anzunehmen. Wenn ein Elefantenfuß anders als ein Menschenfuß aussieht und funktioniert, so wird man deswegen ja auch nicht bemüßigt sein, für den entsprechenden Körperteil beim Elefanten einen anderen Namen zu erfinden!

Ob ein Tier bewußtlos ist, kann jeder leicht erkennen: Wenn es daliegt, sich nicht rührt und weder auf Schmerzreize noch auf bekannt angenehme Reize reagiert, starre Pupillen hat, Herz- und Atemtätigkeit aber sichtlich funktionieren, dann wird man mit der Annahme kaum fehlgehen, es mit einem bewußtlosen Tier zu tun zu haben. Freilich könnte es auch schlafen, dann aber müßte es erweckbar sein. Schwieriger wird es − selbst für Fachleute −, wenn es darum geht zu entscheiden, ob ein Tier ein getrübtes oder eingeengtes Bewußtsein hat oder infolge unbekannter anderer Ursachen funktionsgehemmt ist (z. B. durch Starrkrampf oder eine motorische Lähmung). Nur besondere neurologische Untersuchungsverfahren, z. B. Prüfung der Reflexe, der Tiefensensibilität u. a. m., sowie längere Beobachtung unter verschiedenen Umweltbedingungen helfen dann weiter.

Im Verlauf von Bewußtseinsstörungen, aber auch manchmal knapp vor epileptischen Anfällen, kann man gelegentlich Handlungen beobachten, die so aussehen, als erlebe das Tier Wahnvorstellungen oder Halluzinationen (Sinnestäuschungen ohne tatsächliche Wahrnehmung). Durch Kokainvergiftung, Gaben von LSD und anderen Drogen kann man bei Katzen kurzzeitig solche Verhaltensstörungen sogar experimentell hervorrufen. Besonders häufig beobachtet man dann Verhaltensweisen der Flucht vor einem nicht vorhandenen Feind oder Angriff auf einen nicht vorhandenen Gegner sowie heftiges Putzen und Benagen einer völlig intakten Körperstelle, häufig auch Harndrang und torkelnden Gang. Es wird sich wohl nie mit absoluter Sicherheit beweisen lassen, was das Tier während solcher, manchmal teilweise an Leerlaufreaktionen erinnernden Verhaltensweisen subjektiv erlebt. Vor vorschnellen Vergleichen mit ähnlichen Erscheinungen beim Menschen sollte man sich hüten.

Bei der Katze kommen typische e p i l e p t i s c h e A n f ä l l e viel seltener vor als beim Hund. Sie zeigt aber bisweilen Verhaltensstörungen, die so sehr vom gewöhnlichen Bild der Epilepsie (mit anfallsweisem Hinstürzen und krampfartigen Zuckungen der Gliedmaßen unter Bewußtseinsverlust) abweichen, daß man zunächst an alles andere eher denkt als an eine der verschiedenen Formen epileptischer Anfallsarten:

So kam einmal der Besitzer einer etwa 2jährigen Katze in meine Ordination. Nach seinen Aussagen war das Tier noch nie krank gewesen, aber seit etwa 1 Jahr zeigte es ein etwas merkwürdiges Verhalten, das anfänglich etwa ein- bis zweimal im Monat für 1 bis 3 Minuten, später jede Woche und seit kurzer Zeit ein- bis zweimal täglich auftrat. Dabei zuckte das Tier plötzlich am Rücken mit der Hautmuskulatur, besonders in der hinteren Körperhälfte, wobei auch peitschend mit dem Schwanz hin- und hergeschlagen wurde, so etwa, als ob man es in den Rücken gezwickt hätte oder es sich ärgern würde. Manchmal urinierte die Katze auch während eines solchen Anfalls im Stehen, manchmal stieß sie Jammerlaute aus. Die Katze zeigte während der Verhaltensstörung keinerlei Reaktion auf Worte oder Gesten. Ein Zusammenhang der Anfälle mit irgendwelchen bestimmten Umweltreizen konnte nicht ermittelt werden. Zum Unterschied von ähnlichen weiteren Fällen verschwand dieses Verhalten auch nach einer Wurmkur nicht. Ebenso erwiesen sich die üblichen schwachen Beruhigungsmittel und Calciuminjektionen als völlig wirkungslos. Bei genauer klinischer Untersuchung waren keinerlei Anzeichen einer körperlichen Erkrankung festzustellen, auch war das Tier sicher frei von Darmparasiten (die manchmal ähnliche Erscheinungen bei Katzen hervorrufen können). Versuchsweise wurde der Katze ein Medikament in geeigneter Dosis verabreicht, das beim Menschen (und für Hunde) als Antiepileptikum in Verwendung steht (Primidon). Bereits ab dem 3. Tag der regelmäßigen Verabreichung dieses Präparates mit dem Futter trat kein Anfall mehr auf. Als man nach 6 Wochen und dann wieder nach 4 Monaten probeweise einige Tage lang das Antiepileptikum absetzte, führte dies ab dem 2. Entzugstag prompt zum Wiederauftreten der Verhaltensstörung. Nach 1 Jahr regelmäßiger Medikamentgabe war das Tier soweit, daß nach allmählichem Verringern der Dosis die Anfälle ausblieben (merkwürdigerweise). Seither sind einige Jahre vergangen, ohne daß mir wieder von einem ähnlichen Anfall berichtet wurde.

Ähnliche Erfahrungen konnten seither an mehreren Katzenpatienten gewonnen werden. Dabei hat sich manchmal auch eine Behandlung mit Gestagenen bewährt. Es scheint sich um eine seltene Sonderform epileptischer Anfälle zu handeln, vergleichbar vielleicht solchen, die beim Menschen zu anfallsartigen Schmerzen im Bauchraum, verbunden mit starrem Gesichtsausdruck oder kur-

zen Kollapszuständen führen („Hypothalamic Epilepsy"). In vielen anderen Fällen aber konnte als Ursache derartiger Anfälle Darmparasitenbefall, in anderen
ein Hirntumor ermittelt werden, in wieder anderen Fällen waren diese Erscheinungen als neurologische Begleitsymptomatik einer Toxoplasmoseinfektion, einer die Feline Infektiöse Peritonitis hervorrufenden Koronavirusinfektion und einer Leukoseerkrankung aufgetreten. Auch sogenannte hypokalzaämische Teta-
nie, Starrkrampf, Strychninvergiftung und anfallsweises Herzversagen können
zu anfallsweisen Krampfzuständen führen, bei denen jedoch das Bewußtsein voll
erhalten zu sein pflegt.

In ganz seltenen Fällen beobachtet man bei Katzen andeutungsweise Anfalls-
äquivalente, die vielleicht mit Erscheinungen vergleichbar sind, die man beim
Menschen als „akute episodische Geistesstörung" im Bilde der Epilepsie bezeichnet. (Vielleicht zählen auch die Erscheinungen, die in der Literatur manchmal als
„Weiße-Mäuse-Sehen" der Katze bezeichnet werden, hierzu: Anfallsweise be-
ginne eine Katze plötzlich, in die Luft zu starren und ein für ihren Besitzer un-
sichtbares Objekt zu fixieren, das sie dann geräuschvoll durch das ganze Haus,
treppauf, treppab und unter Möbeln hindurch verfolge, um sich nachher wieder
zum Putzen und Schlafen hinzulegen, als ob nichts gewesen wäre.) Beim Menschen handelt es sich bei der genannten Art von Geistesstörung um Erkrankungs-
bilder, die schon mehrmals Anlaß zu filmischer und literarischer Gestaltung gaben: Die sich völlig unauffällig und geistig gesund verhaltenden Personen fallen
plötzlich in zeitweilige Verstimmungen, die in abnormer Reizbarkeit, Depression,
Neigung zu Fehlhandlungen oder in stunden- bis tagelangen Dämmerzuständen
bestehen, in denen traumhaftes Erleben, Kritiklosigkeit und bis zu kriminellen
Handlungen führende unbeherrschbare Aggressivität oder Neigung zu anderen
Triebhandlungen primitiver oder perverser Art vorkommen. Für die während eines solchen Ausnahmezustandes vollführten Handlungen und erlebten Ereignisse besteht nachher Erinnerungslosigkeit. Das alsbaldige Auftreten einer solchen Bewußtseinsspaltung kündigt sich gewöhnlich vorher durch plötzliche uner-
klärliche Angst und Beklemmung an, ähnlich der kurzdauernden sogenannten
„Aura epileptica", die bei den typischen epileptischen Anfällen dem Ausbruch
des Krampfgeschehens und dem begleitenden Bewußtseinsschwund häufig vor-
anzugehen pflegt.

Epileptische Anfälle können als Folge verschiedener organischer Erkrankungen auftreten (symptomatische Epilepsie), oder aber aufgrund angeborener erblicher Veranlagung. Im letzteren Falle spricht man von sogenannter genuiner Epi-

lepsie, sie kommt außer beim Menschen auch bei Hunden und Katzen vor. Obgleich man die dabei im Gehirn ablaufenden Erregungsvorgänge und ihre elektrischen Begleiterscheinungen kennt, gilt es bis heute noch als unaufgeklärt, welche Besonderheiten das Nervengewebe des Gehirns aufweisen muß, damit es zu dieser abnormen Erregungsausbreitung kommt. Dasselbe gilt für die sogenannte Narkolepsie, eine anlagebedingte Erkrankung, bei der die Patienten anfallsweise in jeder beliebigen Situation ohne vorherige Anzeichen plötzlich in Schlaf verfallen. Auch bei Katzen soll es so etwas geben. (Das Weckamin Dextroamphetamin in einer Dosis von 1,2 Milligramm pro Tier soll sich zur Behandlung als wirksam erwiesen haben.) Für eine freilaufende Katze eine gar nicht ungefährliche Erkrankung: man stelle sich nur vor, ein solcher zwanghafter Schlafanfall passiert dem Tier, während es eben auf einem Fenstergesims oder dem Dach herumbalanciert! Beim Menschen kennt man außer der idiopathischen Narkolepsie auch eine solche, die nach Gehirnentzündungen, also als Folge organischer Hirnzellschädigung auftritt. Über die Ursachen der − sehr seltenen − Narkolepsie bei der Katze ist bisher nichts bekannt.

Außer plötzlichen, anfallsartig auftretenden Krampf- und Schlafanfällen bei Katzen, die als organische Störungen aufzufassen sind, kennt man auch plötzlich auftretende Gleichgewichtsstörungen, bei denen Katzen nach einer Seite umfallen und unter Umständen Rollbewegungen nach einer Seite machen oder eng im Kreise laufen. Die Ursachen sind in der Mehrzahl der Fälle einseitige Reizungen des Gleichgewichtsorganes oder lokale Hirnhautentzündungen als Folge einer vom Mittelohr ausgehenden, meist eitrigen Entzündung.

Abschließend sei auf die durch das Tollwutvirus hervorgerufene Gehirnentzündung der Katze eingegangen, die ebenfalls das Verhalten des Tieres in kurzer Zeit tiefgreifend verändert. Wegen der besonderen Aktualität, die die Tollwuterkrankung in einigen Ländern, besonders auch in einigen Gebieten Deutschlands und Österreichs hat, und wegen der außergewöhnlichen Gefährlichkeit der Seuche für den Menschen möchte ich diese Krankheit nun ein wenig ausführlicher beschreiben. Zur Beruhigung aller Katzenliebhaber sei jedoch ausdrücklich festgestellt, daß Tollwut bei Katzen sehr selten vorkommt, so selten, daß selbst viele Tierärzte sie nur aus der Fachliteratur kennen und zeitlebens kaum je einmal einen Fall in ihrer Praxis zu Gesicht bekommen (das gilt allerdings nur für die Verhältnisse in großen Städten). Ähnlich wie die Katzenstaupe, die Panleukopenie, der infektiöse Katzenschnupfen u.a. ist die Tollwut eine Infektionskrankheit, die durch Viren hervorgerufen wird. Während die Erreger der meisten anderen Virusseuchen durch Kontakt mit Körperausscheidungen kranker Tiere übertragen werden, muß der Tollwuterreger − von einigen Sonderfällen abgesehen − in eine Wunde gelangen (das muß aber keine Bißwunde sein). Das natürliche Seuchenreservoir stellen in erster Linie Füchse und Dachse dar. Wild, alle Haustiere, möglicherweise sogar Nager wie Feldmäuse sowie der Mensch können ebenfalls infiziert werden und gehen, soferne nicht rechtzeitig eine Schutzimpfung vorgenommen wurde, elendiglich zugrunde. Schon 1 Woche vor Ausbruch der Krankheit kann der Speichel eines infizierten Tieres den Ansteckungsstoff enthalten. Das Virus kann im Kadaver und eingetrockneten Speichel sowie anderen Körpersäften bei niedriger Temperatur, Trockenheit oder Fäulnis sogar viele Wochen lang infektionsfähig bleiben. Die natürliche Ansteckung erfolgt fast nur durch den Biß, weil dann infizierter Speichel in die Wunde eindringt. Das Virus wandert entlang der Nervenbahnen von der Bißstelle zum Gehirn. Wenn der Erreger ins Gehirn gelangt ist, breitet er sich dort aus, vermehrt sich und gelangt entlang der Nervenwege in den Körper und in den Speichel sowie entlang des Sehnerven auch ins Auge und in die Tränenflüssigkeit (wo weitere Virusvermehrung stattfindet). Glücklicherweise führen nur 20 % der Bisse Tollwutkranker tatsächlich zur Infektion. Von der Ansteckung bis zum Ausbruch vergehen meist 1 bis 6 Wochen, bisweilen dauert die Inkubationszeit aber auch viel länger. Sind durch den Biß Kopfverletzungen entstanden, liegt die Inkubationszeit an der untersten Grenze, weil der Weg entlang der Nervenbahnen besonders kurz ist. Bei der Katze verläuft die Krankheit ähnlich wie bei Hunden in drei Phasen. Die Symptome können aber äußerst vielgestalt und uncharakteristisch sein, so z.B. auch auf Störungen seitens des Magen-Darm-Traktes hinweisen, bei denen ebenfalls Inappetenz, Erbrechen, Durchfall und unter Umständen auch Darmlähmung besteht; erst später treten dann charakteristischere Zeichen, wie Schluckbeschwerden infolge Lähmung der Schlundmuskulatur und Unterkieferlähmung, Gliedmaßenlähmungen und extensiver Speichelfluß, hinzu. Es sind sogar Fälle von tollwutkranken Katzen beobachtet worden, in denen anfänglich außer besonderem Liebesbedürfnis und besonderer Anhänglichkeit an den Menschen nichts Weiteres aufgefallen ist. Zum typischen Verlauf gehört ein sogenanntes Prodromalstadium, das bei der Katze jedoch, wenn überhaupt, nur kurzzeitig ausgeprägt ist und besonders bei nicht ständig kontrollierten Katzen leicht übersehen werden kann. Die Tiere neigen zum Verkriechen, es werden verschiedene Verhaltensstörungen beobachtet, insbesondere fällt gehäuftes Miauen auf. Störungen des Verdauungstraktes führen zu Durchfällen. Oft zeigt sich eine vermehrte Schreckhaftigkeit. 1 bis 2 Tage nach dem Einsetzen solcher Erscheinungen kann mit plötzlichen Beißüberfällen und Anfällen von Raserei das zweite Stadium, das Stadium der Exzitation, beginnen, in dem der Patient leicht gereizt und zu Angriffen (selbst auf vertraute Personen) provoziert werden kann. Diese Verlaufsform der sogenannten „rasenden Wut" wurde früher häufiger beobachtet, in letzter Zeit verläuft die Tollwut bei der Katze eher unter dem Bild der sogenannten „stillen Wut". Manchmal beobachtet man auch heftiges Kratzen und Benagen der Bißstelle oder gesteigerten Geschlechtstrieb, erschwerten Harnabsatz, starke Schluckbeschwerden, Würgen und Speicheln. Letzteres kann ähnlich dem Verhalten bei einer akuten Halsentzündung aussehen. Das zweite Erkrankungsstadium kann bei Katzen manchmal übersprungen werden oder nur wenige Stunden dauern. Außer gesteigerter Aggressivität beobachtet man auch besonderen Drang zum Entweichen und sinnlosen Umherwandern. Fremde Menschen und Tiere werden ohne Grund angefallen und gebissen. Zerzaust, mit Speichel beschmiert und verschmutzt bietet so ein Tier das typische Bild „toller Wut". Bei der „stillen Wut" sind die Verhaltensstörungen viel uncharakteristischer und auch schwerer zu beobachten, da sich solche Tiere zu verkriechen pflegen. Auch blutiges Erbrechen und Kaukrämpfe sowie heisere Stimme wurden im zweiten Stadium beobachtet, das jedoch auch gänzlich fehlen kann. Das dritte Stadium, das Stadium der Paralyse, kann direkt im Anschluß an das Prodromalstadium auftreten und wird häufig in der Praxis als einziges Stadium beobachtet. Nach anfänglicher Unsicherheit beim Gehen und Springen, die rasch fortschreitet, kommt es schließlich zu Lähmungen der Hinterpfoten, später auch der Vorderpfoten. Der Patient kann Harn- und Kotabsatzstörungen zeigen. In einem Teil der Fälle werden Überempfindlichkeit der Haut, in einem anderen eher Unempfindlichkeit auf Schmerz- und Berührungsreize beobachtet. Eine deutlich ausgeprägte Lecksucht kann bis zum Bluten, ja sogar in seltenen Fällen bis zur Verstümmelung einer bestimmten Körperstelle führen. Anfänglich heiseres und später tonloses Schreien zeigt die fortschreitende Lähmung der Kehlkopfmuskulatur an.

Die beim Hund als typisch angesehene Lähmung des Unterkiefers kann bei Katzen auch fehlen. Öfters werden bei ihr Lähmungen anderer Muskeln des Kopfes gesehen, die dem Tier, eventuell im Verein mit einem sehr charakteristischen Schielen und / oder unterschiedlich weiten Pupillen, ein völlig verändertes Aussehen verleihen. Auch Kaukrämpfe können vorübergehend im Verlaufe dieser Erkrankung auftreten und je nach begleitenden weiteren Erscheinungen eher an verschiedenartige Vergiftungen als an Tollwut denken lassen. Dies trifft auch für

Krampfanfälle und Muskelzuckungen zu, die den ganzen Körper erfassen können. Die Patienten magern ungemein rasch ab und verenden in totaler Erschöpfung nach 4- bis 10-, in ganz seltenen Fällen längstens 14tägiger Erkrankungsdauer. An Verwechslungsmöglichkeiten kommen zahlreiche andere Krankheiten in Frage, die außer anderen Symptomen gelegentlich auch ähnliche Störungen von Seiten des Zentralnervensystems hervorrufen können (so z.B. Vitamin-B$_1$-Avitaminose, Toxoplasmose, schwerer Darmwurmbefall, Starrkrampf, Strychninvergiftung, Bleivergiftung, Vergiftungen mit manchen Pflanzenschutzmitteln, Leukose, Feline Infektiöse Peritonitis u.v.a.m.). Weil das Krankheitsbild der Tollwut selten vollständig zutage tritt, sollte in Gegenden, in denen Tollwut heimisch ist und die Katze ins Freie gelangt, jede erhebliche, plötzlich auftretende Wesensveränderung sicherheitshalber so lange als tollwutverdächtig angesehen werden, bis das Gegenteil bewiesen ist. Nicht gegen Tollwut schutzgeimpfte und regelmäßig nachgeimpfte Tiere mit Bißverletzungen unbekannter Herkunft sollten in Tollwutgebieten als vorläufig der Tollwutinfektion verdächtig betrachtet, in Gewahrsam genommen und für längere Zeit sorgfältig beobachtet werden. Vorbeugenden Maßnahmen gegen die Tollwut, wie frühzeitiger Schutzimpfung und regelmäßigen, zumindest jährlichen Nachimpfungen, kommt bei freilaufenden Katzen in Tollwutgebieten besonders große Bedeutung zu, weil die Heilung dieser teuflischen Krankheit auch heute noch als unmöglich gilt und überdies verboten ist. Der Kopf eines unter verdächtigen Erscheinungen verendeten oder getöteten Tieres ist an ein Untersuchungsinstitut einzusenden (was der Tierarzt veranlassen wird). Die Tollwut ist eine anzeigepflichtige Tierseuche.

Eine weitere Viruserkrankung, nämlich die sogenannte P s e u d o w u t oder Aujeszkysche Krankheit, verläuft und endet unter ganz ähnlichen Krankheitserscheinungen der Katze wie die Tollwut. Sie ist jedoch nicht auf Menschen übertragbar. Der Erreger, das Herpes suis Virus, kommt in rohem Schweinefleisch vor. Er behält unter natürlichen Umweltbedingungen seine Infektiösität wochenlang. Nach einer Inkubationszeit von vermutlich 1 bis 9 Tagen treten bei der Katze zunächst uncharakteristische Erscheinungen, wie Wesensänderung, Müdigkeit, Neigung zum Verstecken und Appetitlosigkeit auf. Ständiges Lecken, Beißen und Kratzen des Felles an verschiedensten Stellen zeigt erheblichen Juckreiz an, Erscheinungen, die jedoch auch völlig fehlen können. In typischen Fällen schreitet die Krankheit alsbald zu Schluckbeschwerden und Kieferlähmung fort, Erscheinungen, die jedoch ebenfalls fehlen können. Auch ein Kopf-Zucken sowie Zuckungen der Gesichtsmuskeln und fieberhafte Temperaturen können vorhanden sein, oder aber auch fehlen. Der Tod tritt am 1. oder 2. Tag nach Beginn der beschriebenen Krankheitserscheinungen zuweilen unter allgemeinen Krämpfen ein. Die Krankheit verläuft noch schneller als die echte Tollwut und oft ohne beobachtbare Lähmungen der Gliedmaßen. Auch diese Erkrankung kann mit Formen besonders rasch verlaufender Katzenseuche (Panleukopenie) sowie verschiedenen schweren Vergiftungen verwechselt werden. Eine erfolgreiche Behandlung ist unbekannt, auch eine vorbeugende Schutzimpfung existiert bislang noch nicht. Aus diesen und noch vielen anderen Gründen kann nicht genug vor der Verfütterung rohen Schweinefleisches an Katzen gewarnt werden.

16 Überblick über Behandlungs- und Vorbeugungsmöglichkeiten unerwünschten und abnormen Verhaltens

Es wurde schon erwähnt, daß bei besonders beutetriebstarken Katzen, die in Ermangelung natürlicher Beuteobjekte in die Beine und Waden ihrer menschlichen Hausgenossen beißen, sich eine spezifische „Beschäftigungstherapie" unter Verwendung von Mäuseattrappen usw. bestens bewährt hat. Man könnte das auch als eine Art von „Spieltherapie" bezeichnen. Man setzt diese also besonders dann ein, wenn unerwünschtes Verhalten durch Triebstau vorliegt.

In vielen Fällen werden durch unvermeidbare Umstände, die auf Zufällen beruhen können, oder durch vom Besitzer vermeidbare Umstände in der Umwelt des Tieres unnötige Konfliktursachen aufgerichtet, die mit einfachem Ratschlag dem Besitzer erklärt und dann oft mehr oder weniger mühelos beseitigt werden können. Diese als „Milieutherapie" oder „Milieusanierung" zu bezeichnenden, nach den jeweiligen Umständen gänzlich verschiedenen Maßnahmen bewähren sich mitunter ganz überraschend, besonders in den oft recht hartnäckigen Fällen plötzlich auftretender und anhaltender Stubenunreinheit. Auch in Fällen konflikt- und frustrationsbedingten Erbrechens und bei anderen aktualreaktiven Verhaltens- und Organfunktionsstörungen kann eine Änderung gewisser territorialer und sozialer Milieubedingungen die Störung schlagartig zum Verschwinden bringen. Um Milieusanierung handelt es sich auch, wenn man einer als Einzeltier stundenlang allein gelassenen Katze mehr als bisher in der Wohnung vorhandene Beschäftigungsmöglichkeiten (Kletterbaum, Sitzbretter, zeitweilig verschiedene Schachteln zur Befriedigung des Erkundungsbedürfnisses, verschiedene Spielgegenstände) gegen Aufkommen von Langeweile zur Verfügung stellt. Berichtigung der Raumgliederung durch voneinander möglichst entfernt, anstatt unnatürlich zu nahe, plazierte Eß- und Ausscheidungsgefäße sowie Schlafplätze wäre ebenfalls als Beispiel zu nennen. Erweiterung zu geringer Raumgröße wird leider nur selten möglich sein, aber man kann wenigstens Türen in möglichst viele verschiedene Räume (auch Nebenräume) offen bzw. nur angelehnt lassen.

Nicht immer sind die Ursachen einer bestimmten erworbenen Verhaltensstörung auf den ersten Blick zu ergründen. Die Kenntnis der Entstehungsursache ist aber für Behandlungsart, Dauererfolg oder Beseitigung der die Störung aufrecht erhaltenden Umweltgegebenheiten fast immer unerläßlich. Leider kann man eine Katze nicht wie einen menschlichen Neurotiker einer Verbalexploration (also Methoden der Psychoanalyse etwa) unterziehen, um sich an die einer Störung letztlich zugrundeliegenden, besonderen Ursachen — deren Wurzeln bis in die früheste Kindheit zurückreichen können — heranzutasten.

Was wird man tun, wenn über mutmaßliche einschneidende Erlebnisse einer Katze oder die besondere Art ihrer ehemaligen Lebensweise (örtliche oder soziale Begleitumstände) keine verwertbaren Anhaltspunkte zu erfahren sind? Dann muß man das Tier beobachten, wie es in bestimmten Verhaltensarrangements reagiert. Kinderpsychiater bedienen sich teilweise ähnlicher Methoden: Sie lassen Kinder spielen, etwa mit anderen Kindern in einer Theatergruppe, allein mit Baukästen u.a.m. Aus der Art des Spiels, aus der Art der Vorliebe für eine bestimmte Rolle kann der geschulte Psychologe dann wichtige Schlüsse auf bestehende konflikthafte Probleme seines kleinen Patienten ziehen. So kann man auch aus der Art, wie eine Katze bestimmte Situationen offensichtlich „deutet" — wir können ihre Auffassung an ihren Reaktionen und Ausdrucksmerkmalen ablesen —, manchmal gewisse Rückschlüsse auf die Natur ihrer Störung ziehen und damit die Vielzahl der möglichen noch aktuellen oder bereits lange zurückliegenden Ursachen einer abnormen Verhaltensbereitschaft auf wenige wahrscheinliche Begebenheiten oder Umstände einschränken. Meist sind es ja Menschen oder Ereignisse, die mit menschlichem Tun irgendwie zusammenhängen, die das Tier zwingen, in unnatürlichen, unbiologischen Verhältnissen zu leben oder Konflikten nicht entfliehen zu können. Dies trifft, wie schon wiederholt betont, besonders für das Haustier in der modernen Großstadt zu. Mit einigermaßen echter Beziehung zu seinem Tier und seiner Erlebniswelt lassen sich jedoch unschwer eine Fülle von Möglichkeiten entdecken, einer Katze auch in der Stadtwohnung Lebensverhältnisse zu bieten, die selbst bei besonders sensiblen Tieren nicht zwangsläufig zu Verhaltensstörungen führen müssen. Freilich sollte einem dabei klar sein, daß man ein Tier nur dann richtig verstehen kann, wenn man es nicht als verkleinerten Menschen betrachtet und vermenschlichend behandelt, und daß auch im Leben eines Tieres Fressen und Faulenzen nicht alles bedeutet! Auch Katzen- und Hundepersönlichkeiten wollen ebenso individuell behandelt werden wie kleine Kinder: Was den einen freut, muß dem anderen noch lange nicht von Interesse sein.

Bedauerlich ist, daß viele Verhaltensabnormitäten von Stubenkatzen nur deshalb nicht beseitigt werden können, weil es nicht gelingt, die Verhaltensfehler des Besitzers zu korrigieren: Launenhaftigkeit, Inkonsequenz, Nachgiebigkeit, Gedankenlosigkeit, Brutalität und vieles andere mehr. Auch der Mensch ist ein Gewohnheitstier! Stark festgefahrene Gewohnheiten, geheime Wünsche, Verwirklichung unbewußter Triebtendenzen sind vom Verstand her nicht immer genügend zu beeinflussen und stehen der Beseitigung der durch sie letztlich bedingten Verhaltensabnormitäten der mitwohnenden Stubenkatze hinderlich entgegen.

Mit naturfremder, mißverstandener Tierliebe, die nicht selten nur die Befriedigung eigener unerfüllter Wünsche zum unbewußten Ziel hat und damit eigentlich nichts anderes ist als Egoismus, Rücksichtslosigkeit, Denkfaulheit und vor allem Unbeherrschtheit (um nicht von „Komplexen" zu sprechen!), kann man ein Tier mitunter sehr quälen, auch wenn das nicht immer sofort deutlich ersichtlich ist. Marie von Ebner-Eschenbach sagte einmal treffend: „So mancher meint, ein gutes Herz zu haben, und hat doch nur schwache Nerven!" So kommt es, daß in vielen Fällen von psychoreaktiven Verhaltensstörungen bei Tieren eigentlich nicht das Tier, sondern primär oder gar ausschließlich der Besitzer „behandelt" werden müßte.

Im Lichte der vergleichenden Verhaltensforschung stellt sich Lernen als erlebnisbedingte Ergänzung angeborener, Instinkthandlungen auslösender oder hemmender Mechanismen dar, um eine präzisere Umweltanpassung zu erreichen. Je biologisch wichtiger dieses Anpassungserfordernis ist, je einschneidender sein Erlebnischarakter, desto weniger Wiederholungen sind nötig, um die angeborenen auslösenden Mechanismen zu ergänzen. In diesem Zusammenhang ist es bedeutsam, auf die Tatsache hinzuweisen, daß – von bestimmten Ausnahmen abgesehen – ausschließlich in der Appetenzphase der Instinkte gelernt wird.

Zufällige, aber auch vom Menschen durch entsprechendes Arrangement gezielt gesteuerte Lernprozesse spielen also eine Rolle bei einer Verhaltensänderung eines Lebewesens. In manchen Fällen stehen dem Lernen (oder einem Umlernen) stark affektbegleitete, bereits im Abrollen befindliche Instinkthandlungen (z. B. aus dem Funktionskreis des Flucht- und Meideverhaltens oder aus dem des agonistischen Verhaltens u. v. a.) blockierend im Wege, sodaß anfangs zu „flankierenden Maßnahmen" (z. B. in Form angstdämpfender oder aggressionsmindernder Medikamente) gegriffen werden muß, um das Ingangkommen von Lernakten zu ermöglichen. Bei erworbenen Angstzuständen durch mißgünstige Erlebnisse und allen daraus sich ableitenden Verhaltensabnormitäten bewähren sich bei Katzen die in der menschlichen B e h a v i o r t h e r a p i e gegen Phobien gebräuchlichen Methoden des sogenannten „Umkonditionierens" und „Desensibilisierens", die ja ursprünglich in Tierversuchen entwickelt wurden.

Dazu ein Beispiel: Eine bestimmte Katze reagiert auf einen bestimmten Reiz, etwa Motoren-, Schuß-, Klingelgeräusch (oder Lichtblitze), mit Flucht oder mit Fauchen oder gar mit Angriff auf den Besitzer. Bei Auftreten des Reizes (oder auch nachdem man die Katze zwangsweise in die Reizsituation führte und festhielt) wird der Katze ein Leckerbissen gereicht. Flucht oder Fauchen und gleichzeitiges Fressen schließen einander aber aus. Eine nicht mit einem besonderen Beruhigungsmittel (Tranquilizer) vorbehandelte Katze nimmt jedoch in den meisten Fällen in einer solchen Situation den Leckerbissen selbst dann nicht, wenn ihr 2 Tage lang ihr Futter vorenthalten wurde. (Letzteres ist fast immer nötig, um das Verlangen nach dem Leckerbissen zu steigern.) Nach Vorbehandlung mit geringen Tranquilizergaben wird der Leckerbissen aber angenommen und so die Möglichkeit der Bahnung eines Erregungsabflusses in eine andere Instinktverhaltensweise eröffnet. Es handelt sich sozusagen um das „Erlernen einer bestimmten Entlastungsreaktion". Wenn nach etwa 10 bis 20 Tagen solcher, täglich mehrmals erfolgender Erlebnisse das Tier dann ohne vorherige Tranquilizergabe den erregenden Reizen ausgesetzt wird, tritt in vielen Fällen die frühere unerwünschte Verhaltensweise nicht wieder auf, auch dann nicht, wenn später kein Leckerbissen mehr verabreicht wird. Der ehemals erregende Reiz ist nun zum bedingten Auslöser für Freßverhalten, oder aber auch völlig indifferent geworden.

Für den Erfolg derartiger „H e i l d r e s s u r m a ß n a h m e n" gegen Furchtreaktionen ist es von besonderer Wichtigkeit, möglichst viele Lernsituationen in möglichst kurzer Zeitspanne zu setzen; also beispielsweise zweimal täglich fünf Übungen, und das 14 Tage hindurch. (Das geeignetste Tranquilizerpräparat und seine individuell optimale Dosierung müssen jeweils durch Vorversuche ermittelt werden, da erhebliche individuelle Empfindlichkeitsunterschiede bestehen.)

T r a n q u i l i z e r sind Beruhigungsmittel, die ihre dämpfende Wirkung besonders gegen mit Angst verbundene Erregungsvorgänge in bestimmten Gehirnabschnitten entfalten, ohne (in Normaldosis) die Lernfähigkeit oder motorische Aktionsfähigkeit des Patienten zu beeinflussen. In hoher Dosis, die meist noch recht ungefährlich ist, machen sie das Tier schlafbedürftig und manchmal so müde, daß es, wenn man es in Ruhe läßt, dahindöst oder einschläft, wobei es aber durch starke Reize jederzeit erweckbar bleibt (im Gegensatz zur Wirkung eines Schlafmittels oder Narkoticums); hohe Dosen behindern die Lernfähigkeit.

Manche Katzen können, wenn sie infolge übertriebener Angst gehemmt auftreten, nach Tranquilizergaben lebhafter, unternehmungslustiger, unter Umständen auch unfolgsamer werden.

356

Nur gelegentlich applizierte – gezielt verabreichte – prophylaktische Tranquilizergaben in hoher Dosis vor einem zu erwartenden aufregenden Ereignis bewähren sich ausgezeichnet zum Abfangen der unerwünschten Erregungszustände und zur Entschärfung ansonsten ängstigender Ereignisse, wie z. B. ungewohnte Bahnfahrten, Lärm von Feuerwerk und dergleichen mehr. Auch gegen Erlebniseinwirkungen, die bei bestimmten Tierindividuen erfahrungsgemäß zu starken Depressionen führen (plötzliche Umweltveränderung durch Handwerker in der Wohnung oder infolge Verbringung in ein fremdes Territorium), schirmt rechtzeitig mit Futterbissen oder in Zäpfchenform rektal verabreichter Tranquilizer ab, sodaß sich solche Tiere ohne störende psychoreaktive oder vegetative Manifestationen an das Vorhandensein der neuen Reize (oder an das Fehlen der gewohnten Umgebung) gewöhnen.

Die Verabreichung solcher Mittel in geringerer Dosierung in Form von Langzeitkuren – durch täglich mehrmalige Gaben, 6 bis 8 Wochen lang, wenn nötig, auch länger – bewährt sich vor allem in Fällen von Überängstlichkeit infolge reizarmer Aufzuchtverhältnisse.

Bei den meisten abnormen Aggressionsneigungen von Katzen und Hunden und bei Überängstlichkeit auf angeborener Grundlage ist jedoch nach Beendigung einer solchen Kur keine anhaltende Besserung zu erwarten.

Medikamentöse Schlafkuren vermögen manchmal, neurotisch überaggressive (oder andersartig verhaltensgestörte) Katzen in günstigem Sinne zu beeinflussen.

In besonders darauf angelegten Laborversuchen (mit verschiedenen Tierarten), wie auch in der tierärztlichen Praxis gelegentlich der Versorgung von Kleintieren nach Unfällen, kann man die Beobachtung machen, daß sowohl narkotisch wirksame Mittel, wie Äther, Morphinabkömmlinge, Barbitursäurederivate, als auch Cardiazol-, Insulin- und Elektroschock eine sogenannte retrograde Amnesie, das heißt eine bleibende Erinnerungslosigkeit hinsichtlich Ereignissen bewirken können, die kurz vor den Medikamentenanwendungen stattgefunden haben. Es werden nämlich durch solche Mittel die zur Verankerung im sogenannten Langzeitgedächtnis notwendigen hirnphysiologischen Vorgänge unterbrochen, die sich an ein frisches Erlebnis anschließen. Als Nutzanwendung daraus ergibt sich, daß man länger anhaltende Schockwirkungen und darauf folgende, bleibende Fehleinstellungen sensibler Tiere nach einem traumatisierenden Erlebnis durch möglichst unmittelbar an ein solches Erlebnis vorgenommene Medikation solcher Art verhüten kann.

Doch wieder zurück zu den Verhaltenstherapiemethoden, der „Psychotherapie für Tiere":

Während es bei der Um- oder Gegenkonditionierung darauf ankommt, daß ein Tier auf die Reize, die bei ihm bisher Angst ausgelöst haben, nunmehr Futterappetenz zeigt (oder bei Hunden z. B. auch Bellen) — also ein Verhalten, das mit dem unerwünschten Verhalten in Konkurrenz tritt und letzteres immer mehr verdrängt —, gibt es auch Desensibilisierungsmethoden, bei denen eine schrittweise Gewöhnung an die Situation, in der das gestörte oder unerwünschte Verhalten auftritt, bewirkt wird. (Auch in diesen Fällen kann sich unterstützende Psychopharmakotherapie gelegentlich hilfreich erweisen.)

Ein Beispiel für Desensibilisierung wäre etwa, wenn man zwei gegeneinander aggressive Katzen zunächst so unterbringt, daß sie sich nur riechen, später auch sehen, dann durch einen Türspalt auch betasten können, bis man sie schließlich gefahrlos ganz zusammenkommen lassen kann. Zu diesem Zweck sind auch unterstützende Gegenkonditionierungen geschickt geführter Regie recht hilfreich, indem man z. B. die Katzen „zwangsweise" zu einem Verhalten bringt, das Aggressionsstimmung ausschließt. Eine solche Möglichkeit kennen wir schon: Sie besteht darin, zwei gegeneinander aggressive Katzen gemeinsam zu baden und dann zusammenzusetzen. Die Tiere sind dann derart mit Fell-Putzen — mitunter sogar gegenseitig — beschäftigt, daß Aggressionsanwandlungen nicht aufkommen können. (Nach dem Putzen ist dann gewöhnlich eine frühere Feindschaft auf Dauer beseitigt.)

Zur Beseitigung oder zumindest zur Besserung einer Verhaltensabnormität kann in Einzelfällen auch die sogenannte „Überreizungstherapie" oder Reizüberflutungstherapie dienlich sein. Bei dieser Methode wird eine Katze so lange zu einer unerwünschten Handlungsweise, also zur ständigen Ausführung ihrer Verhaltensstörung gezwungen (bzw. einer angst- oder aggressionsauslösenden Situation ausgesetzt), bis Reizübersättigung und damit Unlust, eine Art Selbstbestrafungswirkung eintritt. Eine bereits genannte praktische Vorgangsweise solcher Art besteht darin, zwei einander unverträgliche Katzen gemeinsam in einen engen Käfig — vorerst sicherheitshalber mit Trenngitter — einzusperren.

Eine andere Behaviortherapiemethode ist die sogenannte Aversionstherapie. In der Appetenzphase eines unerwünschten Verhaltens wird das Tier Reizen ausgesetzt, die eine Aversion erzeugen. So kann man beispielsweise Zitronellöl oder eine andere, der Katze unangenehm riechende Substanz auf Örtlichkeiten aufbringen, auf die nicht markiert werden soll, oder man kann Körperteile, die bei abnormem Saugverhalten besaugt oder beleckt werden, mit schlecht schmeckenden Substanzen versehen (etwa dem äußerst bitter schmeckenden Antibiotikum Chloromycetin oder auch mit Chinin).

Nach der klassischen Behaviortherapie kann man zur Erzeugung einer Aversion auch elektrische Schläge als Strafreize einsetzen (nicht, wie oft fälschlich aus dem Englischen übersetzt wird, „elektrischen Schock"; – Elektroschock ist etwas ganz anderes). Zur Erzeugung der notwendigen hohen – ungefährlichen – elektrischen Spannung werden sogenannte Elektrisierapparate (z. B. ein medizinisches Faradisationsgerät oder ähnliches) verwendet, deren Ausgang mit geeignet plazierten Elektroden (z. B. in eine Decke eingezogene blanke Drähte unter einem Bettlaken gegen Bettnässen) verbunden wird.

Statt elektrischer Strafreize können aber auch andere durch Schreckwirkung Aversion erzeugende Reize – je nach Situation – angewendet werden, deren Erzeugung meist auch mit weniger arbeitsintensivem Aufwand möglich ist. So kann man z. B. in einem Bett, welches eine Katze nicht betreten (bzw. mit Körperausscheidungen verunreinigen) soll, einen Staubsauger, eine elektrische Sirene oder ein Vibrationsmassagegerät verbergen und über eine entsprechend plazierte Infrarotlichtschranke oder einen auf kurze Schaltzeiten eingestellten Infrarotbewegungsdetektor durch die ins Bett springende Katze selbst an- und abschalten lassen. Sollen Nachbarn nicht gestört werden, so verwendet man zweckmäßigerweise eine Ultraschall-Tierscheuche. (Bisherige Erfahrungen haben aber ergeben, daß die zur Ratten-, Mäuse-, Marder-Verscheuchung handelsüblichen elektrischen Ultraschallgeneratoren als Strafreizapparate für Katzen wenig oder nur kurzzeitig wirksam sind. Es hat sich deshalb als notwendig erwiesen, solche Geräte dahingehend umzubauen, daß der in 1,50 Meter Entfernung zu messende, abgegebene Schalldruck wesentlich stärker als bei den meisten Originalgeräten ist, nämlich mindestens 105 bis 110 Dezibel beträgt – im optimalen Frequenzbereich von etwa 23 bis 24 und/oder 29 bis 31 Kilohertz. Sehr abschreckend auf Katzen scheinen auch Frequenzen um 14 Kilohertz zu wirken, doch liegen solche Töne nicht mehr völlig außerhalb des menschlichen Hörbereiches. Weitere Untersuchungen sind gegenwärtig im Gange.)

Ein besonders bekanntes Beispiel für Aversionstherapie beim Menschen ist die Antabustherapie. Stundenlang nach Aufnahme eines bestimmten Medikamentes führt ein Schluck alkoholhaltigen Getränkes zu Übelkeit, Brechreiz, Schwindelanfällen. Solcherart entsteht eine Verknüpfung zwischen dem Geschmack des Alkohols und dem unlustvollen Erleben. Nach mehrmaligen derartigen Erfahrun-

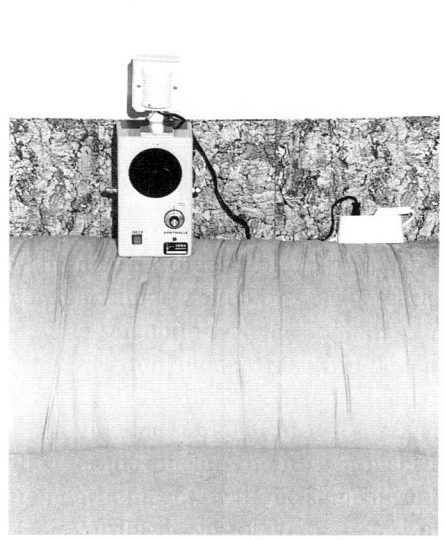

Mögliche Methoden zur Erzeugung einer örtlich gebundenen Aversion: links: Ein Bett, das von der Katze nicht betreten und verunreinigt werden soll, liegt im Erfassungsbereich einer auf kurze Schaltzeiten eingestellten Infrarotbewegungsdetektorschranke. Diese schaltet vorübergehend einen Ultraschallgenerator ein, wenn die Katze sich der unerwünschten Stelle nähert. Hat die Katze den Erfassungsbereich verlassen, wird der Ultraschallstrafreiz automatisch wieder ausgeschaltet. − rechts: Eine umgekehrt aufgestellte, gespannte Mausefalle im Blumentopf. Beim Graben in der Erde schnappt sie ohne Verletzungsgefahr zu und erregt Schreck. Nach mehreren solchen Erlebnissen wird der Blumentopf gemieden bzw. das Scharren in der Erde dort unterlassen.

gen graust es dem Alkoholiker schon vor dem bloßen Anblick und Geruch des Schnapses oder Weines; das hilft ihm, künftig abstinent zu sein. Auch viele Raucherentwöhnungsmittel funktionieren nach ähnlichem Prinzip.

Im Prinzip kann j e d e unerwünschte Handlungsweise durch unlusterzeugende Reize − sogenannte „Strafreize" − unter Hemmung gesetzt und jede erwünschte Reaktion durch lustbegleitete Reizwahrnehmung oder Handlungsmöglichkeit gefördert, man sagt in der Fachsprache „verstärkt" werden. Geschickte Kombination beider Möglichkeiten durch wohl durchdachte Behandlungsstrategie kann den Lernerfolg bzw. Umlernerfolg ganz wesentlich beschleunigen: „Peitsche und Zuckerbrot" war bekanntlich schon im alten Rom eine bewährte Methode, um

„Verhaltensänderungen" zu erzielen. (In meinem schon mehrfach genannten Hundebuch wird genauer auf die theoretische Basis und auf weitere praktische Anwendungsmöglichkeiten von „Heildressur" eingegangen, da beim Hund in noch viel größerem Maße von solchen Möglichkeiten der Umerziehung Gebrauch gemacht wird.)

Es gibt heute bereits sehr viele P s y c h o p h a r m a k a. Obgleich sie alle vor der Anwendung am Menschen in unzähligen Tierversuchen (hauptsächlich an Mäusen, Ratten, Katzen, Hunden und Affen) getestet wurden, hat nur ein kleiner Teil von ihnen auch in der praktischen Tierheilkunde Bedeutung erlangt. Nach ihrer Wirkung beim Menschen kann man die Medikamente, die psychisches Befinden beeinflussen können, wie folgt einteilen:

In beruhigende bzw. dämpfende Substanzen, das sind die sogenannten N e u - r o l e p t i c a (oder Major-Tranquilizer) und die milder wirkenden (Minor-) T r a n - q u i l i z e r sowie die H y p n o s e d a t i v a (allgemein dämpfende Mittel, die in höherer Dosis als Einschlafmittel wirken, wie z. B. die bekannten Barbiturate); und in psychisch aktivierende Substanzen, das sind die A n t i d e p r e s s i v a (Thymoleptica und Thymoretica), die P s y c h o s t i m u l a n t i a und die sogenannten H a l - l u z i n o g e n e (Psychotomimetica, Delirantia u. a.).

Bekannte Vertreter der ersten Gruppe, der Neuroleptica, stellen z. B. die Phenothiazine und ihre Abkömmlinge, Thioxantene, Butyrophenone und das Reserpin dar, die wegen ihrer starken Wirkung und nicht ungefährlicher Nebenwirkungen nur unter persönlicher Kontrolle eines Tierarztes verabreicht werden können. Sie dämpfen nicht nur Angst- und Angstaggressions-(Verteidigungs-)Erscheinungen, sondern auch den Kampftrieb sozial rivalisierender Artgenossen, wie sich in tierpsychologischen Versuchsanordnungen mit kämpfenden männlichen Mäusen zeigen läßt. Leider läßt sich das Verhalten hyperaggressiver Katzen nicht immer so sicher und prompt beeinflussen (zumindest nicht in Dosen, die frei von unerwünschten Nebenwirkungen sind). Einige der häufig gebrauchten Vertreter der zweiten Gruppe, der sogenannten Minor-Tranquilizer oder eigentlichen Tranquilizer, sind z. B. die Meprobamat- und Benactycin-Präparate, Hydroxycin- und Benzoctamin-Präparate sowie die bekannten Benzodiazepine Chlordiazepoxid, Diazepam, Dikaliumchlorazepat, Oxazepam, Medazepam und Lorazepam u.a. (in verschiedenen Ländern unter verschiedenen Spezialitätennamen im Handel, daher hier nur mit der internationalen Kurzbezeichnung angeführt). Es gibt von ihnen auch Kombinationspräparate, die außer der psychischen Wirkung auch einen vegetativ dämpfenden Effekt entfalten, wie z.B. die Kombination des Tranquilizers Oxazepam mit dem Anticholinergicum Finalin. Sie stellen alle relativ ungefährliche Beruhigungsmittel dar, die auch der Laie seinem Tier nach Verschreibung durch einen Tierarzt selbst verabreichen kann. Bei nicht allzu hohen Überdosierungen kommt es als unerwünschtem Nebeneffekt höchstens zu Gleichgewichtsstörungen und starker Schläfrigkeit. Dasselbe gilt für das Dikaliumchlorazepat, das neben der angstdämpfenden auch gewisse aggressionsmindernde Wirkungen entfaltet. Lorazepam und besonders das Thymolepticum Amitriptylin wirken außer sedierend auch stimmungsanhebend, bei Katzen und Hunden psychisch stabilisierend. Besonders das letztere hat sich in vielen Fällen ganz ausgezeichnet bewährt und entfaltet seine Wirkung, anders als in der Humanmedizin, nicht erst nach Wochen, sondern schon vom 1. Tag an. (Weitere bekannte Vertreter der Thymoleptica, deren versuchsweiser Einsatz bei manchen ausgewählten Indikationen bei Hunden und Katzen von Interesse ist, sind Imipramin- und Dibenzodiazepin-Präparate.)

Da die individuelle Ansprechbarkeit auf Psychopharmaka besonders bei Tieren mit Verhaltensabnormitäten sehr unterschiedlich sein kann, kann man nur allgemeine Dosierungsrichtlinien aufstellen; für sie gilt, daß eine etwa 5 Kilogramm schwere Katze ein Drittel bis die Hälfte (bis drei Viertel) der Dosis für einen erwachsenen Menschen benötigt. Zur Behandlung von Verhaltensstörungen, bei denen Stubenunreinheit eine Rolle spielt, sind manchmal Beruhigungsmittel, die eine das vegetative Nervensystem beeinflussende Komponente mitenthalten, besonders bewährt. (Sie enthalten meist neben der psychosedativ wirkenden Substanz eine geringe Menge Atropin oder, in neueren Zubereitungen, das schon genannte Finalin.)

Zur Erzielung der gewünschten erregungs- und angstdämpfenden Wirkung, die tunlichst in einem nebenwirkungsfreien Dosenbereich erreicht werden soll, ist es fast immer nötig, durch mehrere Vorversuche die individuell günstigste Drogenmenge herauszufinden. Sie kann bei der Hälfte, aber auch beim Doppelten der Richtdosis liegen. Manches Tier, bei dem das eine Mittel versagt, spricht auf eines der angegebenen anderen prompt an, sodaß auch gelegentlich das Präparat mehrmals gewechselt werden muß. Ausnahmsweise ist Wirkungsumkehr, sogenannte paradoxe Erregung statt Beruhigungswirkung feststellbar; auch dies muß nicht für jede der genannten Drogen bei einem Tier zutreffen. Bei länger dauernden Kuren tritt meistens Wirkungsabnahme ein, sodaß die Dosis gesteigert werden oder die Kur mit einem anderen Präparat fortgesetzt werden muß. Bei Individuen, bei denen die täglich mehrmalige Gabe der Medikamente mit einem Lekkerbissen auf Schwierigkeiten stößt, können manche Präparate in Zäpfchenform verabreicht werden. Alle genannten Präparate dürfen nur über Rezept in Apotheken oder über tierärztliche Hausapotheken abgegeben werden, die Behandlung muß daher ein Tierarzt einleiten.

Es gibt noch weitere Medikamente, die zwar nicht zu den Psychopharmaka gerechnet werden, die aber − zumindest bei Katzen und Hunden − außer ihrer diversen Angriffspunkte und Wirkungen auf verschiedene Stoffwechselvorgänge des Körpers auch mehr oder weniger tiefgreifende Wirkungen auf Verhaltensbereitschaften bzw. deren Unterdrückung ausüben, so z.B. die von bestimmten Mutterkornalkaloiden abgeleiteten, dopaminerg wirkenden Substanzen Bromocriptin, Lisurid und das neuere, nebenwirkungsfreie Cabergolin, welche die Sekretion des Hormons Prolactin hemmen und damit außer unerwünschter Laktation auch das oft damit verbundene leerlaufende Mutterverhalten beseitigen, sowie weitere in den Hormonhaushalt eingreifende − selbst hormonähnliche − Substanzen, wie das Antiandrogen Cyproteron und diverse sogenannte Gestagene (gelbkörperhormonähnlich wirkende Stoffe). Da auch diese Substanzen gewisse unerwünschte Nebenwirkungen entfalten können (individuell sehr unterschiedlich und insbesondere bei zu hoher Dosierung oder zu langanhaltender Medikation), dürfen sie nur unter laufender tierärztlicher Überwachung zum Einsatz kommen.

Die nachfolgenden genaueren Richtlinien für den Einsatz von Medikamenten sind daher ausschließlich für den Tierarzt gedacht:

Die vorgenannten dopaminergen Wirkstoffe müssen bei den Fleischfressern sehr viel geringer als beim Menschen und einschleichend dosiert werden, sonst kommt es zu erheblichem Brechreiz. (So reicht beispielsweise eine einzige Tablette mit 0,2 Milligramm Lisuridgehalt, entsprechend zerkleinert oder in einer geeigneten Flüssigkeit suspendiert, für eine ganze 7-Tage-Kur bei einem 10 Kilogramm schweren Hund oder einer 6 Kilogramm schweren Katze.)

Synthetische Gestagene sind nicht nur zur Behandlung typisch männlicher Verhaltensweisen bei Tieren wirksam, sondern auch als angstdämpfendes Mittel, manchmal auch als Antiepileptikum; insbesondere bei Katzen wirken sie auch antipruriginös und entzündungswidrig bei verschiedenen Hautkrankheiten. An Nebenwirkungen können auftreten: vorübergehende Lethargie, gesteigerter Appetit, Hyperplasie der Milchdrüsen, Polyurie, Polydipsie mit und ohne Hyperglykämie u.v.a. Wegen der besonderen Gefahr der chronischen hyperplastischen Uterusschleimhautveränderung, die bis zum Endometrium-Pyometrakomplex führen kann, sollten Gestagene bei nicht ovariohysterektomierten Kätzinnen nicht angewendet werden (es sei denn zur kurzzeitigen, gelegentlichen Ovulationsunterdrückung). Die therapeutischen Nutzwirkungen und die Stärke unerwünschter Nebenwirkungen sind bei den einzelnen Gestagenen verschiedener Zusammensetzung nicht immer völlig identisch! Je nach persönlicher Erfahrung bevorzugen verschiedene Spezialisten oft verschiedene Präparate. Zur Behandlung des Urin-Markierens haben sich z.B. 5 Milligramm Megestrolacetat pro Katze pro Tag, über 7 bis 10 Tage gegeben, bewährt, dann wird mit 2,5 Milligramm jeden 2. Tag für etwa 1 bis 2 Wochen fortgesetzt, schließlich genügen Gaben von 2,5 bis 5 Milligramm einmal wöchentlich (über längere Zeit gegeben). Man kann auch einmal 100 Milligramm Depot-Medroxyprogesteronacetat sc. oder im. zum Unterdrücken des sogenannten Spritzens injizieren und die Injektion wiederholen, sobald das unerwünschte Verhalten wieder auftritt. (Auch eine Kombination von anfänglicher Injektion und späterer Aufrechterhaltung der Wirkung durch p.o. Gaben von Tabletten in geringer Dosierung hat sich bewährt.) Gestagene sind auch wirksam zur Unterdrückung von Aggressionen zwischen männlichen Tieren und zur Verminderung von furchtinduziertem aggressiven Verhalten. Bei territorialen Aggressionen sind sie meistens wirkungslos, hingegen ist ihr Einsatz mitunter überraschend erfolgreich in Fällen von Trennungsangst und zum Unterdrücken neurotischer Reaktionen verschiedener Art auf erregende, von außen in die Wohnung eindringende Reize akustischer oder optischer Art. Hierzu genügen bei Katzen of schon tägliche Gaben von 0,25 bis 0,5 Milligramm pro Kilogramm Körpergewicht Megestrolacetat oder 10 bis 20 Milligramm pro Kilogramm Körpergewicht Medroxyprogesteron p.o.; geeignete injizierbare Substanzen mit Depoteffekt sind auch Chlormadinonacetat-Kristallsuspension, Delmadinonacetat-Kristallsuspension (ganz besonders zur Unterdrückung extremer Angriffslust) sowie Proligeston, welches besonders arm an unerwünschten Nebenwirkungen zu sein scheint (die entsprechenden Dosierungsangaben sind den Beipacktexten der Präparate zu entnehmen). Gestagene entfalten außer den vielen vorgenannten Wirkungen auch sekretionshemmenden Effekt auf die Analbeutel (bei Hunden und Katzen aus umgewandelten Talg- und Schweißdrüsen bestehend) sowie auf das der Viole des Hundes entsprechende sogenannte Suprakaudalorgan der Katze. Beides sind Ansammlungen besonders stark entwickelter Talgdrüsen im oberen Teil des Schwanzes, deren Aktivität durch Testosteron und möglicherweise auch durch Östrogene gesteigert, durch Antiandrogene und Gestagene aber verringert wird. Sie spielen als Duftdrüsen, ähnlich wie vermehrte Talgdrüsenansammlungen an einigen anderen Körperstellen, eine noch ungenügend erforschte Rolle, wahrscheinlich im erweiterten Sexualfunktionskreis. (Die Schweißdrüsentätigkeit, die bei den Fleischfressern bekanntlich nicht wie beim Menschen und einigen anderen Tieren durch Hitzestau in Gang gesetzt wird, wird dagegen durch Adrenalin aktiviert, dem Hormon, das bekanntlich bei starken Aggressions- und besonders bei Angsterregungen aus dem Nebennierenmark vermehrt ins Blut abgegeben wird, um die Blutverteilung für den „Ernstfall" zu adaptieren und den Blutdruck zu steigern. Die Aufregung einer Katze während einer tierärztlichen Behandlung läßt sich deutlich am Naßwerden der Sohlenballen erkennen, dort befinden sich nämlich besonders viele Schweißdrüsen. Ob auch das Zucken der Rückenhaut, das viele Katzen noch vor dem Schwanz-Peitschen in vielen Situationen ärgerlicher Erregung und Frustration erkennen lassen – bei denen Adrenalinausschüttung sicherlich ebenfalls als Begleiterscheinung vorkommt –, mit Entleerung von Hautdrüsen zu tun hat, wurde meines Wissens bislang noch nicht untersucht. Dasselbe gilt für die plötzliche spritzende Analbeutelentleerung bei Hunden und Katzen in Schrecksituationen und Situationen extremer Angst. (Vielleicht soll damit, ähnlich wie beim Skunk, dem feindlichen Verfolger das fürchterlich stinkende Sekret ins Gesicht gespritzt werden, um ihn von weiterer Verfolgung abzuhalten.)

Bei Gewitter und vielen anderen von außen eindringenden, eine Katze beunruhigenden Reizen, manchmal auch bei sozialem Streß, wirken furchtlindernd, angstaggressionsmindernd und muskelrelaxierend bei Katzen vor allem die B e n z o d i a z e p i n e Chlordiazepoxid und Diazepam (von letzterem 3 bis 5 Milligramm pro Katze, zwei- bis dreimal täglich mit Futter; gegen Anorexie nur 1 Milligramm) und das in höherer Dosis schläfrig machende M e p r o b a m a t, dessen Wirkung gewöhnlich erst 1 bis 1 1/2 Stunden nach der Aufnahme einzutreten beginnt. Besonders die Benzodiazepine wirken jedoch nicht allgemein dämpfend, sondern scheinen bestimmte Hirnareale eher zu erregen (paradoxe Erregung), sodaß manche Tiere eher unruhig, aufgeregt oder vermehrt aggressiv reagieren können. Während die Wirkung, insbesondere des Diazepams, nur kurzzeitig ist, scheint die des Meprobamats zwar später einzusetzen, jedoch wesentlich länger anzuhalten; sein Nachteil ist der stark bittere Geschmack, sodaß mit freiwilliger Aufnahme über das Futter nicht gerechnet werden kann. In vielen Fällen der Neuaufnahme ei-

nes Tieres in einen Haushalt, in dem schon eine andere Katze beheimatet ist, bewährte sich Meproba-mat-Gabe (mit Leckerbissen zwangsweise) für mehrere Tage sowohl für das eingesessene wie gleichzei-tig auch für das neu hinzugekommene Tier, um unerwünschte Eingewöhnungsschwierigkeiten von vor-neherein auszuschalten.

Während die meisten Tranquilizer keine aggressionsdämpfenden Wirkungen entfalten (mit Ausnahme der Angstaggression), dämpfen D i k a l i u m c h l o r a z e p a t und vor allem die meisten N e u r o l e p t i c a zumeist jegliche Art erlernten Verhaltens, nicht aber unkonditionierte Reaktionen. In vielen Fällen spon-taner Aggression gegen Menschen und Artgenossen und andere Haustiere sind letztere daher erfolgrei-cher einzusetzen als die typischen Minor-Tranquilizer (leider aber nur kurzzeitig wegen unerwünschter vegetativer Nebenwirkungen; auch sind sie bei epilepsiegefährdeten Patienten ungeeignet, da sie Anfalls-Aktivitäten potenzieren — im Gegensatz zu den Minor-Tranquilizern, die eher antikonvulsiv wirken. Auch zu Umkonditionierungszwecken sind sie wegen Behinderung der Lernfähigkeit im Gegensatz zu den Minor-Tranquilizern ungeeignet.)

Bei verschiedenen depressiven Zuständen, „psychopathischen Anomalien", psychogener Anorexie, zur Behandlung exzessiven Markierens bei Hunden und diversen anderen Indikationen sollen sich nach Lapras auch Antidepressiva bewähren, so z.B. Imipramin in einer Dosis von 1 bis 2 Milligramm pro Kilogramm Körpergewicht pro Tag p.o. und A m i t r i p t y l i n (5 bis 10 Milligramm pro Katze, auf zwei-mal täglich verteilt, mit Futter); letzteres besonders gegen exzessives Putzen und Haare-Ausziehen sowie bei streßinduziertem Übersprungverhalten, also auch in manchen Fällen von Stubenunreinheit, und vor allem bei Trennungsangst verhätschelter Hunde und Katzen (langes Alleinbleiben in der Wohnung) und dadurch verursachtem Verschmutzen und Zerstören von Gegenständen (bei Hunden auch sehr bewährt gegen Heulen und Bellen). Die Erfahrungen mit dem letztgenannten Mittel bestätigen auch Voith und andere; sie entsprechen auch eigenen langjährigen, vielfältigen Beobachtungsergebnissen. Ein weiteres empfehlenswertes Präparat ist eine Kombination von Amitriptylin mit Chlordiazepoxid, das den Vorteil des Auslangens mit geringeren Amitriptylindosen bietet, da dieses nicht selten Nebenwirkungen, wie Ver-stopfung, Urinverhaltung, Herzfrequenzbeschleunigung, Muskel-Zittern und in höherer Dosis und nach längerer Medikation auch allgemeine Schwäche, entfaltet. Nach Corson und Mitarbeitern sollen einige zu den sogenannten Psychostimulantien zählende Weckamine (so z.B. D e x t r o a m p h e t a m i n in einer Dosis von 1 bis 4 Milligramm pro Kilogramm Körpergewicht pro Tag an überaktive, hyperkine-tische Hunde verabreicht, wenn diese auch aggressives oder destruktives Verhalten zeigen, das mit den üblichen aktivitätshemmenden Tranquilizern nicht zu dämpfen ist) paradoxerweise günstige Wirkungen entfalten. In vergleichbaren Fällen bei Katzen wurde meines Wissens eine solche Medikation noch nicht versucht, wohl aber bei Narkolepsie in einer täglichen Dosis von 1,25 Milligramm pro Katze mit Erfolg. (Wegen individuell unterschiedlicher Empfindlichkeit und der Gefahr von Krämpfen als Überdosie-rungserscheinung sind solche Behandlungsversuche allerdings an einen Klinikaufenthalt des Patienten gebunden.)

Wegen störender Nebenwirkungen vieler Psychopharmaka ist ihre Anwend-barkeit zur Verhaltenstherapie bei Katzen begrenzt. Mittel der ersten Wahl wer-den daher immer die gut verträglichen Minor-Tranquilizer sein (in Fällen, die ih-ren Einsatz als „flankierende Maßnahme" sinnvoll erscheinen lassen); dies nicht nur wegen ihrer großen therapeutischen Breite, sondern weil selbst bei längerer Anwendung nicht mit erheblichen Belastungen der Leber, der Niere und tiefgrei-fenden Eingriffen in die vegetative Regulation und den Stoffwechsel vieler Or-gane zu rechnen ist, die unter Umständen erst nach längerer Behandlungsdauer bemerkbar würden wie bei den Major-Tranquilizern, die außer zu Leberbelastung, Blutdrucksenkung, Körpertemperatursenkung u. v. a. als Dopaminantagonisten beispielsweise auch bei weiblichen Tieren im Stadium der sogenannten Scheinmutterschaft zur Steigerung des unerwünschten mütterlichen Verhaltens und der Milchbildung im Gesäuge führen.

Unter den Minor-Tranquilizern wird man bei Katzen zuerst diejenigen Präparate versuchsweise auswählen, die nicht allzu starke Muskelerschlaffung bei diesen Tieren hervorrufen (damit sie nicht beim Gehen schwanken und beim Sprung Gefahr laufen abzustürzen – wie beispielsweise bei Diazepam), und solche mit besonders unauffälligem Geschmack, sodaß sie – gepulvert ins Futter gemischt – auch tatsächlich regelmäßig freiwillig aufgenommen werden; eine solche Substanz ist z. B. das außer sedierend auch antiallergisch wirksame Hydroxycin. (Leider ist seine Wirkung in noch nicht schläfrigmachender Dosierung nicht immer ausreichend.) Ein in jeder Hinsicht zufriedenstellender Tranquilizer für Katzen scheint bisher noch nicht zu existieren!

Der ebenfalls nicht immer nebenwirkungsfreie Gestageneinsatz läßt sich in vielen Fällen durch Kastration ersetzen, die dem Kater die Lust am Herumstreunen und Markieren nimmt und ihn friedfertiger und weniger „störrisch" macht sowie nymphomane oder kratzbürstige Katzendamen in gesittete Stubenkätzchen verwandelt. (Beim Kater verschwindet zwar die Tendenz zu Rivalenkämpfen, nicht aber die, das Territorium zu verteidigen, da durch Kastration seine Territorialität eher zunimmt, also ähnlich der der weiblichen Tiere wird.) Auf weitere chirurgische Möglichkeiten zur (indirekten) Beeinflussung des „Spritzens", also mancher Fälle von „Verlust der Stubenreinheit", wurde bereits in Kapitel 9 hingewiesen.

Nach diesem Ausflug in ausschließlich tierärztliche Bereiche wollen wir uns wieder den eigenen Aktionsmöglichkeiten des Katzenhalters zuwenden, und zwar diesmal unter dem Gesichtspunkt der

Prophylaxe:

Die beste und vor allem sicherste Methode, Verhaltensstörungen zu beseitigen, ist, sie gar nicht erst entstehen zu lassen!

Das beginnt schon mit der Auswahl des Jungtieres: Im Idealfalle sollte man die Elterntiere kennen oder sich wenigstens über eventuell hervorstechende Verhaltenseigentümlichkeiten des Muttertieres berichten lassen. Das wird leider nicht immer möglich sein, aber man kann zumeist wenigstens mehrere Geschwister beim Spiel beobachten und sie mit einem den Tieren unbekannten, beweglichen und Geräusche von sich gebenden Objekt konfrontieren, wie z. B. einer Spielzeugmaus mit Federwerk, um zu testen, wie sie darauf reagieren. Diejenigen Tiere, die angstabwehrend fauchen, und solche, die sofort panisch flüchten, sind wahrscheinlich extrem leicht erregbar und damit verdächtig, anpassungsbehindert oder neurosedisponiert zu sein. Das zukünftige Verhalten eines kleinen Kätzchens kann manchmal recht zuverlässig im voraus abgeschätzt werden, wenn man sich die Sozialisierungsbedingungen, unter denen so ein Kätzchen aufgewachsen ist, genauer ansieht. (In früheren Kapiteln wurde schon erwähnt, daß man die Kätzchen und ihre Züchter beobachten und, wenn möglich, mehrere Male besuchen sollte, ehe man sich für ein bestimmtes Tierchen entscheidet.)

Es ist freilich ein gutes Werk, einem herrenlos aufgewachsenen Tier aus einem Tierheim ein neues Zuhause zu bieten, doch wird man in solchen Fällen eher mit Haltungsschwierigkeiten zu rechnen haben als mit einem sorgsam in menschlicher Obhut selbst aufgezogenen Jungtier. Da man an einer erwachsenen Katze ihre bereits fertig ausgebildete Persönlichkeit aber besser erkennen kann, kann andererseits bei bedachter Auswahl eines bereits älteren Tieres aus einem Tierheim auch eine recht gute Wahl getroffen werden.

Die mit der Eingewöhnung in die Ordnung des neuen Haushaltes verbundene Notwendigkeit einer gewissen „Erziehung" des neuen Hausgenossen beginnt am 1. Tag der Einstellung — jedoch keinesfalls etwa mit Strafmaßnahmen! So zeigt man dem Tierchen liebevoll den sorgfältig nach Gesichtspunkten der Störungsfreiheit ausgesuchten Schlafplatz, seinen Futterplatz und den Aufstellungsort des/der Kloschüsselchen. Auch mit der Art des Futters, welches eine Katze später immer mögen soll, muß sie schon als Jungtier konfrontiert werden. Überhaupt gilt für Katzen ganz besonders die Regel: „Was Hänschen nicht lernt, lernt Hans nimmermehr!" Daher ist es notwendig, eine Katze womöglich bereits zur Zeit des Absetzens, spätestens aber im Alter von 8 bis 12 Wochen, also wenn sie in den neuen Haushalt eingestellt wird, an möglichst vielseitige Nahrung zu gewöhnen.

Wer plötzlich mit seiner 8 Monate alten Katze spazierengehen möchte und ihr ein Brustgeschirr umlegt, wird ihr wenig Freude bereiten. So mancher Stubenkatzenbesitzer möchte sein Tier an sonnigen Tagen an der Leine in den Park mitnehmen und im Sommer an den Badeplatz oder in den Urlaub. Dann muß er bereits beim 3 Monate alten Kätzchen beginnen, stundenweise das Brustgeschirr überzustülpen — etwa anfänglich bei der Verabreichung des Futters — und das Tierchen im Auto mit sich zu führen. Zweckmäßigerweise wird man dem Tier Gelegenheit geben, das noch stehende Auto vorerst ausführlich untersuchen zu können, man wird es dort auch ein- oder zweimal füttern. Beginnt man mit all dem erst dann, wenn das Tier schon 6 Monate alt oder älter ist, dann geht dies manchmal schon sehr viel schwieriger, mit 1 Jahr ist es vielleicht gar unmöglich. Man darf sich nicht wundern, wenn eine Katze ungern den Katzenkorb besteigt – und während längerer Autofahrten unausgesetzt lamentiert –, wenn die ersten Erfahrungen mit Korb und Auto ausschließlich an den Gang zum Tierarzt erinnern. Nahezu alle Katzen, die nicht schon vor dem vollendeten 1. Lebensjahr aus der Wohnung öfters herauskommen, gewöhnen sich später nicht mehr oder zumindest nur unter erheblichen Schwierigkeiten an zweckmäßiges Reagieren im Freien (an der Leine) und an angstfreie Bewegung außerhalb der Wohnung an wechselnden Orten.

Wenn man nicht will, daß eine Katze erbost ist, wenn man sie nicht ins Bett läßt, und vielleicht gar durch Stubenunreinheit kundtut, daß sie sich frustriert fühlt, dann sollte man sie das Liegen im menschlichen Bett gar nicht erst kennenlernen lassen. Am besten, sie betritt das Schlafzimmer nur unter Aufsicht – wenn das schon überhaupt sein muß. Vor allem aber vermeide man jede Inkonsequenz: Eine Katze darf etwas entweder immer tun oder nie, keinesfalls nach Laune heute ja und morgen nein oder im Beisein des einen Familienmitgliedes ja, in Anwesenheit des anderen nein.

Wallende Vorhänge sind für ein junges, spielfreudiges Kätzchen eine erregende Sache. Der vorausschauende Katzenpfleger wird derlei Verlockungen anfangs überhaupt entfernen oder wenigstens so hoch hängen, daß sie die Katze nicht erreichen kann. Geschieht dies aber später doch einmal, dann fliegt wie ein Blitz aus heiterem Himmel just in dem Augenblick, in dem die Katze sich anschickt, daran hochzuspringen oder zu hakeln, klirrend das schon in Kapitel 1 erwähnte Eloxalschmuckkettchen zwischen die Füße. Wiederholt sich das mehrere Male in derselben Situation, dann hat sie auf Lebenszeit gelernt, daß Vorhänge tabu sind – und das nicht nur in Anwesenheit der menschlichen Mitbewohner.

Obwohl ich schon mehrmals darauf hingewiesen habe, möchte ich der Wichtigkeit wegen nochmals betonen, daß für die Zeit des Alleinseins einer Katze in der Wohnung möglichst verschiedene Spielgegenstände an Gummibändern aufgehängt und eine möglichst vielfältige Geländegliederung geboten werden sollten, z. B. durch Wohnungseinrichtungsgegenstände, die Schlupfwinkel oder Klettermöglichkeiten bieten und so die Langeweile vertreiben helfen. Denn Müßiggang ist auch bei Katzen aller Laster Anfang! Natürlich kann und soll das Alleinbleiben in der Wohnung frühzeitig geübt und dadurch erlernt werden; anfangs kurzfristig, später für längere Dauer. Einer Katze, die tagtäglich viele Stunden lang allein in der Wohnung bleiben muß und von der man den Eindruck hat, daß sie besonders kontaktfreudig ist, sollte man einen Artgenossen beigesellen, am besten von Anfang an ein Wurfgeschwisterchen (denn besonders in der frühen Jugend ist das soziale Kontaktbedürfnis von Kätzchen groß, und längeres Alleinbleibenmüssen wäre eine Frustration). Andererseits soll man aber auch nicht in den gegenteiligen Fehler verfallen, auf relativ eng begrenztem Raum viele Katzen zu halten. (Die Nähe allzuvieler Artgenossen kann selbst kastrierte Katzen zur Stubenunreinheit animieren.)

Damit man nicht später über zerkratzte Polstermöbel zu klagen hat, sollte man rechtzeitig — nämlich beim ersten Mal — das Krallen-Schärfen unverzüglich unter Hemmung setzen, um gleich danach dem Kätzchen durch Führen der Pfoten am Kratzbrett den richtigen Platz für diese Instinkthandlung zu zeigen. Je konsequenter man dies tut, um so eher wird unser Zögling diesen Teil der Hausordnung einhalten. Es ist daher von Wichtigkeit, junge Katzen anfangs nie allzu lange ohne Überwachungsmöglichkeit zu lassen. „Strafmaßnahmen" haben keinen Sinn, wenn sie nicht in flagranti vorgenommen werden können.

Jede konkrete Erziehungsmaßnahme hat sich nach den örtlichen und situativen Gegebenheiten zu richten. Die Auswahl der Stärke von Dressurreizwirkungen, vor allem aktionshemmender oder fluchtauslösender Art, muß auf die individuelle Härte oder Empfindlichkeit der jeweiligen Katze abgestimmt werden; eine Aufgabe, zu der viel Geschick und Fingerspitzengefühl gehört. Man sollte auch einer Katze seine persönliche, augenblickliche Lust, sie zu streicheln, zu hätscheln und sie hochzunehmen, niemals aufzwingen, wenn man sieht, daß sie dazu etwa nicht in Stimmung ist. Den Besonderheiten einer bestimmten „Katzenpersönlichkeit" sollte man nie vergessen, Rechnung zu tragen!

Es ist keineswegs richtig, daß man Katzen nicht erziehen könnte. Mit Belohnungsangebot lassen sich viele von ihnen sogar zu jedem Zirkuskunststück abrichten, wenn man nur genügend oft und geduldig übt und die Lernlust der Schülerin nicht überfordert. Was gibt es nicht alles für begehrte Leckerbissen, um die Motivation zum Lernen wach zu halten! Aber es muß nicht nur um das Futter gehen. Besonders Stubenkatzen kann und soll man durch allerlei Spielkontakte einen Ersatz für die vielen brach liegenden Instinkthandlungen bieten. Geradezu passioniert spielen viele Katzen z. B. „Fußball" mit über den Boden gleitenden

Geldstücken oder anderen kleinen Gegenständen, manchmal auch Tischtennis-bällen, Spielzeugmäusen, Papierkügelchen. Die meisten Katzen bewähren sich als geradezu meisterhafte Goalkeeper!

Daß man nicht gegen die Natur handelt, wenn man eine Katze zu einem guten Hausgenossen erzieht, kann man am besten an einer Katzenmutter mit ihren Jungen beobachten: Geduldig bringt sie ihnen allerlei bei und straft, wenn notwendig, konsequent mit einem gezielten Tatzenhieb. Es ist also gewiß keine unzumutbare Frustration, wenn man seiner Katze verschiedene Unarten nicht erlaubt (so etwa Auf-den-Tisch-Springen, Tischdecken-Herunterzerren, Möbel-Zerkratzen, die Beine von Frauchen als Kletterbaum zu benutzen oder als Mäuseattrappen zu behandeln). Mit einiger Phantasie wird man es in vielen Fällen so einrichten, daß die Katze durch „Selbstdressur" lernt: Tischdecken-Zerren ist z. B. sehr leicht abzugewöhnen, indem man am Rand des Tisches leere Konservendosen aufbaut, die dann geräuschvoll zu Boden fallen, wenn die Katze an der Decke zieht. Auf viele andere Möglichkeiten zur „Selbsterziehung" der Katze (und die dabei verwendbaren, einfachen Hilfsmittel) wurde schon in Kapitel 1 und, einige Sonderprobleme betreffend, in anderen Kapiteln hingewiesen; so z. B. auch auf mehrere zu beachtende Punkte zur Erzielung und Aufrechterhaltung der sogenannten Stubenreinheit.

Stets hüte man sich davor, eine Katze zu etwas zu zwingen oder eine Katze an einem Tag für etwas zu bestrafen, wofür sie zuvor belohnt wurde. Derartiges würde durch Verunsicherung des Tieres neurotische Reaktionen geradezu herausfordern.

Es gibt viele „Unarten", wie z. B. auch das Betteln bei Tisch, an deren Entstehung gedankenloses menschliches Verhalten selber die Schuld trägt. Ist derartiges zur Gewohnheit geworden, dann genügen bloße Nichtbeachtung oder lautes Schimpfen keineswegs. Doch verfalle man nicht in den Fehler, die Katze nun zu bestrafen, nachdem man ihr tagelang oder länger die Unart selber durch Gabe von Leckerbissen angewöhnt hat.

Muß man Strafreize zum Einsatz bringen, sollte man, sofern sich das geschickt einrichten läßt, dies so arrangieren, daß die Katze sie nicht mit der Anwesenheit des Menschen in Verbindung bringt: Auf den Einsatz eines Aluminiumwurfkettchens, einer Wasserpistole, unter Umständen auch des Wasserstrahls aus einem Gartenschlauch und derlei „Fernwaffen" wurde ja schon wiederholt hingewiesen. So kann man damit z. B. auch unschwer einer Katze unerwünschte Vogeljagd abgewöhnen, sofern man den Strafreiz zum Einsatz bringt, w ä h r e n d die

Katze lauert, nicht aber, wie es fälschlicherweise oft geschieht, wenn sie ihr Opfer schon gefangen hat. Freilich wird es vieler Wiederholungen bedürfen, um eine für Katzen so vitale Instinkthandlung unter Hemmung zu setzen. Man sollte dies auch keineswegs ersatzlos tun: Mit beweglichen oder künstlich bewegten Spielzeugen muß man der Energie ihres Beutetriebes ersatzweise Abfuhrmöglichkeit bieten.

Wie man sich geschickt verhält, wenn man seiner Katze zumutet, einen neuen Hausgenossen zu dulden, und daß man bei empfindlichen Katzen gleich anfangs prophylaktisch zu flankierenden Maßnahmen wie Beruhigungsmittelgaben greifen kann, wurde an entsprechenden Stellen in früheren Kapiteln schon dargelegt.

Das hier nur streiflichtartig behandelte Thema der Verhütungsmöglichkeiten der Entstehung unerwünschten und neurotischen Verhaltens sei abgeschlossen mit der Frage: Was kann man tun, wenn man zum ersten Mal Lebensäußerungen an seiner Katze beobachtet, die einem irgendwie merkwürdig oder außergewöhnlich vorkommen – wie soll man reagieren, wenn man auf Erziehungsschwierigkeiten stößt?

Die Antwort lautet: Vorerst einmal gar nicht! Je passiver man bleibt, desto besser ist es. Man beobachte zunächst seine Katze genau, unvoreingenommen, ausdauernd und häufig. Aber man greife nicht sofort in das Geschehen ein: weder zureden, noch schimpfen, noch bestrafen, höchstens ablenken durch ein Spiel (soferne dies leicht möglich ist und auf Interesse stößt). Zweckmäßig ist es, sich vorerst einmal an die Stelle des Tieres zu denken, seine subjektive Situation möglichst vollständig zu erfassen und dabei nicht zu vergessen, daß kein Tier logisch schlußfolgernd denkt. Wenn man so vorgeht, erscheint einem manches Unverständliche gleich viel weniger unerklärlich, und das nächste Mal wird man vielleicht gewisse Dinge und situative Begebenheiten so arrangieren können, daß ein zu unerwünschten Verhaltensweisen neigendes Tier nicht provoziert, nicht verleitet, sondern rechtzeitig abgelenkt wird.

Es gibt eine ganze Reihe von Tierfreunden, die eine „verteufelte Katze" oder einen „schwierigen Hund" besitzen und die, seit sie ihr Tier besser zu verstehen und nun verständnisvoller zu behandeln wissen, doch eine recht gute „Koexistenzmöglichkeit" finden konnten und es nicht – wie andere – gleich töten ließen.

Handelt es sich aber um grobe und womöglich noch zunehmende Verhaltensabnormitäten, für die man selber unmöglich eine Erklärung finden kann, dann zögere man nicht, möglichst bald einen mit derartigen Besonderheiten vertrauten

Tierarzt zu Rate zu ziehen. Es könnte sich ja auch einmal um ein Symptom einer organischen Erkrankung handeln. Auch eine solche wird um so sicherer zu beseitigen sein, je früher sie diagnostiziert und fachgerecht behandelt wird. Auf jeden Fall hüte man sich davor, durch vorschnelle, voreilige Meinungen und ungenügende Beobachtung – ohne genaue Analyse der Situation – sich in eine Erklärung zu verrennen, die nur den Blickwinkel einengt oder die gar an menschlichen Moralbegriffen orientiert ist und einen verleiten könnte, sich zum Richter über das Verhalten seines Hausgenossen aufgefordert zu fühlen. Denn das eine ist sicher: Tiere sind immer unschuldig, schuldig kann nur der Mensch werden!

17 Gesteuerte „Selbstdressur" und „Lehrprogramme"

Wenn eine intelligente, lebhafte junge Katze zufällig beim spielerischen Herumspringen oder durch Zusehen oder durch Versuch und Irrtum – oft ganz gegen den Wunsch des Katzenhalters – gelernt hat, durch geschickten Sprung auf die Türklinke sich eine verschlossene Türe selbst zu öffnen, dann kann man von „Selbstdressur" sprechen. Auch das Öffnen einer selbstschließenden Klappe (um nach Belieben ins Freie und von draußen wieder zurück ins Haus zu gelangen) erlernen viele Katzen mühelos, weniger intelligenten allerdings wird man Hilfestellung zum Selbsterlernen dieser Aufgabe geben müssen – etwa indem man dafür sorgt, daß anfänglich die Klappe nicht völlig schließt, und/oder indem man knapp davor Futter hinstellt, wenn das Tier hungrig ist, um seine Motivation zu steigern. (Wir wissen ja noch aus Kapitel 2: Gelernt wird in der Appetenzphase einer Instinkthandlung, und je stärker die Motivation ist und je schneller anschließend eine spannungslösende Instinktendhandlung – als „Belohnung" – vollzogen werden kann, desto eher wird eine neue Handlungsweise erlernt.) Alles, was

Katze, die eine Tür zu öffnen versucht.

ein „Tierlehrer" also zu tun hat, ist, so eine von einem Tier zu erlernende Aufgabe in so kleine Teilschritte zu zerlegen, daß jeder Teilhandlung anfänglich möglichst unmittelbar nach ihrer richtigen Ausführung eine „Belohnung" folgen kann. (Dies gilt nicht nur für längere Handlungssequenzen, die aus der Verkettung anfangs einzeln einzuübender Teilhandlungen aufzubauen sind, sondern auch für eine relativ einfache Handlungsweise, wenn sie trotz teilweise wechselnder Begleitbedingungen ungestört beibehalten bleiben soll.) Das mögen zwei einfache praktische Beispiele illustrieren:

Im ersten ist das Lernziel, *„auf Handzeichen oder Befehlswort auf die Schulter des Pflegers zu springen und dort sitzen zu bleiben, bis die Erlaubnis zum Absteigen erteilt wird"*. (Mögliche Nutzanwendung: eine Katze, die dieses verläßlich gelernt hat, kann man beim Spazierengehen im Freien vor unverhofften Begegnungen mit einem fremden Hund schützen, ohne den Spaziergang unterbrechen zu müssen − soferne man den Hund rechtzeitig, also von weitem schon kommen sieht. Das Ausgehen mit der angeleinten Katze wollen wir hier beiseite lassen und uns nur dem Lehrziel des „Aufspringens und Sitzenbleibens auf Signal" widmen.)

Anfänglich wird man die Katze daran gewöhnen, ihr Futter in erhöhter Position, etwa auf einem Hocker einzunehmen. Aus Gründen der Sauberkeit wird man hierzu zweckmäßigerweise das meist sehr begehrte Trockenfutter verwenden. Nach einigen Tagen wird man anstatt des Hockers zur gewohnten Fütterungszeit seine eigene Schulter − vorerst leichter erreichbar, indem man sich auf den Fußboden setzt − der Katze als Futterplatz anbieten. (Damit die Futterschüssel nicht abgleiten kann, muß man sie mit einer Hand festhalten.) Dem Aufspringen der Katze hat stets das gleiche Handzeichen oder Befehlswort vorauszugehen. Eine Katze, die anfangs vielleicht gehemmt sein sollte, auf die Schulter aufzuspringen, kann man die ersten Male auch einfach sanft hochheben. Springt die Katze ohne Befehlssignal auf die Schulter, nimmt man sie sanft herunter und setzt sie wieder auf den Fußboden. Nach mehreren Tagen wird man damit anfangen, auch außerhalb der Fütterungszeiten die Katze durch Handzeichen oder Wortsignal zum Aufsprung auf die − immer noch in sitzender Position − dargebotene Schulter aufzufordern und anschließend sofort mit kleinen Leckerbissen zu belohnen. Sobald durch tagelanges, täglich mehrmaliges Üben diese Lernstufe erfolgreich gemeistert ist, wird man dazu übergehen, während des Fressens (der Katze auf der Schulter) aufzustehen, und, sobald auch das tagelang geübt wurde und die Katze das Aufstehen offensichtlich nicht mehr als störend empfindet,

schließlich auch dazu, während des Fressens umherzugehen; anfangs langsamer, später immer schneller. Schließlich gibt es zur gewohnten Fütterungszeit keine gefüllte Schüssel auf der Schulter, sondern der Akt des Fressens wird durch sukzessives Reichen einzelner Futtergaben (auf der Schulter) allmählich immer mehr in die Länge gezogen, um die Katze daran zu gewöhnen, längere Zeit auf der Schulter sitzend zu verharren. Immer dann, wenn sie absteigen möchte, wird sie durch Vorhalten eines kleinen Futterstückchens daran gehindert. Springt sie dennoch ab, gibt es anschließend kein Futter mehr; bzw. dieses erst wieder, wenn die Katze nach Aufforderung wieder aufgesprungen ist. Um auch den Zeitpunkt des Abspringens „in den Griff zu bekommen", wird man ein bestimmtes (vom Aufsprungsignal deutlich unterscheidbares, anderes) Signal vorerst immer dann geben, wenn man den Eindruck hat, daß die Katze jetzt von selbst absteigen möchte. Man wird ihr dies auch erleichtern, indem man seine Schulter einem Möbelstück nähert, damit der Absprung nicht aus voller Höhe erfolgen muß. (Nie soll die Katze zwangsweise festgehalten werden.) In einem vorgeschritteneren Stadium kann man − nachdem man die Katze am eigenmächtigen Absprung durch ablenkendes Vorhalten eines Futterbissens für längere Zeit immer wieder erfolgreich gehindert hat − auch dazu übergehen, einen auf das entsprechende Signalangebot hin vollzogenen Absprung kurz zu belohnen, nicht aber einen solchen, der ohne Signal spontan erfolgte. Wenn all das durch vielfache Wiederholungen verläßlich funktioniert, wird man statt Futter zwischendurch auch andere begehrte Handlungs- oder Empfindungsmöglichkeiten als „Belohnungen" einführen, so etwa Streicheln, lobende Worte oder, bei einer apportierspielfreudigen Katze, das Werfen eines Papierknäuels.

Ein zweites typisches Beispiel für ein stufenweise aufgebautes Lehrprogramm stellt das spielerische Erlernen einer Katze, *„auf Befehl durch einen Reifen zu springen",* dar, in der Art, wie es S. und H. Theilig beschreiben. Die Aufgabe wird in die folgenden einzelnen Lernschritte zerlegt (ich zitiere wörtlich): „1. Die Katze wird durch ein tanzendes Papierknäuel veranlaßt hochzuspringen. Sie muß das Papierknäuel in der Luft erhaschen können. Danach sofort loben und streicheln. 2. Beherrscht das Tier die Übung 1, wird das Papierknäuel hoch- und nach vorne gezogen, sodaß die Katze nach oben und im Bogen nach vorn springen muß. Auch hier muß sie am Ende das Papierknäuel erhaschen können. Wieder loben und streicheln. 3. Der Reif wird auf den Boden gestellt und das Papierknäuel durchgezogen (langsame ruckartige Bewegungen). Folgt die Katze, muß sie das Papierknäuel spätestens 50 Zentimeter nach dem Reif greifen können. Sie wird gelobt und erhält zusätzlich einen Happen Lieblingsfutter. 4. Der Reif wird jetzt 10 Zentimeter über dem Boden gehalten. Das Papierknäuel kurz vor der Katze tanzen lassen und in einem Schwung durch den Reif ziehen (nicht zu schnell). Folgt die Katze, muß sie das Papierknäuel sofort erhaschen können, wird gelobt und erhält einen kleinen Happen Lieblingsfutter. So lange üben, bis das Tierchen die Übung beherrscht. 5. Der Reif wird 20 Zentimeter über dem Boden gehalten. Es wird verfahren wie bei der Übung 4. Außer dem Lob erhält die Katze einen Happen Leckerei. 6. Jetzt wird der Reif 30 Zentimeter über dem Boden gehalten. Es wird verfahren wie bei Übung 4 und 5. 7. Beherrscht die Katze diese Übung, lassen Sie nach einigen Versuchen das Papierknäuel weg, nehmen etwas Leckerei in die Hand, lassen die Katze daran riechen und ziehen die Hand durch den Reif zurück. Folgt sie, erhält sie sofort die Leckerei ... "

Wenn man jeweils zu Beginn der erwünschten Handlung ein bestimmtes Lautsignal ausspricht, etwa „allehopp", so wird schließlich nach vollständigem Erreichen des Lernzieles die Katze auf Befehl durch den ihr vorgehaltenen Reifen springen.

Das Lernziel („Auf-Befehl-durch-den-Reifen-Springen" − in unserem Beispiel) wird also zum Erlernen der Gesamtaufgabe anfänglich in mehrere Teilziele zerlegt, die besonders leicht erreichbar sind, damit jeweils sofort belohnt werden kann: a) *spielerisches Hochspringen nach vorausgegangenem akustischen Signal* („Befehlswort") − indem diese Instinkthandlung durch einen Schlüsselreiz aus dem Beutefunktionskreis (den ein tanzendes Papierknäuel bietet) ausgelöst wurde. Nachdem durch vielfältige Wiederholung diese Lernstufe verläßlich sitzt, folgen − jeweils wiederholt geübt und stets belohnt (und immer von dem vorausgehenden Befehlswort begleitet) − die weiteren Teilstufen: b) *hoch- und nach vorne springen;* c) *durch den Reifen laufen;* d) *durch den erhöhten Reifen springen;* und schließlich e) *durch den 30 Zentimeter hoch über den Boden gehaltenen Reifen springen.*

Als Belohnung für richtig ausgeführte Handlungsweisen wird Lieblingsfutter geboten, was voraussetzt, daß man zweckmäßigerweise die Übungszeit jeweils vor der Fütterung ansetzen wird, weil da infolge Hungers die Futter-„Belohnung" am begehrtesten ist. Wenn es sich um eine Katze handelt, die es besonders schätzt, gestreichelt zu werden (nicht alle tun das gleichermaßen), dann kann man auch Streicheleinheiten als Belohnung einsetzen. Da der Schlüsselreiz der Beuteattrappe „tanzendes Papierknäuel" nur dann wirksam sein wird, wenn nicht durch vorheriges Spiel eine vorübergehende zentrale Ermüdung für diese

Instinkthandlung besteht, ist außerdem darauf zu achten, eine aktive Spielphase nach längerer Ruhepause für die Übungen zu nützen bzw. 1 bis 2 Stunden vor den beabsichtigten Übungen Spielgegenstände von der Katze fernzuhalten. Als Übungszeit werden dreimal täglich 8 Minuten und nicht mehr als fünf Übungen hintereinander empfohlen. Auf keinen Fall darf man sich aus Ungeduld dazu hinreißen lassen, auf die Katze laut schimpfend oder anderweitig negativ einzuwirken, wenn sie einmal keine Lust zu der Übung hat oder Angst zeigt oder offenbar nicht sofort begreift, was der Mensch da von ihr will. Die richtig ausgeführte Handlung wird belohnt, die nicht richtig ausgeführte ignoriert. Das Ganze darf niemals einen Zwangscharakter annehmen! Stets ist die Katze zu Abschluß der Übungen zu beloben und zu belohnen, damit ihr dieses „Spielchen" Freude macht. Wenn etwas nicht wunschgemäß klappt, dann denke man nie: „Ist diese Katze aber dumm", sondern stets: „Was habe ich als Lehrer falsch gemacht, daß die Katze nicht so reagiert, wie zu erwarten wäre?"

Die grundlegende Schulungsmethode für solche Dressuraufgaben ist im Prinzip immer dieselbe: ein ruhiges, festes Wortkommando am Anfang, dann das richtige Schlüsselreizangebot, um die erforderliche Instinkthandlung hervorzulocken, und abschließend sofortige Belohnung (zumeist mit einem begehrten Leckerbissen). So kann man Katzen beibringen, auf Befehl zu sitzen, zu betteln, das Futter mit den Pfötchen zu halten, sich auf den Rand einer WC-Muschel zum Urinieren zu hocken, Türen durch Druck auf die Klinke zu öffnen u.v.a.m. Gute Tierlehrer sollen ihre Katze sogar dazu gebracht haben, kleine Lieder auf dem Klavier zu spielen!

Da die Tiere während des Lernens in keine Zwangssituation versetzt werden und nach Vollführen ihres Kunststückchens nicht nur begehrte Belohnung, sondern auch wohlwollende Beachtung erhalten, ist die Verschaffung solcher Erfolgserlebnisse – im an sich reizarmen Milieu einer Stubenkatze – eher als wertvoller Ersatz für die vielfältigen Reize und natürlichen Herausforderungen in der freien Natur anzusehen, denn als unsinnige „Zirkusbravour"!

Ausdrücklich sei jedoch nochmals betont: Wenn sich die Katze weigert, eine erwartete Handlung auszuführen, so bedeutet das entweder, daß sie die Aufgabe noch nicht verstanden hat oder daß der Lehrer es nicht verstanden hat, durch richtiges Reizangebot die entsprechenden Handlungen hervorzulocken, oder aber, daß sie nicht will (nicht in Stimmung oder durch zufällig vorhandene andere Reize oder durch Erinnerung an unangenehme Erfahrungen gehemmt ist). In solchen Fällen ist es besser, die Übungen abzubrechen und vorerst einen Tag lang zu überlegen, wie man die konkrete Lernsituation für das Tier attraktiver gestalten könnte.

Immer ist es zweckmäßig, von Anfang an möglichst viele natürliche Neigungen einer Katze in das Lehrarrangement einzubauen: So lieben Katzen Futter, Wärme, beachtende Zuwendung, Gesellschaft, Streicheln; nicht aber mögen sie laute Geräusche, hastige Bewegungen, direktes Auf-sie-zu-Laufen und Anstarren, Anblasen, Kälte, Wasser. Viele wollen auch nicht hochgenommen werden, andere hingegen schätzen dies. Es ist sehr nützlich, diese und auch andere individuelle Vorlieben und Abneigungen seines Tieres genau zu kennen und in der Lernsituation zu berücksichtigen. Und noch eines: futterbelohnt wird sparsam — je sparsamer, desto wirkungsvoller — und anfangs regelmäßig, später in unregelmäßigen Intervallen und immer seltener, aber gelegentlich mit besonders Begehrtem.

Obgleich man einer reflexologischen und einer behavioristischen Art der Interpretation von Lernvorgängen vom ethologischen Standpunkt aus keinesfalls beipflichten kann (weshalb hier gar nicht darauf eingegangen wurde), so ist es doch nützlich, das reiche pragmatische Wissen der amerikanischen Lernpsychologen praktisch anzuwenden. So hängen erfahrungsgemäß Sicherheit und Geschwindigkeit eines Lehr- und Lernerfolges nicht unwesentlich von der jeweils angewendeten Methodik ab, also vom geschickten Arrangement der Lernbedingungen, von der „taktisch" richtigen Vorgangsweise des Tierlehrers. Da aber an eine Katze bei weitem nicht so hohe Ansprüche an Rapport-Leistungen gestellt werden wie an ein Zirkustier oder an einen abgerichteten Hund und sie als „Nicht-Meutenwesen" auch viel weniger Verständnis (angeborene Voraussetzungen) dafür mitbringt als letzterer, ist hier nicht der Ort, Grundlagen und Methoden einer modernen Dressurlehre weiter zu erörtern. Dies geschah in der neuesten Auflage meines Buches „Der unverstandene Hund".

Die Ausbildung einer Katze zu allerlei „Fertigkeiten" ist, wie man beobachten und selbst erleben kann, ohne Zweifel geeignet, das Band zwischen der Katze und ihrem Pfleger besonders eng zu knüpfen, bzw. die innige Beziehung zwischen dem Tier und seinem vertrauten Menschen zu intensivieren. Doch die Ausführung solcher Vorhaben ist zeitaufwendig und erfordert viel Konsequenz; außerdem ist sie — derzeit und hierzulande — unüblich und wird bekanntlich von vielen für überflüssige Spielerei gehalten. Aus diesem und einigen anderen Gründen möchte ich auch nicht auf weitere praktische Anleitungen zur Abrichtung einer Katze zu diversen Fertigkeiten konkret eingehen, zumal einige (literaturbekannte) in manchen Fällen sehr leicht zur Entstehung unerwünschter Fehlleistungen führen können, wie mir z.B. in zwei Fällen mißglückter Dressur von Katzen, das menschliche WC (statt eines Katzenschüsselchens mit Einstreu) als Ausscheidungsort zu benutzen, bekannt geworden ist. Es bedurfte mühsamer Therapie, die verlorengegangene Stubenreinheit wiederherzustellen.

Wie immer man zur Dressur von Katzen eingestellt sein mag − vielleicht hat man auch nicht genügend Zeit, sich als Lehrer seiner Katze zu versuchen −, die Meisterung e i n e r Lernaufgabe kann aber von praktisch wirklich wichtiger Bedeutung sein (z.B. wenn eine Katze gesucht werden muß), nämlich: *auf Zuruf verläßlich zu kommen.* (Bei der nachfolgend dargestellten Anleitung kann auch kaum etwas entgleisen − im Sinne der Entstehung eines unerwünschten Verhaltens.)

Es sind Katzen bekannt, die aufs Wort gehorchen wie ein Hund. Wenn man sie ruft, geben viele von ihnen sogar Kontaktlaut. So etwas läßt sich natürlich nicht durch Strenge wie beim Hund erzwingen, sondern nur mit Liebe und geduldiger Ausdauer! Dazu wird man zunächst einmal die Katze bei jeder Mahlzeit und Beschäftigung an ihren Namen gewöhnen. Hat die kleine Schülerin begriffen, daß sie Trägerin dieses Namens ist, dann erst wird man das Wort „komm" anfügen. So wird man die Katze rufen und ihr das Futter servieren. Später wird man sie auch zu anderen Tageszeiten rufen und bei richtiger Reaktion immer mit Leckerbissen und Streicheleinheiten belohnen. So z.B. ruft man die Katze zu angenehmen Dingen, wie zum Spielen, zum Hinausdürfen, zum Bürsten (wenn ihr das angenehm ist). Auch das sollte man vorerst nur tun, wenn man sieht, daß Mieze nicht anderweitig besonders engagiert beschäftigt ist oder schlafen möchte. Muß man sie einmal zu weniger Angenehmem herbeirufen, dann sollte man das Herankommen immer zuerst belohnen, ehe man dann − etwa nach einem Spielchen als Zwischenpause − das tut, wozu man das Tierchen eigentlich herbeirufen mußte: eine Türe versperren, die Haare bürsten, ein Medikament eingeben oder was da sonst noch weniger erwünscht, aber notwendig ist. Der Kommandoton darf nie scharf, sondern sollte immer lockend sein, auch dann noch, wenn wir das Kommando mehrmals wiederholen müssen. Eine weitere Lernhilfe ist es, wenn man stets dann, wenn ein Kätzchen spontan auf eine Bezugsperson zuläuft, seinen Namen in Verbindung mit dem Wort „komm" ausspricht und das Tierchen belobt und belohnt, sobald es ganz herangekommen ist.

Bei besonders eigenwilligen Katzenpersönlichkeiten, bei denen es manchmal besonders schwer fällt, ihre Aufmerksamkeit auf Zuruf zu finden, kann man auch zu einer kleinen List Zuflucht nehmen, indem man so einem Tier – ohne daß es das sehen kann – das schon mehrmals erwähnte Aluminiumkettchen so nachwirft, daß es möglichst nahe neben dem Tier landet, um es aufzuscheuchen. In diesem Augenblick der Verunsicherung wird man die Katze dann lockend rufen, worauf sie dann sicher kommen wird, soferne genügend Vertrauensbasis zwischen Katze und Katzenpfleger besteht. Sollte dies nicht der Fall sein, dann ist man ganz sicher ein schlechter Katzenhalter und hat infolge Ungeduld oder Intoleranz in der Katzenerziehung schon viel falsch gemacht! Man sollte dann darüber nachdenken und dieses Buch am besten von Anfang an nochmals gründlich durchstudieren.

Kommt ein Kätzchen nicht herbei, dann wird es ignoriert. Keinesfalls hilft Schelten oder Strafen! Es wäre „pädagogisch ungeschickt", einen Befehl dann zu geben, wenn man mit Sicherheit annehmen kann, daß ihn die Katze nicht befolgen kann, weil sie zu sehr anderweitig in Anspruch genommen ist, etwa mit Fressen, Ruhen oder der Auseinandersetzung mit einem Artgenossen oder einem fremden Hund. Erst wenn in reaktionsbereiteren Situationen das Herankommen auf Zuruf Hunderte Male geübt wurde und wirklich verläßlich funktioniert, kann man es auch in solchen „Ernstfällen" mit Erfolgschancen einsetzen. Das Herbeikommen auf Signal, anfangs nur in der Wohnung geübt, sollte später in einem allseits umfriedeten, der Katze bekannten Hof, später im Freien, in einer der Katze unbekannten, jedoch ruhigen, ungestörten Gegend und schließlich in bekannter Gegend unter Anwesenheit von Störfaktoren oder unter größerer Entfernung trainiert werden (anfangs nach kurzen, später auch nach längeren Intervallen des Auslassens). Wenn es unter vier grundsätzlich verschiedenen Umgebungsbedingungen verläßlich funktioniert, dann darf man hoffen, daß es immer klappt. – Das Wort „immer" sollte man in diesem Zusammenhang allerdings als „relativ" auffassen!

Das „Der-Mutter-Folgen" ist jeder Katze angeboren. Man verlangt also von der Katze nichts Unnatürliches. Gewiß wird diese Verhaltensbereitschaft, wie viele andere kindliche Verhaltenstendenzen, normalerweise bei einer erwachsenen Katze von anderen Verhaltensbereitschaften abgelöst und somit gehemmt bzw. stark vermindert; was aber nicht heißt, daß sie nicht durch Lernakte wieder aktivierbar ist (was unter den in Kapitel 6 dargestellten Gesichtspunkten nicht einmal verwunderlich erscheint). Doch was bei der einen Katze mühelos, ja fast von selbst gelingt, kann bei einer anderen – zumindest anfangs – nahezu unerreichbar erscheinen. Das muß nicht unbedingt für Ungeschicklichkeit des Katzen-

halters sprechen: Es gibt Katzen mit ausgeprägter Neigung, dem Menschen nachzulaufen − fast wie ein Hund −, und andere, die von Natur aus regelrechte Eigen-
brötler sind. Wie hieß doch noch das Kapitel 5? − Jede Katze ist eine Persönlichkeit!

Literaturverzeichnis

ACHTERBERG, H., und METZGER, R., 1978, Untersuchungen zur Ernährungsbiologie von Hauskatzen aus dem Kreis Haldersleben und dem Stadtkreis Magdeburg. Jahresschrift des Kreismuseums Haldersleben **19**, 69−78.

ADAMS, D. K., 1929, Experimental Studies of Adaptive Behaviour in Cats. Comp. Psychol. Monogr. **6**, (1), 1−168.

ADAMS, D., and FLYNN, J., 1966, Transfer of an Escape Response from Tail Shock to Brain-stimulated Attack Behavior. J. Exp. Analysis of Behavior **9**, 401−408.

Akademie der Wissenschaften der UdSSR, 1964, Methoden der Erforschung typologischer Besonderheiten der höheren Nerventätigkeit der Tiere. Nauka-Verlag, Moskau−Leningrad.

ALTHAUS, Th., 1977, Tiger und Hunde − Ein Beitrag zum Thema Dressur. Schweiz. Hundesp. **93**, (21), 755−767.

ALTMANN, D., 1969, Harnen und Koten bei Säugetieren. Neue Brehm Bücherei. Ziemsen, Wittenberg.

ANDERSON, R. S., und MEYER, H., (Hrsg.), 1984, Ernährung und Verhalten von Hund und Katze. Schlütersche Verlagsanstalt, Hannover.

ANGERMEIER, W. F., und PETERS, M., 1973, Bedingte Reaktionen. Springer, Berlin.

APPS, P. J., 1986, Home Ranges of Feral Cats on Dassen Island. J. Mammology **67**, 199−200.

ARBEITER, K., und WINDING, W., 1977, Zur Behandlung der Lactatio sine graviditate und von Milchstauungen im Anschluß an die Geburt mit dem Antiprolaktin 2-Br-a-ergocriptin. Kleint. Prax. **22**, 271 ff.

ARNOLD, O. H., und HOFF, H., 1962, Neuroleptica, Tranquilizer und Antidepressiva. Brüder Hollinek, Wien.

BAERENDS van ROON, J. M., and BAERENDS, G. P., 1979, The Morphogenesis of the Behaviour of the Domestic Cat. North Holland Publ. Co., Amsterdam.

BALI, R., und HÖRMEYER, J., 1986, Eine chirurgische Behandlungsmöglichkeit des Harnspritzens bei kastrierten Katern. Kleint. Prax. **31**, 313−364.

BARON, A., STEWART, C. N., and WARREN, J. M., 1957, Patterns of Social Interaction in Cats − Katzenrangordnungen. Behaviour **11**, 56−66.

BARRETT, P., and BATESON, P., 1978, The Development of Play in Cats. Behaviour **66**, 106−120.

BASTOCK, M., 1969, Das Liebeswerben der Tiere. G. Fischer, Stuttgart.

BASTOCK, M., MORRIS, D., and MOYNIHAN, M., 1953, Some Comments on Conflict and Thwarting in Animals. Behaviour **6**.

BATESON, P., MARTIN, P., and YOUNG, M., 1981, Effects of Interrupting Cat-mother's Lactation with Bromocriptine on the Subsequent Play of their Kittens. Physiology and Behaviour **27**, 841−845.

BATESON, P., and YOUNG, M., 1981, Separation from Mother and Development of Play in Cats. Animal Behaviour **29**, 179−180.

BEACH, F., 1948, Hormones and Behaviour. Paul B. Haeler Inc., New York−London.

BEACH, F. A., and JAIMES, J., 1954, Affects of Early Experience upon the Behaviour of Animals. Psychol. Bull. **51**, 240−263.

BEADLE, M., 1977, The Cat (History, Biology, Behaviour). Collins and Harvill Press, London.

BEAVER, B. V., 1980, Veterinary Aspects of Feline Behavior. C. V. Mosby Co., St. Louis—Toronto.

BECK, A. M., 1983, Animals in the City. In: KATCHER, A. H., and BECK, A. M., (Hrsg.), New Perspectives on our Lives with Companion Animals, Univ. of Pennsylvania Press, Philadelphia.

BECKER-CARUS, Ch., BUCHHOLTZ, Ch., ETIENNE, A., FRANK, D., MEDIONI, J., SCHÖNE, H., SEVENSTER, P., STAMM, R. A., und TSCHANZ, B., 1972, Motivation, Handlungsbereitschaft, Trieb. Z. Tierpsychol. **30**, 321—326.

BETZ, W., 1927, Zur Psychologie der Tiere und des Menschen. J. A. Barth, Leipzig.

BLACKSHAW, J. K., 1985, Behavioral Problems of Cats (II). Austral. Vet. Pract. **15**, (4), 164—168.

BOCH, J., 1960, Tierarzt und moderne Verhaltensforschung. Tierärztl. Umschau **1**, (11).

BOOTH, N. H., and MC DONALD, L. E., 1982, Veterinary Pharmacology and Therapeutics. The Iowa State Univ. Press, Ames, Iowa.

BOPP, J., 1954, Schwanzfunktionen bei Säugetieren. Rev. Suisse Zool. **1**.

BORCHELT, P. L., and VOITH, V. L., 1982, Diagnosis and Treatment of Elimination Behavior Problems in Cats. Vet. Clin. North Am. Small Animal Practice **12**, 673—681.

BORKENHAGEN, P., 1979, Zur Nahrungsökologie streunender Hauskatzen aus dem Stadtbereich Kiel. Z. Säugetierkunde **44**, 375—383.

BROWN, R. E., and MACDONALD, D. W., 1985, Social Odors in Mammals. Oxford Univ. Press, London.

BRÜGGER, M., 1943, Freßtrieb als hypothalamisches Symptom. Helv. Physiol. Acta I, 183—198.

BRUMMER, H., 1965, Beobachtungen zum Fluchtverhalten der Hauskatze. Kleint. Prax. **10**, 201 ff.

BRUMMER, H., 1966, Tierpsychologisch-klinische Beobachtungen bei der Behandlung von Katzen. Kleint. Prax. **11**, 77—90.

BRUMMER, H., 1970, Psychosomatische Störungen und Erkrankungen bei Tieren (IV. Harn- und Geschlechtsapparat). Dtsch. tierärztl. Wschr. **77**, 180 ff.

BRUMMER, H., 1973, Psychosomatische Störungen und Erkrankungen bei Tieren (V. Haut, Nervensystem, Blut und Stoffwechsel). Dtsch. tierärztl. Wschr. **80**, 52—55.

BRUMMER, H., 1974, Zur Terminologie von Verhaltensstörungen. Tierärztl. Umschau **12**, (74), 694 ff.

BRUMMER, H., 1976, Verhaltensstörungen und ihre Tierschutzrelevanz. Fortschr. Vet. Med. H. 25:11. Kongreßber., 53—60.

BRUMMER, H., 1985, „Verhaltensgerechter Umgang" und „Verhaltensstörungen". In: KRAFT, W., und DÜRR, U. M., (Hrsg.), Katzenkrankheiten, 29—38 und 513—522, 2. Aufl., Schaper, Hannover.

BRUMMER, H., und EIKMEIER, H., 1967, Psychosomatische Erkrankungen und Störungen bei Tieren. Dtsch. tierärztl. Wschr. **74**, (17), 433—434, **74**, (18), 455—460, und **75**, (18), 456—463.

BRUN, R., 1952, Allgemeine Neurosenlehre. Schwabe, Basel.

BRUN, R., 1955, Die biologischen Grundlagen der Übertragung. Acta Psychotherapeutica **3**, 1 ff.

BRUNNER, F., 1959, Über die praktische Verwertbarkeit der Forschungsergebnisse der modernen Tierpsychologie in der Veterinärmedizin und die Notwendigkeit der Intensivierung diesbezüglicher Forschungen. Wr. tierärztl. Mschr. **46**, 339—348.

BRUNNER, F., 1960, Praktische Erprobung verschiedener Tranquilizer und Sedativa bei Katzen. Wr. tierärztl. Mschr. **47**, 180—183.

BRUNNER, F., 1962, Die Bedeutung der modernen Verhaltensforschung für praktische Fragen des Alltags und der Tierhaltung sowie für die Zoologie, Psychologie, Medizin und Tiermedizin. Kleint. Prax. **7**, 157.

BRUNNER, F., 1969, Die Anwendung von Ergebnissen der vergleichenden Verhaltensforschung in der Kleintierpraxis (Beiträge zur Verhaltenspathologie des Hundes und der Katze). Z. Tierpsychol. **26**, 129−165.

BRUNNER, F., 1969, Notizen zur Verhaltenspathologie (1. bis 7. Mitteilung). Kleint. Prax. **14**, (4), 111−118, und **14**, (6), 162−178.

BRUNNER, F., 1970, Ein Fall von Verlust der Stubenreinheit selten vorkommender Aetiologie. Wr. tierärztl. Mschr. **57**, 253.

BRUNNER, F., 1980, Akupunktur für Tierärzte − Akupunktur der Kleintiere. WBV-Biol. Medizin. Verlag, Schorndorf.

BRUNNER, F., 1981, Akupunktur in der Geburtshilfe. Dtsch. Z. Akup. **24**, 50−55.

BRUNNER, F., 1988, Der unverstandene Hund. 4. Aufl., Neumann-Neudamm, Melsungen.

BRUNNER, F., und HLAVACEK, K., 1976, Die Katze richtig verstanden. Gerspach & Sohn, München.

BRUNNER, F., und HLAVACEK, K., 1978, Wie sag ich's meiner Katze. Fischer Taschenbuch 3009. Fischer, Frankfurt.

BUBNA-LITTITZ, H., und PAV, E., 1983, Physiologische Aspekte des Schmerzes. Wr. tierärztl. Mschr. **70**, (4), 115−121.

BUCHHOLTZ, Ch., 1953, Untersuchungen über das Farbensehen der Hauskatze. Z. Tierpsychol. **9**, 463−470.

BUCHHOLTZ, Ch., 1973, Das Lernen bei Tieren. G. Fischer, Stuttgart.

BÜRGER, M., 1964, Beobachtungen an Wildkatzen des Magdeburger Zoos. Milu, wiss. u. kult. Mitteilg. aus dem Tierpark Berlin **1**, (5), 286−288.

BÜRGER, M., 1987, Lexikon der Katzenhaltung. Landbuchverlag, Hannover.

BYKOW, K. M., 1953, Großhirnrinde und innere Organe. Verlag Volk und Gesundheit, Berlin.

CARO, T. M., 1979, Relations between Kitten Behavior and Adult Predation. Z. Tierpsychol. **51**, 158−168.

CARO, T. M., 1980, Effects of the Mother Object Play and Adult Experience on Predation in Cats. Behavioral and Neural Biology **29**, 29−51.

CECCHERELLI, F., AMBROSIO, F., GIUSTI, P., FERLIN, R., BORSATO, N., und ZANARDI, L., 1981, Über die Veränderungen des Prolaktinspiegels nach Akupunkturstimulation. Dtsch. Z. Akup. **24**, 56−58.

CONRAD, D., 1978, Katzen A − Z. F. Schneider, München.

COOPER, K., 1960, The Significance of Past Sexual Experience in the Reappearance of Sexual Behavior in Castrated Male Cats Treated with Testosteron Propionate. M. Sc. Thesis, New York, Univ., N. Y.

COOPER-GAY, M., 1960, Umgang mit Katzen. A. Müller, Rüschlikon−Zürich.

CORBETT, L. K., 1983, Feeding Ecology and Social Organisation of Wildcats (Felis silvestris) and Domestic Cats (Felis catus). In: Scotland Poster, 18th Int. Ethological Conf., Brisbane, 19. IIX. − 6. IX. 1983.

CORRELL, W., 1975, Lernen und Verhalten. Fischer Taschenbuchverlag, Frankfurt.

CORSON, S. A., CORSON, E. O., ARNOLD, L. E., and KNAPP, W., 1976, in: SERGAN, G., and KIND, A., (Hrsg.), Animal Models in Human Psychobiology, Plenum Press, New York.

CROFT, Ph. G., 1962, The EEG in Diagnosis of Nervous Diseases. J. Small Anim. Pract. **3**, 205−213.

CURTIS, P., 1981, Die Wohnungskatze. A. Müller, Rüschlikon−Zürich.

CYBIK, M., und STEPHAN, E., 1987, Ethologische Aspekte bei der Haltung von Hauskatzen. Vortrag bei der 19. Internat. Arbeitstagung f. angewandte Ethologie, 19.−21.11.1987 in Freiburg (in Druck).

385

DARDS, J. L., 1978, Home Ranges of Feral Cats in Portsmouth Dockyard. Carnivore Genetics Newsl. **3**, 242−255.

DARDS, J. L., 1983, The Behaviour of Dockyard Cats: Interactions of Adult Males. Applied Animal Ethology **10**, 133−153.

DAWKINS, M., 1976, Towards an Objective Method of Assessing Welfare in Domestic Fowl. Applied Animal Ethology **2**, 245.

DAWKINS, M., 1982, Leiden und Wohlbefinden bei Tieren. E. Ulmer, Stuttgart.

1. DEKZV. e. V. (Hrsg.), Katzenrassen − Weltstandard. Eigenverl. d. 1. DEKZV. e. V., Wiesbaden.

DEMBROWSKY, J., 1955, Tierpsychologie. Akademieverlag, Berlin.

DEXLER, H., 1909, Symptomatologie psychotischer Erkrankungen. Dtsch. tierärztl. Wschr. **5**.

DICKINSON, A., 1980, Contemporary Animal Learning Theory. Cambridge Univ. Press, Cambridge.

EBBECKE, H., 1959, Physiologie des Bewußtseins in entwicklungsgeschichtlicher Betrachtung. G. Thieme, Stuttgart.

EHRMANN, L., and PARSONS, P. A., 1976, The Genetics of Behavior. Sinaner Ass. Inc., Sunderland, Mass.

EIBL-EIBESFELDT, I., 1986, Grundriß der vergleichenden Verhaltensforschung − Ethologie. 7. Aufl., R. Piper, München.

ERMISCH, A., 1985, Gehirne und Gefühle − naturwissenschaftliche Erkenntnisse über Emotionen und Motivationen. Urania-Verlag, Leipzig.

EWER, R. F., 1959, Suckling Behaviour in Kittens. Behaviour **15**, 146−162.

EWER, R. F., 1976, Ethologie der Säugetiere. P. Parey, Berlin−Hamburg.

EWERT, J. P., 1976, Neuro-Ethologie (Einführung in die neurophysiologischen Grundlagen des Verhaltens). Heidelberger Taschenbuch 181. Springer, Heidelberg−Berlin−New York.

EYSENCK, H. J., 1960, Behaviour Therapy and Neuroses. Pergamon Press, London.

FAGEN, R. M., 1984, Population Structure and Social Behavior in the Domestic Cat (Felis catus). Carnivore Genetics Newsl. **3**, 276−281.

FEAVER, J., MENDL, M., and BATESON, P. G., 1986, A Method for Rating the Individual Distinctiveness of Domestic Cats. Animal Behaviour **34**, 116−125.

FESTETICS, A., 1968, Grundriß der vergleichenden Verhaltenslehre. Wr. tierärztl. Mschr. **55**, 553−561.

FESTETICS, A., 1980, Der Luchs in Europa. Kilda, Greven.

FIEDELMEIER, L., 1966, Die Familienkatze. Lehrmeister B., A. Philler, Minden.

FIEDLER, W., 1957, Beobachtungen zum Markierungsverhalten einiger Säugetiere. Z. Säugetierkunde **22**, 57−76.

FISCHEL, W., 1953, Methoden der tierpsychologischen Forschung. H. Bouvier & Co., Bonn.

FISCHEL, W., 1954, Kleine Tierseelenkunde. Dalp Taschenbuch 302. L. Lehnen, München, und A. Franke, Bern.

FOX, M. W., (Hrsg.), 1968, Abnormal Behaviour in Animals. W. B. Saunders & Co., London.

FOX, M. W., 1969, Behavioral Effects of Rearing Dogs with Cats during the Critical Period of Socialisation. Behaviour **35**, 273−280.

FOX, M. W., 1971, Towards a Comparative Psychopathology. Z. Tierpsychol. **29**, 416−437.

FOX, M. W., 1975, The Behaviour of Cats. In: HAFEZ, E. S., (Hrsg.), The Behaviour of Domestic Animals, 3. Aufl., Williams and Wilkins, Baltimore.

FOX, M. W., 1976, Versteh deine Katze. 2. Aufl., A. Müller, Rüschlikon−Zürich.

FRANKHAUSER, R., 1976, Verhaltensstörungen bei organischen Hirnprozessen. Fortschr. Vet. Med. H. 25: 11. Kongreßber., 49−52.

FRAUCHIGER, E., 1945, Seelische Erkrankungen bei Mensch und Tier. Huber, Bern.

FRAUCHIGER, E., 1957, Grundriß zu einer vergleichenden Psychopathologie des Menschen und der Tiere. Z. Menschenkunde **21**, 48−75.

FREUDIGER, U., und BÜRKI, F., 1965, Der Virusschnupfen der Katze. Kleint. Prax. **10**, 61−64.

FREYE, E., und SCHENK, G., 1982, Die praktische Bedeutung endogener Opiate (Endorphine). Anästh. Intensivmed. **23**, 280−290.

FRIEDMANN, E., KATCHER, A. H., EATON, M., and BERGER, B., 1984, Pet Ownership and Psychological Status. In: ANDERSON, R. K., HART, B. L., and HART, L. A., (Hrsg.), The Pet Connection: Its Influence on our Health and Quality of Life, Univ. of Minnesota Press, Minneapolis.

FUCHS, W. R., 1969, Knaurs Buch vom neuen Lernen. Droemersche Verlagsanstalt, München.

FULLER, J. L., and THOMPSON, Th., 1964, Behaviour Genetics. Wiley & Sons, New York−London.

GALLO, P. V., WERBOFF, J., and KNOX, K., 1984, Development of Home Orientation in Offspring of Protein-restricted Cats. Developmental Psychobiology **17**, 437−449.

GÄRTNER, K., 1970, Beziehungen zwischen endokrinem System und soziologischen Situationen bei Massentierhaltung. Ber. d. 8. Kongr. d. Dtsch. Veterinärmed. Gesellsch., P. Parey, Berlin−Hamburg.

GÄRTNER, K., KÜPPER, W., und MAESS, J., 1976, Zum artgemäßen Bewegungsbedürfnis der Versuchstiere (Maus, Ratte, Meerschweinchen, Kaninchen, Hund, Katze). Fortschr. Vet. Med. H. 25: 11. Kongreßber., 130−138.

GEERING, K., 1986, Der Einfluß der Fütterung auf die Katze-Mensch-Beziehung. Diplomarbeit, Zoolog. Inst. d. Univ. Zürich−Irchel.

GEIGER, R., 1951, Das Klima der bodennahen Luftschicht. (Ein Lehrbuch der Mikroklimatologie.) Fr. Vieweg & S., Braunschweig.

GEORGE, W. G., 1978, Domestic Cats as Density Independent Hunters and „Surplus Killers". Carnivore Genetics Newsl. **3**, 282−287.

GÖTZE, K., KUBICKI, St., DÜRING, W. v., KOFES, A., 1959, Über das EEG bei gesunden und kranken Tieren. Kleint. Prax. **5**, 97−120.

GRAUVOGL, A., 1972, Tierschutz aus der Sicht der modernen Verhaltensforschung. Kleint. Prax. **17**, 181−193.

GRAUVOGL, A., 1983, Zum Begriff des Leidens. Prakt. Tierarzt **64**, 36−39.

GRAY, J. A., 1981, The Neuropsychology of Anxiety: An Enquiry into the Function of the Septo-hippocampal System. Oxford Univ. Press, Oxford.

GRIFFIN, D. R., 1976, The Question of Animal Awareness. Rockefeller Univ. Press, New York.

GRIFFIN, D. R., 1985, Wie Tiere denken. BLV, München.

GROSSMANN, K. E., 1984, Das Tier als Modell: Biologische und Psychologische Verhaltensforschung. In: STAMM, R. A., (Hrsg.), Tierpsychologie, Beltz, Weinheim−Basel.

GRZIMEK, B., 1949, Die „Radfahrerreaktion". Z. Tierpsychol. **6**.

GUTTMANN, G., 1982, Lehrbuch der Neuropsychologie. Huber, Bern.

GUTTMANN, G., PREDOVIC, M., ZEMANEK, M., 1983, Einfluß der Heimtierhaltung und die soziale Kompetenz bei Kindern. In: IEMT-Dokumentation „Die Mensch-Tier-Beziehung", Wien.

HAFEZ, E. S., 1969, The Behaviour of Domestic Animals. Bailliere, Tindall and Cassell, London (dort zahlreiche weitere Angaben über wissenschaftliche Verhaltensanalysen bei Katzen).

HALTENORTH, Th., 1957, Die Wildkatze. Neue Brehm Bücherei 189. Ziemsen, Wittenberg.

HAPKE, H. J., 1969, Ein pharmakologisch begründetes System der Psychopharmaka in der Veterinärmedizin. Tierärztl. Umschau **24**, 315−322.

HARBAUER, H., LEMPP, R., NISSEN, G., und STRUNK, R., 1971, Lehrbuch der speziellen Kinder- und Jugendpsychiatrie. Springer, Berlin.

HART, B. L., 1974, Behavioral Effects of Long Acting Progestines. Feline Pract. **4**, (4), 8−11.

HART, B. L., 1975, Spray Behavior. Feline Pract. **5**, (4), 11−13.

HART, B. L., 1977, Urine Spraying in Cats. Current Vet. Th. VI, Saunders Co., N. Y.

HART, B. L., 1980, Objectionable Urine Spraying and Urine Marking in Cats: Evaluation of Progestin Treatment in Gonadectomiced Cats. J. Am. Vet. Med. Ass. **177**, 529−533.

HART, B. L., 1981, Olfactory Traktotomy for Control of Objectionable Urine Spraying and Urine Marking Cats. J. Am. Vet. Med. Ass. **179**, 231−234.

HART, B. L., and COOPER, L., 1984, Factors Relating to Urine Spraying and Fighting in Prepubertally Gonadectomiced Cats. J. Am. Vet. Med. Ass. **184**, 1255−1258.

HART, B. L., and HART, L. A., 1984, Selecting the Best Companion Animal: Breed and Gender Specific Behavioral Profiles. In: ANDERSON, R. K., HART, B. L., and HART, L. A., (Hrsg.), The Pet Connection: Its Influence on our Health and Quality of Life, Univ. of Minnesota Press, Minneapolis.

HART, B. L., and HART, L. A., 1985, Canine and Feline Behavioral Therapy. Lea & Febiger, Philadelphia.

HART, B. L., and VOITH, V. L., 1978, Changes in Urine Spraying, Feeding and Sleep Behavior of Cats Following Medial Preoptic Anterior Hypothalamic Lesions. Brain Res. **145**, 406−409.

HASSENBERG, L., 1965, Ruhe und Schlaf bei Säugetieren. Neue Brehm Bücherei, Ziemsen, Wittenberg.

HASSENSTEIN, B., 1969, Biologie des Lernens. Der Lernprozess. Herder, Freiburg−Basel−Wien.

HASSENSTEIN, B., 1980, Instinkt, Lernen, Spielen, Einsicht − Einführung in die Verhaltensbiologie. R. Piper, München.

HEDIGER, H., 1934, Über Bewegungsstereotypien bei gehaltenen Tieren. Rev. Suisse Zool. **41**, 349−356.

HEDIGER, H., 1940, Über die Angleichungstendenz. Naturwiss. **20**, 28.

HEDIGER, H., 1946, Zum Raum-Zeit-System der Tiere. Schweiz. Z. Psychol. Anwend. **5**.

HEDIGER, H., 1954, Skizzen zu einer Tierpsychologie in Zoo und Zirkus. Europaverlag, Stuttgart.

HEDIGER, H., 1959, Die Angst. Studien aus dem C. G. Jung-Institut Zürich. Bd. X. Rascher Verlag, Zürich.

HEDIGER, H., 1959, Wie Tiermütter ihre Jungen tragen. Schweizer Jahrbuch „Die Ernte" **3**.

HEDIGER, H., 1965, Man as a Social Partner of Animals and vice versa. Symp. Zool. Soc. London **14**, 291−300.

HEDIGER, H., 1967, Verstehens- und Verständigungsmöglichkeiten zwischen Mensch und Tier. Schweiz. Z. Psychol. Anwend. **26**, 234−255.

HEDIGER, H., 1980, Tiere verstehen. Kindler, München.

HEDIGER, H., 1984, Zur Frage des Selbstbewußtseins beim Tier. In: STAMM, R. A., (Hrsg.), Tierpsychologie, Beltz, Weinheim−Basel.

HEIMBURGER, N., 1958, Das Markierungsverhalten einiger Caniden. Z. Tierpsychol. **18**, 265−284.

HERRE, W., 1984, Sprache bei Tieren und Menschen. In: „Studium Generale", Tierärztl. Hochschule Hannover, Vorlesg. z. Thema Mensch und Tier, Wintersem. 1982/83, Schaper, Hannover.

388

HERRE, W., und RÖHRS, M., 1973, Haustiere zoologisch gesehen. G. Fischer, Stuttgart.

HESS, E. H., 1985, Das Auge der Katze. In: Die Mensch-Tier-Beziehung, Internat. Sympos. 1983, IEMT-Selbstverlag, Wien.

HESS, W. R., 1943, Das Zwischenhirn als Koordinationsorgan. Helv. Physiol. Acta I, 549−565.

HESS, W. R., 1949, Das Zwischenhirn. Schwabe, Basel.

HESS, W. R., 1962, Psychologie in biologischer Sicht. G. Thieme, Stuttgart.

HESS, W. R., 1968, Hypothalamus und Thalamus. G. Thieme, Stuttgart.

HESS, W. R., und BRÜGGER, M., 1943, Das subkortikale Zentrum der affektiven Abwehrreaktion. Helv. Physiol. Acta I, 33−52.

HINDE, R. A., 1973, Das Verhalten der Tiere. Suhrkamp, Frankfurt a. M.

HOERLEIN, B. F., 1971, Canine Neurology. 2. Aufl., W. B. Saunders & Co., Philadelphia−London.

HOFFMEISTER, F., and WUTTKE, W., 1969, On the Actions of Psychotropic Drugs on the Attack- and Aggressive-defense Behaviour of Mice and Cats. Proc. Symp. Biol. of Aggressive Behaviour, Milan, May 1968, 273−280.

HOFSTÄTTER, P. R., 1957, Psychologie. Fischer Lexikon Bd. 6. Fischer, Frankfurt.

HOLLING, W., 1964, Meteorotrope Krankheiten bei Haustieren. Vet. Diss., Gießen.

HOLZAPFEL, M., 1938, Über Bewegungsstereotypien bei gehaltenen Säugern, I. Mitteilung: Bewegungsstereotypien bei Caniden und Hyena. Z. Tierpsychol. 2, 46−72.

HOTOVY, R., 1957, Die Neuroplegica und ihre psychopharmakologische Prüfung. E. Merck's Jahresberichte 1956/57, LXX, (1), 1−19.

HOTOVY, R., und KAPF-WALTER, J., 1960, Die pharmakologischen Eigenschaften des Perphenacinsulfoxyds. Arzneim.-Forsch. 10, 638ff.

HUE, J. L., 1984, Katzen. Marion v. Schröder Verlag, Düsseldorf.

HULL, C. L., 1943, Principles of Behavior. Appleton-Century-Crofts, New York.

HUNSPERGER, R. W., 1962, Neurophysiologische Mechanismen des Abwehr-, Angriffs- und Fluchtverhaltens bei der Katze. Bull. Schweiz. Akad. Med. Wiss. 18, 216−224.

HUSSEL, L., 1949, Beitrag zur Physiologie des Schnurrens der Hauskatze. Diss. d. Vet. Med. Fak. Univ., Leipzig.

HUSSEL, L., 1956, Das Schnurren der Hauskatze. Urania (Berlin) 19, 36−39.

HUTH, A., 1956, Persönlichkeitsdiagnose. Dalp-Taschenbuch. A. Franke, Bern.

IMMELMANN, K., 1979, Einführung in die Verhaltensforschung. Pareys Studientexte 13. 2. Aufl., P. Parey, Berlin−Hamburg.

IMMELMANN, K., 1982, Wörterbuch der Verhaltensforschung. P. Parey, Berlin−Hamburg.

INHELDER, E., 1961, Reaktive Verhaltensstörungen bei Tieren. Schweiz. Z. Psychol. Anwend. 20, 310.

INHELDER, E., 1962, Skizzen zu einer Verhaltenspathologie reaktiver Störungen bei Tieren. Schweiz. Arch. Neurol. Neurochir. Psychiatr. 89, 276.

IWANOW-SMOLENSKI, A. J., 1954, Grundzüge der Pathologie der höheren Nerventätigkeit. Akademieverlag, Berlin.

JAEKEL, J., 1976, Wirkungen von Psychopharmaka auf soziales und individuelles Verhalten von Tieren. Fortschr. Vet. Med. H. 25: 11. Kongreßber., 61−65.

JANSSEN, A. J., 1961, Vergleichende pharmakologische Daten über 6 neue basische 4'Fluorobutyrophenon-Derivate. Arzneim.-Forsch. 11, 810−825.

JÖHNSSEN, G., 1986, Physiologische Verhaltensweisen der Katze. Tierärztl. Prax. 14, 533.

KAPLAN, E. M., 1986, Katzenerziehung leicht gemacht. A. Müller, Rüschlikon−Zürich.

KARSH, E. B., 1983, The Effects of Early Handling on the Development of Social Bonds between Cats and People. In: KATCHER, A., and BECK, A., (Hrsg.), New Perspectives on our Lives with Companion Animals, Univ. of Pennsylvania Press, Philadelphia.

KARSH, E. B., 1984, Factors Influencing the Socialisation of Cats to People. In: ANDERSON, R. K., HART, B. L., and HART, L. A., (Hrsg.), The Pet Connection: Its Influence on our Health and Quality of Life, Univ. of Minnesota Press, Minneapolis.

KATZ, D., und TOLL, A., 1923, Die Messung von Charakter- und Begabungsunterschieden bei Tieren. Z. Psychol. **93**.

KEHRER, A., und STARKE, P., 1975, Erfahrungen über die Zucht, Aufzucht und Haltung von Katzen für Versuchszwecke unter konventionellen Bedingungen. Tierärztl. Wschr. (Berlin u. München) **88**, 101−106.

KERBY, G., 1984, Small Cats. In: MACDONALD, D., (Hrsg.), The Encyclopaedia of Mammals, Allen and Urwin, London.

KILOH, L. G., GYE, R. S., et al., 1974, Stereotactic Amygdaloidotomy for Aggressive Behavior. J. Neurol. Neurosurg. Psychiatr. **XXXVII**, (4), 437−444.

KLEEMANN, G., 1968, Manege frei. (Die „weiche" Tierdressur.) Kosmos, Franckh'sche Verlagshandlung, Stuttgart.

KLEEMANN, G., 1980, Erlebnisse mit Katzen. Kosmos-Katzenbibliothek. Franckh'sche Verlagshandlung, Stuttgart.

KLEINSORGEN, A., BRANDENBURG, Ch., und BRUMMER, H., 1975, Untersuchungen über den Einfluß von Zwangsmaßnahmen auf Blutparameter bei der Hauskatze. Tierärztl. Wschr. (Berlin u. München) **89**, 358−360.

KLEMM, W. R., 1969, Animal Electroencephalography. Academic Press, New York−London.

KLESS, H., 1958, Psychotrope Substanzen. Arzneim.-Forsch. **8**, 624−631.

KLEVER, U., 1985, Knaurs Großes Katzenbuch. Droemersche Verlagsanstalt, München.

KLING, A., KOVACH, J. K., and TUCKER, T. J., 1969, The Behaviour of Cats. In: HAFEZ, E. S., (Hrsg.), The Behaviour of Domestic Animals, 2. Aufl., Bailliere, Tindall and Cassell, London.

KMENT, A., und HOFECKER, G., 1976, Verhaltensphysiologie. In: SCHEUNERT, A., und TRAUTMANN, A., (Hrsg.), Lehrbuch der Veterinärphysiologie, P. Parey, Berlin−Hamburg.

KMENT, A., und LEIBETSEDER, J., 1959, Verhaltensphysiologische Studien an Ratten nach LSD-Verabreichung. Zentralblatt Vet. Med. **X**, (9), 877−878.

KOBER, U., 1968, Zur Diagnose und Therapie epileptiformer Krampfanfälle bei Hund und Katze. Kleint. Prax. **13**, 166−169.

KOEHLER, O., 1949, Zählende Vögel und vorsprachliches Denken. Zool. Anz. Suppl. **13**, 129−138.

KOEHLER, O., 1952, Vom unbenannten Denken. Zool. Anz. Suppl. **16**, 202−211.

KONRAD, K. W., and BAGSHAW, M., 1970, Effects of Novel Stimuli on Cats Reared in a Restricted Environment. J. Comp. Physiol. Psychology **70**, 157−164.

KRAFT, W., und DÜRR, U. M., 1985, Katzenkrankheiten. 2. Aufl., Schaper, Hannover.

KRAWARIK, F., 1960, Emotionelle Tränensekretion bei Rindern. Wr. tierärztl. Mschr. **47**, 318−322.

KRETSCHMER, E., 1947, Medizinische Psychologie. G. Thieme, Stuttgart.

KRETSCHMER, E., 1958, Hysterie, Reflex und Instinkt. G. Thieme, Stuttgart.

KRUSHINSKY, L. V., 1962, Animal Behaviour. Consultant Bureau, New York.

KÜGLER, H., 1972, Medizin-Meteorologie nach Wetterphasen. Lehmanns Verlag, München.

KUO, Z. Y., 1930, The Genesis of the Cats Responses of the Rat. J. Comp. Psychol. **11**.

KUO, Z. Y., 1960, Studies on the Basic Factors in Animal Fighting. J. Genet. Psychol. **96**, 201–239, and **97**, 181–225.

KUPALOW, P. S., 1952, Über experimentelle Neurosen bei Tieren. Pawlow Z. **2**, 607–628.

KURTSIN, I. T., 1968, „Pawlow's Concept of Experimental Neurosis" and „Physiological Mechanism of Behaviour Disturbances and Corticovisceral Interrelations". In: FOX, M. W., (Hrsg.), Abnormal Behaviour in Animals, 77–106 und 107–128, W. B. Saunders & Co., London.

LAPRAS, M., 1977, Proc. 6th World Congr. World Small Anim. Ass. Post Academish Obderwijs Publikatie **3**, 129–130.

LAWRENCE, C. E., 1981, Individual Differences in the Mother-kitten Relationship in the Domestic Cat. Ph. D.-thesis, Univ. of Edinburgh.

LEHMANN, F. E., (Hrsg.), 1858, Gestaltungen sozialen Lebens bei Tier und Mensch. Sammlg. Dalp. A. Franke, Bern.

LEIBETSEDER, J., 1966, Richtlinien für die moderne Ernährung von Hund und Katze. Wr. tierärztl. Mschr. **53**, 40–50.

LEIDL, W., 1958, Klima und Sexualfunktion männlicher Haustiere. Schaper, Hannover.

LEVINSON, L. M., 1963, Pets Help Disturbed Children. Science News Letter **84**, 167.

LEYHAUSEN, P., 1954, Die Entdeckung der relativen Koordination: Ein Beitrag zur Annäherung von Physiologie und Psychologie. Stud. Generale **7**, 45–60.

LEYHAUSEN, P., 1956, Über die unterschiedliche Entwicklung einiger Verhaltensweisen bei den Feliden. Säugetierkdl. Mitt. **4**, 123–125.

LEYHAUSEN, P., 1962, Domestikationsbedingte Verhaltenseigentümlichkeiten der Hauskatze. Z. Tierzucht u. Züchtungsbiolog. **77**, 191–197.

LEYHAUSEN, P., 1965, Über die Funktion der relativen Stimmungshierarchie. Z. Tierpsychol. **22**, 412–494.

LEYHAUSEN, P., 1967, Biologie von Ausdruck und Eindruck (Teil I). Psychol. Forschg. **31**, 113–176.

LEYHAUSEN, P., 1967, Sexual Behaviour in Mammals: Recognition, Choice, Selection, Causation. Pengin Science Survey, Biology N. F. 2687.

LEYHAUSEN, P., 1973, Verhaltensstudien an Katzen. 3. Aufl., P. Parey, Berlin–Hamburg.

LEYHAUSEN, P., 1982, Katzen – eine Verhaltenskunde. 6. Aufl., P. Parey, Berlin–Hamburg (dort auch viele weitere Literaturangaben über wissenschaftliche Untersuchungen des Verhaltens von Katzen).

LEYHAUSEN, P., 1985, Überliefertes Bild der Katze: Spiegelung des Menschen? In: Die Mensch-Tier-Beziehung, Internat. Sympos. 1983, IEMT-Selbstverlag, Wien.

LEYHAUSEN, P., und WOLFF, R., 1959, Das Revier der Hauskatze. Z. Tierpsychol. **16**, 666–670.

LIBERG, O., 1981, Predation and Social Behaviour in a Population of Domestic Cats: An Evolutionary Perspective. Ph. D.-thesis, Univ. of Lund, Sweden.

LIBERG, O., 1982, Home Range and Territoriality in Free Ranging House Cats. Third Internat. Theriological Congress, Helsinki.

LIBERG, O., 1983, Courtship Behaviour and Sexual Selection in the Domestic Cats. Applied Animal Ethology **10**, 117–132.

LIBERG, O., 1984, Home Range and Territoriality in Free Ranging House Cats. Acta Zoologica Fennica **171**, 283–285.

LIBERG, O., 1984, Sozialverhalten von freilaufenden Hauskatzen und verwilderten Katzen. In: ANDERSON, R. S., und MEYER, H., (Hrsg.), Ernährung und Verhalten von Hund und Katze, Schlütersche Verlagsanstalt, Hannover.

391

LIDDELL, H. S., 1956, Emotional Hazards in Animals and Man. Ch. C. Thomas, Springfield, Ill.

LINDEMANN, W., 1955, Über die Jugendentwicklung beim Luchs und bei der Wildkatze. Behaviour 8, 1—45.

LINDEMANN, W., und RIECK, W., 1953, Beobachtungen bei der Aufzucht von Wildkatzen. Z. Tierpsychol. 10, 92—119.

LÖLIGER, H. Ch., 1987, Tierärztliche Bewertungsmaßstäbe für eine tierschutzgemäße Haltung von Nutztieren. Prakt. Tierarzt 68, (2), 29—36.

LORENZ, K., 1940, Domestikationsbedingte Störungen arteignen Verhaltens. Z. angew. Psychol. u. Charakterkunde 59.

LORENZ, K., 1950, Ausdrucksbewegungen höherer Tiere. Naturwiss. 38.

LORENZ, K., 1953, Verständigung unter Tieren. Fontane, Zürich.

LORENZ, K., 1965, Über tierisches und menschliches Verhalten (Verhaltenslehre Bd. I und II). R. Piper, München.

LORENZ, K., und LEYHAUSEN, P., 1968, Antriebe tierischen und menschlichen Verhaltens. R. Piper, München.

LOXTON, H., 1976, Katzenrassen der Welt. BLV, München.

LUNDBERG, U., 1980, Experimentelle Ergebnisse zu Normen und Leistungsprinzipien des Beutesuchverhaltens von Hauskatzen. Z. Psychol. 188, 130—449.

LYHS, L., 1959, Zur Frage der Entstehung von Neurosen bei der Ausbildung von bedingten Abwehrreflexen bei Labortieren. Monatsh. Vet. Med. 14, 674.

MACDONALD, D. W., APPS, P. J., CARR, G. M., and KERBY, G., 1987, Social Dynamics, Nursing Coalitions and Infanticide among Farm Cats. Advances in Ethology 28.

MANOLSON, F., 1979, Katzen. R. Piper, München.

MARTIN, P., 1982, Weaning and Behavioural Development in the Cat. Ph. D.-thesis, Univ. of Cambridge.

MARTIN, P., 1986, An Experimental Study of Weaning in the Domestic Cat. Behaviour 99, 221—249.

MARTIN, P., and BATESON, P., 1985, The Ontogeny of Locomotor Play in the Domestic Cat. Animal Behaviour 33, 502—510.

MARTIN, P., and CARO, T. M., 1985, On the Function of Play and its Role in Behavioural Development. Advances in the Study of Behaviour 15, 59—103.

MARVIN, J., and HURSH, Ch., 1944, Observational Learning by Cats. J. Comp. Psychol. 37, 71—79.

MASSERMANN, J. H., 1943, Behaviour and Neurosis. Chikago.

MC CLEARN, G. E., and DE FRIES, J. C., 1973, Introduction to Behavioral Genetics. W. H. Freeman & Co., San Francisco.

MC GINNIS, T., 1977, Der Katzendoktor. P. Parey, Berlin—Hamburg.

MEIER, M., and TURNER, D. C., 1985, Reactions of House Cats during Encounters with a Strange Person: Evidence for Two Personality Types. J. Delta Soc. 2, 45—53.

MEISCHNER, W., 1961, Übersprungbewegungen bei Säugetieren. Wiss. Z. Karl-Marx-Univ., Leipzig 10, 253—261.

MENDL, M., 1986, Effects of Litter Sice and Sex of Young on Behavioural Development in Domestic Cats. Ph. D.-thesis, Univ. of Cambridge.

MENDL, M., und HARCOURT, R., 1988, Die Individualität der domestizierten Katze. In: TURNER, D. C., und BATESON, P. G., (Hrsg.), Die domestizierte Katze, 53—59, A. Müller, Rüschlikon—Zürich.

MERTENS, C., and TURNER, D. C., 1986, Experiments on Human-cat Interactions: Factors Influencing the Behaviour of Both Parties during First Encounters. Delta Society Int. Conf., Boston.

MESSENT, P., 1985, Der Heimtierbestand und die Beziehung zwischen dem Heimtier und seinem Herrn. In: Die Mensch-Tier-Beziehung, Internat. Sympos. 1983, IEMT-Selbstverlag, Wien.

MEYER, P., 1976, Innerartliche Kommunikation durch Hautduftorgane. Fortschr. Vet. Med. H. 25: 11. Kongreßber., 87−93.

MEYER, P., 1976, Taschenbuch der Verhaltenskunde. UTB 609. Schöningh, Paderborn.

MEYER, V., und CHESSER, E., 1971, Verhaltenstherapie in der klinischen Psychiatrie. G. Thieme, Stuttgart.

MEYER-HOLZAPFEL, M., 1947, Störungen des psychischen Gleichgewichtes bei Tieren. Schweiz. Z. Psychol. Anwend. 6.

MEYER-HOLZAPFEL, M., 1956, Das Spiel bei Säugetieren. In: Handbuch der Zoologie, 8. Bd., 2. Lieferg. 1−36, W. de Gruyter, Berlin−New York.

MEYER-HOLZAPFEL, M., 1956, Über die Bereitschaft zu Spiel- und Instinktverhalten. Z. Tierpsychol. 13, 442−462.

MEYER-HOLZAPFEL, M., 1961, Psychoreaktive Verhaltensstörungen bei Tieren. Heilkunst 5.

MEYER-HOLZAPFEL, M., 1964, Tierpsychologie, Verhaltensforschung und Psychiatrie. Akt. Fragen Psychiatr. Neurol. 1, 253−294.

MEYER-HOLZAPFEL, M., 1982, Reaktion auf Wortbefehle bei der Dressur von Haus- und Wildtieren. Zoolog. Garten (NF) 52, 271−288.

MEYER-HOLZAPFEL, M., 1985, Tiger als Reiter auf Pferd, Nashorn und Elefanten − Analyse von Dressuren im Schweizer Nationalzirkus Knie. Zoolog. Garten (NF) 55, (5/6), 301−326.

MICKWITZ, G. v., 1983, Schmerz und Schmerzreaktion beim Tier. Prakt. Tierarzt 64, 26−36.

MILITZER, K., 1986, Wege zur Beurteilung tiergerechter Haltung bei Labor-, Zoo- und Haustieren. P. Parey. Berlin−Hamburg.

MOELK, M., 1979, The Development of Friendly Approach Behavior in the Cat: A Study of Kitten-mother Relations and the Cognitive Development of the Kitten from Bird to Eight Weeks. In: ROSENBLATT, J. S., HINDE, R. A., BEER, C., and BUSNEL, M., (Hrsg.), Advances in the Study of Behaviour, Vol. 10, Academic Press, New York.

MORRIS, D., 1987, Catwatching − Die Körpersprache der Katze. Heyne, München.

MÜCHER, H., 1957, Psychische und physiologische Wirkungen des Wetters. 7. Beih. z. Arzneim.-Forsch.

MUGFORD, R. A., 1984, Methoden zur Charakterisierung normaler und anormaler Verhaltensmuster bei Hund und Katze. In: ANDERSON, R. S., und MEYER, H., (Hrsg.), Ernährung und Verhalten von Hund und Katze, Schlütersche Verlagsanstalt, Hannover.

MUGFORD, R. A., and THORNE, C., 1980, Comparative Studies of Meal Patterns in Pet and Laboratory Housed Dogs and Cats. In: ANDERSON, R. S., (Hrsg.), Nutrition of Dogs and Cats, Pergamon Press, Oxford.

MÜLLER, H., 1957, Über den Schmerz bei Tieren. Monatsh. Vet. Med. 12, 596−602.

MÜLLER, U., 1986, Das GU Katzenbuch. Gräfe und Unzer, München.

MÜLLER-CALLGAN, H., und HOTOVY, R., 1961, Verhaltensänderungen der Katze durch verschiedene zentral erregend wirkende Pharmaka. 1. Mitteilg. und 2. Mitteilg. Arzneim.-Forsch. 11, 642−649, und 775−782.

NAAKTGEBOREN, C., 1965, Die normale Katzengeburt. Die Edelkatze 15, 3−5.

NACHTSHEIM, H., und STENGEL, H., 1977, Vom Wildtier zum Haustier. P. Parey, Berlin-Hamburg.

393

NAPLES, M., 1964, This is the Siamese Cat. TFH Publications Inc., Jersey City, N.Y.

NATOLI, E., 1985, Behavioural Responses of Urban Feral Cats to Different Types of Urine Marks. Behaviour **94**, 234−243.

NATOLI, E., 1985, Spacing Patterns in a Colony of Urban Stray Cats in the Historic Centre of Rome. Applied Animal Ethology **14**, 289−304.

NEVILLE, P. F., and REMFRY, J., 1984, Effect of Neutering on Two Groups of Feral Cats. Behaviour **94**, 234−243.

NIESCHULTZ, R., 1967, Experimentelle retrograde Amnesie bei Mäusen. Arzneim.-Forsch. **17**, 1151−1154.

NOVOTNY, H., 1975, Die Bedeutung der Tierhaltung für die Persönlichkeitsentwicklung des Kindes. Wr. tierärztl. Mschr. **62**, 22−24.

OESER, R., 1929, Individuum und Gemeinschaft im Tierreich. Z. Individualpsychol. **7**, (I), 15−22.

OLMSTEAD, C. E., and VILLABLANCA, J. R., 1980, Development of Behavioral Audition in the Kitten. Physiol. Behaviour **24**, 705−712.

PANAMAN, R., 1981, Behaviour and Ecology of Free-ranging Female Farm Cats (Felis catus L.). Z. Tierpsychol. **56**, 59−73.

PARRISIUS, R., 1986, Durch Diazepam angeregte Futteraufnahme bei anorektischen Katzen. Tierärztl. Prax. **14**, 513.

PAWLOW, J. P., 1932, Experimentelle Neurosen. Dtsch. Z. Nervenheilkd. **124**, 137.

PAWLOW, J. P., 1972, Die bedingten Reflexe. Studienausgabe. Kindler, München.

PERVIN, L. A., 1980, Personality: Theory Assessment and Research. Wiley & Sons, New York.

PFAFF, D. W., 1982, The Physiological Mechanism of Motivation. Springer, Heidelberg−New York.

PICKENHAIN, L., 1959, Grundriß der Physiologie der höheren Nerventätigkeit. Verlag Volk und Gesundheit, Berlin.

PLOMIN, R., 1981, Ethological Behavioral Genetics and Development. In: IMMELMANN, K., BARLOW, G. W., PETRINOVICH, L., and MANN, M., (Hrsg.), Behavioural Development, Cambridge Univ. Press, Cambridge.

PLOMIN, R., DE FRIES, J. C., and MC CLEARN, G. E., 1980, Behavioral Genetics: A Primer. W. H. Freeman & Co., San Francisco.

POECK, K., 1978, Neurologie. 5. Aufl., Springer, Berlin.

PRECHT, G., und LINDENLAUB, E., 1954, Über das Heimfindevermögen von Säugetieren. I. Versuche an Katzen. Z. Tierpsychol. **11**, 485−493.

PRECHTL, H., und SCHLEIDT, W. M., 1950 und 1951, Auslösende und steuernde Mechanismen des Saugaktes. I. und II. Teil. Z. vergl. Psychol. **32** und **33**.

QIGLEY, J. S., VOGEL, L. E., and ANDERSON, R. K., 1983, A Study of Perceptions and Attitudes toward Pet Ownership. In: CATCHER, A. H., and BECK, A. M., (Hrsg.), New Perspectives on our Lives with Companion Animals, Univ. of Pennsylvania Press, Philadelphia.

RACHMANN, S., 1964, Therapie durch Verhaltensänderung (Behaviour Therapy). Z. Psychotherap. u. med. Psychol. **14**, 3−14.

RADKE, A.-M., 1985, Wenn Katzen reden könnten. Kosmos-Katzenbibliothek. Franckh'sche Verlagshandlung, Stuttgart.

RAMSDALE, J., 1963, Persian Cats and Other Longhairs. TFH Publications Inc., Jersey City, N. Y.

RANDALL, W. L., 1964, The Behavior of Cats with Lesions in the Caudal Midbrain Region. Behaviour **23**, 107−139.

394

REDDING, R. W., 1975, Praefrontal Lobotomy. In: BOJRAB, J., (Hrsg.), Current Techniques in Small Animal Surgery I, 3–5, Lea & Febiger, Philadelphia.

RENSCH, B., 1973, Gedächtnis, Begriffsbildung und Planhandlungen bei Tieren. P. Parey, Berlin–Hamburg.

RIEDL, R., 1980, Biologie der Erkenntnis. P. Parey, Berlin–Hamburg.

ROBINSON, R., 1959, Genetics of the Domestic Cat. Bibliographica Genetica **18**, 273–362.

RODEL, H., 1986, Faktoren, die den Aufbau einer Mensch-Katze-Beziehung beeinflussen. Diplomarbeit, Zoolog. Inst. d. Univ. Zürich–Jrchel.

RÖHRS, M., 1955, Vergleichende Untersuchungen an Wild- und Hauskatzen. Zool. Anzeiger **155**, 53–69.

RONNEFELDT, U., 1969, Verbreitung und Lebensweise afrikanischer Felidae. Säugetierkdl. Mitt. **17**, 285–350.

ROSENBLATT, J. S., and SCHEIRLA, R. C., 1962, The Behavior of Cats. In: HAFEZ, E.S., (Hrsg.), The Behaviour of Domestic Animals, Bailliere, Tindall & Co., London.

RUCH, F. L., und ZIMBARDO, P. G., 1974, Lehrbuch der Psychologie. Springer, Berlin–Heidelberg–New York.

RUSSEL, R. W., 1950, The Comparative Studies of Conflict and Experimental Neurosis. Brit. J. Psychol. **41**.

SAMBRAUS, H. H., 1976, Der Einfluß der Kontaktintensität auf das Verhalten von Nutztieren gegenüber Menschen. Fortschr. Vet. Med. H. 25: 11. Kongreßber., 42–48.

SAMBRAUS, H. H., 1981, Der Nachweis von Leiden bei Tieren. Natur u. Mensch **23**, 1–11.

SCHAFFER, J., 1940, Die Hautdrüsenorgane der Säugetiere. Berlin und Wien.

SCHÄR, R., 1983, Influence of Man on Life and Social Behaviour of Farm Cats. Poster, Int. Symp. on the Human-Pet Relationship, Vienna 27–28. X. 1983.

SCHÄR, R., 1986, Einfluß von Artgenossen und Umgebung auf die Sozialstruktur von fünf Bauernkatzengruppen. Lizentiationsarbeit, Druckerei d. Univ. Bern, Bern.

SCHÄR, R., and TSCHANZ, B., 1982, Social Behaviour and Space Utilization of Farm Cats Using Biotelemetry. In: MEINDL, J. D., and KIMMICH, P., (Hrsg.), Proceedings of the 7th International Symposium on Biotelemetry, Stanford.

SCHENKEL, R., 1964, Über das Sozialleben der Löwen in Freiheit. Bulletin d. Zoolog. Gartens Basel **12**.

SCHENKEL, R., 1966, Play Exploration and Territoriality in the Wild Lion. Symp. Zool. Soc. London **18**, 11–22.

SCHENKEL, R., 1966, Zum Problem der Territorialität und des Markierens bei Säugern. Z. Tierpsychol. **23**, 593–626.

SCHENKEL, R., 1968, Töten Löwen ihre Artgenossen? Z. Umschau in Wiss. u. Technik **6**.

SCHEUNERT, A., und TRAUTMANN, A., 1987, Lehrbuch der Veterinärphysiologie. 7. Aufl., P. Parey, Berlin–Hamburg.

SCHLEIDT, W. M., 1960, Über angeborene Verhaltensweisen des Menschen. Therapeut. Ber. **32**, 148.

SCHLEIDT, W.M., 1964, Wirkungen äußerer Faktoren auf das Verhalten. Fortschr. Zool. **16**, 470–499.

SCHMIDKE, H. O., 1973, Über die Beziehung Tierarzt–Klinik–Patient. Kleint. Prax. **18**, 210–213.

SCHNEIDER, K., 1955, Probleme der Veterinärpsychiatrie. Fortschr. Neurol. u. Psychiatr. **11**, 491.

SCHNEIDER, K. M., 1963, Mutterliebe bei Tieren. Ziemsen, Wittenberg.

SCHNEIDER-LEYER, E., 1965, Welche Katze ist das? Kosmos, Franckh'sche Verlagshandlung, Stuttgart.

SCHNEIRLA, T. C., ROSENBLATT, J. S., and TOBACH, E., 1963, Maternal Behavior in the Cat. In: RHEINGOLD, H. R., (Hrsg.), Maternal Behavior in Mammals, J. Wiley, New York.

SCHWANGART, F., 1937, Zur Rassenbildung und Züchtung der Hauskatze. Dtsch. Ges. f. Säugetierkunde, Berlin.

SEIBT, U., 1982, Zahlbegriff und Zählvermögen bei Tieren (Tauben). Z. Tierpsychol. **60**, 325–341.

SEIFERLE, E., 1960, Schmerz und Angst bei Tier und Mensch. Dtsch. tierärztl. Wschr. **67**, 275–278.

SEITZ, P. F. D., 1959, Infantile Experience and Adult Behaviour in Animal Subjects: II. Age of Separation from the Mother and Adult Behaviour in the Cat. Psychosomatic Medicine **21**, 353–378.

SHOBEN, J., 1949, Psychotherapy as a Problem in Learning Theory. Psychol. Bull. **46**.

SIEGMANN, O., 1950, Mensch und Katze. Die Einstellung des heutigen Menschen zur Katze im großstädtischen und bäuerlichen Raum. Vet. Diss., Hannover.

SIEGMUND, R., und TEMBROCK, G., 1985, Verhaltensbiologische Aspekte im Umgang mit Tieren: Eine Aufgabe für Erziehung und Bildung. In: Die Mensch-Tier-Beziehung, Internat. Sympos. 1983, IEMT-Selbstverlag, Wien.

SIMONSON, M., 1979, Effects of Maternal Malnourishment, Development and Behavior in Successive Generations in the Rat and Cat. In: LEVITSKY, D. A., (Hrsg.), Malnutrition, Environment and Behavior, Cornell Univ. Press, Ithaca.

SKINNER, B. F., 1938, The Behavior of Organisms. Appleton-Century-Crofts, New York.

SKINNER, B. F., 1951, How to Teach Animals. Sci. Americ., Dec. 26–29.

SKINNER, B. F., 1974, Die Funktion der Verstärkung in der Verhaltenswissenschaft. Kindler, München.

SKINNER, B. F., und CORRELL, W., 1971, Denken und Lernen. W.-Taschenbuch. 3. Aufl., G. Westermann, Braunschweig.

SKRAMLIK, J. v., 1949, Über die Lernfähigkeit der Katze. Monatsh. Vet. Med. **2**, 195ff.

SÖNTGERATH, A., 1965, Pädagogische Psychologie. W. Kohlhammer, Stuttgart.

SPITTLER, H., 1978, Untersuchungen zur Nahrungsbiologie streunender Katzen (Felis silvestris f. catus L.). Z. Jagdwissenschaft **24**, 34–44.

SPITZ, R. A., 1967, Vom Säugling zum Kleinkind. E. Klett, Stuttgart.

SPOERRI, Th., 1963, Kompendium der Psychiatrie. 2. Aufl., G. Fischer, Stuttgart.

SPURWAY, N., 1953, Der Fluchttrieb der Hauskatze und das Verhältnis von Hund und Katze. Behaviour **5**, 81.

STAMM, R. A., (Hrsg.), 1984, Tierpsychologie. (Im Rahmen der enzyklopädischen Reihe: Kindlers „Psychologie des 20. Jahrhunderts".) Beltz, Weinheim–Basel.

STEPHENSON-HINDE, J., 1983, Individual Characteristics: A Statement of the Problem. In: HINDE, R. A., (Hrsg.), Primate Social Relationships, Blackwell, Oxford.

STOCKARD, C. R., et al., 1941, The Genetic and Endocrine Basis for Differences in Form and Behavior. Wistar Inst., Philadelphia.

STUMPF, Ch., 1978, Pharmakologie der Psychopharmaka. Dtsch. Apothekerzeitg. **118**, 1405–1410.

STUMPF, Ch., 1981, Neuropharmakologie. Springer, Wien–New York.

STUMPFE, K. D., 1978, Der psychogene Tod bei Tieren. Dtsch. tierärztl. Wschr. **85**, 381–420.

SULMANN, F. G., 1971, Meteorologische Frontverschiebung und Wetterfühligkeit. Ärztl. Prax. **XXIII**, 998–999.

396

TABOR, R., 1983, The Wildlife of the Domestic Cat. Arrow Books, London.

TEICHMANN, P. u. E., 1977, Wir und die Katze. Neumann-Neudamm, Melsungen.

TEIRICH, H., 1961, Tierhaltung für Patienten. Heilkunst, Sonderheft V („Was der Arzt im Zoo lernen kann").

TEMBROCK, G., 1956, Tierpsychologie. Ziemsen, Wittenberg.

TEMBROCK, G., 1957, Zur Ethologie des Rotfuchses. Zoolog. Garten (NF) **9**, 23.

TEMBROCK, G., 1987, Verhaltensbiologie. G. Fischer, Jena.

THEILIG, S. u. H., 1986, So lernt meine Katze. Kosmos-Katzenbibliothek, Franckh'sche Verlagshandlung, Stuttgart.

THIES, D., 1978, Katzen züchten. Kosmos-Katzenbibliothek, Franckh'sche Verlagshandlung, Stuttgart.

THOMAS, E., und SCHALLER, F., 1954, Das Spiel der optisch isolierten jungen Kaspar-Hauser-Katze. Naturwiss. **41**, 557–558.

THOMAS, J., 1964, Über das Verhalten der Hauskatzen in verschiedenen Situationen. Prakt. Tierarzt **45**, 206–207.

THORPE, W. H., 1958, Learning and Instinct in Animals. Methuen & Co., London.

TINBERGEN, N., 1952, Instinktlehre. P. Parey, Berlin–Hamburg.

TORTORA, D. F., 1979, Schwieriger Hund, was tun ? A. Müller, Rüschlikon–Zürich.

TROSCHICHIN, W. A., 1952, Einige Ergebnisse der Studien der höheren Nerventätigkeit in der Ontogenese. Pawlow Z. **2**, 743–756.

TRUMLER, E., 1968, Wohnen mit Tieren – Verhalten, Pflege, Zucht. R. Piper, München.

TSCHANZ, B., 1980, Zur Problematik der „artgemäßen Tierhaltung". KTBL-Schrift **264**, 8–14.

TURNER, D. C., 1985, Die Beziehung zwischen Mensch und Katze – Methoden der Analyse. In: Die Mensch-Tier-Beziehung, Internat. Sympos. 1983, IEMT-Selbstverlag, Wien.

TURNER, D. C., 1987, Beziehungen zwischen Katzen und Menschen. Katzenmagazin **1**, (2), 30.

TURNER, D. C., und BATESON, P. G., 1988, Die domestizierte Katze – eine wissenschaftliche Betrachtung ihres Verhaltens. A. Müller, Rüschlikon–Zürich (dort viele weitere Literaturangaben über wissenschaftliche Untersuchungen des Verhaltens von Katzen).

TURNER, D. C., FEAVER, J., MENDL, M., and BATESON, P. G., 1986, Variation in Domestic Cat Behaviour towards Humans: A Paternal Effect. Animal Behaviour **34**, 1890–1901.

TURNER, D. C., and MERTENS, C., 1986, Home Range Size, Overlap and Exploitation in Domestic Farm Cats (Felis catus). Behaviour **99**, (1/2), 22–45.

ÜBERREITER, O., 1956 und 1957, Beitrag zur Diagnostik und Therapie der chirurgischen Krankheiten des Gehirns und seiner Häute. Schweiz. Arch. Tierheilkd. **98**, 221, und **99**, 51.

UEXKÜLL, J. v., und KRISZAT, G., 1956, Streifzüge durch die Umwelten von Tieren und Menschen. Rowohlt, Hamburg.

UEXKÜLL, Th. v., 1963, Grundfragen der psychosomatischen Medizin. Rowohlt, Hamburg.

ULLRICH, W., 1954, Zur Frage des Sichselbstbespuckens bei Säugetieren. Z. Tierpsychol. **11**, 50.

URSIN, H., 1984, Neurophysiologie des Verhaltens. In: ANDERSON, R. S., und MEYER, H., (Hrsg.), Ernährung und Verhalten von Hund und Katze, Schlütersche Verlagsanstalt, Hannover.

VANDEVELDE, M., und FRANKHAUSER, R., 1987, Einführung in die Veterinärmedizinische Neurologie. P. Parey, Berlin–Hamburg.

VERBENE, G., and DE BOER, J. N., 1976, Chemocommunication among Domestic Cats. Z. Tierpsychol. **42**, 86–109.

VESTER, F., 1975, Denken, Lernen, Vergessen. Deutsche Verlagsanstalt, Stuttgart.

VILLABLANCA, J. R., and OLMSTEAD, C. E., 1979, Neurological Development in Kittens. Developmental Psychobiology 12, 101—127.

VOITH, V. L., 1980, Play Behavior Interpreted as Aggression or Hyperactivity: Case Histories. Mod. Vet. Pract. 61, 707—709.

VOITH, V. L., 1981, Attachment between People and their Pets. In: VOGLE, B., (Hrsg.), Interrelations between People and Pets, Ch. C. Thomas, Springfield, Ill.

VOITH, V. L., 1984, Mensch-Tier-Beziehungen. In: ANDERSON, R. S., und MEYER, H., (Hrsg.), Ernährung und Verhalten von Hund und Katze, Schlütersche Verlagsanstalt, Hannover.

VOITH, V. L., 1984, Möglichkeiten zur medikamentösen Behandlung von Verhaltensstörungen. In: ANDERSON, R. S., und MEYER, H., (Hrsg.), Ernährung und Verhalten von Hund und Katze, Schlütersche Verlagsanstalt, Hannover.

VOITH, V. L., 1984, Verhaltensprobleme bei der Katze. In: ANDERSON, R. S., und MEYER, H., (Hrsg.), Ernährung und Verhalten von Hund und Katze, Schlütersche Verlagsanstalt, Hannover.

VÖLGYESI, F. A., 1963, Menschen- und Tierhypnose. O. Füssli, Zürich.

VOUTHE, 1955, Psychosomatische Tierheilkunde. Tijdschrift voor Diergeneskunde 76, 343.

WALTER, W. G., 1963, Das lebende Gehirn. Droemersche Verlagsanstalt, München.

WARNER, R. E., 1985, Demography and Movements of Free-ranging Domestic Cats in Rural Illinois. J. Wildlife Management 49, 340—346.

WASMAN, M., and FLYNN, J. P., 1962, Directed Attack Elicited from Hypothalamus. Arch. Neurol. 6, 220—227.

WEIDMANN, H., 1961, Zur Pharmakologie psychotroper Wirkstoffe. Schweiz. Arch. Tierheilkd. 103, 193.

WEISS, G., 1953, Beobachtungen an isoliert aufgezogenen Hauskatzen. Z. Tierpsychol. 9, 451—462.

WEISS, G., 1967, Start in die Manege. Henschelverlag, Berlin.

WEISS, G., 1970, Abschied von der Manege. Henschelverlag, Berlin.

WEST, M. H., 1979, Play in Domestic Kittens. In: CAIRNS, R. B., (Hrsg.), The Analysis of Social Interactions, L. Erlbaum, Hillsdale, New Jersey.

WICKLER, W., 1972, Verhalten und Umwelt. Hoffmann und Campe, Hamburg.

WICKLER, W., 1978, Die Evolution unsozialen Verhaltens. Tierärztl. Wschr. (Berlin u. München) 91, 486ff.

WICKLER, W., und SEIBT, U., 1977, Das Prinzip Eigennutz. Hoffmann und Campe, Hamburg.

WIESER, S., 1973, Stereotypien. In: MÜLLER, C., (Hrsg.), Lexikon der Psychiatrie, Springer, Heidelberg—Berlin—New York.

WILSON, M., WARREN, J. M., and ABBOTT, L., 1965, Infantile Stimulation, Activity and Learning by Cats. Child Devel. 36, 843—853.

WINK, U., und KETSCH, F., 1973, Keysers praktisches Katzenbuch. Keyser Verlag, München.

WINKELSTRAETER, K. H., 1960, Das Betteln der Zootiere. Huber, Bern.

WOLBURG, J., 1965, Bioelektrizität im Gehirn. Neue Brehm Bücherei. Ziemsen, Wittenberg.

WOLF, G., und HESS, J., 1985, Seele oder Programm — biologische Grundlagen tierischen und menschlichen Verhaltens. Urania-Verlag, Leipzig.

WOLFF, H. G., 1983, Unsere Katze — gesund durch Homöopathie. J. Sonntag, Regensburg.

WOLFF, R., 1984, Katzen (Verhalten, Pflege, Rassen). 4. Aufl., E. Ulmer, Stuttgart.

WOLPE, J., 1952, Experimental Neurosis as Learned Behaviour. Brit. J. Psychol. **43**.

WOCD-GUSH, D. G., DAWKINS, N., and EWBANK, R., 1981, Self-awareness in Domesticated Animals. The Universities Federation for Animal Welfare, Herfordshire.

WRIGHT, M., und WALTERS, S., 1985, Die Katze. Mosaik-Verlag, München.

YATES, A. J., 1970, Behavior Therapy. Wiley & Sons, New York.

ZEEE, K., 1976, Umweltparameter für ethologische Grundlagenforschung. Fortschr. Vet. Med. H. 25: 1. Kongreßber., 33−41.

ZEEE, K., und GÖBEL, F., 1965, Angewandte Verhaltensforschung und tierärztliche Praxis. Prakt. Tierarzt **46**, (9).

ZEMANEK, M., 1981, Motivation zur Heimtierhaltung. Phil. Diss., Univ. Wien.

ZIMMERMANN, E., 1977, Beobachtungen zur Geburt, Brutpflege und Verhaltensontogenese von Wild- und Hauskatzen. Vet. Diss., Friedr. Alex.-Univ., Erlangen−Nürnberg.

ZIMMERMANN, M., 1983, Physiologische Mechanismen von Schmerz und Schmerztherapie. Prakt. Tierarzt **64**, (1), 10−25.

Sachregister

(Sternchen * verweisen auf Abbildungen)

403

405